Hendrik Klinge
Die moralische Stufenleiter

Kantstudien-Ergänzungshefte

Im Auftrag der Kant-Gesellschaft
herausgegeben von
Manfred Baum, Bernd Dörflinger
und Heiner F. Klemme

Band 204

Hendrik Klinge

Die moralische Stufenleiter

Kant über Teufel, Menschen, Engel und Gott

DE GRUYTER

ISBN 978-3-11-068519-0
e-ISBN (PDF) 978-3-11-057620-7
e-ISBN (EPUB) 978-3-11-057566-8
ISSN 0340-6059

Library of Congress Control Number: 2018942564

Bibliografische Information der Deutschen Nationalbibliothek
Die Deutsche Nationalbibliothek verzeichnet diese Publikation in der Deutschen National-
bibliografie; detaillierte bibliografische Daten sind im Internet über http://dnb.dnb.de abrufbar.

© 2019 Walter de Gruyter GmbH, Berlin/Boston
Dieser Band ist text- und seitenidentisch mit der 2018 erschienenen gebundenen Ausgabe.
Druck und Bindung: CPI books GmbH, Leck

www.degruyter.com

Für Lea Marleen Klinge

Danksagung

Die vorliegende Arbeit wurde unter dem Titel „Die moralische Stufenleiter der Wesen. Kant über Gott, Engel, Teufel und andere vernünftige Wesen" von der Georg-August-Universität Göttingen im Jahr 2016 als philosophische Dissertationsschrift angenommen und im Februar 2017 verteidigt. Für den Druck wurde sie geringfügig überarbeitet.

Zu danken habe ich an erster Stelle meinem philosophischen Doktorvater Prof. Dr. Bernd Ludwig. Er hat in mir die Begeisterung für die Philosophie Kants geweckt und mir immer wieder wertvolle Anregungen gegeben. Besonders gern erinnere ich mich an die zahlreichen Oberseminare zur praktischen Philosophie Kants, die ich bei ihm besuchten durfte. Gedankt sei auch allen, die daran teilgenommen haben, insbesondere Dr. Philipp-Alexander Hirsch, Dr. habil. Andree Hahmann, Martin Brecher und Florian Pahlke. Für die Erstellung des Zweit-Gutachtens und die anregende Diskussion danke ich herzlich Prof. Dr. Holmer Steinfath und Prof. Dr. Martin Laube.

Dank schulde ich auch der Evangelisch-lutherischen Landeskirche Hannovers. In der schönen Bibliothek des Klosters Loccum habe ich zahlreiche Mittagspausen während meines Vikariats mit Kant verbringen können. Schließlich dürfen auch all jene nicht vergessen werden, die mich in Studiums- und Promotionszeit begleitet, geprägt und mir als Gesprächspartner zur Verfügung gestanden haben. Stellvertretend für viele seien hier mein theologischer Doktorvater Prof. Dr. Notger Slenczka und Prof. Dr. Joachim Ringleben genannt.

Für die Aufnahme in die Reihe der Kantstudien-Ergänzungshefte danke ich der Kant-Gesellschaft und namentlich den Herausgebern Prof. Dr. Manfred Baum, Prof. Dr. Bernd Dörflinger und Prof. Dr. Heiner F. Klemme. Für die Betreuung auf dem Weg vom Manuskript zum Buch gilt mein Dank den Mitarbeitenden des Verlags Walter de Gruyter, besonders Dr. Serena Pirrotta und Johanna Davids.

Weit mehr als Dank empfinde ich gegenüber meinen Eltern, die mich stets unterstützt und meine unterschiedlichen Studien mit großer Teilnahme begleitet haben. Von allen Gesprächspartnern der wichtigste ist aber meine Frau Sandra Klinge. Ihr waches Interesse und ihre intellektuelle Begeisterungsfähigkeit waren und sind unabdingbare Voraussetzung meiner Arbeit. Gewidmet ist dieses Buch unserer gemeinsamen Tochter Lea Marleen Klinge.

Hannover, im Oktober 2017   Hendrik Klinge

Inhalt

Einleitung — 1
1 Von Menschen, Engeln und Philosophen — 1
2 Quellen und Vorgehen — 5
3 Der Stand der Forschung — 8
4 Das Forschungsvorhaben — 15

Teil I: Vernünftige Wesen

1. Kapitel
Menschen und andere vernünftige Wesen — 21
1.1 Moralphilosophie und Anthropologie — 21
1.2 Das epistemologische Problem — 26

2. Kapitel
Die Einteilung der vernünftigen Wesen — 36
2.1 Die „moralische Welt" — 36
2.2 Heilige und tugendhafte Wesen — 39
2.3 „Vernünftige Wesen" und „Vernunftwesen" — 43
2.4 Rechte und Pflichten — 57
2.5 Vernunftlose Wesen — 63

Teil II: Der moralische Weltenherrscher

3. Kapitel
Die Vernünftigkeit Gottes — 69
3.1 Gott als vernünftiges Wesen — 69
3.2 Gott als Vernunftwesen — 75

4. Kapitel
Die Eigenschaften Gottes — 93
4.1 Die physischen Eigenschaften — 95
4.2 Die moralischen Eigenschaften — 102

5. Kapitel
Die Dreieinigkeit Gottes —— 109
5.1   Gesetzgeber, Regent und Richter —— 110
5.2   Himmlische Gewaltenteilung —— 122

Teil III: Himmels- und Höllenbewohner

6. Kapitel
Die Engel —— 135
6.1   Pflichten gegen Geister —— 138
6.2   „Willenlose Engel" —— 143
6.3   Engelstugend —— 153

7. Kapitel
Die Teufel —— 157
7.1   Die teuflische Triebfeder —— 159
7.2   Die teuflischen Laster —— 168
7.3   „Ein Volk von Teufeln" —— 173

8. Kapitel
Himmel und Hölle —— 178
8.1   Intelligible Orte —— 178
8.2   Höchstes Gut und größtes Übel —— 181

Teil IV: Bürger zweier Welten

9. Kapitel
Die Stufe des Menschen —— 189
9.1   Autonomie und Autokratie —— 192
9.2   Heilig und unheilig zugleich —— 199

10. Kapitel
Die Vollendung des Menschen —— 210
10.1   Der „Heilige des Evangelii" —— 210
10.2   Urbild und Vorbild —— 217
10.3   Die Genugtuung —— 227
10.4   Die Rechtfertigung —— 238

Abkürzungsverzeichnis —— 251

Literatur —— 252
1 Quellen —— 252
1.1 Kant —— 252
1.2 Andere —— 252
2 Sekundärliteratur —— 253
3 Hilfsmittel —— 257
4 Weitere Literatur —— 257

Personenverzeichnis —— 259

Sachverzeichnis —— 260

Einleitung

„Gott=sein ist leicht.
Mensch=und=Tier=Sein ist schwer. /:
Schreip Dier's ins Schtamm-Buuch!"
(Arno Schmidt)

1 Von Menschen, Engeln und Philosophen

Bereits bei einer flüchtigen Lektüre der Schriften Kants sticht ins Auge, dass der Königsberger Philosoph oft von „vernünftigen Wesen" spricht, wenn er schlicht Menschen zu meinen scheint. Diese Redeweise ist jedoch keine bloße *façon de parler*. Vielmehr scheint Kant hier auf die klassische Definition des Menschen als *animal rationale* zurückzugreifen.[1] Schwierig – und mithin interessant – wird der Sachverhalt erst dadurch, dass Kant an einigen Stellen von „anderen vernünftigen Wesen" neben dem Menschen spricht.[2] Vernünftiges Wesen zu sein, ist also keineswegs die *differentia specifica* des Menschen, sondern vielmehr Angabe des *genus proximum*. Der Mensch gehört einer bestimmten Klasse von „Wesen" (*entia*)[3] an: der Klasse der vernünftigen Wesen. Leider findet sich keine Stelle im Œuvre Kants, an der er ausführlich darlegt, wen er mit diesen anderen vernünftigen Wesen genau meint, eine Tatsache, die schon früh Anlass zur Spekulation gegeben hat. Schopenhauer vermutete süffisant, Kant habe hier wohl an die „lieben Engelein" gedacht.

> Von vernünftigen Wesen außer dem Menschen zu reden, ist nicht anders, als wenn man von schweren Wesen außer den Körpern reden wollte. Man kann sich des Verdachts nicht er-

---

1 In dieser Bedeutung wird der Ausdruck „vernünftige Wesen" von Kant mehrfach in der *Kritik der Urteilskraft* verwendet. Kant nennt hier die Menschen „thierische, aber doch vernünftige Wesen" (KdU, AA V, 210) oder „vernünftige Thiere" (KdU, AA V, 368). Dass die Definition des Menschen als *animal rationale* indes nicht ausreichend ist, weil auch andere „vernünftige Thiere" zumindest denkbar sind, zeigt WILLE, 2005, 66f.
2 Die wichtigsten Belege für die Formulierung „andere vernünftige Wesen" in den Druckschriften seien bereits hier genannt: GMS, AA IV, 389. 428. 445. KpV, AA V, 12. 21. Rel., AA VI, 22 („andere mögliche vernünftige Wesen"). Der früheste Beleg für diese Formulierung ist Träume, AA II, 334.
3 „Wesen" ist bei Kant äußerst weit gefasst. In seiner Grundbedeutung bezeichnet es Entitäten überhaupt. „Wesen" ist bei Kant daher zunächst nichts anderes als das deutsche Äquivalent zum lateinischen *ens*. S. z. B. Prol., AA IV, 353. 288f. GMS, AA IV, 428. MST, AA VI, 462/LUDWIG, 110. Anfangsgr. der Naturw., AA IV, 508.

wehren, daß Kant dabei ein wenig an die lieben Engelein gedacht, oder doch auf deren Beistand in der Ueberzeugung des Lesers gezählt habe.[4]

Für Schopenhauer ist die Rede von „anderen vernünftigen Wesen" außer dem Menschen schierer Unsinn. Vernünftigkeit komme allein dem Menschen zu. Anderen Wesen Vernunft zuzuschreiben, sei genauso absurd, wie eine Klasse von Wesen zu fingieren, denen, ohne dass sie Körper wären, die Eigenschaft der Schwere zukommt. Dass mit dieser Sottise Schopenhauers die Rede von „anderen vernünftigen Wesen" nicht schlicht erledigt ist, soll die vorliegende Arbeit zeigen. Sie verfolgt das Ziel, Kants größtenteils nur angedeutete Auffassung von den „anderen vernünftigen Wesen" philosophiehistorisch zu rekonstruieren und, soweit als möglich, zu plausibilisieren. Dabei wird eine wesentliche Einschränkung vorgenommen. Nachdem der Blick zunächst auf den Kosmos der „Wesen" im Allgemeinen gelenkt wird, konzentriert sich die Arbeit auf eine bestimmte Untergattung der vernünftigen Wesen: jene Wesen, die, in Kants Terminologie, als „moralische Wesen" gelten können. „Vernünftige Wesen", die keine „moralischen Wesen" sind, sind zwar denkbar, aber philosophisch nur von geringem Interesse. Worauf Kant mit der Rede von anderen moralischen Wesen abzielt, ist vielmehr der Aufweis von moralischen Möglichkeiten, die die Grenzen der Menschheit überschreiten: die Boshaftigkeit der Teufel, die Vollkommenheit der Engel, die Heiligkeit Gottes.

Kant belässt es jedoch nicht dabei, Gott, Engel und Teufel als andere moralische Wesen neben dem Menschen überhaupt zu erörtern. Er stellt implizit die These auf, dass es eine bestimmte Hierarchie der moralischen Wesen gibt oder, wie er selbst schreibt, eine „moralische Stufenleiter der Wesen".[5] Diese Stufenleiter gilt es im Folgenden nachzuzeichnen. In der Philosophie des Mittelalters wird die Ordnung der Wesen als *ordo rerum* bezeichnet,[6] ein Konzept, das sowohl ontologisch, theologisch als auch politisch verstanden werden kann. An der Spitze des *ordo rerum* steht Gott – oder sogar außerhalb desselben[7] –, es folgt die

---

4 SCHOPENHAUER, 1912, 602, Hervorhebungen getilgt.
5 Rel., AA VI, 65, Anm.
6 Augustinus definiert den *ordo* in De civitate Dei XIX, 13 sehr allgemein als *parium et dispariumque rerum sua loca cuique tribuens dispositio* (AUGUSTINUS, 1900, 395). Zur philosophie- und theologiegeschichtlichen Bedeutung des Ordo-Gedankens s. ausführlich GÄSSLER, 1994.
7 So Kant selbst über den *ordo*, „die Stufenleiter der Dinge": „Daher gehört es gar nicht in die Metaphysic. Dieses [i.e. mechanische Gesetz der Natur] wird auch die Stufenleiter der Dinge genannt, zu welcher man dann auch Gott gezählt hat, daß er also einen bloß unendlich höheren Grad der Vollkommenheit als die Geschöpfe hätte. Voltaire spottet hierüber, indem er sie als eine große Proceßion vorstellt, wo Gott, der Pabst, die Engel, die Cardinaele etc. wären. Es ist auch nichtig [sic!], Gott in diese Stufenleiter mit einzuschließen, denn er ist ia von den Geschöpfen ganz

Engelwelt als die erste Schöpfung, dann die sichtbare Welt und auf diese Weise immer weiter hinab bis in die tiefsten Regionen der Hölle.

Der Vorstellung vom *ordo rerum* kommt im Folgenden eine heuristische Funktion zu.[8] Sie soll helfen, die „Stufenleiter" der Wesen bei Kant möglichst genau in ihren einzelnen Abstufungen zu entwerfen.[9] Um das Anliegen der Arbeit

---

specifisch unterschieden. Er ist caußa von allem, das Geschöpf ist caußatum, das wäre eben so, als wenn ich, um eine Fläche zu beschreiben, eine gerade Linie unaufhörlich continuirte. Sie würde doch in Ewigkeit keine Fläche werden" (Metaphysik Mrongovius, AA XXIX, 922).

8 Für den Bereich der Natur empfiehlt Kant selbst, die Vorstellung einer „continuierlichen Stufenleiter" nur als „regulatives Princip der Vernunft anzuwenden" (KrV, B 696). Obwohl sich ein entsprechendes Gesetz „durch Beobachtung und Einsicht in die Einrichtung der Natur" nicht ermitteln lasse – die Sprossen der vermeintlichen Leiter würden vielmehr laut Kant viel zu weit auseinanderstehen –, sei die Vorstellung doch geeignet, um eine gewisse Ordnung in die Erscheinungen der Natur zu bringen (KrV, B 696). Vgl. dazu auch Kants Kritik an Schulz' *Versuch einer Anleitung zur Sittenlehre* von 1783 (AA VIII, 10–14). Kant paraphrasiert dort Schulz' Auffassung von einer „großen Stufenleiter" aller Wesen, die abermals beide Reiche, das der Natur wie der Sitten, übergreift. „Moralisch gut oder böse bedeuten [n. b. laut Schulz] nichts weiter, als einen höheren oder niedrigen Grad von Vollkommenheit" (AA VIII, 12). Kant geht auf diesen Punkt in seiner Kritik nicht direkt ein, doch scheint er zu meinen, dass hier die „Naturkette" illegitimer Weise auf die moralische Sphäre ausgeweitet werde, woraus notwendig der Fatalismus, die Leugnung aller Freiheit und Verbindlichkeit, folge (AA VIII, 112f.). Schulz' Fehler liegt dann darin, dass er die „moralische Stufenleiter" als theoretisches Konzept missversteht, analog zur „Stätigkeit [sic!] aller Wesen" (AA VIII, 110) gemäß der natürlichen Stufenleiter. Anders als die natürliche Stufenleiter, die über das Tier zum Menschen führt, ist die moralische Stufenleiter kein theoretisches Modell, sondern hat wesentlich eine komparativ-argumentative Funktion.

9 Gegen ein solches Vorgehen spricht auf den ersten Blick eine Stelle aus dem Anhang zum ersten Abschnitt des *Streits der Fakultäten*: „Was den Verstand betrifft, so ist dieser schon für sich durch seine Form auf diese Erdenwelt eingeschränkt; denn er besteht bloß aus Kategorien, d. h. Äußerungsarten, die bloß auf sinnliche Dinge sich beziehen können. Seine Gränzen sind ihm also scharf gesteckt. Wo die Kategorien aufhören, da hört auch der Verstand auf: weil sie ihn erst bilden und zusammensetzen. (Ein Beweis für die bloß irdische oder Naturbestimmung des Verstandes scheint mir auch dieses zu sein, daß wir in Rücksicht der Verstandeskräfte eine Stufenleiter in der Natur finden, vom klügsten Menschen bis zum dümmsten Thiere [...]). Aber nicht so in Rücksicht der Moralität, die da aufhört, wo die Menschheit aufhört, und die in allen Menschen ursprünglich dasselbe Ding ist" (Str. d. Fak., AA VII, 70). Diese Passage scheint klar zu zeigen, dass die „moralische Stufenleiter" der Wesen, von der Kant in der *Religionsschrift* spricht, nicht entworfen werden kann. Anders als im Bereich der Natur, gibt es im Bereich der Moralität keine Stufenleiter. Zu beachten ist jedoch, dass Kant in der vorliegenden Passage einzig vom Verstand redet. Für ihn gibt es in der Tat keine Stufenleiter, die, über das Reich der Natur hinaus, in das Reich der Moralität reicht. Wie sich im Verlauf der vorliegenden Studie zeigen wird, kann Kant sehr wohl auch anderen Wesen außer dem Menschen Moralität zuschreiben und sogar eine entsprechende Stufenleiter entwerfen. Nur handelt es sich hier eben um ein Unternehmen der Vernunft, nicht des Verstandes. Es geht Kant dabei nicht darum, ob jene anderen moralischen Wesen wirklich existieren – das wäre eine Frage für den Verstand –, sondern darum, was die zugestandene Mög-

deutlich werden zu lassen, wird die Rede vom *ordo rerum* mit einem zentralen Begriff der deutschen Schulphilosophie verknüpft: *Entia moralia*. Durch diese Kombination soll deutlich werden, dass es in der folgenden Arbeit nicht um den *ordo* der Wesen bei Kant überhaupt geht, sondern um den *ordo* der moralischen Wesen, den *ordo entium moralium*. Die Aufgabenstellung ist mithin eine moralontologische[10] und, insofern die „anderen vernünftigen Wesen", die Kant nennt, hauptsächlich der übersinnlichen Welt angehören, eine religionsphilosophische.[11] Die Frage, die beantwortet werden soll, lautet daher schlicht: Welche (möglichen) moralischen Wesen thematisiert Kant? Und in welcher Beziehung stehen sie zueinander?

Die vorangestellte Differenzierung der Familie der vernünftigen Wesen (und im Exkurs sogar der unvernünftigen) hat lediglich vorbereitende Funktion und soll eine Schneise in das verwirrende Dickicht der kantischen Terminologie schlagen, indem der Unterschied zwischen „vernünftigen Wesen" und „Vernunftwesen", „sinnlich-vernünftigen Wesen" und reinen „Vernunftwesen" etc. genauer analysiert wird, als es bisher geschehen ist.

„Und wandelt mit bedächt'ger Schnelle/ Vom Himmel durch die Welt zur Hölle." Diesen Rat eines berühmten Theaterdirektors gilt es zu beherzigen, wenn der Weg der folgenden Seiten durch Kants Kosmos der moralischen Wesen führt. Höhen und Tiefen dieser „moralischen Welt" müssen erkundet werden, ohne aus dem Blick zu verlieren, dass Kants Interesse an der jeweiligen moralischen Konstitution von Gott, Engeln und Teufeln seinen letzten Grund in einer anthropologischen Frage hat: Was ist der Mensch? Was sind seine moralischen Möglichkeiten, seine Bestimmung und seine Grenzen?

---

lichkeit solcher Wesen über die moralische Konstitution des Menschen aussagt. Thetisch formuliert: Wo Kants Moralontologie die Grenzen der Menschheit überschreitet, hat sie vornehmlich heuristische Funktion. Moralität als *Realität* endet in der Tat beim Menschen als dem einzigen Bürger zweier Welten. Moralität als *Konzept* erstreckt sich aber auch auf Engel und Götter.

10 Mit der Verwendung des Begriffs „Moralontologie" soll an dieser Stelle wohlgemerkt keine These zum Verhältnis von Transzendentaltheologie und Ontologie bei Kant aufgestellt werden (zum Streit um diese Frage s. NOORDRAVEN, 2009, 35–39). Mit „Moralontologie" ist schlicht der Versuch bezeichnet, all jene (möglichen) Entitäten ausfindig zu machen, die Kant als moralische Agenten ansieht. „Moralontologisch" im Gegensatz zu schlicht „moralphilosophisch" ist diese Aufgabenstellung insofern, als es nicht vorrangig um Gesinnungen, Maximen, Handlungen etc. geht, sondern um die Subjekte, denen diese jeweils zugeschrieben werden. M. a. W.: Die Arbeit ist moralontologisch, weil ihr Thema nicht die Moral, sondern der Kosmos der (möglichen) moralischen „Wesen" (*entia*) ist.

11 Die moralontologische Fragestellung ist dabei eng verbunden mit der textpragmatischen: Warum kommt Kant in einem bestimmten Zusammenhang auf andere vernünftige, moralische Wesen zu sprechen? Welche argumentative Strategie ist mit seinem Vorgehen verbunden?

2 Quellen und Vorgehen

Als Quellen gelten prinzipiell alle Texte Kants, die in der sogenannten *Akademieausgabe* erfasst sind.[12] Eine Ausnahme bildet Kants Vorlesung über Moralphilosophie aus den 1770er-Jahren, die in einer neuen Edition von Werner Stark vorliegt.[13] Gelegentlich wird auch auf Pölitz' Ausgabe einer Metaphysik-Vorlesung Kants verwiesen, deren erster Teil in die *Akademieausgabe* keinen Eingang gefunden hat. Generell werden die in der *Akademieausgabe* enthaltenen Druckschriften als primäre, Vorlesungsnachschriften, Reflexionen etc. als sekundäre Quellen betrachtet. Ein Schwerpunkt liegt dabei, wie sich aus dem Verlauf der Arbeit selbst rechtfertigen wird, auf Kants Spätwerk, namentlich auf der *Religionsschrift*. Häufig herangezogen wird auch die *Metaphysik der Sitten*, deren religionsphilosophische Partien m. E. bisher noch nicht ausreichend gewürdigt wurden.

Ein besonderes Wort gebührt der Verwendung der Vorlesungsnachschriften und -abschriften. Sie werden in der vorliegenden Arbeit, vor allem im sechsten Kapitel über die Engel, recht breit rezipiert. Ausgangspunkt bleiben jedoch auch hier die Druckschriften. Das Thema der Arbeit macht es indes unumgänglich, teilweise ausführlicher als üblich auf die Vorlesungen einzugehen. Streng geachtet wird darauf, dass alle Erkenntnisse, die aus der Analyse dieser Texte gewonnen werden können, in Konsonanz zu der vorgenommenen Deutung der Hauptschriften stehen. Radikale Neuinterpretationen der kantischen Philosophie lassen sich anhand solch unsicheren Materials, wie es Nachschriften nun einmal sind, nur schwerlich begründen. Wohl aber eignet es sich dazu, Argumente und Vorstellungen Kants, die in den gedruckten Schriften nur angedeutet werden, auszuführen. Dass die so gewonnenen Ergebnisse nur tentativen Charakter haben können, versteht sich von selbst.[14] Fast ausschließlich werden dabei drei Gruppen von Vorlesungen herangezogen.

Die für die Arbeit wichtigsten Vorlesungen Kants sind die zur rationalen Theologie und Religionsphilosophie, welche Gerhard Lehmann als Teil der *Akademieausgabe* veröffentlicht

---

12 KANT, 1900 ff., mit „AA" abgekürzt. Für die Erstellung der vorliegenden Untersuchung wurde neben der Druckausgabe auch die elektronische Ausgabe (KANT, 2009) verwendet.
13 Im Folgenden zitiert als KANT, 2004.
14 So ist etwa eine klare Rekonstruktion einer „Angelologie" Kants unmöglich, da die Druckschriften weitgehend zu dieser Frage schweigen. Möglich aber ist eine Skizze, die die Vorlesungsnachschriften als Stütze verwendet, ansonsten aber gemäß der *analogia interpretationis* verfährt.
15 S. dazu LEHMANN, 1972, 1360–1368.

hat.[15] Drei Vorlesungsnachschriften können hierbei als Hauptnachschriften gelten: Die sogenannte *Danziger Rationaltheologie*, die *Natürliche Theologie Volckmann* und die *Religionslehre Pölitz*. Hinzu kommt die ebenfalls in der *Akademieausgabe* enthaltene *Vernunft-Theologie Magath*[16] sowie die nur in einzelnen Zitaten erhaltene, von Kreimendahl rekonstruierte *Rationaltheologie nach Coing*.[17] Diese Nachschriften gehen allem Anschein nach alle auf eine Vorlesung Kants aus dem Wintersemester 1783/1784 zurück, wobei der vierte Teil der *Metaphysica* Baumgartens Kant als Vorlage diente.[18] Beyer, der die drei Hauptnachschriften im Rahmen seiner Dissertation erstmals kritisch ediert hat, urteilt über deren Verhältnis zueinander: „P [d. h. die *Religionslehre Pölitz*] hat den stilistisch besten, V [d. h. die *Natürliche Theologie Volckmann*] den umfangreichsten, D [d. h. die *Danziger Rationaltheologie*] den ursprünglichsten Text."[19] Wenn alle drei Nachschriften eine Passage überliefern, wird der *Danziger Rationaltheologie* der Vorzug gegeben. Gleichwohl werden auch Texte, die nur in der *Natürlichen Theologie Volckmann* oder der *Religionslehre Pölitz* enthalten sind, herangezogen, allerdings mit größerer Vorsicht und nur dann, wenn eine Interpolation durch den Verfasser der Nachschrift äußerst unwahrscheinlich erscheint.[20] An zweiter Stelle stehen die Vorlesungen zur Moralphilosophie, die in der gegenwärtigen Kant-Forschung wesentlich häufiger herangezogen werden. Zu unterscheiden ist hier zwischen den Vorlesungen der 1770er-, 1780er- und 1790er-Jahre. Was die Vorlesungen der 1770er-Jahre betrifft, hat die *Handschrift*

---

16 LEHMANN, 1972, 1360 f., dort auch zur Rolle von Pölitz, der die Vorlesungen 1830 erstmals herausgab. S. zu den Vorlesungen auch KREIMENDAHL, 1988, 318.
17 Kreimendahl meint, eine weitere Nachschrift aus Zitaten in einem Werk des Kant-Gegners Johann Franz Coing rekonstruieren zu können (KREIMENDAHL, 1988, v. a. 319 f.). Die (für diese Arbeit allerdings nicht relevanten) Fragmente finden sich bei KREIMENDAHL, 1988, 223–326. Die *Rationaltheologie nach Coing* ist wahrscheinlich von der *Danziger Rationaltheologie* abhängig (KREIMENDAHL, 1988, 326).
18 BAUMGARTEN, 1757. S. dazu LEHMANN, 1972, 1360. Mitbenutzt hat Kant ebenso ein Werk seines späteren Gegners Eberhard (LEHMANN, 1972, 1360).
19 BEYER, 1937, 228.
20 Dieringer entscheidet sich in seiner Arbeit über die Theodizee-Frage bei Kant dafür, einzig die *Religionslehre Pölitz* zugrunde zu legen (DIERINGER, 2009, 45). Eine solche Beschränkung tut m. E. nicht Not. Denn gerade, weil von der Behandlung des *ordo entium moralium* in besagten Vorlesungsnachschriften *mutatis mutandis* das Gleiche gilt wie von der Theodizee-Thematik – dass nämlich keine „wesentlichen sachlichen Unterschiede" (DIERINGER, 2009, 45) auszumachen sind –, erscheint es unnötig, nur eine Nachschrift zu verwenden. Der Fall läge anders, wenn eine Nachschrift aus philologischer Sicht klar zu favorisieren wäre. Da dem aber nicht so ist, kann m. E. durchaus danach entschieden werden, welche Nachschrift einen bestimmten Sachverhalt am klarsten auf den Punkt bringt. (Für direkte Parallelüberlieferungen gilt dies freilich nicht.)
21 Zu den Gründen s. STARK, 2004, 392–404. Für einen Überblick über die überlieferten Vorlesungsnachschriften aus den 1770er-Jahren s. STARK, 2004, 395.
22 Um Verwechslungen zu vermeiden, wird diese wichtige Vorlesung im Folgenden als *Moral Mrongovius II* zitiert.
23 LEHMANN, 1972, 139.
24 LEHMANN, 1972, 146 f. Zu diesen beiden Manuskripten und ihrer Datierung in die (späten) siebziger Jahre s. auch PÖLITZ, 1821, v. a. III–VII.

Kaehler in der Form, in der sie von Stark ediert wurde, als wahrscheinlich ältester Text den Vorzug.[21] Auch hier wird nicht puristisch verfahren. Texte, die nur in einer der anderen Nachschriften (vor allem den Nachschriften vom *Mrongovius* und *Collins*) enthalten sind, werden mit den genannten Kautelen ebenfalls benutzt. Die wichtige Moralphilosophievorlesung von 1784/1785 wird nach der Nachschrift von Mrongovius zitiert.[22] Häufig verwendet wird auch *Vigilantius*' Nachschrift der Vorlesung über die *Metaphysik der Sitten* von 1793/1794, die die drei Jahre später erschienene Druckfassung maßgeblich zu erhellen hilft. Schließlich sind noch Kants Vorlesungen über Metaphysik zu nennen. Handschriftlich haben sich erhalten: Teile einer Vorlesungsmitschrift *Herders* aus den 1760er-Jahren, eine wahrscheinlich vollständige *Metaphysik*-Nachschrift von *Dohna-Wundlacken* sowie einige andere Fragmente. Nur in älteren Drucken erhalten sind die als L_1, H, K_1, K_2 sowie K_3 bezeichneten Nachschriften.[23] Eine Besonderheit stellt die Nachschrift L_2 dar, die Pölitz gemeinsam mit L_1 zur Grundlage seiner Edition von 1821 machte.[24] Während L_1 nur bei Pölitz erhalten ist, ist für den zweiten Teil der Vorlesung L_2 eine Handschrift nachweisbar. Der zweite Teil wird im Folgenden nach der *Akademieausgabe*, der erste – mit größerer Zurückhaltung – nach der Ausgabe von Pölitz zitiert.

Philosophen und Theologen, die Kant in seinen Vorstellungen beeinflusst haben (vor allem Leibniz und die deutsche Schulphilosophie), sowie philosophische Klassiker finden dann Erwähnung, wenn es für die Interpretation der kantischen Texte unmittelbar aufschlussreich ist. Mit Verweisen auf spätere Philosophinnen und Philosophen wurde sparsam verfahren. Die Arbeit ist zu verstehen als eine immanente Interpretation bestimmter Texte Kants, die in einen m. E. bisher nicht so gesehenen Kontext – den des *ordo entium moralium* – gestellt werden.

Was die Einheitlichkeit des kantischen Werks insgesamt anbelangt, wird der Versuch unternommen, Kants Äußerungen zu Engeln, Teufeln etc., soweit als möglich, kohärent zu lesen. Der immer wieder notwendige diachrone Blick dient dabei vornehmlich der Differenzierung und Problematisierung. Entwicklungen im kantischen Denken sollen aufgezeigt werden, ohne sich vorschnell mit einem Bruch im Denken Kants zu begnügen.[25] Diachrone und synchrone Perspektive, entwicklungsgeschichtliche Analyse und Systematisierung ergänzen sich gegenseitig in dem Sinne, dass Kohärenz und Unvereinbarkeit gleichermaßen deutlich werden sollen. Dieses Verfahren scheint gerade für Kants Religionsphilosophie (und rationale Gotteslehre) angemessen. Albert Schweitzer betont in seiner klassischen Monographie noch vornehmlich die Diskontinuitäten der kantischen Religionsphilosophie.[26] So wichtig es ist, auf diese aufmerksam zu machen, muss

---

25 Was die Entwicklung der kantischen Philosophie betrifft, ist die Arbeit grundsätzlich den Thesen Bernd Ludwigs verpflichtet (LUDWIG, 2010).
26 Die *Religionsschrift* stellt für Schweitzer die am höchsten entwickelte Form der kantischen Religionsphilosophie dar, mit der „wir uns nicht [mehr] auf dem Boden des kritischen Idealismus befinden" (SCHWEITZER, 1974, 199). Sie weise mit der zweiten Kritik „fast gar keine Berührung"

eine systematische Erschließung des *ordo entium moralium* bei Kant daran interessiert sein, eine möglichst konsistente Lesart zu bieten. Die Diskontinuitäten dürfen nicht geleugnet, es kann nicht im Voraus die Einheitlichkeit der Religionsphilosophie Kants stipuliert werden. Zugleich würde eine Lesart, die nur die Brüche konstatiert, Gefahr laufen, zu einer reinen Nacherzählung der Texte Kants zu geraten, ohne der intendierten Einheitlichkeit Rechnung zu tragen. Soll die Arbeit mehr als ein nur historisches Interesse verfolgen, muss versucht werden, bei allen Unterschieden, eine gemeinsame Grundtendenz herauszuarbeiten.[27]

3 Der Stand der Forschung

Der Versuch, die Welt der moralischen Wesen bei Kant in dem angegebenen Sinne auszumessen, wurde bisher noch nicht unternommen. Die Arbeit soll dem Desiderat abhelfen, dass die Eigentümlichkeit der kantischen Rede von „anderen vernünftigen Wesen" zwar bereits früh bemerkt, bisher aber noch nicht im Rahmen einer Monographie abgehandelt wurde. Gleichwohl kann die Arbeit an die Ergebnisse der neueren Kant-Forschung anknüpfen. Im Folgenden werden, in aller gebotenen Kürze, die wichtigsten Arbeiten vorgestellt, die in einer gewissen Nähe zu dem hier unternommenen Versuch stehen. Abschließend kann der Forschungsauftrag noch einmal präziser gefasst werden.

Was das systematische Anliegen der Arbeit betrifft, stellt die deutlichste Parallele Holger Willes Monographie über die Figur des Außerirdischen im vorkritischen und kritischen Werk Kants dar.[28] Willes nur auf den ersten Blick obskur erscheinende Arbeit teilt mit der vorliegenden Studie das Interesse an den „anderen vernünftigen Wesen" neben dem Menschen. Weit davon entfernt, Kant als vermeintlichen Zeugen für die Existenz extraterrestrischer Lebewesen zu bemühen, versucht Wille zu zeigen, dass die Figur des Außerirdischen bei Kant als eine „Limesfigur" fungiert.[29] Kants Ausflüge in die „Exobiologie" verfolgen nach Wille

---

mehr auf (SCHWEITZER, 1974, 200). Als Hauptbelege führt Schweitzer den Wegfall des Unsterblichkeitspostulats an sowie die Reduzierung des Gottesbegriffs auf einen „Hülfsbegriff", der lediglich der Erklärung der Lehre vom ethischen Gemeinwesen dient (SCHWEITZER, 1974, 199). S. dazu auch HEIT, 2006, 39.

27 Hierin ähnelt der Ansatz der vorliegenden Arbeit dem Heits. Allerdings wird, anders als bei Heit, nicht die These aufgestellt, dass die Religionsphilosophie Kants ein „organisches Ganzes" sei (HEIT, 2006, 39). Vielmehr soll die sachliche Kohärenz für den beschränkten Bereich der Rede von anderen moralischen Wesen wie Gott, Engel und Teufel erst erwiesen werden, wobei unleugbare Brüche auch als solche markiert werden.

28 WILLE, 2005.
29 WILLE, 2005, 130 f.

schlicht das Ziel, die Relativität des menschlichen Standpunkts kenntlich zu machen. Wörtlich weist Wille darauf hin, dass auch Gott, Engel und Teufel bei Kant in ähnlicher Weise „Limesfiguren" darstellen wie die (möglichen) Außerirdischen, ohne hierauf näher einzugehen.[30] An diesem Punkt setzt die vorliegende Arbeit ein. Die nämliche Trias von Gott, Engeln und Teufeln ist es, der sich die beiden Mittelteile und Herzstücke der vorliegenden Arbeit widmen, um im letzten Teil daraus die Konsequenzen für die kantische Anthropologie zu ziehen. Die Funktion der Figur des Außerirdischen – die, wie Wille richtig bemerkt, der des Engels verwandt, wenn auch nicht mit dieser identisch ist –[31], tritt hingegen zurück, da sie von Wille bereits gründlich untersucht wurde. Während Wille in seiner thematisch begrenzteren Arbeit sowohl erkenntnistheoretische, moralphilosophische als auch rechtsphilosophische Fragen abhandelt, ist der Fokus der vorliegenden Arbeit, bei breiterer thematischer Grundlage, enger. Gott, Engel und Teufel werden vorrangig in Bezug auf ihre moralontologische Stellung und moralphilosophische Funktion befragt.[32]

Zunächst überraschend ist die Behandlung der Frage, welche „anderen vernünftigen Wesen" es neben dem Menschen noch gibt, in einer Monographie Birgit Reckis. Ihre Arbeit unternimmt den Versuch, die für Kant sonst sehr gering eingeschätzte „Verbindung des Ästhetischen und Moralischen" in ein neues Licht zu rücken.[33] Im letzten Hauptteil der Arbeit geht die Verfasserin der Frage nach, was die von ihr konstatierte „ästhetisch-moralische Affinität" bei Kant für die Frage

---

30 WILLE, 2005, 71.
31 WILLE, 2005, 78 f. Wille versucht, neben Kant noch Voltaire und Locke berücksichtigend, sogar zu zeigen, dass die Figur des Aliens die des Engels ablöse. In der Neuzeit habe die Figur des Außerirdischen jene Aufgabe übernommen, die zuvor der des Engels vorbehalten war: Auf die moralische und epistemische „Unzulänglichkeit" des Menschen hinzuweisen (WILLE, 2005, 78 f.).
32 Die Frage, wie andere vernünftige Wesen *erkennen* (n. b. nicht, wie sie erkannt werden) wird hier nur am Rande behandelt. Aufschlussreich ist eine Bemerkung in der *Kritik der reinen Vernunft*: „Es ist auch nicht nöthig, daß wir die Anschauungsart in Raum und Zeit auf die Sinnlichkeit des Menschen einschränken; es mag sein, daß alles endliche denkende Wesen hierin mit dem Menschen nothwendig übereinkommen müsse (wiewohl wir dieses nicht entscheiden können) [...]" (KrV, B 72). Die Zweistämmigkeit der menschlichen Erkenntnis kann demnach nicht auf alle vernünftigen Wesen, ja, nicht einmal auf alle endlichen vernünftigen Wesen ausgedehnt werden. WILLE, 2005, 84 bezieht diese Stelle klar auf die Figur des Außerirdischen. Dagegen spricht jedoch, dass Außerirdische, wenn es sie denn gibt, laut Kant Wesen sind, die im *mundus sensibilis* existieren (s. u. 1.1. u. 1.2), was notwendig eine Erkenntnis qua sinnliche Anschauung voraussetzt. Die *aliens* verfügen, anders als Wille meint, nicht über einen völlig anderen epistemischen Apparat als der Mensch. Wahrscheinlicher ist es daher, dass Kant in der ersten Kritik tatsächlich die Engel vor Augen hat, welche, auf die Sinnlichkeit nicht angewiesen, von Kant dennoch als endliche Wesen verstanden werden.
33 RECKI, 2001, 7.

nach der Vernunft des vernünftigen Wesens bedeutet.[34] Ihre These ist, dass Kants moralphilosophische Erörterungen von Anfang an nicht auf vernünftige Wesen überhaupt, sondern auf das einzige bekannte sinnlich-vernünftige Wesen, also den Menschen, abzielen.[35] Sie argumentiert dafür, „daß die Moral für Menschen ist – und entsprechend: daß es sich bei den vernünftigen Wesen, von denen er [d. h. Kant] in methodischer Verallgemeinerung häufig spricht, um Menschen handelt".[36] Eine Interpretation, nach der Moral für alle vernünftigen Wesen, „auch Engel und Götter", und nur „unter anderem auch für den Menschen" gilt, lehnt Recki unmissverständlich ab.[37] Solch eine „Ethik auch für Engel und Götter" gebe es bei Kant nicht, da für sein Moralverständnis der Begriff der Nötigung zentral sei, welcher nur auf sinnlich-vernünftige Wesen angewandt werden könne.[38] An anderen vernünftigen Wesen neben dem Menschen hat Kant, so Recki, nur ein sehr bedingtes Interesse. So fungiere die Rede von einem heiligen „Willen" lediglich als reiner Grenzbegriff. Von „pädagogischen oder erbaulichen" Effekten abgesehen habe der „heilige Wille" bei Kant nur eine sehr geringe moralphilosophische Bedeutung.[39] Reine Vernünftigkeit ohne sinnliche Beimischung, wie sie Gott zugeschrieben wird, bedeute vielmehr das Ende der Moral, da Moral erst im Kampf gegen die Neigungen gegeben sei. Obwohl Reckis Ausführungen über die Funktion des „heiligen Willens" als Grenzbegriff zutreffend sind und auch ihre Einschätzung, dass Kants Moralphilosophie letztlich auf den Menschen ziele, mehr als bloß eine *particula veri* enthält, muss ihr doch dort entschieden widersprochen werden, wo sie eine „Ethik für Engel und Götter" schlichtweg ablehnt und behauptet, für rein-vernünftige Wesen gebe es überhaupt keine Moral. In dieser Arbeit soll demgegenüber gezeigt werden, dass Kant sehr wohl eine „Ethik für Engel und Götter" kennt, diese jedoch klar von der für sinnlich-vernünftige Wesen abgrenzt. Die pauschale Behauptung, dass bei den rein-vernünftigen

---

34 RECKI, 2001, 8. 315–357.
35 RECKI, 2001, 316. Dabei weiß Recki sehr wohl, dass auch andere sinnlich-vernünftige Wesen zumindest möglich sind (RECKI, 2001, 336).
36 RECKI, 2001, 331.
37 RECKI, 2001, 317.
38 RECKI, 2001, 320. Kants generalisierende Rede von (allen) „vernünftigen Wesen" deutet Recki so, dass es ihm schlicht darum gehe, empirisch-kontingente Elemente aus der *Begründung* der Moral herauszuhalten. Dass die „Moral" nichtsdestotrotz auf den Menschen abziele, für ihn, und nicht für Engel oder Götter, betrieben werde, bleibe davon unberührt (RECKI, 2001, 326 f.). Mit dieser Unterscheidung zwischen Begründung und Geltung versucht Recki, den offenbaren Unterschied zwischen transzendentaler Moralphilosophie und Anthropologie einzufangen, ohne ihre These aufzugeben, dass die Moral nur für den Menschen da sei.
39 RECKI, 2001, 328.

Wesen das „Ende der Moral" erreicht sei, beruht m. E. auf einer verkürzten Lesart der kantischen Texte.

Neben diesen beiden neueren Arbeiten, die sich ausführlicher mit den „anderen vernünftigen Wesen" bei Kant beschäftigen, sind für die vorliegende Arbeit auch einige Forschungsbeiträge zur kantischen „Gotteslehre" relevant. Wer sich mit den „anderen vernünftigen Wesen" bei Kant und deren jeweiliger moralischer Konstitution beschäftigt, kommt nicht umhin, der Frage nachzugehen, ob und, wenn ja, inwiefern Gott für Kant ein vernünftiges und moralisches Wesen darstellt.

Nachdem sich die Forschung lange Zeit auf Kants Kritik an den klassischen Gottesbeweisen und seinen sogenannten „praktischen Beweis" für die Existenz Gottes konzentriert hat, liegen mittlerweile einige Arbeiten vor, die sich auch mit anderen Aspekten der kantischen „Gotteslehre" und hierbei vor allem mit seiner rationalen Theologie beschäftigen.[40] Gegenüber der Literatur zu Kants Kritik der Gottesbeweise, deren Zahl Legion ist, handelt es sich hierbei immer noch um erste Ansätze. Für den Zusammenhang der Arbeit sind hier vornehmlich zwei neuere Monographien von Bedeutung.

Sebastian Maly beschäftigt sich in seiner vielbeachteten Studie mit der symbolischen Erkenntnis Gottes bei Kant.[41] Maly kann im Ausgang von den *Prolegomena*, der *Kritik der Urteilskraft*, der *Religionsschrift* sowie der *Preisschrift* zeigen, dass es bei Kant neben der objektiven Schematisierung über Begriff und Anschauung noch eine zweite Art des Schematismus gibt. Diese ist auch dann möglich, wenn ein Begriff nicht objektiv schematisiert werden kann, was bei übersinnlichen Entitäten aufgrund der fehlenden Anschauung *eo ipso* der Fall ist.[42] In einem ersten grundlegenden Teil weist Maly nach, dass Kant diesen zweiten Schematismus wesentlich nach dem Modell der Proportionsanalogie denkt.[43] Der Frage, inwiefern dieser „Schematismus der Analogie" eine Erkenntnis Gottes, die weder theoretisch noch rein praktisch ist, ermöglicht, widmet

---

40 Allen Wood, der eine der ersten wesentlichen Arbeiten zu Kants Rationaltheologie verfasst hat, konnte 1978 beobachten: „A good deal of attention, it is true, has been devoted to Kant's famous attacks on the three brands of theistic proof. [...] [T]he philosophical force of Kant's critique of these proofs has often been greatly overestimated. With regard to the positive or constructive parts of Kant's rational theology, however, the very reverse is true" (WOOD, 2009, 10). An dieser Situation hat sich grundsätzlich nichts geändert. Von den neueren Arbeiten, die diesem Desiderat abzuhelfen suchen, sind neben der zitierten Arbeit von Wood an dieser Stelle v. a. erwähnenswert: FÖRSTER, 1998. FRANKENBERGER, 1984. GEBLER, 1990. MALY, 2012. PALMQUIST, 2000. WIMMER, 1990. THEIS, 1994.
41 MALY, 2012.
42 MALY, 2012, 97–132. Für diese Interpretation *in nuce* s. MALY, 2012, 198–203.
43 MALY, 2012, 45–75.

sich der zweite Hauptteil. Die „symbolische Erkenntnis" wird dabei kenntlich als ein Mittelweg zwischen Deismus und theistischem Anthropomorphismus.⁴⁴ Dabei kann Maly zeigen, dass für Kant die anthropomorphe Rede von Gott nicht schlechthin ein abergläubischer Irrtum ist, sondern vielmehr notwendig zur *conditio humana* gehört. Die „symbolische Erkenntnis Gottes" kann eine „Nothilfe für Begriffe des Übersinnlichen" darstellen, solange sie nicht mit einer theoretischen Erkenntnis verwechselt wird.⁴⁵ Die Ergebnisse der Arbeit Malys sind im hohen Maße aufschlussreich für die epistemologische Frage, wie nach Kant eine Thematisierung übersinnlicher Wesen überhaupt möglich ist. Das bedeutet für die vorliegende Arbeit eine große Entlastung. Mit Verweis auf Malys Arbeit kann sie dem naheliegenden Einwand ausweichen, dass über die Stellung von Gott, Engeln und Teufeln auf der moralischen Stufenleiter schlicht nichts ausgesagt werden könne, da von solchen übersinnlichen Wesen gar keine Erkenntnis möglich sei. Die eigentliche Kernfrage der vorliegenden Arbeit, welche moralische Stellung den besagten übersinnlichen Wesen zukommt, wird von Maly indes nur am Rande berührt. Seine Ergebnisse sind daher hauptsächlich für die Prolegomena (vor allem Kapitel 2), weniger aber für das eigentliche Forschungsvorhaben relevant.

Anders verhält es sich mit einer einflussreichen Studie von Gerhard Schwarz. Schwarz geht in seiner Arbeit von der schon zuvor gemachten Beobachtung aus, dass Kant im *Opus postumum* Gott mit der reinen praktischen Vernunft identifiziert (von Schwarz als „Identitätsthese" bezeichnet). Daran schließt Schwarz die weitergehende Frage an, ob vor diesem Hintergrund sogar Gott und Mensch bei Kant letztlich identifizierbar werden („Identifizierbarkeitsthese").⁴⁶ Gegenüber Wimmer, Förster und anderen Vorgängern versucht Schwarz zu beweisen, dass zwischen der Gotteskonzeption des *Opus postumum* und der der *Kritik der praktischen Vernunft* kein Widerspruch bestehe.⁴⁷ Während Förster den Wandel der

---

44 MALY, 2012, 265–278.
45 MALY, 2012, 306–331. Die Formulierung „Nothülfe" ist selbst Kants *Preisschrift* entlehnt (Fortschr. d. Metaph., AA XX, 279). Insgesamt unterscheidet Maly in diachroner Perspektive zwischen drei Formen der „symbolischen Erkenntnis" Gottes: 1. Der „symbolische Anthropomorphismus" in den *Prolegomena* (MALY, 2012, 283–302), 2. die besagte „Nothilfe für Begriffe des Übersinnlichen" laut der *Preisschrift* (MALY, 2012, 302–305) und 3. der „Schematismus der Analogie" in der *Religionsschrift* (MALY, 2012, 307–330).
46 SCHWARZ, 2004, 7.
47 „Insgesamt wird sich ein neuer Ansatz im Verständnis dieser Lehrstücke der *Kritik der praktischen Vernunft* [d. h. der Postulatenlehre] herausbilden, der sichtbar macht, daß die Identitätsthese und Identifizierbarkeitsthese tief in der Dialektik der *Kritik der praktischen Vernunft* verwurzelt sind. Auf diese Weise wird sich herauskristallisieren, daß die in der Forschung verbreitete Standarddeutung des Gottesarguments, die von der prinzipiellen Verschiedenheit von

Gottesvorstellung betont,⁴⁸ versucht Schwarz, die Kontinuität der kantischen „Gotteslehre" nachzuweisen. Mehr noch, er versucht zu zeigen, dass die „Identitätsthese" bereits in der zweiten Kritik anzutreffen sei. Die Postulatenlehre, so Schwarz, steht wider den ersten Eindruck nicht im Widerspruch zum *Deus in nobis* des Nachlasswerks.⁴⁹ Für die vorliegende Untersuchung ist Schwarz' Arbeit insofern von besonderer Bedeutung, als die Postulatenlehre nach der klassischen Lesart einen personalen Gott voraussetzt, eine Vorrausetzung, die das Nachlasswerk dann (zumindest dem ersten Anschein nach) zurücknimmt. Nach der Lesart Försters würde gelten: Während der Gott der *Kritik der praktischen Vernunft* als „Vernunftwesen", ja sogar „vernünftiges Wesen" bezeichnet werden kann, haben wir es im *Opus postumum* mit einem völlig apersonalen Gott zu tun. Schwarz' Synthese erscheint daher zunächst als ein attraktiver Versuch, Personalität und Apersonalität Gottes miteinander zu vermitteln. Allerdings geht sein Ansatz nur dann auf, wenn die „Identitätsthese" tatsächlich bereits in der zweiten Kritik nachweisbar ist. Dass Schwarz hierfür, wie der Gang seiner Argumentation zeigt, annehmen muss, dass mit der für das höchste abgeleitete Gut konstitutiven „Glückseligkeit" moralische und nicht physische Glückseligkeit gemeint sei,⁵⁰ ist m. E. höchst problematisch. Diese Deutung hat den Text der zweiten Kritik direkt gegen sich.⁵¹ Statt wie Schwarz eine Kontinuität zwischen zweiter Kritik und *Opus postumum* nachzuweisen, soll im Folgenden versucht werden, eine Konzeption bei Kant ausfindig zu machen, die es erlaubt, Gott zugleich als „Vernunftwesen" und apersonale reine praktische Vernunft anzusehen. Eine solche Position findet sich m. E. in der *Metaphysik der Sitten*.

Im Zusammenhang mit der „Identifizierbarkeitsthese" steht eine zweite wichtige Beobachtung Schwarz', an die die vorliegende Arbeit kritisch anknüpfen kann. Schwarz sieht m. E. als einer der ersten Forscher deutlich, dass Kant den Menschen als Wesen bestimmt, das nicht nur als „bloß-endliches Wesen"

Gott und reiner praktischer Vernunft sowie Gott und vernünftigem Wesen ausgeht [...] nicht aufrecht erhalten werden kann" (SCHWARZ, 2004, 18). Gemeint ist hier wohlgemerkt nicht die Beschreibbarkeit Gottes als vernünftiges Wesen, sondern die Identität zwischen Gott und dem vernünftigen Wesen Mensch im Sinne der Identifizierbarkeitsthese. Hierin unterscheidet sich der Ansatz Schwarz' deutlich von dem der vorliegenden Arbeit.
48 FÖRSTER, 1998.
49 SCHWARZ, 2004, 18–20.
50 SCHWARZ, 2004, 273. Für die Durchführung des Arguments im Detail s. SCHWARZ, 2004, 105–147.
51 So auch HEIT, 2006, 158. Heit verweist hier zu Recht auf den zentralen Abschnitt KpV, AA V, 110–119.

höchstens zur Tugend fähig ist, sondern auch die Anlage zur Heiligkeit besitzt.[52] Diese Spannung zwischen dem, was der Mensch ist, und dem, was er sein soll, beschreibt Schwarz präzise. Was seine hiermit zusammenhängenden Einzelbetrachtungen zum Unsterblichkeitspostulat und – von Schwarz nur angedeutet – zur Christologie Kants betrifft, bedarf es m. E. indes einer vertieften Behandlung.

Zu diesen beiden, lange vernachlässigten Themenkomplexen liegt mittlerweile eine ausführliche Monographie von Alexander Heit vor. Der Theologe Heit widmet sich in seiner Arbeit der Frage, wie Kant die christliche Erlösungs- und Rechtfertigungslehre interpretiert. Unter Erlösung versteht er dabei den Wandel der moralischen Qualität, wie er, laut der *Religionsschrift*, mit der Revolution der Gesinnungsart verbunden ist. Rechtfertigungs- bzw. Versöhnungslehre wird demgegenüber verstanden als der Versuch zu plausibilisieren, wie die bereits angehäufte Schuld vergeben werden kann.[53] Im Zentrum der Arbeit Heits steht dabei das Ordnungsverhältnis von Erlösungs- und Rechtfertigungslehre.[54] Hier schlägt sich auch Heits vornehmlich theologisches Interesse an Kant nieder. Laut Heit ist es für die klassische römisch-katholische Theologie – wie sie im Tridentinum zum Ausdruck kommt – charakteristisch, dass sie, vereinfacht gesagt, die Erlösungslehre der Rechtfertigungslehre vorordnet.[55] Die Vergebung der Sünden setzt bereits eine neue moralische Qualität des Menschen voraus. Nach reformatorischer – genauer lutherischer – Auffassung hingegen folgt die Erlösung erst auf die Rechtfertigung. Nur der Mensch, dem seine Schuld nicht mehr angerechnet wird, kann überhaupt eine neue moralische Qualität erhalten.[56] Beide Modelle, sowohl das römisch-katholische als auch das lutherische, finden sich laut Heit bei Kant.[57] Im letzten Teil der Arbeit überwiegt jedoch Heits Versuch, Kants Äußerungen in der *Religionsschrift* mit Luthers Rechtfertigungslehre zu harmonisieren. Vollkommen richtig arbeitet Heit dabei heraus, dass für Kant die Rechtfertigung ein proleptisches Urteil Gottes darstellt, welches es ermöglicht, den *de facto* immer noch unvollkommenen Menschen aufgrund seiner guten Gesinnung kontrafaktisch so anzusehen, als ob er bereits moralische Vollkom-

---

52 SCHWARZ, 2004, 207. Für die Frage nach der sittlichen Stufe des Menschen ist das gesamte Kapitel SCHWARZ, 2004, 206–223 relevant.
53 HEIT, 2006, 31.
54 HEIT, 2006, 162–180.
55 HEIT, 2006, 167–169.
56 HEIT, 2006, 170 f. Den Grund für die Vorordnung der Rechtfertigungslehre im lutherischen Protestantismus liegt laut Heit darin, dass hier die Radikalität des Bösen konsequent zu Ende gedacht werde, während die römisch-katholische Position den primären Ansprüchen der reinen praktischen Vernunft zunächst eher entgegenkomme (HEIT, 2006, 163 f.).
57 HEIT, 2006, 166. 172. Heit betont allerdings, dass die beiden Modelle – auch bei Kant – wechselseitig exklusiv blieben.

menheit erreicht habe.⁵⁸ Wenn Heit im Kontext seiner Rekonstruktion der Rechtfertigungslehre Kants auf die Vorstellung der Genugtuung Christi zu sprechen kommt,⁵⁹ deutet er m. E. Kant jedoch „rechtgläubiger", als er in der Tat ist. Geleitet von seinem Versuch, Kant und Luther zu harmonisieren, bemüht sich Heit zu zeigen, dass die Genugtuung, welche die Rechtfertigung ermöglicht, bei Kant durch ein *externum*, d. h. Christus als vom Gerechtfertigten unterschiedenes Subjekt, geleistet werde.⁶⁰ Dagegen muss m. E. festgehalten werden, dass Kant die Vorstellung von der Genugtuung auf anthropologische Binnenverhältnisse überträgt.⁶¹ Von der Genugtuung durch eine externe Person kann hier, anders als bei Luther, nicht mehr die Rede sein. Kant interpretiert die klassischen christologischen Bestimmungen als indirekt-anthropologische. Es geht ihm nicht um Jesus Christus als konkrete gottmenschliche Person, sondern um das Urbild menschlicher Vollkommenheit – eine Tendenz, die bereits mehrfach von anderen Forschern beobachtet wurde.⁶² Der Ausarbeitung dieser gleichzeitigen Idealisierung und Anthropologisierung der Christologie, die weitreichende Konsequenzen für die Stellung des Menschen im *ordo entium moralium* hat, wird am Ende der vorliegenden Untersuchung nachgegangen.⁶³

4 Das Forschungsvorhaben

Die Arbeit soll einen Beitrag liefern zu der Frage, welche Bedeutung die Thematisierung der „anderen vernünftigen Wesen" neben dem Menschen bei Kant besitzt. Sie konzentriert sich dabei auf die anderen *moralischen* Wesen. Als solche (mögliche) Wesen kommen vorrangig Engel, Teufel und Gott in Betracht. Nicht ausführlich behandelt werden hingegen die möglichen moralischen Bewohner anderer Planeten, deren Funktion bereits gründlich untersucht wurde. Es wird ferner die These aufgestellt, dass Kant die moralischen Wesen (*entia moralia*) in eine bestimmte hierarchische Ordnung bringt, die Parallelen zur Vorstellung des

---

58 HEIT, 2006, 174.
59 HEIT, 2006, 171–180.
60 HEIT, 2006, 176–180. Die Genugtuung gehört nach Heit im gleichen Sinn zu den „Geheimnissen" der Vernunft wie die Trinitätslehre und die Sakramentaltheologie (HEIT, 2006, 180).
61 S.u. 10.3.
62 BOHATEC, 1938, 356 f. SALA, 2000, 29 f. ROHLS, 2003, 221–223. Alle genannten Autoren äußern sich im angegebenen Zusammenhang auch kritisch zur Interpretation der kantischen Christologie im Sinne einer aufklärerischen Vorbild-Christologie (s. u. 10.2.).
63 Aufgrund des Erscheinungsdatums konnte die Habilitationsschrift „Vernunft und Glaube bei Kant" von Burkhard Nonnenmacher nicht mehr berücksichtigt werden.

ordo rerum aufweist. Diese „moralische Stufenleiter der Wesen" gilt es zu rekonstruieren. Unlösbar von der moralontologischen Frage ist dabei die nach der textpragmatischen und argumentativ-strategischen Funktion der Rede von „anderen vernünftigen Wesen" bei Kant.

Um diesem Auftrag gerechnet zu werden, muss zunächst Kants Rede „von anderen vernünftigen Wesen" genauer untersucht werden. Der Kosmos der „vernünftigen Wesen" muss gelichtet, Einteilungs- und Unterscheidungskriterien der Wesen sollen analysiert werden. Bevor die moralischen Wesen im Einzelnen durchgegangen werden, ist es unablässig zu klären, worin sie sich von anderen Wesen unterscheiden. Was ist das Spezifikum der moralischen Wesen gegenüber den nur-vernünftigen Wesen? Was hat die Differenzierung zwischen sinnlichen und übersinnlichen vernünftigen Wesen zu besagen? Welche Funktion haben Begriffspaare wie „heilig" und „tugendhaft", „Vernunftwesen" und „vernünftiges Wesen"? (Hauptteil I).

Im Zentrum der Arbeit stehen jene anderen moralischen Wesen neben dem Menschen, die für Kant überhaupt denkbar sind: Gott, Engel und Teufel. Bei der Thematisierung Gottes als moralisches Wesen werden zugleich grundsätzliche Fragen der rationalen Theologie und Religionsphilosophie Kants berührt. Dass Gott als eine vernünftige und moralische „Person" angesehen werden muss, ist, folgt man Kant, keineswegs selbstverständlich. An dieser Stelle wird der diachrone Blick auf Kants Werk besonders wichtig. Es gilt, die verschiedenen Konzeptionen Gottes bei Kant zu beleuchten – postulierter Garant des höchsten abgeleiteten Guts, moralischer Gesetzgeber, die reine praktische Vernunft selbst – und nach einer möglichst einheitlichen Deutung zu suchen, die es erlaubt, Gott als moralisches Wesen zu bezeichnen, ohne andere Momente und Entwicklungsstufen der kantischen Gotteslehre auszublenden. Ist dies gesichert, kann im Anschluss näher thematisiert werden, inwiefern Gott laut Kant das oberste moralische Wesen darstellt. Wie sich zeigen wird, bietet sich zur Explikation dieser These Kants Rekonstruktion der Trinitätslehre an, die m. E. von der bisherigen Forschung noch nicht in ihrer zentralen Bedeutung erkannt wurde. Dabei soll deutlich werden, dass es Kant weniger um eine sachgemäße Interpretation des Theologumenons selbst als um die Konsistenz seiner eigenen Moralphilosophie geht. Die Trinitätslehre bündelt seine Aussagen zu den göttlichen Eigenschaften und ermöglicht es ihm so, den Konnex von höchstem abgeleiteten Gut und Gottespostulat zu plausibilisieren, der andernfalls schnell den Eindruck einer *ad-hoc*-Lösung erweckt (Hauptteil II).

Der nächste Hauptteil widmet sich dann den Himmels- und Höllenbewohnern, Teufeln und Engeln. Da Kant die Engel nur sehr selten erwähnt, muss die Interpretation hier einige Umwege in Kauf nehmen. Umso wichtiger ist es, bei den Stellen, an denen Kant die „Himmlischen" explizit benennt, genau auf die textpragmatische und argumentative Funktion zu achten. Dieses Vorgehen wird zeigen, dass Kant, abhängig vom jeweiligen argumentativen Kontext, den Engeln sowohl Tugend als auch Heiligkeit zuschreiben kann. Diese heuristisch-limitative Funktion der Rede von anderen vernünftigen Wesen wird auch bei den Teufeln deutlich. Das „Teuflisch-Böse" stellt für Kant eine bestimmte moralische Möglichkeit jenseits der Möglichkeiten des Menschen dar. Dass Kant dieses „Teuflisch-Böse" mit Hilfe der Triebfedernlehre charakterisiert, soll als Ausgangspunkt für eine genauere Untersuchung dieser spezifischen Form des Bösen dienen. Die Abgrenzung des „Teuflisch-Bösen" *sensu stricto*, das einen inhumanen Grad an moralischer Verderbtheit bezeichnet, von anderen, nur bedingt „teuflischen" Formen des Bösen verdient dabei besondere Aufmerksamkeit. Abschließend werden Kants philosophische Annäherungen an die Vorstellungen von Himmel und Hölle untersucht. Zentral ist hier der Versuch, die beiden Vorstellungen in Zusammenhang mit der Lehre vom höchsten Gut und – so die These – einem größten Übel zu bringen (Hauptteil III).

Am Ende der Arbeit soll der Blick auf dasjenige vernünftige und moralische Wesen gelenkt werden, das für Kant das eigentliche entscheidende ist, d. h. den Menschen. Im Rückgriff auf die Ergebnisse des ersten Hauptteils wird dabei die Stellung des Menschen als „Bürger zweier Welten" thematisiert. Um sich nicht auf dem weiten Feld der kantischen Anthropologie zu verlieren, wird das Thema des Kapitels auf die Frage fokussiert: Wie ist die Spannung zwischen der *de-facto*-Beschaffenheit des Menschen als höchstens tugendhaftes Wesen und seiner Bestimmung (*vocatio*) zur Heiligkeit zu verstehen und – wichtiger noch – kann sie gelöst werden? Weitgehend ausgeblendet wird dabei alles, was Kants empirische Anthropologie anbelangt. Als mögliche Kandidaten, die die besagten Spannungen lösen können, werden Kants philosophische Rekonstruktion der Christologie und Rechtfertigungslehre ausführlich vorgestellt. Die Arbeit soll zeigen, dass es sich bei diesen Komplexen keineswegs um marginale Themen der kantischen Philosophie handelt. Vielmehr wird die Spannung zwischen *De-facto*-Status und Bestimmung des Menschen vor dem Hintergrund der Rechtfertigungslehre überhaupt erst existentiell erträglich. Sie allein – und nicht das Postulat der Unsterblichkeit, wie eigens gezeigt werden soll –, verhindert, sich mit dem deprimierenden Resultat begnügen zu müssen, dass der Mensch permanent hinter seiner moralischen Bestimmung zurückbleibt (Hauptteil IV). In diesem Bemühen, die Rechtfertigungslehre, ebenso wie die Christologie und Trinitätslehre, als wichtige Bestandteile der Philosophie Kants kenntlich zu machen, statt darin schlicht eine Akkommodation an die religiöse Norm zu sehen, weiß der Verfasser sich seinen theologischen Wurzeln verbunden.

Teil I: **Vernünftige Wesen**

1. Kapitel Menschen und andere vernünftige Wesen

1.1 Moralphilosophie und Anthropologie

Kant eröffnet den ersten Hauptteil seiner *Grundlegung zur Metaphysik der Sitten* mit einem ebenso berühmten wie oft gerügten Satz: „Es ist überall nichts in der Welt, ja überhaupt auch außer derselben zu denken möglich, was ohne Einschränkung für gut könnte gehalten werden, als allein ein guter Wille."[1] Bemerkenswert an diesem Einstieg ist, dass Kant nicht vom menschlichen Willen redet, sondern von einem guten Willen überhaupt, sowohl innerhalb der Welt als auch außerhalb derselben. Als Voraussetzung ist darin bereits enthalten, dass es einen solchen guten Willen auch außerhalb der Welt zumindest geben könne. Die epistemologische Frage, ob wir etwas über einen solchen extramundanen guten Willen aussagen können, ist damit freilich noch nicht berührt. Alles, was Kant voraussetzt, ist die Denkmöglichkeit eines solchen Willens.

Wichtiger aber noch: Kant grenzt sein moralphilosophisches Vorhaben von Anfang an streng gegenüber einem anthropologischen ab.[2] Bereits in der Vorrede zur *Grundlegung* stellt er „reine Moralphilosophie" und Anthropologie klar gegenüber.[3] Während sich die Anthropologie dem empirisch Gegebenen widmet,

---

1 GMS, AA IV, 393.
2 Dies muss gerade auch gegenüber Foucaults populärer These vom „anthropologischen Schlaf", dem das Denken seit Kant verfallen sei, festgehalten werden (FOUCAULT, 1974, 410 – 412). Zum ausführlich untersuchten Verhältnis von Anthropologie und Moralphilosophie bei Kant s. besonders FIRLA, 1981. LOUDEN, 2000, 3 – 32. RECKI, 2001, 318 f. WOOD, 1999.
3 Louden unterscheidet in diesem Zusammenhang zwischen *pure ethics*, die auf jeden empirischen Bezug verzichten, und *impure ethics*, die einen empirischen Anteil haben. Er benennt dabei verschiedene Grade der Unreinheit, je nachdem, ob es sich um eine Ethik für (endliche) vernünftige Wesen insgesamt (also auch „non-human rational beings") oder um eine Ethik spezifisch für Menschen handelt (LOUDEN, 2000, 10 – 13). Wood hat demgegenüber, zumindest für die *Metaphysik der Sitten*, proklamiert, dass die Moralphilosophie die Anthropologie einschließe, insofern sie *principles of application* bereithalte (WOOD, 1999, 195 f.). Dass das oberste Prinzip der Moral hingegen nichts von der Anthropologie entlehne, vielmehr „wholly apriori" sei, gesteht indes auch er zu (WOOD, 1999, 195 f.). Da es bei der Frage nach den anderen vernünftigen Wesen darum geht, inwiefern das Sittengesetz (als oberstes Moralprinzip) für diese Gültigkeit besitzt, und gleichzeitig schnell deutlich wird, dass die *principles of application* hier andere sind als beim Menschen, ist grundsätzlich nichts gegen Woods These einzuwenden. Bedenklich ist allein die Vehemenz, mit der er auf die enge Verbindung von Moralphilosophie und Anthropologie pocht, die m. E. eine Engführung der kantischen Position bedeutet. Dass in der *Metaphysik der Sitten* auch *principles of application* in Bezug auf den Menschen angegeben werden, spricht, anders als

d. h. der Gattung Mensch, ergründet die „reine Moralphilosophie", welche von allem Empirischen gereinigt ist, die Beschaffenheit eines schlechthin guten Willens.[4] Die Gültigkeit der notwendigen Gesetze der Sittlichkeit, die ihren Gegenstand ausmachen, können nicht von dem kontingenten Vorhandensein der menschlichen Gattung abhängig gemacht werden. Insofern sie notwendig sind, gelten diese Gesetze nicht nur für den Menschen, sondern für alle „vernünftigen Wesen", welche Wesen auch immer im Einzelnen unter diesen Begriff subsumiert werden können. So werde etwa, argumentiert Kant, das Verbot zu lügen aller Verbindlichkeit beraubt, wenn es nur für Menschen gelten würde, „andere vernünftige Wesen sich aber daran nicht zu kehren hätten".[5] Der Grund der Verbindlichkeit kann laut Kant eben nicht in der zufälligen Natur des Menschen liegen, sondern muss *a priori* aus den Begriffen der reinen praktischen Vernunft erwiesen werden. Moralphilosophie und Anthropologie sind *toto genere* verschieden. Kant vergleicht erstere in dieser Hinsicht mit der reinen Mathematik. So wie die reine Mathematik – die Kant mit der Logik gleichsetzt – sich von der angewandten abhebt, unterscheidet sich auch die „reine Philosophie der Sitten" von der Anthropologie.[6] Zwar darf die reine Moralphilosophie sehr wohl auf die Anthropologie angewandt werden, sie kann, als apriorische Wissenschaft, aber nicht über diese begründet werden.[7] Moralphilosophie darf niemals auf eine

---

Wood insinuiert, nicht dagegen, dass es eine reine Moralphilosophie gibt, die für alle vernünftigen Wesen gilt. Vielmehr bestätigt das Vorhandensein solcher „Prinzipien", dass die Moralphilosophie als solche nicht allein auf Menschen ausgerichtet ist. Sie wären sogar unnötig, wenn der Mensch von vorneherein der einzige moralische Agent wäre. Erst die Unterschiedenheit von reiner Moralphilosophie und Anthropologie macht solche Anwendungsregeln notwendig.

[4] GMS, AA IV, 389. In der Metaphysik der Sitten, der reinen Moralphilosophie, geht es um „die Principien eines möglichen reinen Willens [...] und nicht die Handlungen und Bedingungen des menschlichen Wollens überhaupt, welche größtentheils aus der Psychologie geschöpft werden" (GMS, AA IV, 390, vgl. bereits KrV, A 842/B 870). Die Unterscheidung zwischen dem reinen Willen und dem menschlichen Wollen, das immer empirisch bedingt ist, bereitet die spätere Unterscheidung zwischen Wille und Willkür vor (MSR, AA VI, 213/LUDWIG, 17 f.).

[5] GMS, AA IV, 389.

[6] „Man kann, wenn man will, (so wie die reine Mathematik von der angewandten, die reine Logik von der angewandten unterschieden wird, also) die reine Philosophie der Sitten (Metaphysik) von der angewandten (nämlich auf die menschliche Natur) unterscheiden. Durch diese Benennung wird man auch sofort erinnert, daß die sittlichen Principien nicht auf die Eigenheiten der menschlichen Natur gegründet, sondern für sich *a priori* bestehend sein müssen, aus solchen aber, wie für jede vernünftige Natur, also auch für die menschliche praktische Regeln müssen abgeleitet werden können" (GMS, AA IV, 410, Anm. 1). Zu dieser Analogie zwischen reiner Logik und reiner Moralphilosophie s. KÖNIG, 1994, 128–130.

[7] „[E]ine Metaphysik der Sitten kann nicht auf Anthropologie gegründet, aber doch auf sie angewandt werden" (MSR, AA VI, 216 f./LUDWIG, 13).

bestimmte, empirisch gegebene Gattung beschränkt werden, sondern muss sich an „vernünftigen Wesen überhaupt" ausrichten. Andernfalls würde die *conditio humana* zum Maßstab der Moral werden. Was empirisch-kontingent ist, kann nicht die Strenge und Notwendigkeit des Sittengesetzes begründen. Wenn Kant als Adressaten des Sittengesetzes das „vernünftige Wesen überhaupt" benennt, handelt es sich also keineswegs um eine schlichte Generalisierung.[8] Vielmehr liegt es im Wesen einer apriorischen Wissenschaft, dass sie gattungsspezifische Differenzierungen zunächst außer Acht lässt. Kant fragte daher, ebenfalls bereits in der *Grundlegung:*

> Denn mit welchem Rechte können wir das, was vielleicht nur unter den zufälligen Bedingungen der Menschheit gültig ist, als allgemeine Vorschrift für jede vernünftige Natur in unbeschränkte Achtung bringen, und wie sollen Gesetze der Bestimmung unseres Willens für Gesetze der Bestimmung des Willens eines vernünftigen Wesens überhaupt und nur als solche auch für den unsrigen gehalten werden, wenn sie bloß empirisch wären und nicht völlig *a priori* aus reiner, aber praktischer Vernunft ihren Ursprung nähmen?[9]

Eine bloß empirische Untersuchung der Gesetze des menschlichen Willens könnte niemals auf die dem Sittengesetz eigentümliche Allgemeinheit führen.[10]

---

8 Dies ist gerade das Missverständnis Schopenhauers, der gegen Kants Erklärung, das Sittengesetz gelte für alle vernünftigen Wesen, den Einwand erhebt, dass nicht von einer Eigenschaft der Spezies „Mensch" auf das Genus „vernünftige Wesen" geschlossen werden dürfe. Die Eigenschaft der Vernunft würden wir einzig als Eigenschaft der Menschen kennen: „Wie wir die Intelligenzen [sic!] überhaupt schlechterdings nur als eine Eigenschaft animalischer Wesen kennen und deshalb nimmermehr berechtigt sind, sie außerdem und unabhängig von der animalischen Natur existierend zu denken; so kennen wir die Vernunft allein als Eigenschaft des menschlichen Geschlechts und sind schlechterdings nicht befugt, sie außer diesem existierend zu denken und ein Genus ‚Vernünftige Wesen' aufzustellen, welches von seiner alleinigen Species ‚Mensch' verschieden wäre [...]" (SCHOPENHAUER, 1912, 601, Hervorhebungen getilgt). Was Schopenhauer hier unterstellt, ist, dass Kant eine Eigenschaft des Menschen, den wir „kennen", auf andere (hypothetische) Wesen übertrage, also schlechterdings generalisiere. Ginge es Kant um eine Eigenschaft, die wir „kennen", würde seine Argumentation sich auf die Empirie stützen und wäre „anthropologisch". Eine solche Ausweitung einer anthropologischen Aussage auf andere vernünftige Wesen wäre in der Tat ungerechtfertigt. Allerdings will Kant eben gerade nicht empirisch, sondern apriorisch vorgehen. Eine apriorische (im Gegensatz zu einer anthropologischen) Grundlegung der Moralphilosophie muss unabhängig sein davon, welche vernünftigen Wesen es überhaupt gibt. (Sie würde sogar dann Bestand haben, wenn es gar kein vernünftiges Wesen gäbe.) Die für alle vernünftigen Wesen gültige Moralphilosophie ist keine Generalisierung der Anthropologie, sondern die Anthropologie ist vielmehr eine auf Empirie angewandte Spezifizierung der allgemeinen Moralphilosophie.
9 GMS, AA IV, 408.
10 Daher rührt auch Kants Kritik an moralischen Vorbildern wie etwa dem „Heiligen des Evangelii" (GMS, AA IV, 408 f.). Zu den christologischen Implikationen dieser Kritik s. u. 10.2.

Einzig und allein apriorisch, aus reiner praktischer Vernunft kann es erkannt werden. Folglich ist der Mensch ihm auch nicht unterworfen, insofern er Mensch, sondern, insofern er – wohlgemerkt in der Terminologie der *Grundlegung* – „vernünftiges Wesen" ist.[11] Reine Moralphilosophie handelt, anders als die Anthropologie, nicht vom Sinnenwesen Mensch, sondern vom „vernünftigen Wesen", das der Mensch, unabhängig von seiner zufälligen sinnlichen Natur, auch immer ist. Nur als „vernünftige Wesen" können wir unserem Willen laut der *Grundlegung* überhaupt Freiheit zuschreiben.[12] Später wird Kant solche Wesen freilich nicht mehr „vernünftige Wesen", sondern „Vernunftwesen" nennen. In der *Grundlegung* schwankt hier der Sprachgebrauch noch.[13] Schreiben wir uns diese Freiheit zu, müssen wir sie auch jedem anderen „vernünftigen Wesen" beilegen können. Der im dritten Abschnitt der *Grundlegung* problematische „Freiheitsbeweis" muss daher für alle vernünftigen Wesen geführt werden. Abermals wendet sich Kant hier gegen ein anthropologisches Verfahren. Ein Beweis allein der menschlichen Freiheit ist nicht nur unmöglich (weil der geforderte Beweis niemals *a posteriori*, sondern nur *a priori* geführt werden kann), sondern wäre sogar, wenn er möglich wäre, unzureichend, weil er nur eine zufällige empirische Gattung beträfe.[14] Entweder kann gezeigt werden, dass alle vernünftigen Wesen frei sind, oder es kann für kein vernünftiges Wesen gezeigt werden. Einem empirischen Wesen wie dem Menschen kann *als* empirischem Wesen Freiheit indes weder ab- noch zugesprochen werden.

Dass es neben dem Menschen noch andere vernünftige Wesen geben könne, ist dabei eine Annahme, die zunächst rein argumentativ-strategische Bedeutung besitzt. Kant geht es primär nicht um diese „anderen vernünftigen Wesen" selbst,

---

[11] Dies erkennt, wenn auch mit polemischem Unterton, Schopenhauer durchaus richtig (SCHOPENHAUER, 1912, 601).
[12] Nach der *Grundlegung* muss die Freiheit als Eigenschaft aller „vernünftigen Wesen" angenommen werden (GMS, AA IV, 447).
[13] Auch die Unterscheidung von „vernünftigen Wesen" und „Sinnenwesen" kann Kant spätestens seit der *Kritik der praktischen Vernunft* nicht mehr in dem angegebenen Sinn treffen. Vielmehr ist es eine Pointe der Unterscheidung von „vernünftigen Wesen" und „Vernunftwesen", dass „vernünftige Wesen" als solche noch gar keine übersinnlichen Wesen sind. S. u. 2.3.
[14] „Es ist nicht genug, daß wir unserem Willen, es sei aus welchem Grunde, Freiheit zuschreiben, wenn wir nicht ebendieselbe auch allen vernünftigen Wesen beizulegen hinreichenden Grund haben. Denn da Sittlichkeit für uns bloß als für vernünftige Wesen zum Gesetze dient, so muß sie auch für alle vernünftige Wesen gelten, und da sie lediglich aus der Eigenschaft der Freiheit abgeleitet werden muß, so muß auch Freiheit als Eigenschaft des Willens aller vernünftigen Wesen bewiesen werden, und es ist nicht genug, sie aus gewissen vermeintlichen Erfahrungen von der menschlichen Natur darzuthun (wiewohl dieses auch schlechterdings unmöglich ist und lediglich *a priori* dargethan werden kann), sondern man muß sie als zur Thätigkeit vernünftiger und mit einem Willen begabter Wesen überhaupt gehörig beweisen" (GMS, AA IV, 447 f.).

1.1 Moralphilosophie und Anthropologie — 25

sondern darum, dass, die Möglichkeit solcher Wesen zugestanden, eine anthropologische Fundierung der Moralphilosophie als insuffizient erscheint.[15] Eine solch argumentativ-komparative Verwendung der Annahme anderer vernünftiger Wesen findet sich außer in der *Grundlegung* auch in der wesentlich späteren *Anthropologie in pragmatischer Hinsicht*. Kant nimmt hier *ex hypothesi* an, dass es auf einem anderen Planeten vernünftige Wesen gäbe, die laut denken, d. h. alles, was sie denken, sofort aussprechen würden.[16] Diese Wesen nun, behauptet Kant,

---

15 Ritter spricht in diesem Zusammenhang treffend vom Modellcharakter der Vorstellung von anderen vernünftigen Wesen. „*Insofern* die ganze Moralphilosophie *Kants* von dieser Modellvorstellung ausgeht, um an ihr eine Moral aus ‚reiner Vernunft' zu entwickeln, ist sie nicht Sollens-, sondern Seinslehre" (RITTER, 1971, 123, Anm. 199). Ritters Ausdruck „Seinslehre" (also Ontologie) ist m. E. zu stark, trifft allerdings einen wichtigen Punkt: Durch die Rede von den „anderen vernünftigen Wesen" überschreitet Kant das Gebiet der Moralphilosophie im engeren Sinn in Richtung der Moralontologie. – Dass laut Kant Moralphilosophie nicht empirisch-anthropologisch begründet werden darf und letztlich auf den Menschen abziele, erkennt auch Recki (RECKI, 2001, 326 f.). Ihre Gleichsetzung von „Moral" und Genötigt-Sein (RECKI, 2001, 320) ist indes schon deshalb fragwürdig, weil nach Kant Heiligkeit, also die Überwindung des Genötigt-Seins, die eigentliche Bestimmung des Menschen darstellt (s. u. 9.1. u. 9.2). Allzu schnell setzt Recki die richtige Beobachtung, dass Kants „Interesse an der Moral" immer schon ein Interesse am Menschen sei, mit der Behauptung gleich, dass „Moral" überhaupt nur für den Menschen und eben nicht für Engel und Götter da sei (RECKI, 2001, 330). Als *petitio principii* schwingt hier mit, dass die anderen vernünftigen Wesen *allein* als Grenzbegriff eine Bedeutung haben. Ritters Ausdruck „Modellcharakter" ist hier m. E. weit treffender.
16 Anthr., AA VII, 332. Bereits in der *Allgemeinen Naturgeschichte* hat sich Kant ausführlich mit den „Bewohnern der Gestirne" beschäftigt (Th. des Himmels, AA I, 351–366). Er erwägt hier sogar die Möglichkeit, dass die Bewohner anderer Gestirne auf der moralischen Stufenleiter höher stehen als die Menschen: „Gehört nicht ein gewisser Mittelstand zwischen der Weisheit und Unvernunft zu der unglücklichen Fähigkeit sündigen zu können? Wer weiß, sind also die Bewohner jener entfernten Weltkörper nicht zu erhaben und zu weise, um sich bis zu der Thorheit, die in der Sünde steckt, herabzulassen, diejenigen aber, die in den unteren Planeten wohnen, zu fest an die Materie geheftet und mit gar zu geringen Fähigkeiten des Geistes versehen, um die Verantwortung ihrer Handlungen vor dem Richterstuhle der Gerechtigkeit tragen zu dürfen?" (Th. des Himmels, AA I, 365 f.). Entscheidend ist auch an dieser Stelle, dass Kant Außerirdische als andere (zumindest mögliche) vernünftige Wesen (die, darüber hinaus, noch mit einer u. U. höheren Moralität begabt sind) überhaupt zulässt. Mit den „anderen vernünftigen Wesen" können eben nicht nur Engel, sondern auch solche hochmoralischen *aliens* gemeint sein. Zur Funktion der Außerirdischen bei Kant s. ausführlich WILLE, 2005; zur angeführten Stelle aus der *Anthropologie* s. WILLE, 2005, 115 f. – Im *Streit der Fakultäten* erwägt Kant die Möglichkeit von posthumanoiden vernünftigen Wesen. Es mag sein, heißt es dort, dass nach der ersten „Naturrevolution", die den Übergang vom vegetativen und animalischen Leben zum menschlichen bedeutete, „noch eine zweite folgt, welche auch dem Menschengeschlechte eben so mitspielt, um andere Geschöpfe auf diese Bühne treten zu lassen, u.s.w. Denn für die Allgewalt der Natur, oder vielmehr ihrer uns unerreichbaren obersten Ursache ist der Mensch wiederum nur eine Kleinigkeit" (Str. d. Fak., AA VII, 88 f.). Auch hier besitzt die zugestandene Möglichkeit posthumanoider

würden – vorausgesetzt, sie sind nicht „engelrein"[17] – zwangsläufig miteinander in Widerstreit geraten. Worauf es Kant hier ankommt, sind nicht jene Wesen selbst, deren Existenz nur hypothetisch ist, sondern der Vergleich ihrer moralischen Anlagen mit denen der menschlichen Gattung. Anders als für die Bewohner des fremden Planeten sei es für die Menschen charakteristisch, dass sie manches, was sie denken, für sich zu behalten, also eben nicht alles, was sie denken, sofort laut aussprechen – eine Disposition der menschlichen Gattung, die bei fortgeschrittener Depravation zur Täuschung und Lüge werden könne. Die konkrete Behauptung, die Kant hier aufstellt, ist weit weniger interessant als sein argumentatives Vorgehen. Er nimmt eine mögliche Gattung vernünftiger Wesen an, um die menschliche damit zu vergleichen. Es geht ihm nicht darum, etwas über die vernünftigen Bewohner jenes anderen Planeten auszusagen, sondern er will den Charakter der menschlichen Gattung näher bestimmen – ohne freilich eine Definition des Menschen zu liefern –, indem er sie mit einer anderen, rein möglichen Gattung vernünftiger Wesen vergleicht. Die Annahme anderer vernünftiger Wesen dient dem Ziel, eine genauere Bestimmung der menschlichen Gattung zu ermöglichen.

Die naheliegende Frage, welche „anderen vernünftigen Wesen" es neben dem Menschen überhaupt geben kann, beantwortet Kant freilich weder in der *Grundlegung* noch in der *Anthropologie* sonderlich konkret. Er begnügt sich mit Andeutungen wie mit dem Hinweis auf die nämlichen *aliens*. Diese Zurückhaltung gegenüber einer konkreten Benennung der „anderen vernünftigen Wesen" (seien sie nun wirklich oder nur möglich) hat Gründe, die in das Zentrum der kantischen Epistemologie führen.

1.2 Das epistemologische Problem

Die Schwierigkeit, etwas über die anderen vernünftigen Wesen neben dem Menschen auszusagen, besteht schlicht darin, dass der Mensch das einzige vernünf-

---

Wesen argumentativ-strategische Funktion. Das Zugeständnis soll Kants eigene These vom progressiven Forstschritt des Menschengeschlechts mit einer Kautel versehen. Zugleich ist der Verweis auf die Allgewalt der Natur gegen einen potentiellen menschlichen Herrscher gerichtet, der sich anmaßt, andere Menschen wie eine „Kleinigkeit" zu behandeln (Str. d. Fak., AA VII, 88 f.). Die Bedeutung des menschlichen Geschlechts mag in kosmischer Hinsicht relativ sein, den einzelnen Menschen aber als Mittel zu behandeln, bedeutet laut Kant, den „Endzweck der Schöpfung" selbst umzukehren. Die Relativität des Menschen angesichts der Allgewalt der Natur beraubt ihn nicht seiner unbedingten Würde.

17 Anthr., AA VII, 332, dort auch das Folgende.

tige Wesen darstellt, das wir *kennen*, d. h., welches tatsächlich Gegenstand der Erfahrung ist. Die Gefahr, die Moralphilosophie auf der Anthropologie zu errichten und somit zu verunreinigen, ist eben deshalb so groß, weil andere empirische vernünftige Wesen als der Mensch (die Außerirdischen der *Anthropologie* etwa) *de facto* nicht bekannt sind. Von „nicht-irdischen" bzw. nicht-empirischen Wesen haben wir indes prinzipiell keine Erkenntnis, da wir hierzu der Anschauung bedürfen, welche uns bei nicht-empirischen Wesen fehlt. Aus dieser Unkenntnis der anderen vernünftigen Wesen folgt aber nach Kant auch, dass wir den Charakter der menschlichen Gattung nicht mit den traditionellen klassifikatorischen Mitteln bestimmen können.

> Der oberste Gattungsbegriff mag der eines irdischen vernünftigen Wesens sein, so werden wir keinen Charakter desselben nennen können, weil wir von vernünftigen, nicht-irdischen Wesen keine Kenntniß haben, um ihre Eigenthümlichkeit angeben und so jene irdische unter den vernünftigen überhaupt charakterisiren zu können. – Es scheint also, das Problem, den Charakter der Menschengattung anzugeben, sei schlechterdings unauflöslich: weil die Auflösung durch Vergleichung zweier Species vernünftiger Wesen durch Erfahrung angestellt sein müßte, welche die letztere uns nicht darbietet.[18]

Kant demonstriert hier, warum eine Definition der menschlichen Gattung unmöglich ist. Als *genus proximum* für die Definition der menschlichen Gattung benennt er dabei die Familie der vernünftigen Wesen. Um die *differentia specifica* des Menschengeschlechts als der *einzigen* bekannten Gattung irdisch-vernünftiger Wesen zu bestimmen, müssten wir sie mit einer anderen Gattung vergleichen können, d. h. mit einer Gattung der nicht-irdischen vernünftigen Wesen.[19] Allein, von eben einer solchen Gattung haben wir keine Kenntnis, da ihre Glieder als nicht-empirische niemals in der Erfahrung auftreten können.[20] Es ist daher un-

---

18 Anthr., AA VII, 321.
19 Ähnlich rekonstruiert bereits BRANDT, 1999, 321 den Argumentationsgang der Passage. Diese m. E. plausibelste Lesart beruht darauf, „vernünftige Wesen" als das *genus proximum* der fraglichen Definition anzusehen. Es ist jedoch auch noch eine andere Lesart möglich, bei der „irdisch-vernünftiges Wesen" das *genus proximum* und Mensch eine Spezies ist. Da die Menschheit die einzige (bekannte) Spezies ist, die in die Gattung der irdisch-vernünftigen Wesen fällt, gibt es keine zweite Spezies, mit der sie verglichen werden kann. Statt der Unbekanntheit der nicht-irdischen vernünftigen Wesen wäre nun das Fehlen einer zweiten Klasse irdisch-vernünftiger Wesen (etwa der besagten *aliens*) problematisch – das Ergebnis wäre dasselbe, nur die Argumentation wäre anders nuanciert. Es ginge um das „Problem der Charakteristik eines Wesens, das in seiner Gattung singulär ist" (BRANDT, 1999, 321), d. h. ein primär definitionslogisches, nicht ein epistemologisches Problem.
20 „Nicht-irdisch" darf hier, wie gleich deutlich werden soll, nicht mit „außerirdisch" gleichgesetzt werden, da auch außerirdische Wesen durchaus empirisch existieren (können).

möglich, den menschlichen Charakter durch Komparation mit dem Charakter anderer Gattungen näher zu bestimmen. Der Charakter des Menschen kann nicht „definiert" werden. Kant geht im Folgenden vielmehr davon aus, dass der Mensch sich seinen Charakter selbst verleiht, indem er sich von einem mit Vernunftfähigkeit begabten Tier (*animal rationabile*) zu einem vernünftigen Tier macht (*animal rationale*).[21]

Kants doppelte Feststellung, dass wir andere empirische vernünftige Wesen neben dem Menschen nicht kennen und von nicht-empirischen vernünftigen Wesen prinzipiell keine Erkenntnis haben, hat etwas Ernüchterndes. Scheint doch das Vorhaben der vorliegenden Arbeit bereits auf den ersten Seiten gescheitert. Wenn wir andere vernünftige Wesen als den Menschen nicht kennen, was können wir dann überhaupt über sie aussagen? Müssen wir uns nicht vielmehr damit begnügen, mit der möglichen Existenz anderer vernünftiger Wesen argumentativ zu operieren, ohne dass wir diese Wesen selbst jemals thematisieren könnten?

Wenn wir versuchen, uns andere vernünftige Wesen vorzustellen, konstatiert Kant in der *Anthropologie*, verfallen wir schnell anthropomorphen Vorstellungen. „Es ist merkwürdig, daß wir uns für ein vernünftiges Wesen keine andere schickliche Gestalt, als die eines Menschen denken können."[22] Es ist schlicht eine anthropologische Gegebenheit, dass Menschen andere vernünftige Wesen stets menschlich vorstellen, obwohl es sehr unwahrscheinlich ist, dass diese, bedenkt man etwa die Verschiedenheit der geographischen Bedingungen, es in der Tat auch sind. Kant bezieht sich hier sowohl auf nicht-irdische Wesen – in der Fußnote verweist er auf die Personen der Trinität[23] – als auch andere mögliche irdische Wesen. Explizit nennt er die vernünftigen Bewohner anderer „Weltkörper", also abermals jene „Außerirdischen", die zugleich, was ihren Platz unter den vernünftigen Wesen anbelangt, äußerst irdisch sind, insofern sie, ebenso wie der Mensch, empirisch-vernünftige Wesen wären – wenn es sie denn gäbe. Für die nicht-empirischen vernünftigen Wesen gilt *mutatis mutandis* das Gleiche. Dass Gott und die Engel in der Malerei oft anthropomorph dargestellt werden, ist für Kant alles andere als ein kontingentes Faktum der abendländischen Kunstgeschichte. Eben weil wir uns keine „schickliche Gestalt" für ein vernünftiges Wesen vorstellen können als die eines Menschen, „macht der Bildhauer oder Maler, wenn er einen Engel oder einen Gott verfertigt, jederzeit einen Menschen."[24]

---

21 Anthr., AA VII, 321.
22 Anthr., AA VII, 172, dort auch das Folgende.
23 Zur Trinität s. u. 5.
24 Anthr., AA VII, 178.

Einen Ausweg aus der aufgewiesenen epistemologischen Problematik weisen die angeführten Stellen freilich nicht. Hält Kant doch lediglich fest, dass wir anthropomorph reden, wenn wir versuchen, uns andere vernünftige Wesen vorzustellen, ohne solch eine Redeweise in irgendeiner Form zu legitimieren. Der Anthropomorphismus ist nach der *Kritik der praktischen Vernunft* vielmehr der „Quell der Superstition".[25] Im theoretischen Bereich kaum vermeidbar und harmlos, wird er im moralischen zur Gefahr, weil der Mensch sich hier etwa einen indulgenten Gott fingiert, der ihn der Mühsal der Pflichterfüllung überhebt.[26] Die anthropomorphe Rede von anderen vernünftigen Wesen stellt also, so der *primafacie*-Eindruck, mitnichten eine reale Möglichkeit dar, Aussagen über nichtsinnliche vernünftige Wesen zu treffen. Ganz im Gegenteil: Sie erscheint als eine dem Menschengeschlecht eigentümliche „Täuschung".[27]

Allein, in den *Prolegomena* kennt Kant neben dem trügerischen „dogmatischen" Anthropomorphismus noch einen anderen, legitimen Anthropomorphismus, den er als „symbolischen" bezeichnet.[28] Die m. E. singuläre Stelle in den *Prolegomena* wäre aber zu vernachlässigen, wenn sie nicht auf eine spezifische Erkenntnis übersinnlicher Entitäten hindeutete, die Kant nicht nur in den *Prolegomena*, sondern auch in der *Kritik der Urteilskraft* sowie in der *Religions*- und späten *Preisschrift* thematisiert. Es geht, in einem Wort, um die symbolische Erkenntnis übersinnlicher Wesen.[29] Kants entsprechende Ausführungen beanspruchen dabei Gültigkeit für alle übersinnlichen Entitäten oder „Verstandeswesen".[30] Zwar geht es Kant immer, wenn er auf die symbolische Erkenntnis zu sprechen kommt, konkret um eine bestimmte übersinnliche Entität, i. e. Gott;

---

25 KpV, AA V, 135, vgl. KrV, B 668.
26 „Der Anthropomorphism, der in der theoretischen Vorstellung von Gott und seinem Wesen den Menschen kaum zu vermeiden, übrigens aber doch (wenn er nur nicht auf Pflichtbegriffe einfließt) auch unschuldig genug ist, der ist in Ansehung unsers praktischen Verhältnisses zu seinem Willen und für unsere Moralität selbst höchst gefährlich; denn da machen wir uns einen Gott, wie wir ihn am leichtesten zu unserem Vortheil gewinnen zu können und der beschwerlichen ununterbrochenen Bemühung, auf das Innerste unsrer moralischen Gesinnung zu wirken, überhoben zu werden glauben" (Rel., AA VI, 168 f.).
27 Anthr., AA VII, 178.
28 Prol., AA IV, 357. In späteren Schriften ist „Anthropomorphismus" hingegen durchgehend pejorativ konnotiert.
29 Mit dieser Frage beschäftigt sich ausführlich MALY, 2012, wobei er sich auf die symbolische Erkenntnis Gottes konzentriert.
30 „Verstandeswesen" bezeichnet in den *Prolegomena* verschiedenste übersinnliche Entitäten. So sind sowohl „Gott" als auch „Substanz" in diesem Sinne „Verstandeswesen", die Kant mit „Noumena" oder „Gedankenwesen" gleichsetzt (Prol., AA IV, 332). „Verstandeswesen" sind also keineswegs immer „vernünftige Wesen", sondern zunächst einmal gedachte Entitäten, „Gedankendinge" – deren Begriff Vernünftigkeit freilich einschließen kann.

doch betont er zugleich, dass Gott hier nur als Beispiel bzw. ausgezeichneter Repräsentant der nicht-empirischen vernünftigen Wesen angeführt werde.[31]

Die symbolische Erkenntnis fungiert laut der *Preisschrift* als eine „Nothülfe für Begriffe des Übersinnlichen".[32] Während einem Begriff normalerweise dadurch objektive Realität verliehen wird, dass man ihm eine entsprechende (mögliche) Anschauung zuteilt, ist dieser Weg bei „Begriffen des Übersinnlichen" versperrt. Es liegt in ihrem Wesen begründet, dass ihnen niemals eine Anschauung korrespondieren kann. Sie können daher nicht, anders als beim Schematismus der *Kritik der reinen Vernunft*,[33] unmittelbar, sondern nur symbolisch bzw. mittelbar dargestellt werden. Wie solch eine „mittelbare" oder indirekte Erkenntnis des Übersinnlichen möglich ist, hat Kant in der *Kritik der Urteilskraft* entfaltet. Maly, der die entsprechenden Passsagen einer genauen Analyse unterzogen hat, kann zeigen, dass die dort dargelegte Lehre von der symbolischen Erkenntnis wesentlich mit Kants Analogiebegriff verknüpft ist.[34]

In der *Kritik der Urteilskraft* definiert Kant die Analogie als „Identität des Verhältnisses zwischen Gründen und Folgen (Ursachen und Wirkungen), sofern sie ungeachtet der specifischen Verschiedenheit der Dinge, oder derjenigen Eigenschaften an sich, welche den Grund von ähnlichen Folgen enthalten (d.i. außer diesem Verhältnisse betrachtet), stattfindet".[35] Die Art von Analogie, welche Kant hier vor Augen hat, ist eine Proportionsanalogie im Sinne des Thomas von Aquin (bzw. seiner Nachfolger).[36] Es geht um die, wie es bereits in den *Prolegomena* heißt, „vollkommene Ähnlichkeit"[37] zweier Relationen, wobei genau eines der vier Relata unbekannt ist. Formal hat die Proportionsanalogie die Gestalt: Wie sich a zu b verhält, so verhält sich c zu x, wobei a, b und c bekannt sind, x aber unbekannt ist.[38] So können laut Kant die „Kunsthandlungen der Tiere" – etwa die Herstellung eines Damms durch Biber – mit denen der Menschen verglichen werden. Ebenso, wie die menschlichen Kunsthandlungen auf die Vernunft als Ursache zurückgehen, dürften wir auch bei den Tieren sagen, dass eine Ursache-Wirkungs-Relation bestehe und dass die Ursache in diesem Fall zwar nicht

---

31 Prol., AA IV, 355. Fortschr. der Metaph., AA XX, 280. Auch wenn Kant erwägt, ob andere vernünftige Wesen auf eine andere Art als Menschen erkennen, wird Gott rein exemplarisch angeführt (KrV, B 145).
32 Fortsch. der Metaph., AA XX, 279.
33 KrV, B 176–187.
34 MALY, 2012, 42–97.
35 KdU, AA V, 464, Anm. 1.
36 Vgl. STh I qu. 13 a. 5 in resp./THOMAS, 1952, Bd. 1, 68.
37 Prol., AA IV, 357 f.
38 Prol., AA IV, 358, Anm. 1

die Vernunft, aber ein der Vernunft analoges Vermögen sei.[39] Aus den „Kunsthandlungen" der Tiere könnten wir jedoch nicht darauf schließen, dass sie auch vernünftig sein müssen. Die eigentliche Ursache, die wir eben nur als ein Analogon der Vernunft ansehen können, ist das seinem Wesen nach unbekannte x. Ein strenger Analogieschluss verbietet sich laut Kant zumindest dann, wenn es um die vermeintliche Vernünftigkeit der Tiere geht. Zugleich gesteht er jedoch zu, dass wir darauf schließen dürften, besagte Biber handelten „nach Vorstellungen". Kant lehnt den Analogieschluss also nicht völlig ab, sondern beschränkt nur seine Anwendbarkeit. Was aber überhaupt dazu befähigt, aufgrund der gleichen Wirkungen, also der menschlichen und tierischen „Kunsthandlungen", zumindest auf ein Handeln nach Vorstellungen in beiden Fällen zu schließen, ist, dass Biber und Menschen der gleichen „Gattung" angehören: Sie sind keine cartesianischen Automaten, sondern „lebende Wesen".[40] Anders verhält es sich freilich mit Gott. Auch in diesem Fall dürfen wir laut Kant zwar analog reden, mithin die göttliche Art der Kausalität mit der menschlichen vergleichen und dem höchsten aller Wesen etwa ein vernunftanaloges Vermögen zusprechen. Ein Analogieschluss aber, und sei es nur ein bedingter, ist hier unmöglich, da Gott und Mensch anders als Biber und Mensch nicht zur gleichen „Gattung" bzw. Klasse (hier: Säugetiere) gehören. Von Gott können wir nicht einmal sagen, dass er nach Vorstellungen handle.

Jede Analogie enthält laut Kant einen Punkt der Gleichartigkeit und der Ungleichartigkeit. Die göttliche Art der Kausalität gleicht als Relation betrachtet der menschlichen, die Ungleichartigkeit besteht indes „zwischen einer in Ansehung ihrer Wirkungen sinnlich-bedingten Ursache und dem übersinnlichen Urwesen".[41]

Eine Spannung zu früheren, aber auch zeitgleichen, ja, in abgeschwächter Form, selbst internen[42] Äußerungen entsteht daraus, dass Kant in § 88 der Kritik der Urteilskraft meint, die

---

39 KdU, AA V, 464, Anm. 1. Eine Bemerkung Kants aus dem gleichen Werk zum Begriff des Kunstwerks macht klar, warum es sich hier um eine bloße Analogie handelt: „Von Rechtswegen sollte man nur die Hervorbringung durch Freiheit, d.i. durch eine Willkür, die ihren Handlungen Vernunft zum Grunde legt, Kunst nennen. Denn ob man gleich das Product der Bienen (die regelmäßig gebauten Wachsscheiben) ein Kunstwerk zu nennen beliebt, so geschieht dieses doch nur wegen der Analogie mit der letzteren; sobald man sich nämlich besinnt, daß sie ihre Arbeit auf keine eigene Vernunftüberlegung gründen, so sagt man alsbald, es ist ein Product ihrer Natur (des Instincts), und als Kunst wird es nur ihrem Schöpfer zugeschrieben" (KdU, AA V, 303).
40 KdU, AA V, 464, Anm. 1. S. dazu MALY, 2012, 42–45. 47–51.
41 KdU, AA V, 465.
42 Kant spricht in § 59 der KdU von einer „symbolischen Erkenntnis" Gottes, allerdings mit der Einschränkung, „[w]enn man eine bloße Vorstellungsart schon Erkenntniß nennen darf", wendet

> analoge oder symbolische Rede von Gott könne nicht als Erkenntnis aufgefasst werden. Übersinnliche Wesen werden qua Analogie nicht erkannt, sondern nur gedacht.[43] In den *Prolegomena* hat Kant noch davon gesprochen, dass wir die analoge oder symbolische Rede von Gott gerade deshalb benötigen, um Gott nicht nur denken, sondern auch erkennen zu können.[44] Kants Kritik am Deismus ist hier gerade die, dass dieser nur zulässt, einen völlig unbestimmten Verstand zu denken, der den Bedürfnissen der praktischen Vernunft nicht genügt. Um einen bestimmten Begriff von Gott zu erhalten, müssen wir, so Kant, vielmehr Vorstellungen aus der Sinnlichkeit entlehnen und diese qua Analogie auf Gott beziehen. Die analoge Rede von Gott, die einen bestimmten Begriff Gottes liefert ohne ihn zu versinnlichen, stellt für Kant in den *Prolegomena* also einen Mittelweg zwischen dem dogmatischen, objektivierenden Anthropomorphismus und dem Deismus dar.[45] Noch in der *Preisschrift* heißt es, die symbolische Gotteserkenntnis sei „zwar eigentlich kein theoretisches Erkenntniß, aber doch ein Erkenntniß nach der Analogie".[46] Die Thematisierung übersinnlicher Entitäten wird hier parallelisiert mit der Schematisierung der Begriffe durch Anschauung. Der Titel des Abschnitts aus der *Preisschrift* legt sogar noch eine weiterreichende Folgerung nahe.[47] Während Verstandesbegriffe objektive Realität erhalten, wenn ihnen (mögliche) Anschauungen unterlegt werden, wird die objektive Realität reiner Vernunftbegriffe durch die Analogie gewährleistet. Die analoge Rede von Gott wäre dann in der Tat als echte Erkenntnis zu werten.

Mit der analogen Rede von Gott beschäftigt Kant sich schließlich, wie nicht weiter überrascht, auch in der *Religionsschrift*.[48] Der Anfang der einschlägigen, gewichtigen Fußnote erinnert stark an die bereits angeführte Stelle aus der *Anthropologie*. Kant konstatiert zunächst nur, dass wir, um von anderen moralischen

---

dies aber nochmals durch den Relativsatz in der anschließenden Klammer: „[...] (welches, wenn sie ein Princip nicht der theoretischen Bestimmung des Gegenstandes ist, was er an sich sei, sondern der praktischen, was die Idee von ihm für uns und den zweckmäßigen Gebrauch derselben werden soll, wohl erlaubt ist) [...]" (KdU, AA V, 353). S. dazu MALY, 2012, 218–220.
43 KdU, AA V, 456
44 Prol., AA IV, 354f.
45 S. zu diesem „Mittelweg" MALY, 2012, 281f.
46 Fortschr. der Metaph., AA XX, 280.
47 Der Titel des Abschnitts lautet: „Von der Art, den reinen Verstandes- und Vernunftbegriffen objective Realität zu verschaffen" (Fortschr. der Metaph., AA XX, 279). Kant spricht im Folgenden sogar davon, dass die Kategorien auch bei der analogen „Erkenntnis" des Übersinnlichen Anwendung finden (Fortschr. der Metaph., AA XX, 280). Allerdings behauptet er, im unmittelbaren Widerspruch zum zuvor Gesagten, dass es sich dabei eben nur um ein Denken, aber nicht um eine Erkenntnis handle, da keine Gegenstandsbestimmung stattfinde. Dass Kant im gleichen Absatz davon sprechen kann, dass die analoge Rede von übersinnlichen Entitäten „kein theoretisches Erkenntniß, aber doch ein Erkenntnis nach der Analogie" sei und dass diese Thematisierung ein Denken und eben keine „Erkenntniß" bedeute, zeigt, wie unsicher er selbst ist, ob er der analogen Rede den Status einer Erkenntnis zu- oder absprechen soll. Kants eigenes Argument, dass hier keine Erkenntnis, weil keine Gegenstandskonstitution stattfinde, wiegt schwer und lässt die zweite Variante m. E. als die plausiblere erscheinen.
48 Rel., AA VI, 64f., Anm. 1.

Agenten als dem Menschen reden zu können, immer der „Analogie mit Naturwesen" bedürfen. Als Beispiel führt er Joh 3,16 an: „Also hat Gott die Welt geliebt, dass er seinen eingeborenen Sohn gab, auf dass alle, die an ihn glauben, nicht verloren werden, sondern ewiges Leben haben."[49] Die Ausdrucksweise der Heiligen Schrift hat den Sinn, uns die Größe der Liebe Gottes verständlich zu machen, und bedient sich dazu des Bildes der Aufopferung. Als wörtlich zu verstehende, theoretische Aussage wäre dieser Satz sinnlos, da ein allgenügsames Wesen etwas, das zu seiner Seligkeit gehört, nicht aufgeben kann, ohne zugleich die Eigenschaft der Allgenügsamkeit zu verlieren.[50] Soll die Aussage der Schrift Sinn haben, dann muss es sich, so Kant, um einen „Schematismus der Analogie" handeln, nicht um einen „Schematismus der Objektbestimmung".[51] Beim Aufstieg „vom Sinnlichen zum Übersinnlichen" kann man sehr wohl schematisieren, aber nicht um der Objektbestimmung, sondern um einer schlichten Erläuterung willen. Den unvermeidlichen und auch legitimen Schematismus der Analogie mit dem Schematismus der Objektbestimmung zu verwechseln, würde indes bedeuten, eine praktisch notwendige Illustration mit einer theoretischen Aussage zu verwechseln. Eine solche illegitime Objektbestimmung qua Analogie macht für Kant das Wesen des – hier rein pejorativ konnotierten – Anthropomorphismus aus.[52]

Der Weg der Analogie ist es also, der uns die vernunftgemäße Thematisierung – wenn nicht sogar Erkenntnis – übersinnlicher vernünftiger Wesen ermöglicht. Auf analoge, symbolisch-anthropomorphe Weise können wir Aussagen über sie treffen und müssen uns nicht mit einer reinen Spekulation über die mögliche Existenz anderer vernünftiger Wesen begnügen. Ob die Analogie im Sinne einer Proportionsanalogie für alle nicht-irdischen vernünftigen Wesen durchzuhalten ist, steht freilich auf einem anderen Blatt. Scheint die Proportionsanalogie doch geradezu auf Gott gemünzt zu sein, also auf ein Wesen, das, in Analogie zu einer mundanen Ursache, in der Sinnenwelt „wirkt". Andere übersinnliche vernünftige Wesen entfalten nicht in gleicher Weise eine Wirkung in der Sinnenwelt, weshalb die Proportionsanalogie hier als kaum anwendbar erscheint. Eine bestimmte Analogie ist indes besonders geeignet, nicht nur die Rede von

---

49 Die Übersetzung folgt hier wie im Folgenden der erneut revidierten Fassung der Bibelübersetzung Martin Luthers (2017).
50 Zur Allgenügsamkeit bei Kant v. a. während der vorkritischen Periode s. FRANKENBERGER, 1984.
51 Rel., AA VI, 65, Anm. 1.
52 Dass Kant aber von einem „Schematismus" der Analogie redet, legt nahe, dass er hier die analoge Rede von Gott, anders als in § 88 der *Kritik der Urteilskraft*, nicht als Denken, sondern als wirkliches Erkennen auffasst.

Gott, sondern auch die von anderen nicht-empirischen vernünftigen Wesen zu ermöglichen: Die Analogie des Willens. Dass übersinnlichen Wesen nur ein „Wille" – d. h. ein Analogon des Willens – zukommen soll, mag zunächst irritieren. Der entscheidende Punkt ist aber: Wille, ebenso wie Verstand, kommt laut Kant streng genommen nur „Weltwesen" zu.[53] Dennoch reden wir auch von einem heiligen Willen, obwohl dieser bei „Weltwesen" niemals anzutreffen ist. So harmlos diese Rede klingt, stellt sie bereits eine analoge, nicht-theoretische Aussage dar.[54] Für Gott und die anderen nicht-empirischen vernünftigen Wesen lässt sich entsprechend nach einer bestimmten Konfiguration des „Willens" fragen. Wie ist der „Wille" Gottes beschaffen? Wie der der Engel und schließlich wie der des Teufels? Die Antwort auf jede dieser Fragen schließt selbst eine analoge Redeweise in sich.

Bei aller Parallelität, die zwischen der theoretischen und der analogen „Erkenntnis" besteht, darf eines nicht übersehen werden. Das Interesse, das hinter der analogen Redeweise steht, ist ein moralisch-praktisches.[55] Es geht nicht um

---

[53] KdU, AA V, 353. Verstand und Wille haben nur an „Weltwesen" objektive Realität, weshalb der, welcher sie „für schematisch nimmt", dem Anthropomorphismus verfällt. Wer indes auch eine symbolische Anwendung dieser Begriffe auf Gott verbietet, endet beim Deismus, „wodurch überall nichts, auch nicht in praktischer Absicht, erkannt wird" (KdU, AA V, 353). Die symbolische bzw. analoge Zuschreibung von „Verstand" und „Wille" an Gott erweist sich – wie die symbolische Rede von Gott bei Kant überhaupt – als ein Versuch, einen Mittelweg zwischen Anthropomorphismus und Deismus anzubahnen, wie Maly bereits präzise herausgearbeitet hat (MALY, 2012, 265–278).

[54] Dass von Gott zu behaupten, er *habe* einen Willen, nur als analoge Rede möglich ist, wird besonders in der *Metaphysik der Sitten* deutlich. Kant definiert hier den Willen im Gegensatz zu Willkür als die „die praktische Vernunft selbst" (MSR, AA VI, 213/LUDWIG, 17). Verbindet man dies mit dem Gedanken, dass Gott selbst eine Personifikation der reinen praktischen Vernunft darstellt (s. u. 3.1.), dann folgt, dass Gott keinen Willen *haben* kann, da er selbst eine Veranschaulichung des reinen Willens *ist*. In diese Richtung weist eine andere Passage aus der *Metaphysik der Sitten*, in der Kant meint, das Sittengesetz könne so vorgestellt werden, als ob es aus dem Willen eines höchsten Gesetzgebers hervorgehe. Die Passage zeigt in idealtypischer Weise, wie die Zuschreibung eines Willens an Gott auf analoge Weise erfolgt, gerade weil dieser selbst die Idee eines höchsten Gesetzgebers repräsentiert: „Das Gesetz, was uns *a priori* und unbedingt durch unsere eigene Vernunft verbindet, kann auch als aus dem Willen eines höchsten Gesetzgebers, d.i. eines solchen, der lauter Rechte und keine Pflichten hat, (mithin dem göttlichen Willen) hervorgehend ausgedrückt werden, welches aber nur die Idee von einem moralischen Wesen bedeutet, dessen Wille für alle Gesetz ist, ohne ihn doch als Urheber desselben zu denken" (MSR, AA VI 227/ LUDWIG, 25).

[55] Ob es bei Kant eine praktische *Erkenntnis* übersinnlicher Entitäten gibt bzw. nach Kant tatsächlich „die ganze künftig Metaphysik in d[ie] Moral fällt", wie es im sog. „ältesten Systemprogramm des deutschen Idealismus" heißt (HEGEL, 1984, 11), ist eine weiterreichende Frage. Eindeutig in diese Richtung weist m. E. die Stelle KrV, B 431, wo Kant eine (analoge) Anwendung

die theoretische Bestimmung des Gegenstands, sondern die praktische. Nicht, was Gott an sich ist, sondern was die Idee von ihm „für unseren zweckmäßigen Gebrauch derselben" bedeutet, ist die Frage.[56] Den „Willen" der anderen vernünftigen Wesen thematisiert Kant nicht aus einem unmittelbaren theoretischen Interesse, sondern weil ihm daran gelegen ist, den Willen des Menschen genauer zu bestimmen. Der *ordo entium moralium* ist in diesem Sinne streng anthropozentrisch, gerade auch dann, wenn ein anderer „Wille" als der des Menschen thematisch wird.[57] Die *differentia specifica* des Menschen kann nicht direkt angegeben werden – denn dann müssten wir andere vernünftige Wesen außer ihm kennen –, wohl aber im Vergleich mit anderen, qua Analogie bestimmbaren Entitäten ermittelt werden. Eine solche, durch Komparation und Analogie gewonnene Bestimmung der spezifischen Differenz des Menschen in moralontologischer Hinsicht ist der Fluchtpunkt der vorliegenden Arbeit. Der Vergleich mit der jeweiligen moralischen Konstitution Gottes, der Engel und des Teufels dient der Näherbestimmung des Menschen als moralisches Wesen. Daher wird diese selbst auch erst im abschließenden Teil der Arbeit vorgenommen.

---

der Kategorien für den Bereich des Übersinnlichen zulässt unter der Bedingung, dass zuvor der praktische Charakter dieser „Erkenntnisse" gesichert ist. Die Frage entscheidet sich letztlich daran, ob Kant so verstanden werden darf, dass das Sittengesetz im übersinnlichen Bereich die fehlende Anschauung substituiert. In diese Richtung argumentiert Brandt, wenn er festhält, dass die objektiv praktische Realität Gottes der „objektiv theoretischen Realität der Erscheinungen" korrespondiere. Das moralische Gesetz, so Brandt, tritt an die Stelle der Anschauung im inneren und äußeren Sinn. „Es ist nicht gut möglich, daß Kant diese Parallele nicht deutlich vor Augen stand" (BRANDT, 2007, 492).

56 KdU, AA V, 353.
57 Kant wirft bereits in der *Grundlegung* explizit die Frage auf, warum ich denn nicht nur mich selbst, sondern auch „alle andere[n] mit Vernunft begabte[n] Wesen" dem Sittengesetz unterwerfen soll. Er antwortet: „Ich will einräumen, daß mich hiezu kein Interesse treibt, denn das würde keinen kategorischen Imperativ geben; aber ich muß doch hieran nothwendig ein Interesse nehmen und einsehen, wie das zugeht; denn dieses Sollen ist eigentlich ein Wollen, das unter der Bedingung für jedes vernünftige Wesen gilt, wenn die Vernunft bei ihm ohne Hindernisse praktisch wäre; für Wesen, die wie wir noch durch Sinnlichkeit als Triebfedern anderer Art afficirt werden, bei denen es nicht immer geschieht, was die Vernunft für sich allein thun würde, heißt jene Nothwendigkeit der Handlung nur ein Sollen, und die subjective Nothwendigkeit wird von der objectiven unterschieden" (GMS, AA IV, 449). Die Akzeptanz des Sittengesetzes ist für ein Wesen, das mit reiner praktischer Vernunft begabt ist, eigentlich ein Wollen. Nur wenn sich in diesem Wesen etwas entgegenstellt, wie beim sinnlich-vernünftigen Wesen die Neigung, wird aus dem Wollen ein Sollen. Diese Bemerkung ist insofern aufschlussreich, als sie zeigt, dass das mit reiner praktischer Vernunft begabte Wesen – Kant spricht in der *Grundlegung* freilich noch einfach von „Vernunft" im Allgemeinen – den Gehorsam gegenüber dem Sittengesetz *prinzipiell* wollen muss und dass es nur durch das *kontingente* Dazwischentreten der Neigungen daran gehindert wird.

2. Kapitel Die Einteilung der vernünftigen Wesen

Im letzten Abschnitt wurden die vernünftigen Wesen bereits in zwei Gruppen unterteilt, irdische und nicht-irdische bzw. sinnliche und übersinnliche. Die erste dieser Gruppen hat Anteil sowohl an der sensiblen als auch an der intelligiblen Welt, die zweite ausschließlich an der intelligiblen.[58] Diese *notabene* ontologische Unterscheidung bildet die Grundlage für alle weiteren Versuche Kants, die Familie der vernünftigen Wesen genauer zu unterteilen. Explizite Äußerungen zu diesem Thema finden sich vornehmlich im Spätwerk, in der *Metaphysik der Sitten* und dem *Opus postumum*. Doch bereits in früheren Schriften, vor allem in der *Kritik der praktischen Vernunft*, nennt Kant jene Kriterien, die eine Klassifikation der vernünftigen Wesen gemäß ihrer moralischen Konstitution erlauben. Bevor die Stellung der einzelnen vernünftigen Wesen im *ordo entium moralium* selbst erörtert werden kann, gilt es, diese durchaus disparaten Ansätze Kants, seinen moralischen Kosmos zu ordnen, in den Blick zu nehmen.

2.1 Die „moralische Welt"

Von einer „moralischen Welt" spricht Kant erstmals im Kanon der *Kritik der reinen Vernunft*. Diese „moralische Welt" ist, so Kant, eine intelligible, insofern in ihr von allen Hindernissen der Moralität und sogar allen Zwecken abgesehen wird. Sie besitzt, obwohl ideal, objektive Realität, nicht durch intellektuelle Anschauung, welche wir gar nicht besitzen, sondern dadurch, dass sie die Sinnenwelt bestimmt. Sie ist „eine bloße, aber doch praktische Idee, die wirklich ihren Einfluß auf die Sinnenwelt haben kann und soll, um sie dieser Idee so viel als möglich gemäß zu machen".[59] Objektive Realität hat die Idee einer moralischen Welt also, insofern sie sich auf einen Soll-Zustand der sinnlichen Welt bezieht. Das Ziel ist die Verwirklichung eines „*corpus mysticum* vernünftiger Wesen". In einer solchen Sinnenwelt, die die Realisation der idealen moralischen Welt darstellt, steht die

---

[58] Manfred Moritz unterscheidet, über Kants eigene Terminologie hinausgehend, zwischen sinnlich-vernünftigen und rein-vernünftigen Wesen (MORITZ, 1966, 412 f.). Diese Unterscheidung ist jedoch m. E. problematisch, weil sie den Unterschied zwischen „vernünftigen Wesen" und „Vernunftwesen", wie er sogleich zu thematisieren sein wird, nicht reflektiert und somit auf dem Niveau der *Grundlegung* bleibt. Von „rein-vernünftigen" Wesen zu sprechen hat seit der zweiten Kritik keinen Sinn mehr, da Vernünftigkeit nicht ausreicht, um Anteil an der intelligiblen Welt zu haben. Für Wesen, die nur intelligibel, aber nicht sensibel „existieren", verwendet Kant in späteren Schriften daher auch den Ausdruck „reine Vernunftwesen".
[59] KrV, B 836.

Willkür der vernünftigen Wesen unter moralischen Gesetzen. Die Freiheit des einen konfligiert nicht mit der des anderen, sondern beide sind zu einer „durchgängige[n] systematische[n] Einheit" verbunden.[60]

Allein, dieses System der vernünftigen Wesen entbehrt noch der Ordnung. Kants moralischer Kosmos, wie er ihn in der *Kritik der reinen Vernunft* entwirft, kennt weder Familien, Gattungen noch Klassen. Die vernünftigen Wesen verschmelzen zu einem einzigen, differenzlosen *corpus mysticum*. Auch wenn Kant im Folgenden den Gedanken einer höchsten Intelligenz einführt, die die Glückseligkeit gemäß der Sittlichkeit zuteilt, fehlt noch die Vorstellung von Gott als einem Oberhaupt der moralischen Welt. Diesen Gedanken trägt 1785 die *Grundlegung* nach. An die Stelle des Begriffs der „moralischen Welt" tritt nunmehr der stärker religiös konnotierte und an Leibniz orientierte des „Reichs".[61] Unter „Reich" versteht Kant hier dasselbe wie zuvor unter „moralische Welt", nämlich „die systematische Verbindung verschiedener vernünftiger Wesen durch gemeinschaftliche Gesetze",[62] welche, ebenso wie die „moralische Welt" der ersten Kritik, eine reine praktische Idee ist, mithin nur ideal „existiert", zugleich aber realisiert werden *soll*.[63]

Kants Intention ist klar: Er versucht in der *Grundlegung*, die systematische Einheit der vernünftigen Wesen genauer zu explizieren, als er es in der ersten Kritik getan hat. Das moralische Gesetz, welches diese systematische Einheit ermöglicht, wird nun mit Hilfe der Zweckformel des kategorischen Imperativs präziser gefasst: Jedes vernünftige Wesen soll jedes andere nicht nur als Mittel, sondern als Zweck an sich selbst behandeln und dabei – hier verschafft sich das Autonomie-Theorem Geltung – selbst gesetzgebend sein.[64] Für die „Glieder" der moralischen Welt gilt jedoch, dass sie zugleich dem Gesetz unterworfen sind. Von einem einzigen Wesen kann gesagt werden, dass es allein gesetzgebend, aber nicht dem Gesetz unterworfen ist: Von Gott (der hier allerdings namentlich nicht

---

60 KrV, B 836, dort auch das vorangehende Zitat.
61 Leibniz unterscheidet bekanntlich zwischen einem Reich der Natur („le regne physique de la Nature" [sic!]) und einem Reich der Gnade („le regne moral de la Grace" [sic!]). S. Monadologie § 87/LEIBNIZ, 1932, 2. Bd., 622.
62 GMS, AA IV, 433. Vgl. auch Moral Mrongovius II, AA XXIX, 610 („System vernünftiger Wesen").
63 Ein wesentlicher Unterschied zwischen den Konzeptionen der *Kritik der reinen Vernunft* und der *Grundlegung* besteht indes darin, dass, während bei der „moralischen Welt" von Zwecken gänzlich abstrahiert wird, in der *Grundlegung* dem Zweckbegriff zentrale Bedeutung zukommt. In der ersten Kritik soll von Zwecken als „Bedingungen" der Moralität ebenso wie von allen Hindernissen der Moralität abgesehen werden. Solche individuellen „Bedingungen" der Moralität, etwa eine bestimmte Motivation, werden nun in der *Grundlegung* als „Privatzwecke" von Zwecken im eigentlichen Sinn unterschieden (GMS, AA IV, 433).
64 GMS, AA IV, 429.

genannt wird) als dem „Oberhaupt" des Reichs der Zwecke.⁶⁵ Er ist ein „völlig unabhängiges Wesen ohne Bedürfniß und Einschränkung seines dem Willen adäquaten Vermögens".⁶⁶ Das Oberhaupt ist als einziger Bürger dieses Reichs nicht durch „Bedürfnis" – man wird „Neigung" paraphrasieren dürfen – eingeschränkt. Sein uns unbekanntes Vermögen, das dem menschlichen Willen entspricht,⁶⁷ ist rein und gegen jede Versuchung immun. Der „Wille" dieses Oberhaupts ist im Gegensatz zu dem der Glieder des Reichs der Zwecke daher auch nicht der Pflicht unterworfen. „Pflicht kommt nicht dem Oberhaupte im Reiche der Zwecke, wohl aber jedem Gliede und zwar allen in gleichem Maße zu."⁶⁸ Pflicht setzt voraus, dass die Neigung im Widerstreit mit dem moralischen Gesetz stehen kann. Es besteht nicht qua Natur, sondern nur qua Nötigung die Notwendigkeit einer bestimmten Handlung. Dies kann aber nur von Wesen gelten, die überhaupt versucht werden können, von der Befolgung des Sittengesetzes abzuweichen, ein Gedanke, den Kant in der *Kritik der praktischen Vernunft* weiterentwickeln soll. Dort heißt es dann auch prägnant über die Stufe des Menschen innerhalb der moralischen Welt (hier „Reich der Sitten"):

> Wir sind zwar gesetzgebende Glieder eines durch Freiheit möglichen, durch praktische Vernunft uns zur Achtung vorgestellten Reichs der Sitten, aber doch zugleich Unterthanen, nicht das Oberhaupt desselben, und die Verkennung unserer niederen Stufe als Geschöpfe und Weigerung des Eigendünkels gegen das Ansehen des heiligen Gesetzes ist schon eine Abtrünnigkeit von demselben [...].⁶⁹

Der Mensch ist ein Geschöpf von vergleichsweise geringem Rang, das im Reich der Zwecke zwar gesetzgebend, aber nicht Oberhaupt derselben ist. Übersieht er diese seine niedere Stellung, verstößt er gegen die Heiligkeit des Gesetzes, welches er – ebenso wie die Idee der moralischen Welt selbst – zu achten hat. Mehr noch, das Gesetz selbst fordert, dass sich der Mensch seiner niederen moralischen Stellung bewusst ist. Sich anzumaßen, selbst Oberhaupt der moralischen Welt zu sein, ist nicht nur Hybris, sondern bedeutet einen ernsthaften Verstoß gegen das Sittengesetz. Woher kommt aber jener Rangunterschied zwischen Gott als Oberhaupt

---

65 GMS, AA IV, 433 f.
66 GMS, AA IV, 434.
67 Dass Kant hier nicht von dem Willen des Oberhaupts, sondern nur von seinem „Willen" bzw. einem dem Willen adäquaten Vermögen spricht, beweist, dass er bereits in der *Grundlegung* sensibel dafür ist, dass von rein intelligiblen Wesen stets nur qua Analogie geredet werden kann.
68 GMS, AA IV, 434. Wenn Kant hier Bedürfnis und Pflicht thematisiert, ist klar, dass er die Ebene des Rein-Intelligiblen bereits verlassen ist, das Reich der Zwecke folglich zwar ein Ideal ist, aber nicht rein intelligibel.
69 KpV, AA V, 82.

und dem Menschen als Glied der moralischen Welt? Sind beide doch autonome, zur Selbstgesetzgebung fähige Wesen. Nicht also mit der Art der Gesetzgebung kann es zusammenhängen, dass Gott in der moralischen Welt weit über dem Menschen steht. Der Grund muss vielmehr darin liegen, auf welche Art Gott und Mensch jeweils vom Gesetz adressiert werden.

2.2 Heilige und tugendhafte Wesen

Die Unterscheidung zwischen Tugend und Heiligkeit hat Kant bereits 1784/85 vorgenommen. Dass sie in der *Grundlegung* zurücktritt und erst in der *Kritik der praktischen Vernunft* breit entfaltet wird, hat m. E. keine tieferen Gründe. So findet sich die besagte Unterscheidung auch in Vorlesungen, die zeitlich parallel zur *Grundlegung* sind. In der moralphilosophischen Vorlesung von 1784/85, wohlgemerkt in einer Passage, die sich mit dem Reich der Zwecke beschäftigt, heißt es:

> Die beharrliche Maxime seinen Willen dem moralischen Gesetz gemäß zu machen, ist Tugend. Alle Geschöpfe haben Tugend, nur Gott nicht, denn er ist heilig. Wir können uns kein Geschöpf vorstellen was nicht Hindernisse der Tugend haben sollte.[70]

Kant definiert an dieser Stelle Verbindlichkeit als Nötigung durch das moralische Gesetz und, in einem zweiten Schritt, die Notwendigkeit einer Handlung aus Verbindlichkeit als Pflicht.[71] Auch für Gott gibt es eine Notwendigkeit der Handlung, allerdings nicht aus Verbindlichkeit. Gott ist nicht der Pflicht unterworfen, da er keine Nötigung erfährt. Genau diese Eigentümlichkeit des göttlichen „Willens", notwendig nach dem Sittengesetz zu handeln, ohne dass es einer „Notwendigmachung"[72] durch Nötigung bedürfte, nennt Kant in der Vorlesung nun Heiligkeit. Ihr gegenüber steht die Tugend, welche darin besteht, die Maxime des Handelns überhaupt erst dem Sittengesetz konform zu „machen". Bei einem im besten Falle tugendhaften Wesen bedarf es eben jener „Notwendigmachung" der Handlung, welche bei heiligen Wesen entfällt.

In dem angeführten Zitat nimmt Kant an, dass es nur ein einziges heiliges Wesen, i. e. Gott, geben könne, während alle Geschöpfe höchstens tugendhaft sind. Mehr noch, er behauptet, wir könnten uns nicht einmal ein Geschöpf vorstellen, das ohne die „Hindernisse der Tugend" (*genitivus obiectivus*) seine Ma-

---

70 Moral Mrongovius II, AA XXIX, 611.
71 „Die Nöthigung einer Handlung durchs moralische Gesetz ist Verbindlichkeit, die Nothwendigkeit einer Handlung aus Verbindlichkeit ist Pflicht" (Moral Mrongovius II, AA XXIX, 610 f.).
72 Moral Mrongovius II, AA XXIX, 610 f.

xime dem Sittengesetz gemäß bestimmen könnte. Geschöpflichkeit und Heiligkeit scheinen sich wechselseitig auszuschließen. Heiligkeit kommt vielmehr exklusiv Gott als dem Schöpfer zu. Diese Überzeugung vertritt Kant noch in der *Kritik der praktischen Vernunft*, in welcher er am klarsten Heiligkeit und Tugend kontrastiert:

> Das moralische Gesetz ist nämlich für den Willen eines allervollkommensten Wesens ein Gesetz der Heiligkeit, für den Willen jedes endlichen vernünftigen Wesens aber ein Gesetz der Pflicht, der moralischen Nötigung und der Bestimmung der Handlungen desselben durch Achtung für dies Gesetz und aus Ehrfurcht für seine Pflicht.[73]

Sieht man von dem nunmehr ergänzten Konzept der Achtung ab, entfaltet Kant hier den gleichen Gedanken wie in der moralphilosophischen Vorlesung von 1784/85. Nur für ein allervollkommenstes Wesen ist das Sittengesetz ein Gesetz der Heiligkeit, für jedes „endliche vernünftige Wesen", wie es der Mensch ist, erfolgt die Befolgung des Gesetzes aus Pflicht. Bei „endlichen vernünftigen Wesen" steht der Befolgung des Sittengesetzes die Neigung entgegen, weshalb das Gesetz befohlen werden muss, also im Modus des Imperativs auftritt. Tugend bedeutet entsprechend, „Obermacht über seine Neigungen, hiemit also [die] Unabhängigkeit von denselben" zu erlangen.[74] Anders als Gott müssen die endlichen vernünftigen Wesen also die Überordnung des Sittengesetzes in der Maxime erst selbst leisten, sie ist ihnen nicht automatisch gegeben. Tugend ist eine „moralische Gesinnung im Kampfe", Heiligkeit der Besitz einer völlig reinen Gesinnung, ein Besitz, der bei endlichen vernünftigen Wesen immer nur vermeintlich sein kann.[75] Die Gottheit ist „über alle Abhängigkeit erhaben [...]", die Übereinstimmung des Willens mit dem Sittengesetz ist ihr gleichsam zur Natur geworden, weshalb sie dem Sittengesetz niemals untreu werden kann.[76] Würde es sich bei Menschen als irdischen vernünftigen Wesen ebenso verhalten, würde das Sittengesetz seinen Gebotscharakter verlieren, Tugend würde in Heiligkeit übergehen. *Weil* aber das Sittengesetz für uns die Form des Gebots hat, wissen wir, dass wir endliche vernünftige Wesen sind, die die Stufe der Heiligkeit aktual niemals erreichen können, wenn wir uns diesem Urbild auch in einem unendlichen Progressus annähern können.[77]

---

73 KpV, AA V, 82.
74 KpV, AA V, 118.
75 KpV, AA V, 84.
76 KpV, AA V, 82.
77 KpV, AA V, 83.

2.2 Heilige und tugendhafte Wesen — 41

Auch im Spätwerk, genauer, in der *Metaphysik der Sitten*, schärft Kant ein, dass der kategorische Imperativ nicht auf „vernünftige Wesen überhaupt (deren es etwa auch heilige geben könnte), sondern auf Menschen als vernünftige Naturwesen geht, die dazu unheilig genug sind".[78] Dadurch ergibt sich, wohlgemerkt, kein Widerspruch zum ersten Abschnitt dieser Arbeit. Der kategorische Imperativ gilt *formal*, d. h. als Imperativ, nur für irdische bzw. sinnliche vernünftige Wesen. *Inhaltlich* ist er aber mit dem Sittengesetz identisch, welches für alle moralischen Wesen gleichermaßen gilt. Kurz, den Gebotscharakter besitzt das ansonsten universell gültige Sittengesetz nur für „vernünftige Naturwesen" wie den Menschen.

Was den *ordo entium moralium* betrifft, liegt es hier nahe, „vernünftige Naturwesen" gleichzusetzen mit „endliche vernünftige Wesen". Während Kant aber mit „vernünftige Naturwesen" eindeutig Wesen meint, die Anteil am *mundus sensibilis* haben, also im angegebenen Sinne irdische bzw. empirische Wesen sind, steht die zunächst einleuchtende Gleichsetzung mit den „endlichen vernünftigen Wesen" jedoch vor einem wesentlichen Problem. Dies deutet sich schon darin an, dass Kant an der angegebenen Stelle von möglichen heiligen Wesen im Plural spricht. In den Schriften der achtziger Jahre hält Kant demgegenüber fest, dass es nur ein einziges heiliges Wesen, i. e. Gott, geben könne. Die angeführte Passage aus der Vorlesung von 1784/1785 sagt dies überdeutlich: Gott allein ist heilig, Geschöpfe – seien sie nun irdisch oder überirdisch – können nur Tugend erreichen. Ist jener Plural, zumal er sich nur auf mögliche Wesen bezieht, also als eine Nachlässigkeit zu werten? Wohl kaum, wie abermals ein Text aus der *Tugendlehre* zeigt:

> Für endliche heilige Wesen (die zur Verletzung der Pflicht gar nicht einmal versucht werden können) giebt es keine Tugendlehre, sondern bloß Sittenlehre, welche letztere eine Autonomie der praktischen Vernunft ist, indessen daß die erstere zugleich eine Autokratie derselben, d.i. ein, wenn gleich nicht unmittelbar wahrgenommenes, doch aus dem sittlichen kategorischen Imperativ richtig geschlossenes Bewußtsein des Vermögens enthält, über seine dem Gesetz widerspenstige Neigungen Meister zu werden [...].[79]

Die Behauptung, dass es für heilige Wesen nur eine Sittenlehre, aber keine Tugendlehre geben könne, ist mit Kants früheren Äußerungen konsistent. Heilige Wesen müssen über Autonomie verfügen, also, wie seit der *Grundlegung* feststeht, „die Eigenschaft des Willens, sich selbst ein Gesetz zu sein",[80] besitzen. Das Sit-

---

78 MST, AA VI, 380/Ludwig, 12.
79 MST, AA VI, 383/Ludwig, 15. Zur Aufteilung der Sittenlehre in Tugend- und Rechtslehre s. MST, AA VI, 379/Ludwig, 12.
80 GMS, AA IV, 447.

tengesetz gilt für sie ebenso wie für jede andere Entität. Autokratie hingegen, „Selbstbeherrschung", als ein durch das Sittengesetz in der Form des Imperativs gewirktes Bewusstsein, die Herrschaft über die Neigungen gewinnen zu müssen, kann indes bei ihnen nicht vorausgesetzt werden, da sie entsprechende Neigungen überhaupt nicht besitzen.[81] Wo aber keine Neigung zu beherrschen ist, kann auch von Tugend nicht die Rede sein. Der Grund hierfür liegt auf ontologischer Ebene schlicht darin, dass heilige Wesen, anders als „vernünftige Naturwesen", nicht in beiden Welten zugleich „existieren",[82] sondern nur im *mundus intelligibilis*. Heilige Wesen sind *per se* nicht-irdische bzw. nicht-empirische Wesen. Ihre moralische Konstitution koinzidiert mit ihrem ontologischen Status. Dass es mehrere solcher Wesen geben kann, ist zunächst keineswegs ausgeschlossen,[83] auch wenn dies Kants früherer Annahme, Gott sei das einzige heilige Wesen, widerspricht. Problematischer ist, dass Kant in der angeführten Passage von „endlichen heiligen Wesen" spricht. Die „endlichen vernünftigen Wesen" können jetzt eindeutig nicht mehr mit den „vernünftigen Naturwesen" gleichgesetzt werden. Wenn es endliche heilige Wesen gibt, kann „endlich" nicht den gleichen semantischen Umfang wie „natürlich" besitzen. Naturwesen existieren *per definitionem* im *mundus sensibilis*, was von heiligen Wesen gerade nicht behauptet werden kann. Setzt man die „endlichen vernünftigen Wesen" mit den „vernünftigen Naturwesen" gleich, ergibt sich zusammen mit der Annahme, dass es auch endliche heilige Wesen gibt, eine *contradictio in adiecto*: Aktual heilige Natur-

---

[81] Die Unterscheidung zwischen einer Sittenlehre, die auch für heilige Wesen gilt, und einer Tugendlehre, die nur für sinnlich-vernünftige Wesen Bedeutung besitzt, beweist indes auch, dass Reckis These, Kant kenne keine „Ethik auch für Engel und Götter" (RECKI, 2001, 320. 316 f.), nicht aufrechtzuerhalten ist. Das Problem besteht darin, dass Recki sehr vage davon redet, „Moral" besitze laut Kant für Engel und Götter keine Geltung. Dabei setzt sie „Moral" gleich mit einer Ansprache durch das Sittengesetz qua Nötigung (RECKI, 2001, 320). Dass dies nicht die einzige moralische Option ist, sondern eine sehr spezifische Form der „Moral", übersieht Recki, wie sich auch daran zeigt, dass sie m.E. nicht genau genug zwischen dem Sittengesetz und dem kategorischen Imperativ als Modus der Ansprache durch das Sittengesetz differenziert. Recki spricht von „Moral", meint aber eigentlich „Tugend". Würde sie behaupten, dass es Kant vorrangig auf die Tugendlehre ankomme und diese eben nur für sinnlich-vernünftige Wesen Geltung beanspruche, wäre gegen ihre These nichts einzuwenden.
[82] Hier, wie im Folgenden, wird, wenn von „intelligibler Existenz" die Rede ist, „Existenz" immer in Anführungszeichen gesetzt, da Existenz streng genommen nur von Wesen im *mundus sensibilis* ausgesagt werden kann, die empirisch existieren (vgl. dazu, bezogen auf das Ich, KrV, B 422, Anm.).
[83] Bei näherer Beleuchtung bereitet die vorausgesetzte Möglichkeit der Individuation im Bereich des Intelligiblen einige Schwierigkeiten. S.u. 2.4. u. 6.2.

wesen, d. h. heilige und zugleich empirische vernünftige Wesen.[84] Kant hat „endliche vernünftige Wesen" zudem eingeführt als Gegenbegriff zu Gott als dem einzigen heiligen und – so lässt sich ergänzen – unendlichen Wesen. Die endlichen heiligen Wesen, die keine Naturwesen sind, zugleich aber auch nicht schlechthin mit Gott identisch sind, machen mithin eine eigene, neue Klasse vernünftiger Wesen aus. Als endliche Wesen, die Gott gegenüberstehen, gehören sie zu den Geschöpfen, ohne deshalb Naturwesen zu sein. In der *Metaphysik der Sitten* führt Kant also unter der Hand eine neue Gattung vernünftiger Wesen ein, die er in den achtziger Jahren noch nicht zulässt: Heilige, nicht-empirische Geschöpfe, endliche Wesen, die nicht der Pflicht unterworfen sind. Der Verdacht, dass er hiermit tatsächlich die „lieben Engelein" meint, liegt in der Tat nahe.

2.3 „Vernünftige Wesen" und „Vernunftwesen"

Die *Metaphysik der Sitten* markiert einen bedeutenden Fortschritt in der Ausgestaltung der *ordo entium moralium*. Das liegt zum einen an der nunmehr vorgenommenen Abgrenzung von „vernünftigem Wesen" und „Vernunftwesen", zum anderen an der Übertragung von Rechtsverhältnissen auf die Verhältnisse der vernünftigen Wesen untereinander. Kant gelingt es mit Hilfe dieser beiden Distinktionen erstmals, seine – trotz der Einführung eines Oberhaupts – bisher recht diffuse „moralische Welt" in einen geordneten Kosmos der Moral zu verwandeln. Im *Opus postumum* soll er an diese Gedanken anknüpfen und sie weiterentwickeln. Die entscheidenden Erkenntnisse formuliert er jedoch bereits in der *Metaphysik der Sitten*.

---

84 Irritierend ist auch Kants Behauptung, dass die endlichen heiligen Wesen „zur Verletzung der Pflicht nicht einmal versucht werden können" (s. o.). Offenbar definiert Kant Heiligkeit hier als die Eigenschaft, niemals seine Pflicht verletzen zu können. Damit gerät er insofern in einen Widerspruch zu seiner bisherigen Definition der Heiligkeit, als laut der *Grundlegung* und der *Kritik der praktischen Vernunft* der Begriff der Pflicht auf heilige Wesen überhaupt nicht anwendbar ist. Nur „vernünftige Naturwesen" sind der Pflicht unterworfen. Heilige Wesen kennen demgegenüber ebenso wenig eine Pflicht wie einen sittlichen Imperativ. Da aber keine andere Passage in der gesamten *Metaphysik der Sitten* dafür spricht, dass Kant die Opposition von Heiligkeit und Tugend 1797 aufgegeben hat, wie die Anwendung des Pflichtbegriffs auf heilige Wesen streng genommen implizieren würde, muss hier dem klaren Sinn der Stelle der Vorzug vor der wörtlichen Bedeutung gegeben werden: Heilige Wesen können nicht versucht werden. Dass dies die Anwendung des Pflichtbegriffs auf heilige Wesen gänzlich verbietet, statt bei ihnen schlicht eine „automatische" Pflichterfüllung vorauszusetzen, hat Kant an dieser Stelle anscheinend nicht im Blick.

Die explizite Unterscheidung zwischen „vernünftigen Wesen" und „Vernunftwesen" stellt zumindest terminologisch eine Neuerung Kants im Jahr 1797 dar. Nach einigen früheren, kurzen Erwähnungen entfaltet er sie am Anfang des ersten Teils der ethischen Elementarlehre in der *Tugendlehre* etwas ausführlicher.[85] Im ersten Paragraphen konstruiert er hier eine Antinomie, die dem Begriff einer Pflicht gegen sich selbst inhärieren soll. Das Argument lautet, kurz gesagt, dass eine Pflicht gegen sich selbst nicht konsistent gedacht werden könne, da das verbindende und das verbundene Subjekt in diesem Fall identisch wären. Der Satz, der eine Pflicht gegen sich selbst ausspricht, wäre mithin widersprüchlich, da er eine „Verbindlichkeit verbunden zu sein" behaupten, d. h. im gleichen Atemzug eine passive und eine aktive Nötigung aufstellen würde.[86] Zur Hebung dieser Antinomie führt Kant nun – nachdem er im zweiten Paragraphen die Notwendigkeit, eine Pflicht gegen sich selbst zuzulassen, begründet hat ⁻ im dritten Paragraphen die Unterscheidung zwischen „Sinnenwesen" und „Vernunftwesen" ein, welches der Mensch beides zugleich sein soll.

Es wäre m. E. ein Missverständnis zu meinen, dass die Unterscheidung von Sinnen- und Vernunftwesen schon jene „Verdoppelung" des Begriffs „Mensch" erzeugt, die die Hebung der Antinomie ermöglicht. Der Mensch als „Vernunftwesen" *auctor obligationis,* der Mensch als „Sinnenwesen" *subiectum obligatum* – so einfach liegen die Dinge nicht. Die nämliche Deutung scheitert schon daran, dass ein reines Sinnenwesen niemals obligiert werden kann. Da es nicht durch reine praktische Vernunft adressiert wird, hat es keinen Bezug zum Intelligiblen und kann mithin nicht durch das Sittengesetz verbunden werden. Einzig der Mensch als Vernunftwesen ist durch das moralische Gesetz ansprechbar und somit der passiven Obligation fähig. Umgekehrt gilt aber auch: Auch der Mensch, als reines Vernunftwesen betrachtet, kann nicht obligiert werden, weil er keine sinnlichen Neigungen verspürt, die wiederum notwendig sind, um von Pflicht (im Gegensatz etwa zu Heiligkeit) zu sprechen. Kurz, nur der Mensch, insofern er zugleich Vernunft- und Sinnenwesen ist, kann *subiectum oligatum* sein.

Im nächsten Absatz trifft nun Kant eine weitere begriffliche Unterscheidung, die ebenfalls den Eindruck erwecken könnte, durch sie werde die Antinomie unmittelbar behoben. Die Rede ist von Kants berühmter Unterscheidung zwischen *homo phaenomenon* und *homo noumenon.* Der *homo phaenomenon* bezeichnet hier ein empirisches Wesen, bei dem „Verbindlichkeit nicht in Betracht kommt".[87]

---

85 MST, AA VI, 417 f./Ludwig, 54 f. In der Einleitung zur gesamten *Metaphysik der Sitten* wird die Unterscheidung kurz erwähnt (MSR, AA VI, 239/Ludwig, 32). Vgl. auch MSR, AA VI, 335/Ludwig, 159.
86 MST, AA VI, 417 f./Ludwig, 54 f.
87 MST, AA VI, 418/Ludwig, 54.

Gerade jene letzte Formulierung ist entscheidend. Wenn von Verbindlichkeit hier nicht die Rede sein kann, bezieht sich Kant hier allein auf den Menschen, wie er seiner sinnlichen Natur nach betrachtet ist. Dass Kant den *homo phaenomenon* hier als „vernünftiges Naturwesen" bezeichnet, spricht keineswegs gegen diese Deutung, wenn – wie gleich zu plausibilisieren sein wird – hier allein die Vernunft als spekulatives Vermögen gemeint ist. Dabei ist der *homo phaenomenon* in der *Metaphysik der Sitten* keineswegs gleichbedeutend mit dem (reinen) Sinnenwesen. Während ein Sinnenwesen ein Wesen ist, das durch praktische Vernunft nicht adressiert werden kann, bezeichnet *homo phaenomenon* lediglich den Menschen, *insofern* er eine sinnliche Natur besitzt. In der *Rechtslehre* steht *homo phaenomenon* für den Menschen als ein mit physischen „Bestimmungen behaftetes Subjekt",[88] aber keineswegs für ein Wesen, das nur solche Bestimmungen aufweist.[89] Die Aussage, dass der Mensch als *homo phaenomenon* betrachtet nicht der Verpflichtung fähig ist, bedeutet lediglich, dass der Mensch allein nach seiner sinnlichen Natur nicht verpflichtet werden kann. Kant entwirft hier keineswegs die Abstraktion eines Menschen, der nur Sinnenwesen ist und welcher gleichsam unabhängig existieren könnte. Ähnlich, aber konziser argumentiert er für den *homo noumenon*.

Die Versuchung liegt nahe, den *homo noumenon* schlicht mit dem „anderen Teil" des Menschen, seiner Adressierbarkeit durch das Sittengesetz, gleichzusetzen. *Homo noumenon* und *homo phaenomenon* wären demnach gleichsam mereologisch zu begreifen: Der Mensch als Wesen, das sich aus einer noumenalen und einer sinnlichen Natur zusammensetzt wie der Zentaur aus Mensch und Pferd. Diese mereologische Deutung scheitert jedoch daran, dass Kant den *homo noumenon* – wohlgemerkt zunächst nur an dieser Stelle – eindeutig als den ganzen Menschen ansieht, nur unter einem bestimmten Aspekt betrachtet. Kant bezeichnet mit dem berühmten Begriffspaar nicht etwaige Departments des Menschen, sondern etabliert lediglich, wie er explizit festhält, eine doppelte Betrachtungsweise des Menschen (der Mensch „in zweierlei Bedeutung betrachtet").[90]

---

[88] MSR, AA VI, 239/LUDWIG, 32.
[89] Streng genommen liegen hier zwei Bedeutungen von *homo phaenomenon* vor, insofern der Akzent bei dem Wesen, dem keine Verbindlichkeit zugeschrieben werden kann, auf der Eigentümlichkeit der sinnlichen Natur, bei dem mit physischen Bestimmungen behafteten Subjekt hingegen auf den Bedingungen des Erscheinens in der Sinnenwelt liegt (s. u. 9.2.). Diese Bedeutungsnuance kommt hier aber noch nicht in Betracht. Wichtig ist allein, dass der *homo phaenomenon* kein rein sinnliches Wesen ist, sondern bloß ein Wesen, dessen sinnliche Natur nicht ausreicht, um von Verbindlichkeit und reiner praktischer Vernunft zu sprechen.
[90] MST, AA VI, 418/LUDWIG, 54.

Der *homo noumenon* ist hier ontologisch durchaus der gleiche wie der *homo phaenomenon* – dafür spricht schon das „ebenderselbe" im ersten Paragraphen der *Tugendlehre* –[91], nur aus einem anderen Blickwinkel betrachtet, nämlich im Hinblick auf seine Adressierbarkeit durch reine praktische Vernunft. Der *homo noumenon* ist also kein rein-intelligibles Wesen – dies wäre vielmehr das mereologische Missverständnis –, sondern ein Wesen, das empirisch existieren kann, zugleich aber mit reiner praktischer Vernunft begabt ist, mithin das einzige Wesen, das überhaupt als *subiectum obligatum* in Frage kommt. Wählt man diese aspektivische statt der mereologischen Deutung von *homo phaenomenon* und *homo noumenon*, scheint klar, dass der Mensch nur, insofern er nicht bloß als *homo phaenomenon*, sondern auch als *homo noumenon* betrachtet wird, obligiert werden kann. Da Sinnlichkeit und Adressierbarkeit durch das Sittengesetz beide gleichermaßen notwendig sind, um von Verbindlichkeit zu sprechen, kann Kant freilich auch behaupten – wie er es in der unmittelbar vorangegangen Vorlesung von 1793/94 tut –, dass der *homo phaenomenon* obligiert werde.

> [D]er Mensch kann nicht über seine Substanz disponiren: denn er würde über seine Persönlichkeit selbst, innere Freiheit, oder Menschheit in seiner Person selbst verfügen. Diese gehören aber nicht ihm, sondern er gehört ihr an, er ist als phaenomen dem noumenon obligirt. Er ist daher nicht dominus über seine Persönlichkeit als ein objectum reale betrachtet.[92]

Die Aussage, der Mensch als *phaenomenon* sei dem *noumenon* obligiert, scheint im Widerspruch zu stehen zur gedruckten Fassung der Metaphysik, in der ja gerade vorausgesetzt wird, dass der Mensch nicht allein als *homo phaenomenon*, sondern erst als *homo noumenon* der Verbindlichkeit (und damit der passiven Obligation) fähig ist. Die aspektivische Deutung vorausgesetzt, löst sich dieser Widerspruch jedoch auf: Obligiert wird immer der Mensch als ganzer, sowohl nach seiner sinnlichen (Neigungen) als auch nach seiner noumenalen Natur (reine praktische Vernunft). Ein Problem würde die angegebene Stelle aus den Vorlesungen nur dann darstellen, wenn Kant den *homo phaenomenon* mereologisch als den sinnlichen Teil des Menschen begreifen würde statt aspektivisch als eine Hinsicht, unter welcher der Mensch betrachtet werden kann. Gemeint ist immer der ganze Mensch. Kant betont lediglich, je nach Kontext, den einen oder anderen Aspekt. In der *Metaphysik der Sitten* geht es ihm um die Frage der Verbindlichkeit. Er betont daher die Adressierbarkeit durch das Sittengesetz und betrachtet den Menschen daher als *homo noumenon*. In der Vorlesung bezeichnet

---

[91] MSR, AA VI, 239/Ludwig, 32.
[92] Metaphysik der Sitten Vigilantius, AA XXVII, 601.

Kant ihn hingegen als *homo phaenomenon*, da es ihm darum geht, dass der Mensch nicht über seine noumenale Natur gebieten kann. Der argumentative Rahmen entscheidet also darüber, ob Kant von *homo noumenon* oder *homo phaenomenon* spricht: Will er deutlich machen, dass der Mensch allein nach seiner Sinnlichkeit noch nicht der Verbindlichkeit fähig ist, nennt er ihn *homo noumenon*. Will er hingegen davor warnen, den Menschen allein nach seiner noumenalen Natur der passiven Obligation für fähig zu klären (also ohne Rücksicht auf die Neigungen, die für die Verpflichtung notwendig sind), wählt er hingegen die Bezeichnung *homo phaenomenon*.

Damit ist zwar geklärt, inwiefern der Mensch das *subiectum obligatum* darstellt, unklar bleibt aber, in welcher Hinsicht er *persona obligans* in Bezug auf sich selbst ist. Die benötigte „Verdoppelung", um die Antinomie zu lösen, ist immer noch nicht erreicht. Sie muss m. E. vielmehr in den Begriff des *homo noumenon* selbst eingetragen werden. Passiv genötigt ist der Mensch eben, insofern er nicht nur ein mit theoretischer Vernunft begabtes Sinnenwesen ist, sondern auch eine „Persönlichkeit", mithin ein „der Verpflichtung fähiges Wesen". Aktiv nötigend aber – diese Lösung deutet bereits die Vorlesungsnotiz an – ist er, insofern er für „die Menschheit in seiner Person" steht. Es ist also nicht unmittelbar der Mensch, der sich selbst (wohlgemerkt als *homo noumenon* betrachtet*)* verbindet, sondern die Idee der Menschheit, die in der Person des Menschen selbst repräsentiert wird. Als ein Binnenverhältnis des Menschen als noumenales Wesen muss diese Struktur angesehen werden, weil Kant die „Menschheit in meiner Person" relativ oft als *homo noumenon* bezeichnet.[93] Auch hier handelt es sich um eine Bedeutungsnuance, allerdings eine wichtige. Die „Menschheit" als in der Tat rein noumenale Größe verpflichtet den Menschen, der, als noumenales Wesen betrachtet, überhaupt verbindlich gemacht werden kann und, als phänomenales Wesen, die von der noumenalen Menschheit ausgehende Forderung als Nötigung erfährt. Der Mensch, *insofern* er *homo noumenon* ist, begreift sich selbst als Teil der noumenalen Menschheit. Der Mensch, insofern er sinnlich existiert, erfährt die noumenale Menschheit als *persona obligans* – und weiß doch zugleich, dass diese durch keinen anderen als ihn selbst, als noumenales Wesen betrachtet,

---

93 Im Zusammenhang mit der Frage nach der Gültigkeit eines Testaments hält Kant fest, dass der Mensch in einem rechtlichen Verhältnis „[...] jede Person bloß nach ihrer Menschheit, mithin als *homo noumenon* [...]" betrachte (MSR, AA VI, 295/LUDWIG, 106). An anderer Stelle noch deutlicher: „[...] die Menschheit in seiner Person (*homo noumenon*)" (MST, AA VI, 423/LUDWIG, 60). Einmal setzt Kant sogar Menschheit, Persönlichkeit und *homo noumenon* gleich (MSR, AA VI, 239/LUDWIG, 32). Vgl. auch MS Vorarbeiten, AA XXVIII, 398.

repräsentiert wird. Erst dieser Gedanke ermöglicht es Kant, die Antinomie einer Verpflichtung gegen sich selbst aufzuheben.[94]

Es bleibt die bisher aufgeschobene, zentrale Frage, was Kant meint, wenn er den phänomenalen Menschen als „vernünftiges Naturwesen" bezeichnet. Dabei muss von folgender Beobachtung ausgegangen werden: Der Mensch betrachtet sich nach Kant sowohl als Sinnenwesen als auch als Vernunftwesen, was bedeutet „nicht blos [als] vernünftiges Wesen, weil die Vernunft nach ihrem theoretischen Vermögen wohl auch die Qualität eines lebenden körperlichen Wesens sein könnte."[95] Ein „vernünftiges Wesen" ist also ein solches, das Vernunft als theoretisches Vermögen besitzt. Eine solche Eigenschaft kann auch einem „lebenden, körperlichen Wesen" wie dem „vernünftigen Naturwesen" zukommen.[96] Was das „Vernunftwesen" auszeichnet, ist also nicht das Vermögen, Schlüsse zu ziehen, d. h. Vernunft in ihrem spekulativen bzw. theoretischen Gebrauch, sondern die Bestimmbarkeit durch reine praktische Vernunft. Eben dies kann, anders als der theoretische Vernunftgebrauch, von einem rein phänomenalen Wesen niemals ausgesagt werden. Nicht das vernünftige Wesen, sondern das Vernunftwesen ist Bürger der intelligiblen Welt und Adressat des moralischen Gesetzes. Allein das Vernunftwesen ist mithin der Verpflichtung, passiv wie aktiv, fähig und muss als Subjekt der Zurechnung angesehen werden.

Diese terminologische Differenzierung zwischen „Vernunftwesen" und „vernünftigen Wesen" nimmt Kant, daran ist nicht zu rütteln, erstmals in der *Metaphysik der Sitten* vor. Zwar spricht er auch in früheren Werken von „Vernunftwe-

---

[94] Diese Deutung widerspricht der Forkls. Zunächst erkennt Forkl vollkommen richtig, dass die Antinomie noch nicht durch die Unterscheidung von *homo noumenon* und *homo phaenomenon* gelöst wird. Laut Forkl ist es jedoch – im diametralen Gegensatz zur hier vertretenen Lesart – der Mensch als Person, „insofern er der Verpflichtung fähig ist", der aktiv nötigt, und der Mensch, insofern er die Menschheit in seiner Person repräsentiert, der passiv genötigt wird (FORKL, 2000, 123). Der „Verpflichtung fähig" ist prinzipiell ambigue. Es kann sowohl heißen „des Verpflichtens fähig" als auch des „Verpflichtetseins fähig". Dafür aber, dass es hier auf die passive Nötigung bezogen werden muss, spricht, dass der der Verpflichtung fähige Mensch laut Kant „gegen sich selbst (die Menschheit in seiner Person)" verpflichtet ist. Auf die Partikel „gegen" kommt alles an. Derjenige, gegen den ich verpflichtet bin, ist derjenige, der mich verpflichtet, d. h. der aktiv Nötigende. Das „selbst", gegen das der Mensch verpflichtet ist und das ihn mithin aktiv nötigt, ist aber, wie die Klammer deutlich macht, die Menschheit in meiner Person betrachtet. Folglich ist die Menschheit in meiner Person aktiv nötigend und der der Verpflichtung fähige Mensch der des „Verpflichtetseins fähige", d. h. der Genötigte.
[95] MST, AA VI, 418/LUDWIG, 53.
[96] Brandt spricht in diesem Zusammenhang von „bloß vernünftigen Wesen", d. h. Wesen, die zwar über spekulative Vernunft verfügen, nicht aber durch das Sittengesetz adressiert werden können (BRANDT, 2003, 127 f.). „Bloß vernünftige Wesen" sind Wesen, die vernünftige Wesen sind, ohne Vernunftwesen zu sein.

sen", doch meint er dort etwas anderes mit dem Term. So verwendet er in der *Kritik der reinen Vernunft* „Vernunftwesen" als Bezeichnung für ein Wesen, dessen Existenz allein aus vernunftinternen Gründen heraus angenommen werden muss. In diesem Sinne ist Gott nach der ersten Kritik ein „Vernunftwesen", eine „bloße Idee", welche „nicht schlechthin und an sich selbst als etwas Wirkliches angenommen, sondern nur problematisch zum Grunde gelegt" wird.[97] Gott als „Vernunftwesen" zu bezeichnen – was Kant hier mit *ens rationis ratiocinatae* übersetzt –,[98] ist in der ersten Kritik schlicht ein Ausdruck dafür, dass die Idee Gottes als regulatives Prinzip dient, welches allein um der Einheit der Erfahrung willen angenommen werden muss. Von reiner praktischer Vernunft ist hier überhaupt noch nicht die Rede. Die Semantik von „Vernunftwesen" hat sich bei Kant also eindeutig verschoben. Bezeichnet der Term in der ersten Kritik noch eine bloße regulative Idee des theoretischen Vernunftvermögens, steht er in der *Metaphysik der Sitten* für ein Wesen „welches kein Sinn erreicht und das sich nur in moralisch=praktischen Verhältnissen, wo die unbegreifliche Eigenschaft der Freiheit sich durch den Einfluß der Vernunft auf den innerlich gesetzgebenden Willen offenbar macht, erkennen läßt".[99] Kurz, aus einem rein epistemologischen Grenzbegriff ist ein moralontologischer geworden.

Wie die letzte Formulierung nahelegt, ist die Unterscheidung zwischen Vernunftwesen und vernünftigen Wesen sachlich wesentlich früher anzusetzen als 1797. Sie kann vielmehr als eine Frucht jener fundamentalen Revision des kantischen Programms verstanden werden, auf die Bernd Ludwig aufmerksam gemacht hat.[100] So heißt es in der *Grundlegung* noch von der Vernunft überhaupt,

---

[97] KrV, A 681/B 709, ähnlich auch KdU, AA V, 468. Erst im *Opus postumum* gelingt Kant eine klare begriffliche Distinktion zwischen dem „Vernunftwesen" der *Kritik der reinen Vernunft* und dem „Vernunftwesen" der *Metaphysik der Sitten*. „Vernunftwesen" im Sinne von 1797, also „moralische Personen", nennt Kant nunmehr *entia rationalia* und versteht darunter eine Untergruppe der vernünftigen Wesen. Ein „Vernunftwesen" im Sinne der ersten Kritik, also ein reines „Gedanken Wesen", dem keine objektive Realität zukommt, sondern das lediglich als regulatives Prinzip dient, nennt er hingegen *ens rationis* (Op. post., AA XXII, 122). An anderer Stelle heißt es klar: „Ein ens rationis u. ens rationabile sind von einander unterschieden, dieses ist dabile jenes blos cogitabile", wobei an dieser Stelle das *ens rationabile* dem *ens rationale* zu entsprechen scheint (Op. post., AA XXII, 120).
[98] KrV, B 709.
[99] MST, AA VI, 418/LUDWIG, 54.
[100] LUDWIG, 2010. Die für den vorliegenden Kontext zentrale epistemologische Pointe benennt Ludwig selbst in einem Satz. Es gehe Kant ab 1786/87 darum, „dass wir unsere *intelligible* ‚Existenz' fortan nicht mehr aus unserem *Selbstbewusstsein*, sondern erst aus dem *Bewusstsein des Sittengesetzes* erschließen" (LUDWIG, 2010, 616). Sachlich korrespondiert dem unmittelbar die spätere Unterscheidung von vernünftigem Wesen und Vernunftwesen. Über Selbstbewusstsein im Sinne der transzendentalen Apperzeption verfügt bereits ein vernünftiges Wesen. Genauer macht

dass sie den Menschen seiner Teilhabe an der intelligiblen Welt versichere.[101] Kant kann 1785 vom Menschen noch sagen, er sei eine „Intelligenz", ein „vernünftiges, mithin zur intelligibelen Welt gehöriges Wesen".[102] Das „mithin" bringt die Position der *Grundlegung* auf den Punkt. Vernünftige Wesen als „Intelligenzen", als Wesen also, die über spekulative Vernunft verfügen, sind *eo ipso* Bürger der übersinnlichen Welt. Eine vergleichbare Aussage ist seit der zweiten Auflage der *Kritik der reinen Vernunft* und erst recht seit der *Kritik der praktischen Vernunft*

Kant 1781 die Teilhabe speziell des Menschen an der intelligiblen Welt daran fest, dass dieser ein Wesen ist, welches sich an nicht-sinnlichen Ideen orientiert (LUDWIG, 2015, 408 f., Anm. 16, im Zusammenhang mit der Frage nach der transzendentalen Freiheit). Gleiches gilt von der *Grundlegung* (1785) (LUDWIG, 2015, 412, Anm. 21). Weder in der ersten Auflage der *Kritik der reinen Vernunft* noch in der *Grundlegung* begegnet aber der Gedanke, dass es das Sittengesetz ist, welches uns unserer intelligiblen „Existenz" versichert – also eben jener Gedanke, der ab 1786/87 entscheidend für die Revision des ganzen kritischen Unternehmens wird, während gleichzeitig der Konnex von intelligibler „Existenz" und spontan erzeugten Ideen aufgehoben wird (LUDWIG, 2015, 416, v. a. Anm. 27).

101 „Die Vernunft geht über den Verstand noch hinaus, da sie ihre Spontaneität sich nicht darauf beschränkt, die Vorstellungen miteinander zu verbinden. Ihr vornehmstes Geschäft ist daher die Unterscheidung von Verstandes- und Sinnenwelt, wodurch sie dem Verstand selbst in seine Grenzen verweist" (GMS AA IV, 452). Gemeint ist hier also eindeutig die Vernunft in ihrem theoretischen Gebrauch. Kant fährt fort: „Um deswillen muß ein vernünftiges Wesen sich selbst als Intelligenz (also nicht von Seiten seiner untern Kräfte), nicht als zur Sinnen-, sondern zur Verstandeswelt gehörig, ansehen" (GMS AA IV, 452). Hier wird der Gegensatz zu den späteren Schriften besonders deutlich: Als „Intelligenz", als *animal rationale*, das sich nach spontan erzeugten Ideen orientiert, ist der Mensch nach der *Grundlegung* bereits der Sinnenwelt entrissen. In den späteren Schriften ab 1787 kann der Mensch jenen höheren Standpunkt nur noch einnehmen, insofern er moralisches Wesen ist und sich als solches erkennt.

102 GMS, AA IV, 452. Kurz darauf heißt es: „Das vernünftige Wesen zählt sich als Intelligenz zur Verstandeswelt [...]" (GMS, AA IV, 453). Wenig später dann: „Der Mensch, der sich auf solche Weise als Intelligenz betrachtet, setzt sich dadurch in eine andere Ordnung der Dinge und in ein Verhältniß zu bestimmenden Gründen von ganz anderer Art, wenn er sich als Intelligenz mit einem Willen, folglich mit Causalität, begabt denkt, als wenn er sich wie ein Phänomen in der Sinnenwelt (welches er wirklich auch ist) wahrnimmt und seine Causalität äußerer Bestimmung nach Naturgesetzen unterwirft" (GMS, AA IV, 457). In der *Grundlegung* definiert Kant „Intelligenz" als ein Wesen, das „unabhängig im Vernunftgebrauch von sinnlichen Eindrücken (mithin als zur Verstandeswelt gehörig)" (GMS, AA IV, 457) ist. Auch hier genügt es, unabhängig von sinnlichen Eindrücken zu sein, um zur „höheren" Welt zu gehören. Als ein Wesen, das über spekulative Vernunft verfügt, definiert Kant die Intelligenz auch noch in der zweiten Kritik (KpV, AA V, 125, im Zusammenhang mit dem Gottespostulat). In der zweiten Auflage der *Kritik der reinen Vernunft* setzt er sie mit dem „Ich" bzw. dem „denkend Subject" (sic!) gleich (KrV, B 155). Bei allen Nuancierungen, die Kant dem Ausdruck im Lauf der Zeit verleiht, ist durchgehend klar: „Intelligenz" bezeichnet ein vernünftiges Wesen, kein Vernunftwesen (im moralontologischen Sinn). Wenn laut *Grundlegung* der Mensch bereits als Intelligenz Anteil an der intelligiblen Welt hat, kann dies beim besten Willen nicht mehr harmonisiert werden mit der Position nach 1787.

unmöglich, wenn auch die Terminologie noch nicht entsprechend ausgereift ist. Kant kann daher in der zweiten Kritik von „vernünftigen Wesen" reden, obwohl er *avant la lettre* „Vernunftwesen" meint. Während es nach der ersten Auflage der *Kritik der reinen Vernunft* die transzendentale Apperzeption ist, qua welcher sich der Mensch als „intelligiblen Gegenstand"[103] erkennt, benennt Kant in der berühmten Fußnote zu Beginn der zweiten Kritik das Sittengesetz als die *ratio cognoscendi* unserer überphänomenalen Existenz.[104] Nicht mehr also die Vernunfttätigkeit überhaupt, sondern allein die reine praktische Vernunft eröffnet den Weg in die intelligible Welt. Nicht mehr der Mensch als vernünftiges Wesen ist ein „intelligibler Gegenstand", sondern einzig der Mensch, insofern er – in der Terminologie von 1797 – „Vernunftwesen" ist, d. h. als ein Wesen, das als Adressat des Sittengesetzes transzendentale Freiheit besitzt. Der theoretische Vernunftgebrauch, so steht seit der zweiten Kritik fest, gehört dem *mundus sensibilis* an. „Jeder Actus des Denkens, Ueberlegens ist selbst eine Begebenheit der Natur [...]",[105] heißt es schließlich pointiert 1794 in jener Vorlesung, aus der Kant schließlich die *Metaphysik der Sitten* entwickelt.[106]

Mit seiner Erkenntnis, dass die spekulative Vernunft den Bereich des Phänomenalen noch gar nicht transzendiert, sieht sich Kant zu einer genaueren Unterscheidung zwischen spekulativer und reiner praktischer Vernunft gezwungen und muss entsprechend differenzieren zwischen Wesen, die nur über spekulative Vernunft verfügen, und solchen, die durch reine praktische Vernunft adressiert werden können. Sachlich, wenn auch nicht terminologisch kennt Kant – so lässt sich resümieren – Vernunftwesen bereits seit 1787/88. Es überrascht daher nicht, dass für den Begriff des „Vernunftwesens" leicht inhaltlich äquivalente Vorgänger- und Parallelbegriffe nachgewiesen werden können. Der wichtigste dieser Begriffe ist der der „Persönlichkeit", wie ihn Kant prominent in jenem Werk entwickelt, das sein Alterswerk eröffnet. Zwar spricht Kant bereits in den achtziger Jahren von „Persönlichkeit". Den engeren, dem Begriff des „Vernunftwesens" äquivalenten Sinn erhält „Persönlichkeit" jedoch erst in der *Religionsschrift* von 1793. Kant unterscheidet hier drei Anlagen des Menschen:

---

103 KrV, A 546 f. Zu dieser Stelle s. LUDWIG, 2010, 605 f.
104 KpV, AA V, 4.
105 Metaphysik der Sitten Vigilantius, AA XXVII, 503.
106 Dass Kant den theoretischen Vernunftgebrauch ab der zweiten Kritik als dem phänomenalen Bereich zugehörig ansieht, erledigt die Kritik Schopenhauers, der meint, gegenüber Kant die „Assertion" machen zu müssen, dass die Vernunft „ein der Erscheinung Angehöriges, ja durch den Organismus Bedingtes" ist (SCHOPENHAUER, 1912, 602). Genau dies erkennt Kant selbst für die Vernunft – wohlgemerkt allein in ihrem theoretischen Gebrauch – ab der zweiten Auflage der *Kritik der reinen Vernunft* ausdrücklich an.

> Wir können sie [d. h. die Anlagen des Menschen] in Beziehung auf ihren Zweck füglich auf drei Klassen, als Elemente der Bestimmung des Menschen, bringen:
>
> 1. Die Anlage für die Thierheit des Menschen, als eines lebenden;
> 2. Für die Menschheit desselben, als eines lebenden und zugleich vernünftigen;
> 3. Für seine Persönlichkeit, als eines vernünftigen und zugleich der Zurechnung fähigen Wesens.[107]

Der Unterschied zwischen der Anlage für die Menschheit und der für die Persönlichkeit korrespondiert hier dem Unterschied zwischen einem vernünftigen Wesen und einem Vernunftwesen. Der Mensch als Mensch ist, anders als das Tier, nicht nur Lebewesen, sondern auch vernünftiges Wesen, verfügt also über Vernunft als theoretisches Vermögen.[108] Er ist, in traditioneller Terminologie, *animal rationale*.[109] Nicht aber als vernünftiges Tier, sondern einzig und allein als Persönlichkeit ist er der Zurechnung fähig. Dass der Begriff eines vernünftigen We-

---

107 Rel., AA VI, 26. Zu dieser Passage s. BRANDT, 2013, 131 f.

108 Kant versteht „Menschheit" allerdings nicht immer in diesem Sinne als Anlage zum vernünftigen Wesen. Neben der Verwendung als – trivialer Weise – Kollektivbegriff kann er den Begriff auch im Sinne von „Vernunftwesen" verwenden. Im direkten Widerspruch zur Distinktion der *Religionsschrift* setzt er, vermittelt über den Begriff der Würde, in der *Metaphysik der Sitten* „Menschheit" und „Persönlichkeit" sogar gleich (MST, AA VI, 462/LUDWIG, 110), wobei ein Wesen gemeint ist, das der Zurechnung fähig und mithin Adressat der reinen praktischen Vernunft ist. Ricken, der die gleiche Ambiguität in der Verwendung von „Menschheit" in der *Metaphysik der Sitten* konstatiert, weist darauf hin, dass zwischen den Bedeutungsvarianten ein Zusammenhang besteht: Das Individuum gehört einer bestimmten Gattung an – „Menschheit" im Sinne des Kollektivs –, die darum Achtung verdient, weil sie an der intelligiblen Welt Anteil hat – „Menschheit" im Sinne von „Vernunftwesen", „Persönlichkeit" und *homo noumenon* (RICKEN, 2000, 239). Diese Deutung ist, obwohl recht spekulativ, durchaus plausibel, allerdings nur, solange deutlich bleibt, dass der Ausdruck „Mensch", wenn er für das Kollektiv steht, ein empirischer Begriff ist – und ein transzendentaler, wenn er die noumenale Größe bezeichnet.

109 Kant spricht in der bereits zitierten Nachlassnotiz zur *Anthropologie* (AA VII, 413, ad Anthr., AA VII, 321) davon, dass der Mensch als vernünftiges Wesen nicht einmal *animal rationale*, sondern nur *animal rationabile* sei. Den Ausdruck *animal rationale* reserviert er hingegen für Vernunftwesen, eine, soweit ich sehe, singuläre terminologische Entscheidung. Sachlich bestätigt die Notiz aus dem Nachlass indes das bereits Ausgeführte: Der Mensch als „vernünftigtes Tier [sic!] [...] was räsonniren kann", gleichgültig, ob er in dieser Hinsicht *animal rationale* oder *rationabile* genannt wird, muss vom Menschen als Vernunftwesen unterschieden werden (AA VII, 413; diese Ergänzung aus der Handschrift H bezieht sich auf die oben angeführte Stelle Anthr., AA VII, 321 über den Charakter der Gattung). An der gleichen Stelle in der *Anthropologie* setzt Kant verwirrender Weise das *animal rationale* mit dem „vernünftigen Wesen" und das *animal rationabile* in wörtlicher Übersetzung mit dem „vernunftbegabten Wesen" gleich. Die Nachlassnotiz nimmt diese Terminologie nicht auf, sondern trägt sachlich die Unterscheidung zwischen Vernunftwesen und vernünftigem Wesen nach, die ursprünglich in Anthr., AA VII, 321 nicht im Blick gewesen zu sein scheint.

sens nicht ausreicht, um von transzendentaler Freiheit und Zurechenbarkeit sprechen zu können, sagt die zugehörige Fußnote überdeutlich. Daraus, „daß ein Wesen Vernunft hat, [folgt] gar nicht, daß diese ein Vermögen enthalte, die Willkür unbedingt durch die bloße Vorstellung der Qualification ihrer Maximen zur allgemeinen Gesetzgebung zu bestimmen und also für sich selbst praktisch zu sein."[110] Ein Wesen kann durchaus Vernunft besitzen, ohne dass es fähig wäre, die Maximen seiner Willkür autonom dem Sittengesetz zu unterstellen. Das „allervernünftigste Weltwesen" – womit Kant hier ein sinnliches vernünftiges Wesen meint, das im höchsten Grade über das theoretische Vermögen der Vernunft verfügt – wird bei aller Anstrengung der Überlegung „die Möglichkeit von so etwas, als das moralische, schlechthin gebietende Gesetz ist" niemals einsehen. Nur konsequent ist es, wenn Kant im letzten Abschnitt das Gesetz als die einzige Instanz benennt, die „uns der Unabhängigkeit unsrer Willkür von der Bestimmung durch alle andern Triebfedern (unsrer Freiheit) und hiemit zugleich der Zurechnungsfähigkeit aller Handlungen bewußt macht".[111] Dies ist genau die Position der *Kritik der praktischen Vernunft*, nach der allein das Gesetz *ratio cognoscendi* der transzendentalen Freiheit ist, womit bestätigt wird, dass Kant sachlich bereits zur Zeit der zweiten Kritik zwischen Vernunftwesen bzw. „Persönlichkeiten" und vernünftigen Wesen unterscheidet.

Kant spricht sowohl von „Persönlichkeit" als auch von „Person". Terminologisch scheint er hier keine vollständige Klärung vollzogen zu haben. In der ersten Auflage der *Kritik der reinen*

---

110 Rel., AA VI, 26.
111 Rel., AA VI, 26.
112 KrV, A 365.
113 „Es ist nichts anders als die Persönlichkeit, d.i. die Freiheit und Unabhängigkeit von dem Mechanism der ganzen Natur, doch zugleich als ein Vermögen eines Wesens betrachtet, welches eigenthümlichen, nämlich von seiner eigenen Vernunft gegebenen, reinen praktischen Gesetzen, die Person also, als zur Sinnenwelt gehörig, ihrer eigenen Persönlichkeit unterworfen ist, so fern sie zugleich zur intelligibelen Welt gehört; da es denn nicht zu verwundern ist, wenn der Mensch, als zu beiden Welten gehörig, sein eigenes Wesen in Beziehung auf seine zweite und höchste Bestimmung nicht anders als mit Verehrung und die Gesetze derselben mit der höchsten Achtung betrachten muß" (KpV, AA V, 87). In der ersten Kritik steht „Person" noch schlicht für die numerische Identität des Selbst. Dass die Person nach der zweiten Kritik beiden Welten zugleich angehört, weist bereits Ricken nach (RICKEN, 2000, 238). Klar erkennt er auch, dass Kant in der *Grundlegung* terminologisch zwischen „Person" und „Persönlichkeit" noch nicht unterscheidet (RICKEN, 2000, 238).
114 MST, AA VI, 434/LUDWIG, 74.
115 Op. post., AA XXI, 31.
116 Op. post., AA XXII, 48. 49. 52. 55. 56.

Vernunft setzt er sich mit den Begriffen im Rahmen seiner Kritik am dritten Paralogismus auseinander. Dem Begriff der „Persönlichkeit" billigt er dort zu, für die „Einheit des Subjects, das uns übrigens unbekannt ist, in dessen Bestimmungen aber eine durchgängige Verknüpfung durch Apperception ist", stehen zu können.[112] Auf eine Fortdauer eben dieses Subjekts zu schließen, sei aber unmöglich. Wichtig ist hier, dass Kant „Persönlichkeit" mit der transzendentalen Apperzeption in Verbindung bringt. Ebenso wie diese (vermittelt über die Ideen) in der ersten Auflage der ersten Kritik noch hinreicht, um uns unserer intelligiblen Existenz zu versichern, ist ihr Vorhandensein hier ausreichend, um einem Wesen „Persönlichkeit" zuzusprechen. In der *Kritik der praktischen Vernunft* ändert sich die Semantik von „Persönlichkeit" grundlegend. „Persönlichkeit" steht 1788 für die praktische Freiheit, während „Person" ein Wesen bezeichnet, das beiden Welten zugleich angehört.[113] Im Widerspruch dazu wird „Person" in der *Metaphysik der Sitten* genauso definiert wie zuvor „Persönlichkeit": Der „Mensch, als Person betrachtet, d.i. als Subject einer moralisch-praktischen Vernunft, ist über allen Preis erhaben" und wird mit dem *homo noumenon* gleichgesetzt.[114] Im *Opus postumum* definiert Kant, abermals „Person" und moralisches Wesen gleichsetzend,[115] „Person" mehrfach als ein Wesen, das der Rechte fähig ist.[116] Diese Verwendung von „Person" ist bereits in früheren Schriften angedeutet. „Bessere Person" bezeichnet laut der *Grundlegung* den „Standpunkt [des Menschen als] eines Gliedes der Verstandeswelt", wozu an dieser Stelle praktische Freiheit auszureichen scheint.[117] Die in der *Metaphysik der Sitten* und im *Opus postumum* angesprochenen „Personen" (d. h. Subjekte der reinen praktischen Vernunft) müssen daher zumindest als „bessere Personen" im Sinne der *Grundlegung* verstanden werden. Allerdings scheint Kant nicht davon auszugehen, dass „bessere Personen" transzendentale Freiheit besitzen, was für die „Personen" im Spätwerk in jedem Fall gilt. Beim Begriff der „Persönlichkeit" sind die Dinge nicht weniger verworren als bei dem der „Person". Hilfreich ist die Unterscheidung zwischen einer moralischen und einer psychologischen Persönlichkeit in

---

117 „Diese bessere Person glaubt er aber zu sein, wenn er sich in den Standpunkt eines Gliedes der Verstandeswelt versetzt, dazu die Idee der Freiheit, d.i. Unabhängigkeit von bestimmenden Ursachen der Sinnenwelt, ihn unwillkürlich nöthigt, und in welchem er sich eines guten Willens bewußt ist, der für seinen bösen Willen als Gliedes der Sinnenwelt nach seinem eigenen Geständnisse das Gesetz ausmacht, dessen Ansehen er kennt, indem er es übertritt" (GMS, AA IV, 454 f.).
118 MSR, AA IV, 223/Ludwig, 25.
119 MSR, AA IV, 223/Ludwig, 25.
120 In der *Grundlegung* wird „Person" noch gänzlich anders verstanden: „Die Wesen, deren Dasein zwar nicht auf unserm Willen, sondern der Natur beruht, haben dennoch, wenn sie vernunftlose Wesen sind, nur einen relativen Werth, als Mittel, und heißen daher Sachen, dagegen vernünftige Wesen Personen genannt werden, weil ihre Natur sie schon als Zwecke an sich selbst, d.i. als etwas, das nicht bloß als Mittel gebraucht werden darf, auszeichnet, mithin so fern alle Willkür einschränkt (und ein Gegenstand der Achtung ist)" (GMS, AA IV, 428). Kant nimmt hier an, es reiche aus, ein vernünftiges Wesen zu sein, d. h. über Vernunft überhaupt zu verfügen, um als Zweck an sich selbst und mithin als Person zu gelten. Dies ist aber genau jene Position, der er in der zweiten Kritik den Abschied gibt und welche sich schließlich in der terminologischen Unterscheidung zwischen „vernünftigem Wesen" und „Vernunftwesen" niederschlägt.
121 MST, AA VI, 462/Ludwig, 110.

der *Metaphysik der Sitten*. „Person" wird hier wieder als moralischer Agent verstanden: „Person ist dasjenige Subject, dessen Handlungen einer Zurechnung fähig sind".[118] Die „Persönlichkeit" betreffend, fährt Kant fort: „Die moralische Persönlichkeit ist also nichts anders, als die Freiheit eines vernünftigen Wesens unter moralischen Gesetzen (die psychologische aber bloß das Vermögen, sich der Identität seiner selbst in den verschiedenen Zuständen seines Daseins bewußt zu werden), woraus dann folgt, daß eine Person keinen anderen Gesetzen als denen, die sie (entweder allein, oder wenigstens zugleich mit anderen) sich selbst giebt, unterworfen ist."[119] Die „moralische Persönlichkeit" (die hier offenbar mit „Person" gleichgesetzt wird) entspricht dem Begriff des „Vernunftwesens", also eines vernünftigen Wesens, das unter moralischen Gesetzen steht und der Zurechnung fähig ist.[120] Die psychologische Persönlichkeit hingegen bezeichnet ein Wesen, bei dem die Einheit des Bewusstseins gewährleistet ist, also ein bloß vernünftiges Wesen bzw. eine „Persönlichkeit" im Sinne der ersten Auflage der *Kritik der reinen Vernunft*. Diese Differenzierung des Begriffs der Persönlichkeit verbietet es, „Persönlichkeit" und „Vernunftwesen" (der Zurechnung fähiges Wesen) schlechthin gleichzusetzen, wie Kant es noch in der *Religionsschrift* tut. An anderer Stelle scheint Kant allerdings auch in der *Metaphysik der Sitten* „Persönlichkeit" noch im Sinne der *Religionsschrift* zu verstehen, wenn er die menschliche Würde hieran koppelt. Gleichzeitig – und damit ist die terminologische Verwirrung vollkommen – setzt er, vermittelt über den Begriff der Würde, „Menschheit" und „Persönlichkeit" gleich, womit der berühmten Einteilung aus der *Religionsschrift* unmittelbar widersprochen ist.[121] Schließlich spricht gegen die Möglichkeit einer konsistenten terminologischen Rekonstruktion, dass Kant in der *Metaphysik der Sitten* behauptet, „das Vermögen sich überhaupt irgend einen Zweck zu setzen ist das Charakteristische der Menschheit (zum Unterschiede von der Thierheit)",[122] während doch nach der *Religionsschrift* bereits die theoretische Vernunftbegabung den Menschen vom Tier unterscheidet, ohne dass seine moralische Konstitution bereits in irgendeiner Weise betroffen wäre. Klar ist einzig, dass sich einerseits „Vernunftwesen", „moralische Persönlichkeit" und „bessere Person", andererseits „vernünftiges Wesen", „psychologische Persönlichkeit" und „Persönlichkeit" im Sinne von 1781 (allerdings nicht in dem der *Metaphysik der Sitten*) entsprechen. Der Wandel im Begriff der „Person" von einem Wesen, das um seine Identität weiß, hin zu einem Wesen, das moralisches Subjekt ist, spiegelt dabei genau den Wandel vom „vernünftigen Wesen" zum „Vernunftwesen" wider.

Gleichgültig, ob Kant also von „Vernunftwesen" oder „Persönlichkeit" spricht, entscheidend ist, dass er innerhalb der Familie der vernünftigen Wesen eine bestimmte Gruppe spezifiziert, die nicht nur über Vernunft als theoretisches Vermögen verfügt, sondern empfänglich ist für das Gesetz der reinen praktischen Vernunft. Diese Wesen sind – so viel ist seit der zweiten Auflage der *Kritik der reinen Vernunft* klar – als einzige der Teilhabe an der intelligiblen Welt fähig, Adressaten des Sittengesetzes und transzendental frei. Das theoretische Vermögen der Vernunft kann hingegen auch einem rein sinnlichen Wesen zukommen und ist daher nicht ausreichend, um das Bürgerrecht in der intelligiblen Welt zu erwerben. Das „mithin" der *Grundlegung* streicht Kant 1787 durch.

Die eingangs erwähnte, grundlegende Unterscheidung kann jetzt präziser gefasst werden. Sinnliche bzw. irdische vernünftige Wesen sind vernünftige Wesen, die in jedem Fall, wenn auch nicht unbedingt ausschließlich in der Sinnenwelt existieren. Sie verfügen über Vernunft als theoretisches Vermögen. Übersinnliche bzw. nicht-irdische vernünftige Wesen „existieren" hingegen allein in der intelligiblen Welt und werden von der reinen praktischen Vernunft adressiert. Kant bezeichnet solche Wesen auch als „reine Vernunftwesen",[123] nicht deshalb, weil sie, wie es in der ersten Kritik noch hieß, „blose Ideen" sind, sondern weil sie allein in der intelligiblen „moralischen Welt" systematisch lozierbar sind.[124] Neben den „reinen Vernunftwesen" gibt es noch Wesen, die Bürger beider Welten, sowohl der intelligiblen als auch der sensiblen, sind. Der Mensch ist das beste und einzige bekannte (aber gewiss nicht einzige mögliche) Beispiel dieser Gattung. Er ist zugleich Sinnenwesen und Vernunftwesen, *homo phaenomenon* und *noumenon*. Dass er über Vernunft als theoretisches Vermögen verfügt, zeichnet ihn aber nicht in noumenaler, sondern lediglich in phänomenaler Hinsicht aus, etwa im Vergleich mit den Tieren, die nur Lebewesen, aber keine vernünftigen Wesen sind. In der *Tugendlehre* kann Kant das *animal rationale* sogar mit dem *homo phaenomenon* gleichsetzen. Insofern er *animal rationale* ist – und an dieser Stelle bricht Kant deutlich mit der philosophischen Tradition[125] –, stellt der Mensch ein „Wesen von geringer Bedeutung" dar und ist von den Tieren wertmäßig nicht unterschieden.[126] Ein Wesen von Bedeutung ist nur der Mensch

---

122 MST, AA VI, 392/LUDWIG, 25.
123 Anthr., AA VII, 266. Kant entwickelt hier seine Theorie der Leidenschaften. Er setzt dabei voraus, dass die Neigung in die Maxime des Subjekts aufgenommen wird und so die Vernunft „infiltriert", weshalb er allein dem Menschen, d. h. dem einzigen bekannten Wesen, das zugleich Sinnen- und Vernunftwesen ist, Leidenschaften zuschreibt, während reine Vernunftwesen ebenso wie reine Sinnenwesen (Tiere) keine Leidenschaften besitzen. Tiere sind nicht dazu fähig, sich Zwecke zu setzen, und haben daher zwar Neigungen, aber keine Leidenschaften. Reine Vernunftwesen können sich zwar Zwecke setzen, kennen aber keine Neigungen. Einzig Wesen, die sowohl Neigungen haben als sich auch Zwecke setzen können, sind daher anfällig für Leidenschaften (Anthr., AA VII, 266).
124 Die naheliegende Frage, ob „reine Vernunftwesen" überhaupt noch der Familie der vernünftigen Wesen angehören, d. h., ob reine Vernunftwesen über Vernunft im theoretischen Sinn verfügen, wird noch eigens zu thematisieren sein. S. u. 3.1.
125 Gegen RITTER, 1971, 123 f. Ritter behauptet, die *differentia specifica* des Menschen nach Kant bestehe darin, dass er *animal rationale* sei, was sich, in dieser Allgemeinheit, ab der zweiten Kritik nicht mehr behaupten lässt. Für die erste Auflage der *Kritik der reinen Vernunft* trifft diese Deutung indes zu. Es ist gerade ein enormer Fortschritt in Kants Denken, dass er in seinen späten Schriften erkennt, dass der Mensch nicht als *animal rationale*, sondern als moralisches Wesen ausgezeichnet ist vor den anderen Weltwesen.
126 „Der Mensch im System der Natur (*homo phaenomenon, animal rationale*) ist ein Wesen von geringer Bedeutung und hat mit den übrigen Thieren, als Erzeugnissen des Bodens, einen gemeinen Werth (*pretium vulgare*)" (MST, AA VI, 434/LUDWIG, 74). Vgl. die Unterscheidung zwischen

als moralischer Agent. Nicht schon als *animal rationale*, sondern erst als *animal morale* ist er Bürger der übersinnlichen Welt.[127]

2.4 Rechte und Pflichten

In der Schlussanmerkung der *Metaphysik der Sitten* kommt Kant auf die „moralischen Verhältnisse vernünftiger Wesen" zu sprechen. Er unterscheidet dabei zwischen Verhältnissen, die auf Liebe, und solchen, die auf Achtung beruhen.[128] Liebe und Achtung korrespondieren dabei *cum grano salis* dem Begriffspaar Zweck und Recht, das Kant am Anfang der *Metaphysik der Sitten* zur Unterscheidung von Rechts- und Tugendpflichten eingeführt hat.[129] Wie ein Gemeinwesen vernünftiger Wesen, das nach Zwecken strukturiert ist, beschaffen sein muss, hat Kant bereits in der *Grundlegung* zumindest andeutungsweise gezeigt.[130] Neu ist im Spätwerk die Ordnung des *ordo entium moralium* nach Rechten und Pflichten, eine Linie, die Kant im *Opus postumum* weiter verfolgen soll.

Kant geht nun näher auf diese rechtlichen Verhältnisse der vernünftigen Wesen ein, namentlich auf das zwischen Gott und Mensch. Gott ist dabei laut Kant ein Wesen, das lauter Rechte, aber keine Pflichten besitzt. Menschen haben indes gegenüber Gott nur Pflichten und keine Rechte. Das rechtliche Verhältnis zwischen Gott und Mensch muss dabei als ein „transzendentes" bestimmt werden, im Gegensatz zu einem „immanenten", wie es zwischen Menschen statthat, deren Wille sich wechselseitig einschränkt.[131] Was Kant hier mit „transzendent" meint,

---

„Tiermensch" und „Vernunftmensch", MST, AA VI, 435/LUDWIG, 75. Höchstens quantitativ, aber nicht qualitativ kann der Mensch als *animal rationale* die anderen Tiere übertreffen. Er kann durchaus an der Spitze ihrer natürlichen Stufenleiter stehen. Dass er an einem anderen Reich, dem Reich der Sitten, partizipiert, kann aber nicht allein über seine Beschaffenheit als *animal rationale* begründet werden. So Kant deutlich im *Streit der Fakultäten*: „[W]enn der Mensch bloß Verstand hätte ohne Vernunft und freien Willen, oder ohne Moralität, so würde er sich in nichts von den Thieren unterscheiden und vielleicht bloß an der Spitze ihrer Stufenleiter stehen, da er hingegen jetzt, im Besitz der Moralität, als freies Wesen, durchaus und wesentlich von den Thieren verschieden ist, auch von dem klügsten (dessen Instinct oft deutlicher und bestimmter wirkt, als der Verstand der Menschen)" (Str. d. Fak., AA VII, 71 f.).
127 Die Unterscheidung zwischen *animal rationale* und *animal morale* wird von LUDWIG, 2010, 624 vorgeschlagen.
128 MST, AA VI, 488/LUDWIG, 140 f.
129 S. die Tabelle MSR, AA VI, 240/LUDWIG, 32.
130 S. auch die Ausführungen über den Zweck der Schöpfung MST, AA VI, 488/LUDWIG, 140 f.
131 „Ist eines dieser Wesen ein solches, was lauter Rechte und keine Pflichten gegen das andere hat (Gott), hat mithin das andere gegen das erstere lauter Pflichten und keine Rechte, so ist das Princip des moralischen Verhältnisses zwischen ihnen transscendent [sic!] (dagegen das der

wird aus dem nächsten Absatz deutlich, in dem es um die Frage geht, ob Menschen gegenüber Gott eine Rechtsverletzung (Läsion) begehen können. Nach Kant ist eben diese Vorstellung „transzendent", weil sie über alle „Erfahrungsfälle" hinaus liegt und mithin gänzlich leer ist.[132] Dass das rechtliche Verhältnis zwischen Gott und Mensch „transzendent" ist, bedeutet also schlicht, dass es jenseits jeder Erfahrung liegt.

In der Einleitung zur *Metaphysik der Sitten* formuliert Kant den gleichen Sachverhalt noch schärfer. Er prüft dort in tabellarischer Form, welche Rechtsverhältnisse überhaupt möglich sind.[133] Ein rechtliches Verhältnis zwischen Menschen und „vernunftlosen Wesen" ist laut Kant unmöglich. Vernunftlose Wesen haben weder Rechte noch Pflichten, können also weder aktiv noch passiv obligieren. Zwischen Mensch und Mensch ist indes sehr wohl ein rechtliches Verhältnis möglich, da Menschen dadurch ausgezeichnet sind, dass sie sowohl Rechte als auch Pflichten besitzen können. Zwischen Menschen und Wesen, die nur Pflichten, aber keine Rechte haben, existiert indes wiederum kein Rechtsverhältnis. Denn solche Wesen wären keine „Persönlichkeiten" – der Begriff erfordert an dieser Stelle nicht nur die Adressierbarkeit durch reine praktische Vernunft, sondern auch das Vermögen, aktiv zu obligieren –, sondern Leibeigene oder, wie es an anderer Stelle heißt, Verbrecher.[134] Das letzte mögliche rechtliche Verhältnis, das Kant prüft, ist das zwischen Gott und Mensch. Dieses ist nicht real, weil es sich auf keinen Gegenstand möglicher Erfahrung bezieht. Eine Pflicht gegenüber Gott, wiederholt Kant, ist eine „transzendente" Pflicht, d. h. eine Pflicht, bei der der aktiv obligierende Teil nicht real, sondern lediglich ideal „existiert". Ein Rechtsverhältnis zwischen Gott und Mensch kann es gar nicht realiter geben, da das verpflichtende, aktiv obligierende Subjekt in diesem Fall ein reines „Gedankending" – also ein *ens rationis ratiocinatae* – wäre.

Menschen gegen Menschen, deren Wille gegen einander wechselseitig einschränkend ist, ein immanentes Princip hat)" (MST, AA VI, 488/LUDWIG, 140).

132 MST, AA VI, 489/LUDWIG, 141f.

133 MSR, AA VI, 241/LUDWIG, 33.

134 „Pflichten zu haben und keine Rechte ist die Qvalität des Verbrechers" (Op. post., AA XXII, 49). An dieser Stelle entsteht ein scheinbarer Widerspruch zur Schlussanmerkung der *Metaphysik der Sitten*. Hat Kant doch dort angemerkt, dass alle Menschen gegenüber Gott nur Pflichten, aber keine Rechte haben. Hier wird das Gleiche von Verbrechern und Leibeigenen gesagt. Dabei muss aber bedacht werden, dass der Verbrecher relativ zu anderen Menschen laut Kant keine Rechte mehr hat. Vom Menschen überhaupt gilt dies nur in Beziehung auf Gott und auch dies nur in analoger Redeweise: Der Mensch verhält sich gegenüber Gott wie der Verbrecher gegenüber den anderen Menschen.

Wie kann Kant dann aber seine Definition der Religion als „Lehre der Pflichten gegen Gott"[135] oder „Erkenntniß aller unserer Pflichten als göttlicher Gebote"[136] aufrechterhalten? Wird doch in diesen beiden Definitionen, in der ersten deutlicher als in der zweiten, Gott als das aktiv obligierende Subjekt vorgestellt. Ebenso verhält es sich mit der Definition Gottes als eines Wesens, demgegenüber der Mensch nur verpflichtet ist – eine Redeweise, die bei weitem nicht so harmlos ist, wie sie zunächst erscheint. Wie kann Kant behaupten, dass Gott Inhaber aller Rechte gegenüber dem Menschen sei, und zugleich darauf beharren, dass es zwischen Gott und Mensch gar kein reales Rechtsverhältnis gebe? Anders gefragt: Wird hier nicht eben jenes Rechtsverhältnis zwischen Gott und dem Menschen stipuliert, das gerade, weil Gott nur ideell „existiert", realiter unmöglich sein soll? Kant scheint hier am *riddle of non-being* zu scheitern: Er macht Aussagen über ein Verhältnis, von dem er zugleich behauptet, es existiere nicht.

In der Schlussanmerkung der *Metaphysik der Sitten* löst Kant dieses Problem, indem er zwischen Ethik und Religion unterscheidet. Die Ethik kann nur die moralischen (also auch die rechtlichen) Verhältnisse zwischen Menschen behandeln, die Verhältnisse zwischen Gott und Mensch sind für sie unerschwinglich, da die Ethik nicht über die „Grenzen der wechselseitigen Menschenpflichten" erweitert werden kann.[137] Moralische Verhältnisse gegenüber Gott können also gar nicht in der Ethik abgehandelt werden, sondern gehören in den Bereich der „reinen", nicht mehr moralphilosophisch einholbaren Religion. Das obligierende Subjekt bei den religiösen Pflichten ist keines, das in der Erfahrung angetroffen wird. Sein Begriff hat nicht dadurch objektive Realität, dass er im Sinne der Objektbestimmung schematisiert wird. Dass obligierende Subjekt bei religiösen Pflichten muss – so lässt sich nach der *analogia interpretationis* urteilen – vielmehr über den Schematismus der Analogie bestimmt werden. Dass Gott nur Rechte, der Mensch gegenüber Gott aber nur Pflichten besitzt, ist keine theoretische Aussage, sondern eine symbolische. Solche Rechtsbeziehungen sind eigentlich nur „Rechtsbeziehungen", analoge Veranschaulichungen von ideellen Relationen, die zwischen der sinnlichen und übersinnlichen Welt stattfinden.

Im *Opus postumum* (und dort vor allem im siebten Konvolut) finden sich Ansätze zu einem komplexer entwickelten System solcher „Rechtsbeziehungen"[138] zwischen reinen Vernunftwesen und sinnlich vernünftigen Wesen. Kant

---

135 MST, AA VI, 487/LUDWIG, 140.
136 Rel., AA VI, 153.
137 MST, AA VI, 491/LUDWIG, 143.
138 Im Folgenden soll aus technischen Gründen auf Anführungszeichen bei analogen Ausdrücken verzichtet werden, wenn kein Missverständnis möglich ist. Dass in Bezug auf übersinnliche

präzisiert hier seine Definition Gottes. Gott ist ein „Vernunftiges Wesen was erstlich Rechte besitzt aber zweytens ohne auf Pflichten eingeschränkt zu seyn dagegen alle andere Vernünftige Wesen durch Pflichtgebote einzuschränken. [sic!]"[139] Zum Begriff Gottes gehört also zweierlei. Erstens, er besitzt, wie bereits bekannt, nur Rechte, aber keine Pflichten. Zweitens, er obligiert aktiv alle anderen vernünftigen Wesen. Damit hat Kant für die Formulierung aus der *Grundlegung* von Gott als Oberhaupt im Reich der Zwecke ein quasi-juridisches Äquivalent gefunden, ohne damit freilich Gott zum Rechtssubjekt im wörtlichen Sinn zu machen.[140] Gott ist das Haupt der moralischen Welt, insofern er 1. selbst den letzten Zweck setzt und 2. das universal verpflichtende Subjekt ist. Aus der Identifizierung Gottes mit dem einzigen Subjekt, das alle anderen aktiv obligiert, ohne selbst verpflichtet zu sein, folgt aber noch mehr. Kant fasst dabei seine vorherigen Überlegungen zur Einteilung der vernünftigen Wesen zusammen. Es gibt demnach:

> 1.) Ein Sinnenwesen. 2.) Vernunftwesen 3.) ein Vernünftiges Wesen deren es mehrere geben kann 4.) ein zu oberst gebietendes durch den categorischen Imperativ alle Vernünftige Welt Wesen in die Einheit der moralischen Verhältnisse setzendes hochstes Wesen – Gott.[141]

Die Unterscheidung zwischen vernünftigen Wesen und Vernunftwesen ist an dieser Stelle im Sinne der *Metaphysik der Sitten* zu verstehen. „Sinnenwesen" entsprechen Naturwesen bzw. irdischen oder empirischen Wesen. Kryptisch ist indes die Behauptung, dass es nur „ein Sinnenwesen" und – wenn das „ein" auch noch auf 2. zu beziehen ist – auch nur „ein Vernunftwesen" geben soll. Einzig für das vernünftige Wesen nimmt Kant explizit an, dass es auch im Plural existieren könne. Gott, der an vierter Stelle genannt wird, ist das höchste Wesen, das durch den kategorischen Imperativ „gebietet"[142] und somit die Einheit der „moralischen Verhältnisse" setzt. Die Funktion Gottes im *ordo entium moralium* ist es, als Oberhaupt die Einheit der moralischen Welt zu gewährleisten. Während es meh-

---

Wesen nur von „Rechtsbeziehungen", „Willen" etc. die Rede sein kann, wird dabei stillschweigend vorausgesetzt.
139 Op. post., AA XXI, 10.
140 Es darf dabei nicht vergessen werden, dass die juridischen Begriffe nur im analogen Sinn gebraucht werden. Würden sie in einem unmittelbaren Sinn verstanden, würde folgen, dass Gott auch im rechtlichen Sinne Oberhaupt ist. Nach der *Religionsschrift* darf Gott allein das Oberhaupt des ethischen, nicht aber des rechtlichen Gemeinwesens sein, da sonst die Theokratie droht (Rel., AA VI, 99 f.).
141 Op. post., AA XXII, 113.
142 Gesetzgeber ist Gott auch nur nach der Analogie (MST, AA VI, 439 f./LUDWIG, 79 f.). Zu dieser Stelle s. u. 3.2.

rere vernünftige Wesen geben kann, ist Gott nur ein einziger. Er ist, wie es in der nächsten Notiz heißt, nicht das oberste der „Weltwesen", sondern vielmehr das „höchste Wesen", dessen „Dictamen" alle anderen Wesen unterstehen,[143] und transzendiert insofern die moralische Welt, deren Grund er zugleich ist. In einer anderen, aufschlussreichen Notiz stellt Kant Gott und Welt als zwei Totalitäten einander gegenüber:

> Gott ist ein Wesen was lauter Rechte und keine Pflichten in seinem Begriffe enthält. Welt ist das Gegentheil[.]
> Person ist ein Wesen was Rechte hat und sich deren bewußt ist.
> Hat es Rechte u. keine Pflichten so ist es Gott. = Pflichten zu haben und keine Rechte ist die Qvalität des Verbrechers. Categorischer Imperativ des höchsten Wesens.
> Die Welt ist der Inbegriff aller Sinnenwesen: Gott das Vernunftwesen. Jedes von Beyden ist Einig in seiner Species.[144]

Kant spricht hier, ähnlich wie in der zuvor angeführten Passage, nunmehr aber unmissverständlich, statt von Sinnenwesen und Vernunftwesen im Plural von einem einzigen Sinnenwesen und einem einzigen Vernunftwesen. Die Welt ist der einzige Repräsentant der Spezies „Sinnenwesen", Gott der einzige Repräsentant der Spezies „Vernunftwesen". Gegenüber der zuvor angeführten Notiz macht Gott hier keine eigene, vierte Kategorie neben Sinnenwesen, Vernunftwesen und vernünftigen Wesen aus. Er fällt in die Kategorie der Vernunftwesen, mehr noch, macht deren einzigen Repräsentanten aus. Gerade aber diese Behauptung, dass Gott das einzige Vernunftwesen sei, leuchtet nicht unmittelbar ein. Ist doch auch der Mensch, insofern er durch das Sittengesetz als transzendental freies Wesen angesprochen wird, ein Vernunftwesen. Für jene Behauptung spricht indes, dass Vernunftwesen *als* Vernunftwesen (gleichgültig, ob sie zugleich auch Sinnenwesen sind oder nicht) immer nur intelligibel „existieren". Im Intelligiblen ist aber, da ohne Anschauung keine Mannigfaltigkeit gedacht werden kann, eine Individuation unmöglich. Mit anderen Worten, da Vernunftwesen als Vernunftwesen ausschließlich am *mundus intelligibilis* teilhaben, können sie nicht individuiert werden, mithin gibt es sie nicht im Plural. Insofern ist Kants Behauptung im *Opus postumum*, Gott sei das einzige Vernunftwesen, durchaus konsequent. Die Unterscheidung zwischen zwei Wesen, einem Sinnenwesen (der Welt) und einem Vernunftwesen (Gott), fällt dabei faktisch in eins mit der Unterscheidung von *mundus sensibilis* und *mundus intelligibilis*.

---

[143] Op. post., AA XXI, 84.
[144] Op. post., AA XXII, 49.

> Das All der Wesen (*vniuersum*) ist Gott u. die Welt Sie sind beyde nicht Gegenstände möglicher Erfahrung sondern Ideen; selbstgeschaffene *a priori* Gedankendinge (*entia rationis*) und enthalten Principien der systematischen Einheit des Denkens von Gegenständen. – Wir schauen alle Gegenstände (nach Spinoza) in Gott an: eben so können wir sagen sie müssen ihrer Realität nach in der Welt angetroffen werden (Lichtenberg). Die erste durch technisch// practische; die andere durch moralisch// practische Vernunft. – [In der Welt ist bloße Receptivitat – in Gott absolute Spontaneität.][145]

„Gott" und „Welt" sind Totalitätsbegriffe und als solche nicht real, sondern ideal. Im Hintergrund steht hier die Auffassung der *Kritik der reinen Vernunft* von Gott und Welt als regulative Prinzipien des Vernunftgebrauchs, die die Einheit der Erfahrung gewährleisten sollen.[146] Was in der ersten Kritik noch latent war, wird im *Opus postumum* nun unzweifelhaft: Wenn Gott und Welt letzte Einheitsfunktionen der Vernunft bezeichnen, kommt der Unterscheidung zwischen beiden in der Tat eine ähnliche Funktion zu wie der zwischen *mundus sensibilis* und *mundus intelligibilis*. In der *Kritik der reinen Vernunft* hat Kant lediglich konstatiert, dass Gott und Welt als Einheitsprinzipien der Vernunft fungieren, im *Opus postumum* macht er mit diesem Gedanken ernst. Die Welt wird zum Inbegriff der Rezeptivität, Gott zum Inbegriff der Spontaneität. Die Welt ist das Einheitsprinzip des Sinnlichen, Gott das des Übersinnlichen. Mehr noch: Welt und Gott stehen für spezifische Gestalten der Vernunft. Während Kant die Welt mit der technisch-praktischen Vernunft – also einer Vernunft, bei der Moralität noch keine Rolle spielt – in Zusammenhang bringt,[147] identifiziert er Gott mit der reinen praktischen Vernunft selbst. Eine folgenreiche Gleichsetzung. Wie diese gänzlich apersonale Vorstellung Gottes vereinbar sein soll mit der Vorstellung von Gott als moralische Persönlichkeit bzw. personales Vernunftwesen, soll Gegenstand des nächsten Kapitels sein.

---

145 Op. post., AA XXI, 43.
146 KrV, A 569/B 597.
147 Die Formulierung „technisch-praktische Vernunft" beggenet m. W. in dieser Form kein einziges Mal in den Druckschriften. Kant spricht jedoch relativ häufig von „technisch-praktischen Prinzipien" der Vernunft. In der *Kritik der Urteilskraft* unterscheidet er technisch-praktische und moralisch-praktische Prinzipien. Während bei letzteren ein Freiheitsbegriff die Kausalität des Willens bestimmt, ist es bei den technisch-praktischen Prinzipien ein Naturbegriff (KdU, AA V, 172). In ähnlicher Weise spricht Kant in der *Grundlegung* auch von „technischen" Imperativen, die er mit den „Regeln der Geschicklichkeit" (im Gegensatz zu Geboten) synonym setzt (GMS, AA IV, 416). Mit „technisch-praktischer Vernunft" ist also schlicht das Vermögen gemeint, bestimmte Handlungsanweisungen in der Sinnenwelt umzusetzen. Von transzendentaler Freiheit und *mundus intelligibilis* kann daher also noch keine Rede sein.

2.5 Vernunftlose Wesen

Bevor jedoch die lichten Höhen der kantischen Gotteslehre erklommen werden können, gilt es, für einen kurzen Moment in die niedersten Regionen des Kosmos der Wesen hinabzusteigen. Obwohl für das Folgende streng genommen irrelevant, da sie überhaupt keinen Anteil an der moralischen Welt haben, sollen die vernunftlosen Wesen dennoch im Rahmen eines Exkurses kurz in Augenschein genommen werden. Bereits in der *Grundlegung* bezeichnet Kant die „vernunftlosen Wesen", welche keiner Zwecksetzung fähig sind, als Sachen oder Mittel im Gegensatz zu „Personen", denen eben jene Zwecksetzung möglich ist und die daher selbst als Zwecke an sich selbst gelten.[148] Vernunftlose Wesen hingegen stehen außerhalb des *ordo entium moralium*. Im *Opus postumum* findet sich – im Zusammenhang mit einem der versprengten Versuche Kants, den Kosmos der Wesen zu ordnen –, ein Ansatz, den „vernunftlosen Wesen" ihren eigentümlichen Ort zuzuweisen.

> Eintheilung. 1.) Ein Wesen das blos Rechte und keine Pflichten hat (moralisch//practische Vernunft nach ihren Gesetzen und Principien) Gott 2.). Was Rechte und Pflichten hat: Der Mensch 3.) Wesen die weder Rechte noch Pflichten haben die gar kein Begehren haben (bloße Materie) 4.) die zwar ein Begehren aber keinen Willen haben.[149]

Das, was Kant hier über die „rechtliche" Stellung Gottes und des Menschen ausführt, braucht nicht wiederholt zu werden. Interessanter sind die dritte und vierte Gruppe. Sie umfassen „Wesen" (im weiten Sinne von „Entitäten"), die nicht zu den vernünftigen gehören. Dies liegt schlicht darin begründet, dass sie keinen Willen besitzen, eine Eigenschaft, die – abermals bietet sich die *Grundlegung* als Referenztext an – als notwendige Eigenschaft aller vernünftigen Wesen vorausgesetzt werden muss: Während Wille die Art der Kausalität bei vernünftigen Wesen bezeichnet, nimmt Kant bereits 1785 als Kausalität bei vernunftlosen Wesen schlicht Naturnotwendigkeit an.[150] Wille ist mithin das den vernünftigen

---

148 GMS, AA IV, 428.
149 Op. post., AA XXII, 50.
150 „Der Wille ist eine Art von Causalität lebender Wesen, so fern sie vernünftig sind, und Freiheit würde diejenige Eigenschaft dieser Causalität sein, da sie unabhängig von fremden sie bestimmenden Ursachen wirkend sein kann: so wie Naturnothwendigkeit die Eigenschaft der Causalität aller vernunftlosen Wesen, durch den Einfluß fremder Ursachen zur Thätigkeit bestimmt zu werden" (GMS, AA IV, 446). Die Freiheit, die Kant hier meint, ist praktische, nicht transzendentale Freiheit. Wille kommt somit, auch in der Terminologie von 1797, bereits „vernünftigen Wesen" und nicht nur „Vernunftwesen" zu, da der Wille nur praktische, nicht aber unbedingt transzendentale Freiheit voraussetzt.

Wesen eigentümliche Pendant zur Naturnotwendigkeit bei vernunftlosen Wesen. Die Gruppen drei und vier umfassen genau solche „vernunftlosen Wesen", wobei die vierte Gruppe in der Ordnung der Wesen höher steht als die dritte. Wesen, die in die vierte Gruppe fallen, besitzen zwar keinen Willen, aber zumindest Begehrungsvermögen. In der *Kritik der praktischen Vernunft* gilt dies gerade als Definiens lebendiger Wesen: „Leben ist das Vermögen eines Wesens, nach Gesetzen des Begehrungsvermögens zu handeln."[151] Die Wesen, die in die vierte Gruppe fallen, sind also Lebewesen, d. h. Wesen, die ein Begehrungsvermögen, aber keinen Willen besitzen und erst recht nicht durch das Sittengesetz adressiert werden können: Tiere und Pflanzen. Den Lebewesen stellt Kant die reine, unbelebte Materie gegenüber, die nicht einmal mehr ein Begehrungsvermögen besitzt. Das Begehrungsvermögen ist dabei das Einzige, was die Lebewesen von der reinen Materie spezifisch unterscheidet. Sowohl von der Gruppe drei als auch von der Gruppe vier gilt, dass sie weder Rechte noch Pflichten besitzen. Weder Tiere noch Pflanzen noch Steine haben Anteil am *mundus intelligibilis*. Sie sind reine Sinnenwesen.

Eine Frage, die Kant auch im *Opus postumum* nicht explizit stellt, ist die, ob reine Sinnenwesen über Vernunft im theoretischen Sinn verfügen. Bedeutet „Vernunftlosigkeit" nur einen Mangel an praktischer oder auch an spekulativer Vernunft? Hilfreich ist hier ein Blick auf die bereits zitierte Fußnote über die Proportionsanalogie aus der *Kritik der Urteilskraft*. Kant behauptet dort, wie dargelegt, für eine bestimmte Klasse von Lebewesen – genauer Biber –, dass sie ihre „Kunsthandlungen" nicht nach der Vernunft, aber nach einem Vermögen, das der Vernunft analog ist, vollbringen.[152] Tiere, so lässt sich genereller formulieren, sind also weder im theoretischen noch im praktischen Sinn vernünftig, allerdings besitzen sie ein Vermögen der Kunstfertigkeit, das dem menschlichen der spekulativen Vernunft zumindest analog ist. Als „lebendige Wesen" handeln sie nach Vorstellungen, worin sie von der unbelebten Natur unterschieden sind.

Schwieriger wird die Frage, wenn der Mensch rein als Sinnenwesen betrachtet wird – was freilich bereits eine starke Abstraktion darstellt.[153] Spätestens nach 1786/87 versteht Kant die Begabung mit dem Vermögen des spekulativen Vernunftgebrauchs als eine rein phänomenale Auszeichnung des Menschen vor den

---

151 KpV, AA V, 9, Anm. 2.
152 KdU, AA V, 464, Anm. 1.
153 Kant verwendet den Ausdruck „reines Sinnenwesen" ja gerade, um deutlich zu machen, dass Tiere, Pflanzen und unbelebte Materie im Gegensatz zum Menschen nicht in beiden Welten zugleich existieren. Gleichzeitig ist es aber auch qua Abstraktion möglich, den Menschen nur nach seiner sinnlich-empirischen Natur zu betrachten, d. h. „rein als Sinnenwesen" (nicht: „als reines Sinnenwesen"), was wiederum aspektivisch verstanden werden muss.

anderen (reinen) Sinnenwesen.[154] Dass die *differentia specifica* des Menschen gegenüber den „anderen" Tieren darin besteht, *animal rationale* zu sein, wird von Kant also keineswegs geleugnet. Nur glaubt er nach 1786/87, dass damit noch nicht viel gewonnen ist. Steht der Mensch als vernünftiges Tier auf der Stufenleiter der Wesen auch höher als die anderen Sinnenwesen, so macht dies ihn jedoch noch nicht zum Bürger einer höheren Welt. Der Unterschied zwischen vernünftigen und unvernünftigen Tieren ist ein rein quantitativer. Ebenso wie die Tiere graduell höher stehen als die Pflanzen, weil sie zumindest ein Vernunft-analoges Vermögen besitzen, steht der Mensch, als Sinnenwesen betrachtet, höher als die Tiere, da ihm Vernunft als theoretisches Vermögen unmittelbar zugesprochen werden kann. Nicht weniger – aber eben auch nicht mehr.

Wie aber verhält es sich aber nun mit den obersten Regionen des *ordo entium moralium*, mit den reinen Vernunftwesen? Kann von Gott und den Engeln gesagt werden, sie besäßen Vernunft als theoretisches Vermögen? Als reine Vernunftwesen besitzen sie auf jeden Fall reine praktische Vernunft, impliziert dies aber notwendig, dass sie auch theoretisch-vernünftig sind? Kurz: Können reine Vernunftwesen zugleich vernünftige Wesen sein?

---

154 S.o. 2.3.

Teil II: **Der moralische Weltenherrscher**

3. Kapitel Die Vernünftigkeit Gottes

Kants Umgang mit dem Gottesbegriff kann zu den gut, wenn nicht sogar am besten erforschten Bereichen seiner Philosophie gezählt werden. Auffällig ist aber, dass sich die Forschung vornehmlich Kants Interpretation und Kritik der klassischen Gottesbeweise gewidmet hat, während die Frage, was Kant über das Wesen Gottes aussagt, weit weniger Beachtung gefunden hat.[1] Dogmatisch gesprochen: Die Frage *quis sit deus* scheint vor der Frage *an sit deus* zurückzutreten. Wie evident, ist für die gegenwärtige Aufgabenstellung nicht die Frage nach der Beweisbarkeit der Existenz Gottes, sondern die nach seiner Essenz entscheidend. Es gilt also, unter weitestmöglicher Ausblendung der kantischen Kritik der Gottesbeweise, den Blick darauf zu wenden, wie Kant die alten Fragen „Wer ist Gott? Was ist sein Wesen?" beantwortet.

Die Frage nach dem Wesen Gottes führt unweigerlich auf ein von der klassischen Theologie und Philosophie ausführlich traktiertes Gebiet: Die Lehre von den göttlichen Eigenschaften. Kant widmet sich dieser Lehre nicht nur in seinen Vorlesungen, sondern auch in der *Kritik der praktischen Vernunft* mit einiger Ausführlichkeit, welche es rechtfertigen würde, allein dieser Thematik im Rahmen einer Monographie nachzugehen. Allein, da es in der gegenwärtigen Arbeit nicht um das Wesen Gottes als solches geht, sondern um die moralische Konstitution Gottes bzw. Gott als moralisches Wesen, wird sich die Untersuchung im Folgenden auf Kants Lehre von den moralischen Eigenschaften und die damit – wie noch deutlich werden soll – unmittelbar zusammenhängende Trinitätslehre konzentrieren. Vorgeschaltet ist ein Abschnitt, der sich der Frage widmet, ob Gott nach Kant 1. ein vernünftiges Wesen und 2. ein Vernunftwesen ist. Wie im ersten Kapitel gezeigt, ist diese Frage zentral, um einem bestimmten Wesen seinen Platz auf der „moralischen Stufenleiter" zuzuweisen. Das gilt von dem höchsten aller Wesen nicht minder als von jedem anderen.

3.1 Gott als vernünftiges Wesen

„Kann Gott ein vernünftiges Wesen genannt werden?"[2] So fragt Kant selbst im *Opus postumum*, was den Verdacht nahelegt, dass er in dieser Frage selbst zu keinem abschließenden Ergebnis gekommen ist. In der Tat ergibt der Blick auf die Quellen ein äußerst disparates Bild. Zunächst spricht ein gewichtiges Argument

---

1 S.o. Einleitung 3.
2 Op. post., AA XXII, 112.

deutlich dagegen, Gott als vernünftiges Wesen zu bezeichnen. Der Verstand Gottes ist, wie Kant unablässig einschärft, kein diskursiver, sondern ein intuitiver. Während beim Menschen Verstand und Anschauung zwei Stämme der Erkenntnis ausmachen, verfügt Gott über eine „intellektuelle Anschauung". Bei ihm sind die beiden Vermögen nicht getrennt.³ Das *dictum classicum* für diese in allen großen kritischen Schriften mehrfach wiederholte Aussage ist Kants vorkritischer Brief an Markus Herz vom 21. 02.1772.

> Es ist also die Möglichkeit so wohl des *intellectus archetypi*, auf dessen Anschauung die Sachen selbst sich gründen, als des *intellectus ectypi*, der die *data* seiner logischen Behandlung aus der sinnlichen Anschauung der Sachen schöpft, zum wenigsten verständlich. Allein unser Verstand ist durch seine Vorstellungen weder die Ursache des Gegenstandes, (außer in der Moral von den guten Zwecken) noch der Gegenstand die Ursache der Verstandesvorstellungen (*in sensu reali*). Die reine Verstandesbegriffe müssen also nicht von den Empfindungen der Sinne *abstrahirt* seyn, noch die Empfänglichkeit der Vorstellungen durch Sinne ausdrücken, sondern in der Natur der Seele zwar ihre Quellen haben, aber doch weder in so ferne sie vom *Object* gewirkt werden, noch das *obiect* selbst hervorbringen.⁴

Insofern der archetypische Verstand selbst die Ursache der Dinge ist, müssen sie ihm nicht erst qua Anschauung gegeben werden. Ein endlicher, abgeleiteter Verstand hingegen bedarf eines gewissen sinnlichen Inputs über die Anschauung, damit die Spontaneität des Verstandes die Kategorien auf die sinnlichen Data anwenden und so Gegenstände konstituieren kann. Der menschliche Geist ist, was die theoretische Erkenntnis betrifft, niemals die Ursache der Dinge, weshalb Anschauung und Verstand bei ihm zwei distinkte Vermögen ausmachen. Bereits

---

3 Strukturell ergibt sich hier eine klare Parallele zum Begriff der Heiligkeit. Ebenso wie die intellektuelle Anschauung die Einheit zweier Vermögen bezeichnet, bedeutet Heiligkeit bei Kant, dass es bei einem heiligen Wesen wie Gott keinen Antagonismus mehr zwischen Neigung und Befolgung des Sittengesetzes gibt. Verstand und Anschauung, Wollen und Müssen, bei Menschen distinkte Prinzipien, befinden sich bei Gott in „prästabilierter Harmonie".
4 Brief an Markus Herz 21.02.1772, AA X, 130. Darüber, welche Art der Anschauung Gott und „andere vernünftige Wesen" selbst besitzen, haben wir laut Kant kein sicheres Wissen. Wir können anderen vernünftigen Wesen unsere eigene Art der Erkenntnis qua Anschauung und Verstand weder unterstellen noch sie ihnen absprechen oder auch nur die Möglichkeit eines höchsten Verstandes einsehen, „der in seiner Erkenntniß von aller Sinnlichkeit und zugleich vom Bedürfniß, durch Begriffe zu erkennen, frey, die Gegenstände in der bloßen (intellectuellen) Anschauung vollkommen erkennt" (Fortschr. der Metaph., AA XX, 267). Die „intellektuelle Anschauung" ist daher hier nicht zu verstehen als eine originäre Erkenntnisweise Gottes, die Kant als positiven Grundsatz einer Rationaltheologie aufzustellen vermöchte, sondern markiert lediglich die Differenz zwischen menschlichem und göttlichem Intellekt und fungiert somit als reiner Grenzbegriff.

1770 nimmt Kant eine zumindest implizite Identifikation des archetypischen Verstandes mit dem göttlichen Verstand vor.

> Die Anschauung unseres Geistes ist immer passiv; daher ist sie immer nur insofern möglich, als etwas unsere Sinne erregen kann. Die göttliche Anschauung, welche das Prinzip der Gegenstände ist, nicht das Bewirkte, weil sie unabhängig ist, ist archetypisch und daher intellektuell.[5]

Der Ausdruck „intellektuelle Anschauung" (*intuitus intellectualis*) korrespondiert dem des intuitiven Verstandes. In beiden Fällen wird eine Aussage getroffen, die, auf den Menschen bezogen, eine *contradictio in adiecto* darstellen würde: Einmal wird die Anschauung als verstandesmäßige bezeichnet, einmal der Verstand als ein anschauender. Bei den beiden, inhaltlich äquivalenten Ausdrücken geht es Kant nicht vorrangig darum, den göttlichen Verstand genauer zu bestimmen – die intellektuelle Anschauung ist für ihn vielmehr ein problematischer Begriff, dessen Möglichkeit wir nicht einsehen können[6] –, sondern er will durch seine Ausführungen über den intuitiven Verstand den diskursiven näher bestimmen.[7] Der Ausdruck dient nicht primär der Charakterisierung des göttlichen Verstandes, welcher für uns unerforschlich ist, sondern ist ein Grenzbegriff für den menschlichen. Wir können einen intuitiven, auf die sinnliche Anschauung nicht angewiesenen Verstand denken, ohne einen klaren Begriff von ihm zu gewinnen. Gedacht werden muss er aber, da wir sonst unsere eigene Art der Erkenntnis allen Wesen unterstellen würden, was unzulässig ist. So „erkennt" Gott durch intel-

---

5 „*Intuitus* nempe mentis nostrae semper est *passivus*; adeoque eatenus tantum, quatenus aliquid sensus nostros afficere potest, possibilis. Divinus autem intuitus, qui obiectorum est principium, non principiatum, cum sit independens, est archetypus et propterea perfecte intellectualis" (Mund. sens. AA II, 387, übers. v. Verf.). Die Übersetzung der *Akademieausgabe* wurde hier nicht übernommen, da in ihr einige Feinheiten, die für die Interpretation wichtig sind, nicht deutlich genug hervortreten (Mund. sens. AA II, 397).
6 „Aber alsdann ist das [i. e. das Noumenon] nicht ein besonderer intelligibeler Gegenstand für unsern Verstand, sondern ein Verstand, für den es gehörte, ist selbst ein Problema, nämlich nicht discursiv, durch Kategorien, sondern intuitiv, in einer nichtsinnlichen Anschauung, seinen Gegenstand zu erkennen, als von welchem wir uns nicht die geringste Vorstellung seiner Möglichkeit machen können" (KrV, B 311 f.).
7 Ebenso wie bei der Rede von anderen vernünftigen Wesen in der *Anthropologie* ist auch hier das Ziel, die *differentia specifica* des menschlichen Verstandes und somit die Stellung des Menschen auf der Stufenleiter der Wesen näher zu bestimmen, nur, dass die Abstufung in diesem Fall nach epistemologischen und nicht moralphilosophischen Kriterien erfolgt.

lektuelle Anschauung, was ihn nicht nur der sinnlichen Anschauung, sondern, so Kant, sogar der Erkenntnis durch Begriffe enthebt.[8]

Was folgt hieraus aber für die Frage, ob Gott über Vernunft als spekulatives Vermögen verfügt? Denn mehr ist ja zunächst nicht gefordert, um Gott unter die „vernünftigen Wesen" zählen zu dürfen. Dass die Unterscheidung von zwei Vermögen, Anschauung und Verstand, auf Gott bezogen unsinnig ist, bedeutet für Kant zugleich auch, dass Gott nicht über spekulative Vernunft verfügen kann. Denn Vernunft ist nur ein Notbehelf für endliche Wesen. Verstand kann Gott durchaus zugelegt werden, nicht aber spekulative Vernunft, die sich immer in Schlüssen vollzieht, mithin diskursiv (und damit zeitlich) ist. Vernunft als theoretisches Vermögen kommt allein dem *intellectus ectypus* zu. Unmissverständlich heißt es dazu im *Opus postumum:* „Der Verstand (*Mens*) ist das Vermögen unabhängig von Sinnenvorstellungen unmittelbar zu beschließen und kann Gott beygelegt werden. Die Vernunft welche nur mittelbar durch Schlüsse urtheilt ist nicht ursprünglich sondern abgeleitet."[9] In einer – leider recht unsicher überlieferten – Vorlesungsmitschrift geht Kant noch einen Schritt weiter. Spekulative Vernunft versteht er dort ein „Hülfsmittel" unseres endlichen, diskursiven Verstandes, weshalb sie auch nicht zu den Vermögen Gottes gezählt werden könne.

> Die Attention, die Abstraction, die Reflexion, die Comparation sind alles nur Hülfsmittel eines discursiven Verstandes; sie können also von Gott nicht gedacht werden; denn Gott hat keine *conceptus*, sondern lauter *intuitus*, wodurch sein Verstand alle Gegenstände, wie sie an sich selbst sind, unmittelbar erkennet; dahingegen alle Begriffe nur mittelbar sind, indem sie aus allgemeinen Merkmalen entstehen. Ein Verstand aber, der Alles unmittelbar erkennet, ein intuitiver Verstand, hat keine Vernunft nöthig; denn die Vernunft ist nur ein Merkmal der Schranken des Verstandes, und verschaffet demselben Begriffe. Wo aber dieser durch sich selbst schon Begriffe bekommt, bedarf er keiner Vernunft. Der Ausdruck Vernunft ist daher unter der Würde der göttlichen Natur. Man muß diesen Begriff aus einem allerrealsten Wesen ganz weglassen, und schreibt ihm besser blos intuitiven Verstand, als eine höchste Voll-

---

8 „Das ist also die eigenthümliche Beschaffenheit unsrer (menschlichen) Anschauung, sofern die Vorstellung der Gegenstände uns nur als sinnlichen Wesen möglich ist. Wir könnten uns wohl eine unmittelbare (directe) Vorstellungsart eines Gegenstandes denken, die nicht nach Sinnlichkeitsbedingungen, also durch den Verstand, die Objecte anschaut. Aber von einer solchen haben wir keinen haltbaren Begriff; doch ist es nöthig, sich einen solchen zu denken, um unsrer Anschauungsform nicht alle Wesen, die Erkenntnißvermögen haben, zu unterwerfen. Denn es mag seyn, daß einige Weltwesen unter andrer Form dieselben Gegenstände anschauen dürften; es kann auch seyn, daß diese Form in allen Weltwesen und zwar nothwendig, eben dieselbe sey, so sehen wir diese Nothwendigkeit doch nicht ein, so wenig, als die Möglichkeit eines höchsten Verstandes, der in seiner Erkenntniß von aller Sinnlichkeit und zugleich vom Bedürfniß, durch Begriffe zu erkennen, frey, die Gegenstände in der bloßen (intellectuellen) Anschauung vollkommen erkennt" (Fortschr. d. Metaph, AA XX, 267).
9 Op. post., AA XXI, 14.

kommenheit des Erkenntnisses zu. Von dieser unmittelbaren Anschauung des Verstandes haben wir jetzt gar keinen Begriff; aber ob nicht vielleicht die abgeschiedene Seele, als eine Intelligenz, statt der Sinnlichkeit eine ähnliche Anschauung, wodurch sie in den Ideen der Gottheit die Dinge an sich selbst erkennen möchte, erhalten könnte, läßt sich nicht läugnen, aber auch nicht beweisen.[10]

Dass wir über spekulative Vernunft verfügen, ist eben kein Hinweis auf unsere intelligible Existenz, sondern, gerade umgekehrt, ein „Merkmal der Schranken [unseres] Verstandes". Von Gott, der über einen intuitiven Verstand verfügt (und dessen Erkenntnis nicht über Anschauung vermittelt ist), Vernunft auszusagen, wäre also geradezu ein *crimen laesae maiestatis*. Vernunft als das Vermögen zu schließen ist keine Auszeichnung, sondern ein Mangel, eine Unvollkommenheit sinnlich-vernünftiger Wesen.

In den wesentlich früheren *Prolegomena* erörtert Kant die Frage, ob Gott zumindest in analoger bzw. symbolischer Weise Vernunft zugeschrieben werden kann. Wie zu erwarten, bejaht Kant diese Möglichkeit.[11] Er will hier, vom Deismus zum Theismus übergehend, dem höchsten Wesen eine „Causalität durch Vernunft" zuschreiben. Dadurch aber werde, behauptet Kant, keineswegs die „Vernunft als eine Eigenschaft auf das Urwesen an sich selbst übertragen".[12] Es geht ihm nicht darum, Gott Vernünftigkeit zuzuschreiben – was auch kaum möglich erscheint, da Gott für uns „unerforschlich und auf bestimmte Weise sogar undenkbar" ist –, sondern darum, die Welt besser denken zu können. Die Vernunft soll nicht als Eigenschaft Gottes, sondern in ihrem Verhältnis zur Welt, welche laut Kant eine „Vernunftform" besitzt, gedacht werden.[13] Der Wirkung der „Vernunftförmigkeit" entspricht eine vernünftige Ursache. Gleichzeitig betont Kant, dass der Begriff der Vernunft „von der menschlichen Natur" entlehnt und daher auf Gott nur analog anwendbar sei, weshalb er sich auch nicht versteigt zu behaupten, die Vernunftförmigkeit der Welt weise direkt zurück auf eine vernünftige Ursache. Ein solches Vorgehen würde nichts anderes als eine Variante des kos-

---

10 KANT, 1830, 105.
11 Im Kanon der ersten Kritik findet sich bereits die Bemerkung, dass „wir jenes uns unbekannte Wesen [d. h. Gott] nur nach der Analogie mit einer Intelligenz (ein empirischer Begriff)" denken können (KrV, B 726). Das ist der Gedanke der *Prolegomena in nuce*: Gott kann nur auf analoge Weise als „Intelligenz" bzw. „vernünftiges Wesen" (beide Begriffe sind hier äquivalent) bezeichnet werden. Bemerkenswert ist zugleich, dass „Intelligenz" hier als empirischer Begriff eingeführt wird. Kant scheint bereits klar zu sehen, dass es bei der analogen Gotteserkenntnis immer darum geht, bestimmte empirische Begriffe auf uneigentliche Weise auf Gott, der niemals Gegenstand der Empirie sei kann, anzuwenden.
12 Prol. AA IV, 359.
13 Prol. AA IV, 359.

mologischen Gottesbeweises darstellen. Vielmehr begnügt sich Kant damit zu konstatieren, wir müssten die Welt so ansehen, als ob sie eine vernünftige Ursache habe. Letztlich bedient Kant sich hier wieder der Proportionsanalogie.

> Ich werde sagen: die Causalität der obersten Ursache ist dasjenige in Ansehung der Welt, was menschliche Vernunft in Ansehung ihrer Kunstwerke ist. Dabei bleibt mir die Natur der obersten Ursache selbst unbekannt; ich vergleiche nur ihre mir bekannte Wirkung (die Weltordnung) und deren Vernunftmäßigkeit mit den mir bekannten Wirkungen menschlicher Vernunft und nenne daher jene eine Vernunft, ohne darum eben dasselbe, was ich am Menschen unter diesem Ausdruck verstehe, oder sonst etwas mir Bekanntes ihr als ihre Eigenschaft beizulegen.[14]

Kant verfährt er hier ähnlich wie in den bereits ausgelegten Passagen der dritten Kritik.[15] Es handelt sich abermals um ein Verhältnis von a, b, c und x, wobei a, b und c bekannt sind, x aber nicht. A verursacht die Wirkung b und x die Wirkung c. Im angegebenen Fall ist a die menschliche Vernunft, und b sind die menschlichen Kunstwerke. Diesem Verhältnis von Ursache und Wirkung ähnelt nun das der unbekannten göttlichen Ursache x zu der Wirkung c, welche in der Erschaffung der vernünftigen Weltordnung besteht. Die vernünftige Weltordnung gleicht den menschlichen Kunstwerken, woraus gefolgert werden kann, dass beide eine ähnliche Ursache haben müssen, weshalb x als ein Analogon von a angesehen werden kann. X ist also Vernunft-analog. Um einen echten Schluss handelt es sich dabei freilich nicht. Kant will und kann gar nicht zeigen, dass die Vernunft die Ursache der Weltordnung ist (was wiederum eine nähere Bestimmung der göttlichen Ursächlichkeit bedeuten würde, welche gleichermaßen unnötig wie unmöglich ist). Ihm reicht es, dass wir von der Welt so reden können, als ob sie eine vernünftige Ursache habe.[16] Ziel ist es, die Vernunftform der Welt erklären zu können, nicht das Wesen Gottes.

---

14 Prol., AA IV, 360, Anm.
15 S.o. 1.2.
16 Das Vorgehen an dieser Stelle ähnelt Kants Auseinandersetzung mit der Physikotheologie in der dritten Kritik. Die Physikotheologie ist laut Kant ausreichend, um zur Vorstellung einer „verständigen Weltursache" zu kommen, was eine physische Teleologie zu begründen vermag, nicht aber eine Theologie, für die ein Zweck, der außerhalb der Natur liegt, gefunden werden müsste (KdU, AA V, 437). Da die Natur mit einem Kunstwerk vergleichbar ist, dürfen wir auch die Ursache der Welt mit der Ursache eines Kunstwerks vergleichen: „Eben so dürfen wir wohl die Causalität des Urwesens in Ansehung der Dinge der Welt, als Naturzwecke, nach der Analogie eines Verstandes, als Grundes der Formen gewisser Producte, die wir Kunstwerke nennen, denken" (KdU, AA V, 465). Die Weltursache darf als analog zu einem Verstand – „Vernunft" und „Verstand" sind an dieser Stelle terminologisch nicht voneinander abgegrenzt – gedacht werden,

Für den vorliegenden Kontext ist entscheidend: Kant kann Vernünftigkeit in einem analogen Sinn von Gott aussagen, niemals in einem unmittelbaren. Bedenkt man, was Kant über die theoretische Vernunft als ein „Merkmal der Schranken des Verstandes" ausführt, [17] kann noch etwas mehr gefolgert werden: Das Vernunft-analoge Vermögen Gottes muss die spekulative Vernunft des Menschen übertreffen. Wenn Gott als ein „vernünftiges Wesen" bezeichnet wird, ist dieser Ausdruck unter seiner Würde und ihm daher nicht angemessen. Wir versuchen, uns die unbegreifliche göttliche Kausalität mit Rekurs auf unsere Vernunft, welche kein Vorzug, sondern ein Mangel ist, verständlich zu machen. Von Gott Vernunft im theoretischen Sinn auszusagen, bedeutet, ihm nicht zu viel, sondern zu wenig zuzuschreiben.

3.2 Gott als Vernunftwesen

Zwei Konzeptionen der „Gotteslehre" Kants scheinen grundsätzlich miteinander im Konflikt zu stehen. Einmal vertritt Kant eindeutig die Position, dass Gott eine moralische Persönlichkeit sei, der bestimmte (moralische) Eigenschaften zukommen. Der sogenannte „moralische Gottesbeweis" der zweiten Kritik kann – zumindest *prima facie* – als das beste Beispiel für eine solche Konzeption angesehen werden.[18] Zum anderen gibt es im *Opus postumum* mehrere Passagen, in denen Kant eine Identifikation Gottes mit der reinen praktischen Vernunft „in mir" vornimmt: „Gott ist nicht ein Wesen außer Mir sondern blos ein Gedanke in Mir / Gott ist die moralisch / practische sich selbst gesetzgebende Vernunft".[19]

---

da eine Analogie zwischen der Schöpfung und einem Kunstwerk besteht. Ein Analogie-Schluss im strengen Sinn verbietet sich jedoch auch hier.
17 So 1783/84 in einer Vorlesung (Natürliche Theologie Volckmann, AA XXVIII, 1158). S. auch Metaphysik L2, XXVIII, 606.
18 KpV, AA V, 124 f. Schwarz hat versucht, gegen diesen ersten Eindruck zu plausibilisieren, dass sich bereits in der zweiten Kritik eine nicht-personale Konzeption Gottes finde (SCHWARZ, 2004, 18 f.), ein Verfahren, das m. E. jedoch auf fragwürdigen Annahmen beruht (s. o. Einleitung 3).
19 Op. post., AA XXI, 145, vgl. auch Op. post. AA XXII, 60: „Es ist ein Gott in der moralisch// practischen Vernunft d.i. in der Idee der Beziehung des Menschen auf Recht und Pflicht Aber nicht als ein Wesen ausser dem Menschen." Vgl. ferner Op. post., AA XXII, 104 f.: „Es ist ein Gott: denn es ist in der moralisch practischen Vernunft ein *categ*. Imperativ, der auf alle Vernunftige Weltwesen ausgebreitet und wodurch alle Weltwesen vereinigt werden." An anderer Stelle identifiziert Kant Gott mit der reinen praktischen Vernunft und die Welt mit der technisch-praktischen (wie bereits in dem angeführten Blockzitat): „Zuerst die moralisch// practische: dann die technisch// practische Vernunft. Gott u. die Welt" (Op. post., AA XXI, 15). Weitere Belege nennt SCHWARZ, 2004, 6. Neben Schwarz (und m. E. differenzierter als dieser) behandelt Wimmer die

Dies hat, wie nicht weiter überrascht, gravierende Konsequenzen für die Frage, ob Gott als moralische Persönlichkeit angesehen werden kann: „Ein menschliches Wesen kann eine Person d.i. ein Wesen was der Rechte fähig ist, seyn; aber Persönlichkeit kann der Gottheit nicht beygelegt werden."[20] Wie ist dies damit vereinbar, dass Kant in der *Kritik der praktischen Vernunft* die Existenz eines „Wesen[s], das durch Verstand und Willen die Ursache (folglich der Urheber) der Natur ist, d.i. Gott",[21] postulieren will? Ähnlich hält Kant auch noch in der *Kritik der Urteilskraft* fest, dass es im moralischen Beweis des Daseins Gottes eben nicht bloß um einen „moralischen Grund", sondern um ein „moralisches Wesen als Welturheber, mithin ein[en] Gott" gehe.[22] Ohne einen „Welturheber und Regierer, der zugleich moralischer Gesetzgeber ist", anzunehmen, könnten wir uns die Möglichkeit einer moralischen Teleologie der Welt „gar nicht begreiflich machen".[23] Wie auch immer diese Aussagen im Einzelnen zu verstehen sind, klar ist:

Identität von reiner praktischer Vernunft und Gott im *Opus postumum* mit einiger Ausführlichkeit (WIMMER, 2005, 205–228). Ein wesentlicher Anstoß für die neuere Diskussion um diese Frage geht von einem Aufsatz Adela Cortinas aus (CORTINA, 1984), wobei die Verfasserin wiederum auf ältere Arbeiten aus dem romanischen Bereich Bezug nimmt. Cortina stellt die These auf, es gebe bei Kant von Anfang an eine Tendenz, die Vorstellung von Gott als vom Menschen unterschiedenes Vernunftwesen aufzulösen, eine Tendenz, die im *Opus postumum* zu ihrer Vollendung komme (CORTINA, 1984, 280). Weitgehend unberücksichtigt bleibt die Identifikation Gottes mit der reinen praktischen Vernunft in Rheindorfs Ausführungen zur Gotteslehre im *Opus postumum* (RHEINDORF, 2010, 145–155).

20 Op. post. AA XXII, 48. Im *Opus postumum* finden sich indes auch Stellen, an denen Kant Gott eindeutig moralische Persönlichkeit zuschreibt: „Unter dem Begriffe von Gott denkt man sich eine Substanz die allen Zwecken mit Bewustseyn angemessen d.i. eine Person wobey der tavtologisch verstärkte Ausdruck der lebendige Gott nur die Persönlichkeit dieses Wesens zu bezeichnen dient: als allvermögendes Wesen (*ens summum*) als allweises (*summa intelligentia*) und allgütiges Wesen (*summum bonum*)" (Op. post., AA XXII, 48). Unter ambiguer Verwendung der Begriffe „Person" und „Persönlichkeit" kann Kant auch notieren: „Ein Wesen für welches alle Menschenpflichten zugleich seine Gebote sind ist Gott. Er muß alles können weil er alles was Pflicht gebeut will. Er ist das höchste Wesen der Macht nach, und als ein Wesen was Rechte hat ein lebendiger Gott in der Qvalität einer Person" (Op. post., AA XXI, 17). Dieser Befund deutet darauf hin, dass es zu kurz gefasst wäre, für das Nachlasswerk eine apersonale Konzeption Gottes zu behaupten, die eine frühere personale ablöst. Die schlichte Alternative zwischen „personal" und „apersonal" ist allzu simpel, um Kants komplexe „Gottesvorstellung" auf synchroner wie diachroner Ebene zu erfassen.

21 KpV, AA V, 125. Kant scheint an dieser Stelle sogar anzunehmen, dass Gott ein vernünftiges Wesen (welches er als „Intelligenz" bezeichnet) sei.

22 KdU, AA V, 455.

23 An dieser Stelle beruft sich Kant auch auf die Unterscheidung von technisch-praktischer und rein-praktischer Vernunft. Im *Opus postumum* korreliert er den Begriff der technisch-praktischen Vernunft mit dem der Welt und „reine praktische Vernunft" mit „Gott" (Op. post. AA XXI, 43, s.o. 2.4.).

Gemeint ist ein personales moralisches Wesen, ein Vernunftwesen oder eine „moralische Persönlichkeit", also mitnichten eine apersonale Vernunft oder der reine Wille als solcher. Anders wäre auch Kants – bereits in der ersten Kritik deutliche – Emphase unverständlich, dass Gott eben nicht nur die oberste Welt*ursache*, sondern der Welt*urheber* sei.[24]

Die beiden Konzeptionen passen allem Anschein nach nicht zusammen. In der Forschungsliteratur wird daher diskutiert, ob Kants „Gotteslehre" in diesem Punkt einem Wandel unterliege.[25] Diese Frage muss für die vorliegende Arbeit noch spezifischer formuliert werden: Wie kann der Ausdruck „Gott" eine moralische Persönlichkeit (oder zumindest die Idee einer solchen) und zugleich die apersonale reine praktische Vernunft „in mir" bezeichnen? Ist Gott nun als ein – wenn auch nur praktisch „beweisbares" – personales Wesen mit bestimmten Eigenschaften (Gerechtigkeit, Güte, Heiligkeit) anzusehen oder ist er bloß eine

---

24 KrV, B 657. 725. Laut Kant unterscheiden sich der Deist und der Theist gerade darin, dass der erste nur eine Welt*ursache* zulasse, der zweite aber auch einen Welt*urheber*. Allerdings kann auch der Theist nur qua Analogie die Weltursache als Welturheber qualifizieren, also als „ein Wesen, das durch Verstand und Freiheit den Urgrund aller anderen Dinge in sich enthalte" (KrV, B 659). Nur auf dem Weg analoger Gotteserkenntnis ist es möglich, vom abstrakten Begriff einer Weltursache zu dem personalen eines Welturhebers überzugehen.

25 Förster versucht zu zeigen, dass Kants „Gotteslehre" starken Wandlungen unterliegt. Er geht dabei davon aus, dass Kant im Spätwerk die Postulatenlehre sukzessiv überwinde. Am Ende seiner Überlegungen notiert Förster daher: „Die Postulatenlehre in ihrer klassischen Form ist im *Opus postumum* endgültig verabschiedet" (FÖRSTER, 1998, 362). Eine entgegengesetzte Position bezieht Schwarz. Ziel seiner Arbeit ist es, die Identität von Gott und reiner praktischer Vernunft, wie sie sich im *Opus postumum* findet, bereits in der zweiten Kritik zu lozieren und somit die „Vereinbarkeit von Identifizierbarkeitsidee und Postulatenlehre" zu erweisen (SCHWARZ, 2004, 12). Die Ansätze von Förster und Schwarz sind jeweils elaborierte Beispiele für die immer wieder unternommenen Versuche, die Kontinuität oder Diskontinuität der kantischen „Gotteslehre" nachzuweisen. – Als weitgehend unbestritten darf mittlerweile gelten, dass Kant die Vorstellung der *Kritik der reinen Vernunft*, nach der der Gottesbegriff notwendig ist, weil die moralischen Gesetze, um Gebote zu sein, jederzeit mit „Verheißungen und Drohungen" (KrV, B 839) verknüpft sein müssen, in seinen späteren Werken nicht mehr vertritt. Den Gottesbegriff motivational zu deuten, verbietet sich schon deshalb, weil dadurch die Autonomie des moralischen Subjekts verletzt würde. So schreibt Kant bereits 1786: „Nun bedarf die Vernunft, ein solches abhängiges höchste Gut und zum Behuf desselben eine oberste Intelligenz als höchstes unabhängiges Gut anzunehmen: zwar nicht um davon das verbindende Ansehen der moralischen Gesetze, oder die Triebfeder zu ihrer Beobachtung abzuleiten (denn sie würden keinen moralischen Werth haben, wenn ihr Bewegungsgrund von etwas anderem, als von dem Gesetz allein, das für sich apodiktisch gewiß ist, abgeleitet würde); sondern nur um dem Begriffe vom höchsten Gut objective Realität zu geben, d.i. zu verhindern, daß es zusammt der ganzen Sittlichkeit nicht bloß für ein bloßes Ideal gehalten werde, wenn dasjenige nirgend existirte [sic!], dessen Idee die Moralität unzertrennlich begleitet" (Was heißt: s. i. D. or.?, AA VIII, 139). Das muss m. E. klar auf den Kanon der ersten Kritik bezogen werden und bedeutet nichts Geringeres als eine Selbstkorrektur Kants.

Versinnlichung der reinen praktischen Vernunft? Gilt nun *est Deus in nobis*[26] oder steht mir Gott als ein eigenständiges Vernunftwesen gegenüber? Kant selbst scheint diesen Widerspruch nicht als solchen zu empfinden. So kann er – abermals im *Opus postumum* – festhalten:

> In ihr, der Idee von Gott als moralische[s] Wesen, leben, weben und sind wir; angetrieben durchs Erkentnis [sic!] unserer Pflichten als Göttliche Gebote. Der Begriff von Gott ist die Idee von einem moralischen Wesen welches als ein solches richtend allgemein gebietend ist. Dieses ist nicht ein hypothetisches Ding sondern die reine practische Vernunft selbst in ihrer Persönlichkeit und mit ihren bewegenden Kräften in Ansehung der Weltwesen und ihren Kräften.[27]

Kant spricht hier im gleichen Atemzug davon, dass „Gott" sowohl die Idee von einem moralischen Wesen als auch die „reine practische Vernunft selbst" bezeichne. Es ist m. E. nicht sachgemäß anzunehmen, Kant habe die Widersprüchlichkeit seiner – in diesem Fall in unmittelbarer Nachbarschaft stehenden – Aussagen schlicht nicht bemerkt. Vielmehr weist die Stelle bereits einen Weg, wie die beiden unterschiedlichen Konzeptionen zur Deckung gebracht werden können. Der Schlüssel liegt darin, dass Kant von Gott als die „reine practische Vernunft selbst in ihrer Persönlichkeit" spricht. Wie ist diese Formulierung zu verstehen? Eine Passage aus der *Metaphysik der Sitten* kann hier näheren Aufschluss geben. Die Opazität der betreffenden Ausführungen rechtfertigt dabei eine detaillierte, schrittweise Interpretation.[28]

Schon die Einbettung des Stücks bereitet einige Schwierigkeiten. Ludwig konstatiert, dass sich die drei Abschnitte des zweiten Hauptstücks beim besten

---

[26] Op. post., AA XXII, 130. Cortina hat diese Formulierung als Kennzeichnung für die (vermeintliche) Position des *Opus postumum* populär gemacht (CORTINA, 1984, 281. 287).

[27] Op. post., AA XXII, 118. Vgl. auch: „Alle Gebote die den Menschen durch den categorischen Imperativ verbinden und reine practische Gesetze zur absoluten Pflicht (unerbittlicher innerer Obliegenheit) machen die von keiner Rücksicht auf innere oder äußere Vortheile abhängen sind heilige Pflichten d.i. sie sind als Gebote eines von der Natur unabhängigen unbedingt gebietenden Wesens anzusehen. – Nun enthält die Idee von einem nach moralisch// practischen Gesetzen gebietenden Wesen das Ideal einer Person die zugleich Beziehung auf die Natur als Sinnengegenstand alle Gewalt hat einen Ausspruch des categorischen Imperativs aller Pflichtgebote nach dem Princip der reinen Vernunft folglich nicht aus empirischen Triebfedern der Weltbestimmung. – Nun sind aber nur zwey active Principien denkbar welche als Ursachen dieser Erscheinungen gedacht werden können Gott und die Welt. Also ist die Idee der moralisch// practischen Vernunft im categorischen Imperativ das Ideal von Gott" (Op. post., AA XXII, 54, Hervorhebung getilgt).

[28] Die lange vernachlässigte Passage hat kürzlich wieder vermehrt Aufmerksamkeit erfahren, wie der Aufsatzband von Josifović und Kock zeigt (JOSIFOVIĆ/KOCK, 2016). Die Komplexität der namentlichen Passage wird auch von SCHMIDT/SCHÖNECKER, 2016, 116 betont.

Willen nicht in die Architektonik der *Tugendlehre* fügen wollen.²⁹ Beim ersten Hauptstück, um welches es nun gehen soll, komme hinzu, dass die hier thematischen Gewissenspflichten wohl kaum im gleichen Sinn als vollkommene Pflichten gegen sich selbst angesehen werden könnten wie etwa das Selbstmordverbot. Ludwig rät daher, den ersten Abschnitt wie auch die beiden folgenden als inhaltlich bedeutende, aber auch zeitlich kaum einzuordnende Stücke „gleichsam separat" zu lesen.³⁰ Die folgende Analyse des zweiten Abschnitts kann daher dessen (wohl recht willkürliche) Stellung innerhalb der *Tugendlehre* außer Acht lassen.

Thema des Abschnitts ist die Analyse des Gewissens als moralische Anlage des Menschen.³¹ Kant versteht das Gewissen dabei als „inneren Gerichtshof des Menschen",³² eine Formulierung, die bei ihm mehr als nur metaphorisch zu verstehen ist. Er beharrt darauf – zunächst freilich noch ganz im Rahmen einer illustrativen Metapher –, dass es im Gewissen einen Ankläger, Angeklagten und Richter geben müsse. Gerade dieses „juridische" Verständnis des Gewissens ermöglicht ihm nun an dieser Stelle die Einführung des Gottesbegriffs.

> Diese ursprüngliche intellectuelle und (weil sie Pflichtvorstellung ist) moralische Anlage, Gewissen genannt, hat nun das Besondere in sich, daß, obzwar dieses sein Geschäfte ein Geschäfte des Menschen mit sich selbst ist, dieser sich doch durch seine Vernunft genöthigt sieht, es als auf den Geheiß einer anderen Person zu treiben. Denn der Handel ist hier die Führung einer Rechtssache (*causa*) vor Gericht. Daß aber der durch sein Gewissen Angeklagte mit dem Richter als eine und dieselbe Person vorgestellt werde, ist eine ungereimte Vorstellungsart von einem Gerichtshofe; denn da würde ja der Ankläger jederzeit verlieren. – Also wird sich das Gewissen des Menschen bei allen Pflichten einen Anderen (als den Menschen überhaupt, d.i.) als sich selbst, zum Richter seiner Handlungen denken müssen,

---

29 LUDWIG, 1990, XX f.
30 LUDWIG, 1990, XX f.
31 Zur juridischen Interpretation des Gewissens bei Kant s. KAULBACH, 1978, 225 f. NOORDRAVEN, 2009, 270–272. ESSER, 2013, 271–286.
32 Die Vorstellung vom Gewissen als innerer Gerichtshof geht unmittelbar auf Baumgarten zurück: „[...] forum conscientiae est forum internum [...]" (BAUMGARTEN, 1757, § 182, AA XIX, 83). Zu älteren Vorläufern dieser Vorstellung s. NOORDRAVEN, 2009, 270, Anm. 70. Während Baumgarten das *forum internum* jedoch als ein menschliches ansieht, betont Kant bereits 1782/83 in einer Vorlesung dessen göttlichen Charakter: „Das Gewißen ist als ein forum anzusehen und zwar forum internum nicht humanum sondern divinum" (Praktische Philosophie Powalskij, AA XXVII, 161). Lehmann geht der Vorstellung vom *forum internum* in Kants Vorlesungen nach und gibt Hinweise zur theologischen sowie philosophischen Wirkungsgeschichte u. a. bei John Henry Newman (LEHMANN, 1980, 51–54). Zu dieser Vorstellung im *Opus postumum* vgl. NOORDRAVEN, 2009, 269 f. Zur genauen Herkunft und Verwendung des Bilds vom „inneren Gerichtshof" bei Wolff, Crusius, Smith und Kant hat jüngst Klemme eine Studie vorgelegt (KLEMME, 2016, v.a. 65–69).

wenn es nicht mit sich selbst im Widerspruch stehen soll. Dieser Andere mag nun eine wirkliche, oder blos idealische Person sein, welche die Vernunft sich selbst schafft.³³

Das Gewissen ist eine „Angelegenheit des Menschen mit sich selbst", eine rein interne Größe.³⁴ Genauer gehört das Gewissen wie die Liebe und die Achtung zu den „natürliche Gemüthsanlagen (*praedispositio*) durch Pflichtbegriffe afficirt zu werden", d. h. den subjektiven Bedingungen der Empfänglichkeit für Pflichtgebote.³⁵ Die Frage ist nun: „Woher kommt es, daß wir das, was wir nur von unserm Eigenen Gewissen haben, uns unrechtmäßig als etwas ausser uns denken müssen?"³⁶ Kants Antwort in der *Tugendlehre:* Erst der quasi-juridische Charakter des Gewissens ist es, der die Einführung einer zweiten, vom Menschen unterschiedenen moralischen Person notwendig macht. Kant expliziert den Begriff des Gewissens, indem er, wie Schopenhauer ironisch, aber zutreffend anmerkt, „im Innern des Gemüths ein[en] vollständige[n] Gerichtshof [...], mit Proceß, Richter, Ankläger, Vertheidiger, Urteilsspruch" aufstellt.³⁷ Die Unterscheidung der ver-

---

33 MST, AA VI, 438 f./Ludwig, 78.
34 In der *Religionsschrift* heißt es mit Bezug auf das Gewissen noch deutlicher: „[H]ier richtet die Vernunft sich selbst, ob sie auch wirklich jene Beurtheilung der Handlungen mit aller Behutsamkeit (ob sie recht oder unrecht sind) übernommen habe, und stellt den Menschen wider oder für sich selbst zum Zeugen auf, daß dieses geschehen oder nicht geschehen sei" (Rel., AA VI, 186). Das Gewissen ist ein Verhältnis der Vernunft zu sich selbst, ein „Selbstverhältnis der Vernunft" (Forschner, 2010, 126), das sich wiederum in einem Selbstverhältnis des Vernunftwesens Mensch manifestiert.
35 MST, AA VI, 399/Ludwig, 33.
36 Refl. 8110, AA XIX, 650. Der Beginn der Notiz nimmt auf die forensische Struktur des Gewissens Bezug: „Der Begriff von einem Gesetzgeber in mir, einem Ankläger (der aber auch selbst der Verführer ist) und einem Richter. Der Mittlehrer ist der Teufel. Sie sind als außer uns als so vielfache Personen (*personae*) gedacht" (Refl. 8110, AA XIX, 650). Auf der zweiten Seite heißt es dann: „Da ist zuerst ein Gesetzgeber, ein Ankläger und ein Richter. hier ist ein Anklagen der Persönlichkeit zwischen drey Potenzen" (Refl. 8110, AA XIX, 650). Die Passage aus der *Tugendlehre*, die selbst den Charakter eines losen Blatts hat und mit Ludwig recht spät angesetzt werden muss, scheint im Zusammenhang mit diesen Nachlassnotizen zu stehen. Diese könnten vorstufige Überlegungen widerspiegeln, insofern die Rollen von Angeklagtem, Ankläger und Richter noch nicht klar verteilt sind. Von einer Rolle des Teufels bei dem inneren Gerichtsprozess des Gewissens fällt in der *Tugendlehre* kein Wort. Auffällig ist die Vorstellung von einem Ankläger, der zugleich der Verführer sein soll. Kant scheint hier das Buch Hiob vor Augen zu haben, in dem der Teufel eben diese doppelte Rolle als Ankläger und Verführer einnimmt. Selbst, wenn die Gestalt des Teufels nur als eine Externalisierung der anklagenden Funktion unserer eigenen Vernunft verstanden wird, weicht diese Deutung deutlich von der Identifizierung des Anklägers mit dem Menschen als *homo noumenon* in der *Tugendlehre* ab.
37 Schopenhauer, 1912, 640. Laut Schopenhauer wäre, wenn Kant Recht hätte, der Mensch, der gegen das Gewissen handelt, nicht schlecht, sondern dumm, weil er allein schon aufgrund der

schiedenen Personen ist dabei von zentraler Bedeutung. Denn, so argumentiert Kant, würden Angeklagter und Richter eine Person sein, würde der Richter selbstverständlich immer zugunsten des Angeklagten und gegen die Forderung des Anklägers entscheiden – das Gericht wäre gleichsam „zahnlos".[38] Um diese, wenn man so will, Antinomie des Gewissens zu heben,[39] müssen Angeklagter und Richter zwei unterschiedliche Personen sein.[40] Soweit dürfte Kants Argumentation kaum kontrovers sein. Schwieriger ist die Frage, wie Angeklagter, Ankläger und Richter des inneren Gerichtshofs jeweils zu identifizieren sind. Am einfachsten ist dies noch beim Ankläger möglich. Diese Rolle kommt, so Kant unmissverständlich in der Fußnote,[41] dem Menschen als *homo noumenon* zu. Der Angeklagte ist hingegen der „mit Vernunft begabte Sinnenmensch".[42] Die fol-

---

Drohungen des göttlichen Richters in ihm gut handeln müsste. Den Gedanken, dass Gott eine Instanz darstellt, die droht und belohnt, der in der *Kritik der reinen Vernunft* noch begegnet, hat Kant aber, wie oben bereits gezeigt, in *Was heißt sich im Denken orientieren?* verabschiedet.
38 OEHL, 2016, 84.
39 Noordraven weist darauf hin, dass diese Antinomie des Gewissens der Antinomienlehre der ersten Kritik ähnelt (NOORDRAVEN, 2008, 270).
40 Anders argumentiert Kant in einer Passage der *Religionsschrift*. Zwar identifiziert er auch hier den „künftigen Richter" mit dem „aufwachenden Gewissen in ihm [i. e. dem Menschen] selbst", doch unterlässt er es, von diesem „Richter, der in ihm [i. e. dem Menschen] selbst ist", auf die Notwendigkeit einer Externalisierung der Richterfunktion zu schließen (Rel., AA VI, 77). Ganz im Gegenteil: Kant will das Gewissen nicht als einen „anderen Richter" vorstellen, da hier der Mensch immer versuchen würde, sich auf die „menschliche[...] Gebrechlichkeit" zu berufen und andere Kunstgriffe anzuwenden, um den Richter gnädig zu stimmen (Rel., AA VI, 77). Ein wirklich strenges Urteil vermag nur der Richter, der in dem Menschen selbst ist, zu sprechen. Dieses Argument ist dem der *Metaphysik der Sitten* entgegengesetzt. 1793 behauptet Kant, der „andere Richter" würde indulgent gegenüber dem Menschen verfahren, 1797, dass eben dies auf den Richter in uns selbst – sofern er eben nicht als ein „anderer" vorgestellt wird – zutreffe. Die Position der *Metaphysik der Sitten* bedeutet insofern einen Fortschritt gegenüber der *Religionsschrift*, als hier der „andere Richter" und der „Richter in uns" als Veranschaulichungen ein und derselben Instanz aufgefasst werden. Der andere Richter ist kein realer anderer und mithin keine prinzipiell bestechliche Instanz, sondern personifiziert, ebenso wie der Richter in uns selbst, nur das Urteil des Gewissens. Dass er als ein „anderer" vorgestellt, also externalisiert werden muss, wird lediglich mit der quasi-juridischen Struktur des Gewissens begründet: Die beurteilende Instanz muss dem Angeklagten gegenüberstehen in der Personifikation eines Richters. Bestechlich ist dieser dennoch nicht, da er nicht wirklich eine andere Person (etwa ein als transzendent gedachter Gott), sondern lediglich eine Veranschaulichung des Gewissens darstellt. Der andere Richter der *Metaphysik der Sitten* ist nicht extern (wie der der *Religionsschrift*), sondern nur externalisiert. Allerdings kann Kant – worauf noch näher einzugehen sein wird – die moralische Urteilskraft in der *Religionsschrift* mit der Person des Heiligen Geistes verbinden und insofern bereits die Position der *Metaphysik der Sitten* vorwegnehmen.
41 MST, AA VI, 439, Anm./LUDWIG, 79.
42 MST, AA VI, 439, Anm./LUDWIG, 79.

genden Ausführungen über die beiden Fakultäten des Menschen legen nahe, den mit „Vernunft begabten Sinnenmensch[en]" mit dem Menschen, insofern er rein als Sinnenwesen betrachtet wird, zu identifizieren. Dass er mit Vernunft begabt sein soll, spricht noch gar nicht gegen diese Deutung, zumindest, wenn hier von Vernunft in theoretischer Hinsicht die Rede ist. Gegen sie spricht jedoch, dass der Mensch, rein als Sinnenwesen betrachtet, gar nicht angeklagt werden kann, da er überhaupt keiner Zurechnung fähig ist. Die Vernunftbegabung muss hier die Begabung mit reiner praktischer Vernunft meinen und der „mit Vernunft begabte Sinnenmensch" bezieht sich auf den Menschen als Bürger *beider* Welten. Am einfachsten ist es daher, den Ankläger mit der noumenalen „Menschheit in meiner Person",⁴³ den Angeklagten aber mit dem sinnlichen Vernunftwesen zu identifizieren, also dem Menschen, wie er, mit reiner praktischer Vernunft begabt, in der Sinnenwelt auftritt. Für den vorliegenden Kontext am interessantesten ist indes die dritte der am Gerichtsprozess beteiligten Personen, der Richter selbst. Er kann laut Kant eine wirkliche oder eine „idealische Person" sein.⁴⁴ Insofern der Gerichtshof des Gewissens ein innerer ist, kommt hier nur die zweite Möglichkeit in Betracht. Die „idealische Person" ist, wie Kant festhält, ein Werk der Vernunft selbst. Sie ist nicht einfach im Gewissen „da", sondern die Vernunft setzt sie erst als eine vom Menschen unterschiedene Größe.

Im nächsten Schritt deduziert Kant bestimmte Eigenschaften, die der besagten idealischen Person zukommen müssen, wenn sie die Rolle des Gewissensrichters einnehmen soll.⁴⁵ Es muss sich laut Kant bei ihr um ein „moralisches Wesen" handeln, dass, erstens, „herzenskundig" ist, also die innersten Gedanken der Menschen kennt. Soll das „Innere" des Menschen gerichtet werden – denn schließlich handelt es sich um den Gerichtshof des Gewissens –, muss dieses dem Richter bekannt sein. Zweitens muss das nämliche Wesen „allverpflichtend" sein, also ein Wesen sein, durch das alle Pflichten als Gebote anzusehen sind. Wie Kant dies allein aus dem Richteramt ableiten will, scheint unklar. Vielmehr kommt die Funktion, durch Autorität Pflichten zu Geboten zu machen, nicht dem Richter, sondern dem Gesetzgeber zu. Im Folgenden spricht Kant daher auch von Gott –

---

43 Zur Bezeichnung der „Menschheit in meiner Person" als *homo noumenon* s. o. 2.3. Die Vorstellung leuchtet m. E. auch intuitiv ein: Was mich im Gewissen angeklagt, ist, in metapsychologischer Terminologie ausgedrückt, ein vom Über-Ich aufgestelltes „Ich-Ideal", hinter dem ich faktisch immer zurückbleibe. – Den naheliegenden Begriff *homo phaenomenon* vermeidet Kant an dieser Stelle, wohl, um Missverständnisse zu vermeiden (zur Doppeldeutigkeit dieses Ausdrucks s. u. 9.2).
44 MST, AA VI, 439/LUDWIG, 79.
45 S. dazu ESSER, 2013, 282. Auf die Problematik der Eigenschaften, die Kant Gott an dieser Stelle zuschreibt, geht Esser im Einzelnen nicht ein.

auf den natürlich die ganze Argumentation hinausläuft – nicht nur als Richter, sondern, zumindest der Analogie nach, auch als Gesetzgeber.[46] An der angegebenen Stelle ist Kants Rekurs auf die Vorstellung von Gott als Gesetzgeber aber argumentativ nicht gerechtfertigt, da er bisher nur die Notwendigkeit eines Gewissensrichters explizit begründet hat.[47] Parallel verhält es sich mit der letzten Eigenschaft, die laut Kant der idealischen Person zukommen soll. Diese muss, drittens, allmächtig sein, weil sie sonst ihren Gesetzen nicht den angemessenen Effekt verschaffen könnte, „was doch zum Richteramt notwendig gehört".[48] Abermals argumentiert Kant hier mit dem Richteramt, doch auch dieses Mal bleibt das Argument ambivalent. Denn ist es wirklich die Judikative, die dafür Sorge trägt, dass die Gesetze auch Wirkung haben, oder nicht vielmehr die Exekutive?[49] Obwohl Kants Argumentation hier im Einzelnen lücken- oder sogar fehlerhaft bleibt, ist das Ziel doch klar: Über die Deduktion von drei Eigenschaften, die der vernunftnotwendigen idealischen Person des Richters zukommen müssen, wird diese als Gott identifiziert. Insofern die externalisierte Figur des Richters als eine von mir unterschiedene Person notwendig für das innere Geschäft des Gewissens ist, kommt auch dem Gottesbegriff eine Vernunftnotwendigkeit zu. Die Vernunft muss Gott notwendig als eine vom Menschen unterschiedene moralische Person annehmen, da der Richterstuhl im Gerichtshof der Vernunft sonst leer bliebe. Der Gottesbegriff ist mithin, wenn auch verdunkelt, „in jenem moralischen Selbstbewußtsein jederzeit enthalten".[50] Er ist notwendig, insofern wir uns als autonome Wesen unserem quasi-juridisch strukturierten Gewissen verpflichtet wissen. Kant nimmt hier unter der Hand eine Ableitung des Gottesbegriffs aus dem Gewissen vor, die mit der bekannten aus dem höchsten abgeleiteten Gut in der *Kritik der praktischen Vernunft* zu konkurrieren scheint.

---

46 MST, AA VI 440/LUDWIG, 80.
47 In der *Religionsschrift* liefert Kant eine parallel gestaltete Begründung für die Notwendigkeit eines moralischen Gesetzgebers aller Vernunftwesen (Rel., AA VI, 98 f.). Auch hier wird der gesuchte Gesetzgeber über das Prädikat der Allwissenheit identifiziert, diesmal als „Weltenherrscher". Die Allwissenheit wird Gott als „Weltenherrscher" (der überdies noch undifferenziert neben dem Gesetzgeber steht) und nicht, wie in der *Tugendlehre*, Gott als dem Richter attribuiert. Eine klare Unterscheidung zwischen den verschiedenen Funktionen Gottes ist auch hier (d. h. zumindest an dieser Stelle der *Religionsschrift*) nicht erreicht.
48 MST, AA VI, 339/LUDWIG, 80.
49 Eine Lösung bestünde darin, Kant zu unterstellen, dass er Gott hier bereits als trinitarischen denkt. Gott muss zugleich Gesetzgeber, Regent und Richter sein. Das Gewissensgericht hätte keine Gültigkeit, wenn nicht auch die beiden anderen „Gewalten" vorhanden wären.
50 MST, AA VI 440/LUDWIG, 80.

Dieses will nun nicht so viel sagen als: der Mensch, durch die Idee, zu welcher ihn sein Gewissen unvermeidlich leitet, sei berechtigt, noch weniger aber: er sei durch dasselbe verbunden ein solches höchste Wesen außer sich als wirklich anzunehmen; denn sie wird ihm nicht objectiv, durch theoretische, sondern blos subjectiv, durch praktische, sich selbst verpflichtende Vernunft ihr angemessen zu handeln gegeben; und der Mensch erhält vermittelst dieser nur nach der Analogie mit einem Gesetzgeber aller vernünftigen Weltwesen eine bloße Leitung, die Gewissenhaftigkeit (welche auch *religio* genannt wird) als Verantwortlichkeit vor einem von uns selbst unterschiedenen, aber uns doch innigst gegenwärtigen heiligen Wesen (der moralisch-gesetzgebenden Vernunft) sich vorzustellen und dessen Willen den Regeln der Gerechtigkeit zu unterwerfen. Der Begriff von der Religion überhaupt ist hier dem Menschen blos ‚ein Princip der Beurtheilung aller seiner Pflichten als göttlicher Gebote'.[51]

Ebenso, wie es in der *Kritik der praktischen Vernunft* heißt, dass die Existenz Gottes nur postuliert, aber nicht theoretisch gefolgert werden dürfe, um die Übereinstimmung von Glückswürdigkeit und Glückseligkeit zu gewährleisten,[52] erklärt Kant auch hier: Die Existenz Gottes außer mir darf nicht gefolgert, sondern nur subjektiv-praktisch behauptet werden, damit das Gewissen eine „Leitung" habe.[53] Die Formulierung ist gewiss schwächer als beim praktischen „Gottesbeweis" der zweiten Kritik. Der Gottesbegriff hat gleichsam nur eine „regulative Funktion für die praktische Vernunft".[54] Dennoch ist die Argumentationsabsicht in beiden Fällen die gleiche: Aufweis einer subjektiv-praktischen Notwendigkeit der Existenz Gottes bei gleichzeitigem Wissen um deren theoretische Unerweisbarkeit.

> Die Versuchung liegt nahe, hier von einem zweiten praktischen Gottesbeweis Kants zu sprechen,[55] der, analog zu dem der zweiten Kritik, die praktische Notwendigkeit Gottes als externe

---

51 MST, AA VI, 439 f./Ludwig, 79 f.
52 KpV, AA V, 124.
53 MST, AA VI, 440/Ludwig, 80.
54 Forkl, 2000, 181. Forkl meint, dass die Gottesidee uns aus diesem Grund nicht verpflichten könne, der reinen praktischen Vernunft zu gehorchen. Kant spreche deshalb auch nicht davon, dass Gott ein „Gesetzgeber" sei, sondern ein Gesetzgeber „nur nach Analogie".
55 So jüngst Schmidt/Schönecker, 2016, 135–138; 147 f.
56 Schmidt/Schönecker, 2016, 136.
57 KrV, A 596 f.
58 Schmidt/Schönecker, 2016, 143.
59 S. o. 1.2.
60 Förster, 1998, 362, s. o. 3.2.
61 Esser, 2013, 282.
62 Esser, 2013, 272.
63 Gegen Blöser, 2014, 126.

Instanz aus dem Gewissen (statt aus dem höchsten abgeleiteten Gut) erweist. Diese beiden praktischen „Beweise" müssten sich nicht widersprechen, können aber auch nicht miteinander verbunden werden. Der wesentliche Unterschied zwischen beiden „Beweisen" liegt darin, dass es im „Beweis" der zweiten Kritik nachdrücklich um die Existenz Gottes geht. Der praktische „Beweis" soll als Surrogat für den unmöglichen spekulativen fungieren. In der *Metaphysik der Sitten* hingegen liegt der Nachdruck nicht auf der Existenz, sondern darauf, dass Gott als externe Instanz gedacht wird, die erst den Gewissensakt ermöglicht. Es ist zwar durchaus richtig, dass Kants Rede von Gott als „Ideal" diesen keineswegs zu einer bloßen Idee degradiert,[56] aber es reicht auch nicht, „Ideal" rein epistemologisch zu verstehen. Vielmehr hat Kant hier eine bestimmte *Funktion* des Gottesbegriffs vor Augen. Ideale, obgleich ihnen keine objektive Realität zugeschrieben werden kann, sind keine reinen „Hirngespinste", sondern ein „unentbehrliches Richtmaß der Vernunft" und dienen als „regulative Prinzipien".[57] Schmidts und Schöneckers Insistieren darauf, dass Kant hier ein Argument für die praktische Erkenntnis Gottes liefere,[58] steht daher nicht nur vor dem Problem, dass praktische und symbolische Erkenntnis bei Kant keineswegs unproblematische Begriffe sind,[59] sondern lässt auch außer Acht, dass die Frage der Existenz Gottes streng genommen irrelevant ist, um den Selbstvollzug der Vernunft, wie er „im" Gewissen stattfindet, zu erklären. Der Gottesbeweis der zweiten Kritik und die Argumentation in der *Tugendlehre* sind ihrer Intention nach grundverschieden: In der *Kritik der praktischen Vernunft* soll gezeigt werden, dass Natur und Sittlichkeit nur unter Voraussetzung der Existenz Gottes in Harmonie gedacht werden können, in der *Metaphysik der Sitten* indes, dass der Selbstvollzug der Vernunft anders nicht möglich ist. Insofern ist m. E. Förster darin zuzustimmen, dass Kants späte „Gotteslehre" unvereinbar ist mit der der zweiten Kritik.[60] Dagegen, der Argumentation der *Metaphysik der Sitten* den Status eines (praktischen) Beweises zuzuerkennen, hat sich v. a. Esser gewandt. Nicht um einen Gottesbeweis handelt es sich, wie Esser pointiert formuliert, sondern um eine „sensualization of the examination of the conscience",[61] die als eine Variante der symbolischen Schematisierung des Begriffs „Gott" verstanden werden kann.[62] Eine solche „Versinnlichung" der Selbstprüfung im Gewissen dient freilich nicht nur dem Ziel, den Gewissensprozess in einer „pädagogisch besser greifbaren Art und Weise" darstellen zu können.[63] Vielmehr ist sie ein Werk der Vernunft selbst – und nicht etwa eines bemühten Philosophielehrers. Davon unbenommen bleibt aber die Intention Kants, den Selbstvollzug der Vernunft „im" Gewissen zu *erklären*, nicht die Existenz Gottes aus dem Faktum der Ansprache im Gewissen zu *beweisen*.

Bezeichnend ist auch die Wendung, dass die im Gewissen wirksame Vernunft die „praktische, sich selbst verpflichtende Vernunft" sei.[64] Es wäre m. E. ein Missverständnis zu meinen, der Mensch erdichte sich laut Kant einen Gott, dem er sich dann blind unterstellt. Nicht der Mensch, der die Stimme des Gewissens hört, „macht" die idealische Person, die wir Gott nennen, sondern, wie Kant ausdrücklich sagt, die Vernunft selbst ist es, die diese Person „macht". Nicht der Mensch, sondern die reine praktische Vernunft setzt Gott als Gewissensrichter ein. Keine anthropologische Notwendigkeit, sondern die Notwendigkeit der Vernunft

---

64 MST, AA VI, 439 f./Ludwig, 80.

fordert, Gott als ein vom Menschen unterschiedenes, zweites moralisches Wesen vorzustellen. Genau genommen hypostasiert sich die reine praktische Vernunft in der Figur des Richters selbst. Bei der Selbstverpflichtung handelt es sich um eine Duplizierung oder, in der Sprache des Idealismus, eine Selbstunterscheidung der Vernunft. Diese These bedarf der Erläuterung.

Im Anschluss an die eben ausgelegte Passage definiert Kant Religion als die Verantwortlichkeit vor einem „von uns selbst unterschiedenen, aber uns doch innigst gegenwärtigen heiligen Wesen (der moralisch-gesetzgebenden Vernunft)".[65] Diese Formulierung enthält *in nuce* die gesamte „Gotteslehre" des späten Kant. Dass Gott ein heiliges Wesen ist, das dem Sittengesetz nicht im Modus der Nötigung untersteht, ist seit der *Grundlegung* unbestritten. In Kants früheren Schriften ist dieses heilige Wesen aber immer ein Wesen „außer mir". Seine Existenz mag ich zwar nicht theoretisch beweisen können, sondern nur postulieren – dass das heilige Wesen aber eine externe moralische Person sein muss, steht außer Frage. Nun soll dieses heilige Wesen aber „innigst gegenwärtig sein". Folgt also *Est Deus in nobis?* Noch nicht zwingend. Kant könnte ja auch von der Gegenwart einer von mir unterschiedenen Person in meinem Gewissen reden, etwa einem „Herzenskundigen", der mich so gut kennt, dass mein Innerstes vor ihm liegt wie ein offenes Buch. „Gegenwärtig sein" müsste dann rein metaphorisch verstanden werden. Allein, die explanativ gemeinte Klammer macht unmissverständlich deutlich: Das innigst gegenwärtige heilige Wesen ist die „moralische-gesetzgebende Vernunft" selbst.[66]

---

65 MST, AA VI, 439f./Ludwig, 79f.
66 In einer Passage aus der *Metaphysik der Sitten Vigilantius* bringt Kant die Vorstellung von Gott als Personifikation der moralisch-gesetzgebenden Vernunft in Zusammenhang mit dem Problem der Pflichten gegen uns selbst (Metaphysik der Sitten Vigilantius, AA XXVII, 509 f.). Bei jeder Verpflichtung bedarf es eines Verpflichteten *(obligatus)* und eines Verpflichtenden *(obligans)*. Für eine Obligation sind immer „zweyerlei Personen, nämlich ein obligans und obligatus erforderlich" (Metaphysik der Sitten Vigilantius, AA XXVII, 510). Während klar ist, dass wir uns als sinnlich-vernünftige Wesen an die Stelle des *obligatus* setzen müssen, ist die Identifikation des *obligans* weitaus komplizierter. Die Tradition – hier vertreten durch Crusius – habe die Leerstelle des Verpflichtenden daher mit Gott besetzt und mithin seine Existenz gefolgert (Metaphysik der Sitten Vigilantius, AA XXVII, 510). Diesen Weg will Kant 1793/94 nun gerade nicht mehr gehen, obwohl er seiner früheren Postulatenlehre strukturell durchaus ähnlich ist. Die *persona obligans* bei den „Pflichten gegen uns selbst" setzt er nicht mehr gleich mit einem notwendig zu postulierenden göttlichen Wesen außer uns, sondern versteht die reine praktische Vernunft selbst als *obligans*. Von Gott kann jetzt nur noch so die Rede sein, dass er die obligierende reine praktische Vernunft personifiziert als „idealisches Wesen, oder eine moralische Person" (Metaphysik der Sitten Vigilantius, AA XXVII, 510). Im nächsten Satz scheint Kant jedoch zu einer anderen Deutung zu tendieren: Das Problem der Pflichten gegen uns selbst wird, ähnlich wie im gedruckten Text der *Metaphysik der Sitten*, terminologisch jedoch unschärfer über die Differenzierung zwi-

Damit ist nun genau jene Identität von Gott und reiner praktischer Vernunft ausgesagt, die laut Wimmer und Schwarz für die Gotteskonzeption des *Opus postumum* charakteristisch ist. Stimmt diese Deutung, irritiert es aber zunächst, dass Kant in der besagten Passage eine bewusste Paradoxie aufbaut: Das innigst gegenwärtige Wesen ist doch von uns selbst zugleich unterschieden. Als Gegenwart einer anderen, externen moralischen Person in meinem Gewissen kann diese Gegenwart aufgrund der behaupteten Identität von Gott und reiner praktischer Vernunft nicht verstanden werden. Es wird nicht eine externe Größe internalisiert, sondern eine interne externalisiert.[67] Die sich selbst verpflichtende reine praktische Vernunft, die im Menschen präsent ist, unterscheidet von diesem eine zweite moralische Person, in der sie sich hypostasiert. Die Vernunft selbst externalisiert den *Deus internus* und besetzt mit ihm den Richterstuhl im Gerichtshof des Gewissens. Gott ist „in uns", insofern er mit der reinen praktischen Vernunft identisch ist. Gerade diese Identität erklärt aber auch, warum es zu einer Duplizierung bzw. Selbstunterscheidung der Vernunft kommt.[68] Die reine praktische Vernunft ist „intern", insofern sie sich im Gewissen des Menschen manifestiert. „Gott" muss als externe Größe gedacht werden, da er sonst nicht die Rolle eines Richters einnehmen könnte. Gott und reine praktische Vernunft sind dabei identisch in dem Sinne, dass Gott die in Gestalt des Richters externalisierte reine praktische Vernunft darstellt.[69] Er ist die „reine practische Vernunft in ihrer Persönlich-

---

schen dem Menschen als „Sinnenwesen" und als „intelligibles Wesen" gelöst (s. o. 2.3.). Es bleibt damit undeutlich, ob Kant mit der „idealischen Person", die an die Stelle der *persona obligans* rückt, nun Gott oder den die ideale Menschheit in seiner Person repräsentierenden *homo noumenon* (jeweils verstanden als Personifikationen der reinen praktischen Vernunft) meint. Vielmehr scheint Kant hier zwischen *homo noumenon* und Gott keinen wesentlichen Unterschied mehr zu machen: Beide sind Vorstellungen, die die moralisch-gesetzgebende Vernunft als eigentliches *obligans* personifizieren. Die *ratio obligans* wird vorgestellt als *persona obligans*, i. e. ein ideales Wesen, das sowohl „Gott" als auch „homo noumenon" genannt werden kann.
67 Wenn Rheindorf daher meint, dass bei Kant „Gott in der Seele des Menschen, im Gewissen, im kategorischen Imperativ konkretisiert" werde (RHEINDORF, 2010, 153, Hervorhebungen getilgt), bestimmt er das Verhältnis m. E. falsch. Kant geht nicht vom Bewusstsein Gottes aus, um dieses dann im Gewissen zu lozieren, sondern beginnt vielmehr mit der Analyse des Gewissens, in deren Verlauf sich zeigt, dass notwendig eine externe Instanz, d. h. Gott, gesetzt werden muss.
68 Wimmer spricht mit Bezug auf Op. post. von einer „Verdoppelung", „Vergegenständlichung" und „Selbstobjektivierung" der Vernunft im Gottesbegriff (WIMMER, 1990, 233, vgl. ähnlich auch WIMMER, 2005, 210). Für Klaus Steigleder ist die „Selbstbezüglichkeit reiner praktischer Vernunft" sogar der Schlüssel zur gesamten praktischen Philosophie Kants (STEIGLEDER, 2002).
69 Dass es die reine praktische Vernunft selbst ist, die sich in der Gestalt des Richters setzt, macht Kant im *Opus postumum* deutlich. Das Vernunftprinzip denkt *sich*, wie Kant wörtlich formuliert, als Gesetzgeber und Richter, d. h. als Person: „Der categorische Imperativ ist Ausspruch eines Vernunftprincips über sich selbst als *dictamen rationis practicae* und denkt sich [n. b.] als

keit".⁷⁰ Fraglich bleibt nun noch, wie sich die Rolle des Richters zu der des Gesetzgebers verhält.

Hilfreich ist hier abermals ein Blick in die *Religionsschrift*, in der Kant genauer auf die Rolle Gottes als Gesetzgeber eingeht. Die einschlägige Passage weist starke Ähnlichkeit mit der aus der *Tugendlehre* auf. Allerdings hebt die Argumentation nicht beim Gewissen, sondern bei der Gemeinschaft der Vernunftwesen (also der „moralischen Welt") an. Kant will zeigen, dass ein solches Gemeinwesen, wenn es ihm nicht nur auf die Legalität, sondern auch auf die Moralität der Handlungen ankommt, ein göttliches Oberhaupt benötigt.

> Denn in einem solchen gemeinen Wesen sind alle Gesetze ganz eigentlich darauf gestellt, die Moralität der Handlungen (welche etwas Innerliches ist, mithin nicht unter öffentlichen menschlichen Gesetzen stehen kann) zu befördern, da im Gegentheil die letzteren, welches ein juridisches gemeines Wesen ausmachen würde, nur auf die Legalität der Handlungen, die in die Augen fällt, gestellt sind und nicht auf die (innere) Moralität, von der hier allein die Rede ist. Es muß also ein Anderer als das Volk sein, der für ein ethisches gemeines Wesen als öffentlich gesetzgebend angegeben werden könnte. Gleichwohl können ethische Gesetze auch nicht als bloß von dem Willen dieses Obern ursprünglich ausgehend [...] gedacht werden, weil sie alsdann keine ethische Gesetze und die ihnen gemäße Pflicht nicht freie Tugend, sondern zwangsfähige Rechtspflicht sein würde. Also kann nur ein solcher als oberster Gesetzgeber eines ethischen gemeinen Wesens gedacht werden, in Ansehung dessen alle wahren Pflichten, mithin auch die ethischen, zugleich als seine Gebote vorgestellt werden müssen; welcher daher auch ein Herzenskündiger sein muß, um auch das Innerste

---

Gesetzgeber und Richter über sich selbst sich nach dem categorischen Pflichtimperativ da die Gedanken einander anklagen oder entschuldigen folglich in der Qvalität einer Person. – Nun ist ein Wesen was lauter Rechte und keine Pflichten hat Gott" (Op. post., AA XXII, 120).

70 Eine ähnliche Passage findet sich im Schlusskapitel der *Metaphysik der Sitten*. Allerdings geht es hier nicht um die reine praktische Vernunft selbst, die in der Vorstellung Gottes als Richter personifiziert wird, sondern, konkreter und systematisch harmloser, um die göttliche Strafgerechtigkeit: „Die Idee einer göttlichen Strafgerechtigkeit wird hier personificirt; es ist nicht ein besonderes richtendes Wesen, was sie ausübt (denn da würden Widersprüche desselben mit Rechtsprincipien vorkommen), sondern die Gerechtigkeit gleich als Substanz (sonst die ewige Gerechtigkeit genannt), die wie das Fatum (Verhängniß) der alten philosophirenden Dichter noch über dem Jupiter ist, spricht das Recht nach der eisernen, unablenkbaren Nothwendigkeit aus, die für uns weiter unerforschlich ist" (MST, AA VI, 489/LUDWIG, 142). Bemerkenswert an dieser Passage ist, dass Gott nicht als eine richtende Person vorgestellt wird, sondern explizit als reine Personifikation der Strafgerechtigkeit – eine Argumentation, die an die bereits zitierte Passage aus der *Religionsschrift* mit ihrer Ablehnung der Vorstellung eines „anderen Richters" erinnert (Rel., AA VI, 77). Als Personifikation der Strafgerechtigkeit, bezeichnet „Gott" keine externe, sondern eine externalisierte Größe. In ihm einen realiter „anderen" Richter als den sich selbst richtenden Menschen zu sehen, würde zum „Widerspruch mit Rechtsprincipien" führen – allein schon deshalb, weil dann die göttliche Rechtsordnung in Konkurrenz zur staatlichen treten würde.

der Gesinnungen eines jeden zu durchschauen und, wie es in jedem gemeinen Wesen sein muß, jedem, was seine Thaten werth sind, zukommen zu lassen. Dieses ist aber der Begriff von Gott als einem moralischen Weltherrscher.[71]

Die Argumentationsstrategie ist hier eine ähnliche wie in der *Tugendlehre*. Wenn das Oberhaupt des ethischen Gemeinwesens das Volk selbst wäre, wären auch die Gesetze nur menschliche. Menschliche Gesetze können aber nicht auf das „Innere", d. h. die Gesinnung der Menschen, gehen und folglich allein die Legalität befördern. Das Volk als Souverän kann nur einem juridischen, aber keinem ethischen Gemeinwesen vorstehen. Für ein ethisches, auf Moralität gegründetes Gemeinwesen muss der Gesetzgeber indes ein „anderer" als das Volk sein. Dieser „andere", als Oberhaupt des ethischen Gemeinwesens verstanden, muss so vorgestellt werden, dass *alle* wahren Pflichten zugleich als seine Gebote angesehen werden können, was von einem menschlichen Oberhaupt, auch wenn es den Allgemeinwillen repräsentiert, gerade nicht gelten kann. Nach Kants berühmter Religionsdefinition ist dies vielmehr genau bei Gott der Fall.[72] Das Volk kann bei ethischen Gesetzen nicht als Urheber der Verbindlichkeit gedacht werden, weil diese auf ein „Innerliches" geht.[73] Hier muss der „andere" an die Stelle des Volkes treten. Die Gesetze selbst gibt freilich Gott nicht. Denn dann wäre er Urheber des Gesetzes und nicht nur der Urheber der Verbindlichkeit des Gesetzes. Das Gesetz schreibt die Vernunft vor. So urteilt Kant in der *Metaphysik der Sitten*:

---

71 Rel., AA VI, 99.
72 Vgl. Rel., AA VI, 153, s. o. 2.4. Kant bezeichnet ein solches ethisches Gemeinwesen als „Volk Gottes" und grenzt es von der Theokratie ab. Die Theokratie ist ein bloß juridisches Gemeinwesen, bei dem die Gesetze nur vom Willen Gottes als Oberhaupt abhängen. In einer Theokratie wird das Oberhaupt des Reiches der Tugend missverstanden als juridisches Oberhaupt.
73 Rel., AA VI, 98. Auch Förster, der in der angeführten Passage der *Religionsschrift* den Ansatz für eine vierte Phase der „Gotteslehre" Kants erblickt, sieht die Pointe darin, dass „ein Anderer als das Volk selbst für ein ethisches gemeines Wesen gesetzgebend sein muss" (FÖRSTER, 1998, 354). Sollen die Gesetze dieses anderen keine statuarischen sein, so müssen sie mit denen der reinen praktischen Vernunft identisch sein. Förster folgert: „Der Gottesbegriff ist also analytisch mit dem Pflichtbegriff bzw. dem kategorischen Imperativ, sofern er als ‚*Vereinigungsprinzip*' freier Vernunftwesen gedacht ist, verbunden" (FÖRSTER, 1998, 355, Hervorhebung im Orig.). Genauso wie der kategorische Imperativ für alle Vernunftwesen gleichermaßen gilt und sie insofern „vereinigt", hat auch der Gottesbegriff die Funktion, die einzelnen Vernunftwesen miteinander zu einem ethischen Gemeinwesen zu verbinden. Der Gottesbegriff übernimmt mithin eine Funktion der reinen praktischen Vernunft, i. e. die Verbindung der Vernunftwesen unter rein moralischen Gesetzen. Dass, um dem Gottesbegriff diese Funktion zuzuweisen, er in einer „dreifachen Qualität" gedacht werden muss – die philosophisch gewandte Trinitätslehre also eine unmittelbare Konsequenz darstellt –, sieht auch Förster (FÖRSTER, 1998, 355).

Gesetz (ein moralisch praktisches) ist ein Satz, der einen kategorischen Imperativ (Gebot) enthält. Der Gebietende (*imperans*) durch ein Gesetz ist der Gesetzgeber (*legislator*). Er ist Urheber (*autor*) der Verbindlichkeit nach dem Gesetze, aber nicht immer Urheber des Gesetzes. Im letzteren Fall würde das Gesetz positiv (zufällig) und willkürlich sein. Das Gesetz, was uns *a priori* und unbedingt durch unsere eigene Vernunft verbindet, kann auch als aus dem Willen eines höchsten Gesetzgebers, d.i. eines solchen, der lauter Rechte und keine Pflichten hat, (mithin dem göttlichen Willen) hervorgehend ausgedrückt werden, welches aber nur die Idee von einem moralischen Wesen bedeutet, dessen Wille für alle Gesetz ist, ohne ihn doch als Urheber desselben zu denken.[74]

Würde Gott auch der Urheber der Gesetze selbst sein, wäre das Autonomietheorem verletzt. Nur die Vernunft selbst kann die moralischen Gesetze geben. Nun bedarf es aber immer eines Urhebers der Verbindlichkeit. Weil dieser bei den ethischen (im Unterschied zu den juridischen) Gesetzen kein menschliches Oberhaupt sein kann, muss die Vernunft selbst ein anderes Oberhaupt einsetzen, das Urheber der Verbindlichkeit nach dem Gesetz ist: ein Wesen, das alle Rechte, aber keine Pflichten hat. Gott als Richter zu denken, ist notwendig, weil wir eine externe Beurteilungsinstanz denken müssen. Ihn als Gesetzgeber des ethischen Gemeinwesens zu denken, ist notwendig, weil wir uns keine Gesetze vorstellen können ohne irgendeinen Urheber der Verbindlichkeit.[75] Gott ist also nicht unmittelbar der Urheber der Verbindlichkeit nach dem Gesetz, sondern wird von der Vernunft vielmehr als solcher gesetzt. Die reine praktische Vernunft selbst, schreibt Kant, ist es, die uns „verbindet". Sie ist also auch der eigentliche Urheber der Verbindlichkeit. Nur kann dieses so „ausgedrückt" werden, dass Gott derjenige sei, der uns verbindet. Abermals ist es also die reine praktische Vernunft, die sich in der Gestalt Gottes selbst Persönlichkeit verschafft.[76] Die Vorstellung von

---

74 MSR, AA VI, 227/LUDWIG, 24.
75 Wimmer sieht hierin eine Selbstobjektivierung der Vernunft: „Im Begriff von Gott als moralischem Gesetzgeber stellt die menschliche Vernunft sich de[n] eigenen Willen als absoluter Gesetzgeber vor" (WIMMER, 2005, 205).
76 Die hier vorgelegte Interpretation von § 13 der *Tugendlehre* berührt sich in mehreren Punkten mit der eingehenden Analyse von SCHMIDT/SCHÖNECKER, die erst nach Abschluss der vorliegenden Arbeit erschien. Beiden Deutungen gemeinsam ist die Herleitung des „anderen" aus der Struktur des Gewissens selbst (SCHMIDT/SCHÖNECKER, 2016, 121 f., ähnlich auch OEHL, 2016, 84) sowie die Identifizierung dieses „anderen" mit Gott über bestimmte Eigenschaften (SCHMIDT/SCHÖNECKER, 2016, 129–133). Ein Problem dieser im Detail ansonsten luziden Studie besteht m. E. darin, dass der Gedanke der personifizierenden Selbstobjektivierung der praktischen Vernunft in der Vorstellung des Gewissensrichters (die reine praktische Vernunft „in ihrer Persönlichkeit") nicht berücksichtigt wird. Durch die Berücksichtigung dieses Gedankens sowie der Frage nach dem Verhältnis von reiner praktischer Vernunft und Gottesbegriff im Allgemeinen hätten so zwei wesentliche Probleme vermieden werden können: 1. Es wäre nicht mehr unklar, warum im

Gott als Gesetzgeber ist eine Externalisierung der Verbindlichkeit nach dem Gesetz ebenso wie die Vorstellung von Gott als Richter eine Externalisierung des moralischen Urteils, welches im Gewissen ergeht.[77] In beiden Fällen bedarf es eines „anderen" als des Menschen selbst. Der Mensch kann zwar sehr wohl sein eigener Richter als auch sein eigener Gesetzgeber sein, aber nur dann, wenn es allein um juridische Gesetze geht. Bei ethischen Gesetzen kann einzig und allein die reine praktische Vernunft Gesetzgeber und Richter sein. Richter und Gesetzgeber sind dabei nur analoge Ausdrücke, die von den juridischen, menschlichen Verhältnissen her entlehnt werden.

Um auf die Ausgangsfrage zurückzukommen: Ist Gott nun ein Vernunftwesen im moralontologischen Sinn? Ja, aber nur insofern die Vernunft selbst ihn dazu macht. Die Vernunft, die der Vorstellung eines Gewissensrichters bedarf, setzt ihn erst als externe Instanz. Das ethische Gemeinwesen, das eines von ihm unterschiedenen Oberhaupts bedarf, denkt sich Gott in eben dieser Funktion. Der Widerspruch zwischen der Identifikation Gottes mit der reinen praktischen Vernunft und der Annahme, Gott stelle ein eigenständiges Vernunftwesen dar, ist dann gelöst, wenn durchsichtig wird, dass sich die im Menschen wirksame reine praktische Vernunft in der Idee Gottes selbst hypostasiert.[78] Die „reine practische

---

Haupttext Gott, in der Fußnote aber der *homo noumenon* der gesuchte „andere" sein soll (SCHMIDT/SCHÖNECKER, 2016, 126), insofern sich beide als Personifikationen der reinen praktischen Vernunft denken ließen. 2. Bei der Frage, wie Gott der moralische Gesetzgeber sein kann, gleichzeitig aber das Autonomie-Theorie gewahrt werden soll, bliebe es nicht bei einem blassen „auch" – die Gebote der reinen praktischen Vernunft sind *auch* Gebote Gottes bzw. er bekräftigt sie nur – (SCHMIDT/SCHÖNECKER, 2016, 131), sondern es würde deutlich, dass die Vorstellung von Gott als Gesetzgeber für Kant nichts anderes ist als eine symbolische Selbstrepräsentation der reinen praktischen Vernunft in ihrer verbindenden Funktion.

[77] Ebenso wie Kant daher behaupten kann, dass Gott eigentlich eine Personifikation der Strafgerechtigkeit darstellt, kann er auch sagen, dass er eine Personifikation des Gesetzes in seiner verbindenden Kraft sei: „Es ist nothwendig, daß ein solches Wesen über alle Verbindlichkeit, mithin über alle Pflichtgesetze erhoben gedacht wird, das selbst nicht unterm Gesetz steht, mithin kann es nur das Gesetz selbst seyn, und da das moralische Gesetz unter der Idee von Gott personificirt wird, nur dieser als höchster moralischer Gesetzgeber aller Gesetze" (Metaphysik der Sitten Vigilantius, AA XXVII, 581). Das Wesen, das Urheber aller Verbindlichkeit ist, darf selbst nicht dem Gesetz unterstehen. Da aber in moralischer Hinsicht nichts über dem Gesetz steht, muss es das Gesetz selbst sein, das Ursprung der Verbindlichkeit ist, und als Urheber der Verbindlichkeit kann mithin nur ein „vernünftiges Wesen" gedacht werden, das zugleich eine Personifikation des Sittengesetzes darstellt. Kants Ausführungen über Gott als Personifikation der Strafgerechtigkeit wie des Gesetzes selbst in seiner verbindenden Kraft können dabei verstanden werden als Konkretionen der Rede von Gott als Personifikation der reinen praktischen Vernunft in ihrer legislativen wie judikativen Funktion.

[78] Diese in der *Metaphysik der Sitten* am klarsten zu fassende Variante der kantischen Gotteslehre ist m. E. ein Beleg gegen Cortinas These einer fortschreitenden Zurücknahme der theisti-

Vernunft in ihrer Persönlichkeit" ist die Vernunft, die sich selbst in den Ideen des Gewissenrichters und Gesetzgebers zu einer moralischen Persönlichkeit macht. Freilich sind wir auch, wenn wir von Gott als Richter oder Gesetzgeber reden, auf analoge Ausdrücke angewiesen. Wir denken das Vernunftwesen Gott nach der Analogie mit einem „Gesetzgeber aller vernünftigen Weltwesen", schreibt Kant.[79] „Richter" ist hier ebenso wie „Gesetzesgeber" ein analoger Ausdruck, aber – und das ist entscheidend – „Vernunftwesen" selbst ist es auch. Die reine praktische Vernunft gebietet und richtet den Menschen auf eine Weise, die den Anschein erweckt, als geschehe dieses Richten und Handeln durch ein vom Menschen unterschiedenes Vernunftwesen. Anders als bei der anlogen Rede von Gott als „vernünftiges Wesen", die schlicht einem besseren Verständnis des Weltapparats dient, ist diese Analogie jedoch moralisch notwendig. Die reine praktische Vernunft kann sich gerade nur so am Menschen vollziehen, dass sie sich selbst in der Gestalt des höchsten moralischen Wesens personifiziert.

Die analogen Ausdrücke „Richter" und „Gesetzgeber" bereiten für die Systematik bei genauerer Analyse einige Schwierigkeiten. Kant scheint hier nicht sauber zwischen den verschiedenen Eigenschaften und „Rollen" Gottes zu unterscheiden. Wenn er Allmacht und Allverpflichtung aus dem Richteramt zu deduzieren versucht, wirkt dies – um das Mindeste zu sagen – gewollt. Die Vorstellungen von Gott als Richter und Gott als Gesetzesgeber erscheinen in der *Tugendlehre* seltsam undifferenziert. Was diese göttlichen Funktionen betrifft, bedarf es einer näheren Klärung, wie sie Kant an anderer Stelle auch vornimmt. Wo das Verhältnis zwischen Gott als „Gesetzgeber", Gott als „Richter" und Gott als „Regent" seinen systematischen Ort hat, lässt sich erahnen. Bevor aber Kants Ausführungen über die Dreieinigkeit Gottes auf angemessene Weise analysiert werden können, müssen zunächst seine Überlegungen zu den göttlichen Eigenschaften, welcher der Vorbereitung seiner „Trinitätslehre" innerhalb der Grenzen der bloßen Vernunft dienen, näher betrachtet werden.

---

schen „Hypostasierungen" bei Kant (CORTINA, 1984, 280 f.). Für Cortina stellt jede Hypostasierung der praktischen Vernunft in der Vorstellung Gottes einen „transzendentalen Schein" dar, den Kant in der jeweils nächsten Phase seines Werkes habe überwinden können. Im *Opus postumum* löst Kant, so Cortina, die letzte Hypostasierung der reinen praktischen Vernunft in der Gestalt des Gesetzgebers auf. Dass es aber auch eine vernunftgemäße, anthropologisch sogar notwendige Hypostasierung der reinen praktischen Vernunft mit Hilfe des Gottesbegriffs geben kann, wie Kants Analyse des Gewissens in der *Tugendlehre* zeigt, übersieht sie (gegen CORTINA, 1984, 289).
[79] MST, AA VI, 440/LUDWIG, 80.

4. Kapitel Die Eigenschaften Gottes

„Der Begriff von Gott ist die Idee von einem über alle Weltwesen physisch und moralisch machthabenden Wesen".[80] Insofern Gott als Person betrachtet wird – und nicht als die apersonale reine praktische Vernunft –, müssen ihm auch bestimmte Eigenschaften zugeschrieben werden. Kant selbst nennt mehrere solcher Eigenschaften und setzt sich auch mit den traditionellen Einteilungen derselben in transeunte, immanente, ontologische, kosmologische, Eminenz- und Vollkommenheitseigenschaften etc. auseinander. Für den Rahmen der vorliegenden Arbeit reicht es aus, sich auf eine grundlegende Unterscheidung zu beschränken: die Unterscheidung zwischen physischen und moralischen Eigenschaften. Physische Eigenschaften sind diejenigen, die von Gott ausgesagt werden, insofern er das „physisch machthabende Wesen" ist, d. h. als Urheber und Gesetzgeber der Natur angesehen werden muss. Allmacht, Allwissenheit, Allgegenwart fallen in diese Kategorie.[81] Von diesen Eigenschaften sind diejenigen zu unterscheiden, die Gott als dem „moralisch machthabenden Wesen", d. h. als dem obersten Gesetzgeber im Reich der Sitten, zugeschrieben werden. Nach Kant sind dies genau drei Eigenschaften: Heiligkeit, Gerechtigkeit und Güte. Dass gerade die Unterscheidung zwischen moralischen und physischen Eigenschaften bei Kant in den Vordergrund tritt, hängt aufs engste mit seinem Gottesbegriff zusammen. Dient dieser doch, wie hier nur angedeutet werden kann, vor allem in der Postulatenlehre der *Kritik der praktischen Vernunft* und in der Methodenlehre der *Kritik der Urteilskraft* wesentlich dazu, die Einheit von Natur und Reich der Sitten, Theorie und Moral im kantischen „System" zu gewährleisten. Gott ist in „Personalunion" Urheber der sensiblen und oberster Gesetzgeber der intelligiblen Welt. Für die argumentative Funktion, die dem Gottesbegriff bei Kant zukommt, ist es daher unabdingbar, Gott sowohl als moralisches Wesen als auch als Urheber der Natur zu verstehen, weshalb er als ein sowohl allmächtiges, allgegenwärtiges etc. als auch ein heiliges, gerechtes und gütiges Wesen gedacht werden muss.

---

80 Op. post., AA XXII, 108.
81 Ewigkeit, Einfachheit etc. fallen nicht in diese Kategorie, weil sie, als rein ontologische Prädikate, keinen Bezug auf die Geschöpfe haben. Die Lehre von den Eigenschaften Gottes einschließlich der ontologischen (welche im Folgenden nicht behandelt werden) stellt im Überblick dar: Wood, 2009, 79–93. Zur Eigenschaft der göttlichen Allgenügsamkeit, die in Kants *Demonstrationsschrift* eine zentrale Bestimmung darstellt (Beweisgr. Gottes, AA II, 151–154), s. ausführlich Frankenberger, 1984 (dort auch zu den anderen Eigenschaften Gottes beim vorkritischen Kant) sowie Sala, 1990, 157–160. Die göttliche Erhabenheit oder Eminenz, die gelegentlich auch zu den göttlichen Eigenschaften gezählt wird, beurteilt Kant in der *Kritik der Urteilskraft* äußerst kritisch (KdU, AA V, 263 f.).

Das Problem des Deismus ist gerade, dass er nur zur Vorstellung einer apersonalen Welturursache hinreicht, nicht aber zu der eines Welturhebers und erst recht nicht zu der eines „moralische[n] Urheber[s] der Menschen (und der Natur überhaupt)".[82] In den *Prolegomena* äußert sich Kant hierzu genauer: Während der Gottesbegriff des Deismus bei Weitem zu arm ist, um die Moraltheologie zu begründen, droht beim Theismus die Gefahr der anthropomorphen Entstellung.[83] Kant schärft ein, dass wir, indem wir Gott bestimmte Eigenschaften zuschreiben, uns immer nach dem Verhältnis Gottes zur Welt (i. e. zu uns) zu richten haben. Dies ist auch der tiefere Sinn der Unterscheidung aus den *Prolegomena* zwischen einem dogmatischen und einem symbolischen Anthropomorphismus.[84] Der Theismus, der Gott bestimmte Eigenschaften als Wesensbestimmungen zuschreibt, steht vor der Gefahr des dogmatischen Anthropomorphismus, während der Deismus, der auf eine solche Zuschreibung vollkommen verzichtet, der praktischen Bedeutung des Gottesbegriffs nicht gerecht zu werden vermag.[85] Der

---

[82] Vorarbeiten zu MS, AA XXIII, 395. Ähnliche Formulierungen finden sich bei Kant oft, z. B. KdU, AA V, 456. 476. Str. d. Fak., AA VII, 74.

[83] Prol., AA IV, 356. Kant bezieht sich hierfür wahrscheinlich auf Humes doppelte Kritik an Theismus und Deismus bzw. Anthropomorphismus und Mystik in den *Dialogues*. Zu Beginn des vierten Buches wirft Cleanthes Demea vor, ihre mystische, der Gottheit vollkommen unbekannte Eigenschaften attribuierende Auffassung der Religion sei vom Atheismus nicht mehr zu unterscheiden: „Or how do you Mystics, who maintain the absolute incomprehensibility of the Deity, differ from Sceptics and Atheists, who assert, that the first cause of all is unknown and unintelligible?" (HUME, 1965, 405) Demea pariert, indem sie Cleanthes, der der Gottheit bestimmte, sowohl moralische als auch physische Eigenschaften zuschreiben will, den *nick-name* des Anthropomorphisten anheftet (HUME, 1965, 406).

[84] „Wir halten uns aber auf dieser Grenze, wenn wir unser Urtheil blos auf das Verhältniß einschränken, welches die Welt zu einem Wesen haben mag, dessen Begriff selbst außer aller Erkenntniß liegt, deren wir innerhalb der Welt fähig sind. Denn alsdann eignen wir dem höchsten Wesen keine von den Eigenschaften an sich selbst zu, durch die wir uns Gegenstände der Erfahrung denken, und vermeiden dadurch den dogmatischen Anthropomorphismus; wir legen sie aber dennoch dem Verhältnisse desselben zur Welt bei und erlauben uns einen symbolischen Anthropomorphism, der in der That nur die Sprache und nicht das Object selbst angeht" (Prol. AA IV, 357). S. o. 1.2.

[85] Ontologische Eigenschaften kann freilich auch der Deist Gott zugestehen. Es ist nach Kant aber nötig, dem moralischen Wesen Gott auch solche Eigenschaften zuzuschreiben, die ihm nur qua Analogie zukommen. Wood beschreibt dies treffend: „Moral faith, in Kant's view, requires ‚theism‘, the belief in a ‚living God‘, a being endowed with knowledge and free volition, who governs the world wisely according to moral laws. For this reason, it is necessary to ascribe to Got not only ontological predicates drawn from pure understanding, but also ‚cosmological‘ or ‚psychological‘ predicates drawn from our empirical acquaintance with the human self or soul as a part of nature" (WOOD, 2009, 82f.). Das erklärt aber auch, warum die ontologischen Eigenschaften Gottes für die folgende Untersuchung irrelevant sind: Durch sie wird schlicht nichts über

einzig gangbare Weg ist für Kant eine *via media* zwischen Theismus und Deismus, genauer, die symbolische Zuschreibung bestimmter Eigenschaften an Gott, wodurch die Armut des Deismus und die spekulative Anmaßung des Theismus gleichermaßen vermieden werden.

Die ontologischen Eigenschaften kommen bereits einer reinen Welt*ursache* zu. Um eine näher bestimmte Kausalität denken zu können, muss Gott hingegen Verstand und Willen zugeschrieben werden.[86] Für Kant bedeutet dies, dass wir – freilich nur in analoger Weise – von Gott physische und moralische Eigenschaften prädizieren müssen. Anders kann von einem moralischen Welt*urheber* und Welt*herrscher*, der eine vernunftnotwendige Idee ist, nicht die Rede sein. Die physischen Eigenschaften explizieren, inwiefern Gott der Schöpfer und Herrscher der Welt ist, die moralischen, weshalb er als ihr ethisches Oberhaupt angesehen werden kann. Beides zusammen liefert eine erschöpfende Definition Gottes als Vernunftwesen, das, selbst nicht sinnlich, Urheber der sinnlichen Welt ist.

4.1 Die physischen Eigenschaften

Die sogenannten „physischen" Eigenschaften Gottes wie Allmacht, Allwissenheit und Allgegenwart behandelt Kant in den meisten seiner großen Druckschriften. Bereits im Kanon-Kapitel der ersten Kritik findet sich eine Herleitung der Eigenschaften Gottes aus dem Begriff eines von uns verschiedenen Willens, der für die Einheit der Zwecke bürgen soll. Die Moraltheologie, hebt Kant an, kann uns anders als die spekulative erklären, warum wir einen einzigen Urheber der Welt annehmen müssen. Die Gesetze der Welt selbst führen uns noch nicht auf einen solchen Begriff. Wir müssten vielmehr aus dem „Gesichtspunkte der sittlichen Einheit als einem nothwendigen Weltgesetze die Ursache erwägen, die diesem allein den angemessenen Effect, mithin auch für uns verbindende Kraft geben kann".[87] Einen durch bestimmte Eigenschaften qualifizierten Begriff Gottes erhalten wir nur dann, wenn wir ihn als Urheber der „Einheit der Zwecke" begreifen. Gott müssen laut der Moraltheologie also genau diejenigen Eigenschaften zukommen, die er, als Urheber betrachtet, besitzen muss, um dem Sittengesetz in der sinnlichen Welt Wirkung zu verschaffen. Die Frage ist also: Welche Eigenschaften müssen wir dem Willen Gottes zuschreiben, damit er als Urheber nicht

---

Gott als moralischen Weltenherrscher ausgesagt. Dass Gott die Eigenschaft der Einfachheit zukommt, betrifft ihn als (mögliche) Substanz, nicht aber als moralisches Wesen.
86 Prol., AA IV, 356.
87 KrV, B 843.

nur der physischen, sondern auch der moralischen Ordnung in der Welt angesehen werden kann? Kant antwortet selbst in der *Kritik der reinen Vernunft:*

> Dieser Wille [i.e. Gottes] muß allgewaltig sein, damit die ganze Natur und deren Beziehung auf Sittlichkeit in der Welt ihm unterworfen sei; allwissend, damit er das Innerste der Gesinnungen und deren moralischen Werth erkenne; allgegenwärtig, damit er unmittelbar allem Bedürfnisse, welches das höchste Weltbeste erfordert, nahe sei; ewig, damit in keiner Zeit diese Übereinstimmung der Natur und Freiheit ermangele, u.s.w.[88]

Gott muss so gedacht werden, dass er als Ursache für die moralische Teleologie des natürlichen Kosmos, als physischer Machthaber und moralischer Herrscher zugleich angesehen werden kann. Damit er den moralischen Gesetzen Einfluss in der Sinnenwelt verschaffen kann, muss er allmächtig sein. Denn anders könnte er die Natur nicht der Sittlichkeit unterwerfen. Allwissend muss er sein, damit er ein vollkommenes Urteil über das moralische Verdienst des Einzelnen treffen, allgegenwärtig, damit er das dem Weltenbesten jeweils Angemessene unverzüglich bewirken kann; ewig (und das ist hier im Sinne einer unendlichen Dauer zu verstehen), damit er stets für die Übereinstimmung von Natur und Sittlichkeit Sorge tragen kann. Die letzte Formulierung ist genereller Natur und gilt ebenso für die vorher abgeleiteten physischen Eigenschaften. Bei allen Eigenschaften geht es darum, Gott diejenigen Eigenschaften zuzuschreiben, die ihn zum Einheitspunkt von Natur und Sittlichkeit machen. Die Sinnenwelt soll durch Gott zu einer „moralischen Welt" umgestaltet werden. Nur ein Wesen, das die Sinnenwelt vollkommen unter seiner Kontrolle hat, mithin allmächtig, allwissend, allgegenwärtig etc. ist, vermag dies. Nur ein moralisches Wesen, das zugleich Herr der Natur ist, kann die Natur nach moralischen Gesetzen gestalten.

Kants Lehre vom höchsten Gut ist hier mit Händen zu greifen. In der ersten Kritik verbindet er die beiden Gedankenstränge jedoch noch nicht, obwohl er freilich auch schon hier seinen praktischen Gottesbeweis in Kurzform präsentiert.[89] Ein direkter Bezug der Lehre von den physischen Eigenschaften zu der vom höchsten vollendeten Gut findet sich erstmals in einer Vorlesungsnachschrift von 1783/84.

> Die Moral giebt mir auch allein einen bestimmten Begriff von Gott. Sie lehret mich, ihn als ein Wesen, das alle Vollkommenheit hat, erkennen; denn der Gott, welcher mich nach Grundsätzen der Moralität beurtheilen soll, ob ich der Glückseligkeit würdig bin, und der mich in diesem Falle wirklich der Glückseligkeit theilhaftig machen soll, muß alle, auch die geheimsten, Regungen meines Herzens kennen, weil eben hierauf in der Schätzung meines

---

[88] KrV, B 843 f.
[89] KrV, B 837–839.

Verhaltens das meiste ankommt; er muß aber auch die ganze Natur in seiner Gewalt haben, um in ihrem Laufe das künftige Glück für mich planmäßig ordnen zu können; er muß endlich selbst die Folge der verschiedenen Zustände meines Daseyns einrichten und lenken. Kurz, er muß allwissend, allmächtig, ewig und nicht in der Zeit seyn.[90]

Hier leitet Kant nun die Eigenschaften Gottes aus dem Begriff des *summum bonum consummatum* ab. Dieses besteht, wie seit der ersten Kritik klar,[91] in der proportionalen Übereinstimmung von Glückswürdigkeit und (physischer) Glückseligkeit. Freiheit und Natur werden im einzelnen Individuum so zur Deckung gebracht, dass es in genau dem Maße glückselig werden soll (was auf Erden freilich nicht immer der Fall ist), wie es das gemäß seiner Glückswürdigkeit verdient. Damit Gott nun bestimmen kann, wie glückswürdig der Einzelne jeweils ist, muss er die innersten Regungen des Herzens kennen – bei der Glückswürdigkeit geht es um die Gesinnungen, nicht bestimmte Handlungen –, also allwissend sein. Er muss die Natur in seiner Gewalt haben, d. h. allmächtig sein, um jedem auch das ihm entsprechende Maß an Glückseligkeit ungehindert zuteilen zu können. Schwieriger verständlich ist die Herleitung der Eigenschaften der Ewigkeit und Zeitlosigkeit, zumal diese nach traditioneller Auffassung (nach der Ewigkeit gerade nicht als unendliche Dauer verstanden wird) sich *cum grano salis* entsprechen. Der Gedanke scheint jedoch ein ähnlicher wie in der ersten Kritik zu sein: Gott darf nicht in der Zeit gedacht werden, weil er sonst nicht der Herrscher über diese sein könnte, was notwendig ist, um – und diese Formulierung ist in der Tat kryptisch – die „Folge der verschiedenen Zustände meines Dayseins einrichten und lenken zu können" (s. o.). Sieht man von diesen Details ab, ist der zentrale Fortschritt gegenüber der ersten Kritik deutlich: Die Übereinstimmung von Natur und Sittlichkeit, aus deren Notwendigkeit Kant die Eigenschaften Gottes ableitet, wird genauer verstanden als die proportionale Übereinstimmung von moralischer Glückswürdigkeit und physischer Glückseligkeit.

In diesen Bahnen bewegt sich auch die *Kritik der praktischen Vernunft* vier Jahre später, allerdings mit leichter Akzentverschiebung. Auf die physischen Eigenschaften Gottes kommt Kant an mehreren Stellen seines „praktischen Gottesbeweises" zu sprechen, wobei sich die wichtigsten im VII. Abschnitt der Dialektik finden. Bereits im V. Abschnitt liefert Kant den eigentlichen „Gottesbeweis". Der *nervus probandi* besteht in dem Schluss von der Notwendigkeit des höchsten Gutes auf eine Ursache der Welt, die eine „der moralischen Gesinnung gemäße Kausalität hat".[92] Eine solche Kausalität kann nach Kant nur als eine „Intelligenz

---

90 Religion Pölitz, AA XXVIII/2.2, 1073.
91 KrV, B 841. Das höchste, ursprüngliche Gut ist nach der ersten Kritik Gott selbst (KrV, B 838).
92 KpV, AA V, 125.

(vernünftig Wesen)" angemessen beschrieben werden, was hier bedeutet ein Wesen, das Verstand und Willen besitzt, mithin keine bloße Ursache, sondern ein Urheber.[93] Ein solcher Urheber wird gemeinhin Gott genannt.[94] Kurz: Eine moralische Ursache der Welt muss immer personal, d. h. als moralischer Welturheber, vorgestellt werden.

Im VII. Abschnitt der Dialektik, der die Frage behandelt, ob die reine Vernunft in praktischer Hinsicht eine Erweiterung erfahre, bestimmt Kant Verstand und Willen zunächst als die einzigen ursprünglichen Prädikate, die Gott zugelegt werden dürfen.[95] Freilich darf dies nur in praktischer Hinsicht geschehen, theoretisch wird damit über Gott nichts ausgesagt. Sondert man alle Anthropomorphismen[96] ab, bleibt von den Prädikaten des Verstandes und Willens der bloße „Begriff eines Verhältnisses" Gottes zu den Geschöpfen übrig, welcher durch das praktische Gesetz objektive Realität erhält.[97] Anschließend erörtert Kant die Frage, ob der Begriff „Gott" zur Metaphysik (und Physik) oder Moral gehöre. Entscheidet man sich für die zweite Variante, entspringt plötzlich ein „bestimmter Begriff" des moralischen Urhebers der Natur, was die (namentlich hier nicht ge-

---

93 KpV, AA V, 125 f.
94 Es ist wichtig darauf zu achten, wie der Gang des „praktischen Gottesbeweises" genau verläuft. Entscheidend ist, dass Kant aufgrund der Notwendigkeit des höchsten abgeleiteten Gutes zunächst auf die Notwendigkeit einer dieses Gut hervorbringenden Kausalität schließt. Diese gesuchte *causa* muss nun so beschaffen sein, dass sie Verstand und Willen besitzt, ansonsten wäre sie ungeeignet zur Hervorbringung des höchsten abgeleiteten Guts. Damit ist gezeigt, dass nur eine Intelligenz, d. h. ein Wesen mit Verstand und Willen, als oberster Urheber (und eben nicht nur Ursache) in Betracht kommt. Eine solche Intelligenz wird aber Gott genannt. Kant postuliert also zunächst nur eine höchste, weltenbeherrschende Intelligenz mit Verstand und Willen, welche er erst in einem logisch zweiten Schritt – der im Text freilich übersprungen wird – über ein *cluster* von primären Eigenschaften (Verstand, Wille) mit Gott identifiziert. So beobachtet auch Sala in seiner Analyse des praktischen „Gottesbeweises" der zweiten Kritik: „In einem letzten Schritt wird die postulierte Ursache dahingehend expliziert, daß sie göttliche Eigenschaften aufweist und deshalb Gott ist" (SALA, 1990, 415). Die konkreten Eigenschaften Gottes wie Allmacht etc. spielen hier noch keine Rolle. Sie sind erst später von Bedeutung, wenn es nicht mehr darum geht, Gott überhaupt als die gesuchte Intelligenz zu identifizieren, sondern darum zu erklären, warum er das einzige Wesen ist, das die Wirklichkeit des höchsten abgeleiteten Guts hervorbringen kann.
95 KpV, AA V, 137.
96 Eine Versinnlichung der reinen Vernunftideen von Gott, intelligibler Welt und Unsterblichkeit lehnt Kant an dieser Stelle dezidiert ab (KpV, AA V, 137). Sie wäre ein reiner Anthropomorphismus. Einen legitimen, symbolischen Anthropomorphismus wie noch in den *Prolegomena* (Prol., AA IV, 357) kennt Kant in der zweiten Kritik nicht.
97 KpV, AA V, 138.

nannte, aber eindeutig gemeinte) Physikotheologie nicht leisten konnte.⁹⁸ Diese – und damit kommt Kant nun zu den göttlichen Eigenschaften – kann nur bis zu einem Wesen gelangen, das weise, gütig und mächtig, nicht aber zu einem, das *all*wissend, *all*gütig und *all*mächtig ist.⁹⁹ Solches vermag allein die Moraltheologie. Während der Gottesbegriff der Physikotheologie unterbestimmt ist, d. h. nur auf ein Gott ähnliches Wesen, aber eben nicht auf Gott führt, kann die Moraltheologie ihm die All-Prädikate der Tradition zusprechen. Dogmatisch gesprochen, ist es die *via eminentiae*, welche der Physikotheologie versperrt ist. Sie kann nicht begründen, warum bestimmte Eigenschaften bei Gott in maximaler Steigerung vorgestellt werden müssen. Warum aber die Moraltheologie genau dies leistet, begründet Kant im folgenden Abschnitt.

> Ich versuche nun diesen Begriff [i. e. der Begriff Gottes] an das Object der praktischen Vernunft zu halten, und da finde ich, daß der moralische Grundsatz ihn nur als möglich unter Voraussetzung eines Welturhebers von höchster Vollkommenheit zulasse. Er muß allwissend sein, um mein Verhalten bis zum Innersten meiner Gesinnung in allen möglichen Fällen und in alle Zukunft zu erkennen; allmächtig, um ihm die angemessenen Folgen zu ertheilen; eben so allgegenwärtig, ewig u.s.w. Mithin bestimmt das moralische Gesetz durch den Begriff des höchsten Guts, als Gegenstandes einer reinen praktischen Vernunft, den Begriff des Urwesens als höchsten Wesens, welches der physische (und höher fortgesetzt der metaphysische), mithin der ganze speculative Gang der Vernunft nicht bewirken konnte.¹⁰⁰

---

98 Für die Transzendentaltheologie gilt laut Kant in dieser Hinsicht das Gleiche wie für die Physikotheologie. Sie führt nur auf die ontologischen Prädikate und kann nur einen unbestimmten Gottesbegriff liefern. Laut Kant muss auch die Weltursache des Deisten als unvollständiges Konzept angesehen werden. „Complet" ist nur der Begriff des moralischen Weltenherrschers und Urhebers in der Moraltheologie: „Der die Moral Theologie einräumt, heist Moral Theolog, der denkt sich Gott auch als summum bonum, als das höchste Guth, deßen Wille alle moralische Vollkommenheiten besitzt. Der Deist behauptet eine oberste Welt Ursache, der Theist einen Welturheber, der Moral Theolog einen Weltherrscher. Ein completer Begrif von Gott kann nur bei der Moral Theologie statt finden. Die transcendental Theologie für sich allein ist ganz unbrauchbar; sie wird aber nothwendig, wenn sie mit den andern verbunden wird, denn sie muß einer jeden Theologie zum Grunde liegen" (Metaphysik L2, AA XXVIII, 596).
99 „Und da zeigt sich nicht allein in ihrer unvermeidlichen Aufgabe, nämlich der nothwendigen Richtung des Willens auf das höchste Gut, die Nothwendigkeit, ein solches Urwesen in Beziehung auf die Möglichkeit dieses Guten in der Welt anzunehmen, sondern, was das Merkwürdigste ist, etwas, was dem Fortgange der Vernunft auf dem Naturwege ganz mangelte, nämlich ein genau bestimmter Begriff dieses Urwesens. Da wir diese Welt nur zu einem kleinen Theile kennen, noch weniger sie mit allen möglichen Welten vergleichen können, so können wir von ihrer Ordnung, Zweckmäßigkeit und Größe wohl auf einen weisen, gütigen, mächtigen etc. Urheber derselben schließen, aber nicht auf seine Allwissenheit, Allgütigkeit, Allmacht u.s.w." (KpV, AA V, 139).
100 KpV, AA V, 140.

Der moralische Grundsatz zwingt hier dazu, Gott alle Vollkommenheiten zuzuschreiben. Das Argument ist schon aus der Vorlesung von 1783/84 bekannt. Kant deduziert die göttlichen Eigenschaften aus der Notwendigkeit des höchsten abgeleiteten Gutes. Es bedeutete eine verkürzte Deutung des „praktischen Gottesbeweises" Kants, nähme man an, sein argumentativer Kern bestehe darin, unter Voraussetzung der Notwendigkeit des höchsten abgeleiteten Guts Gott schlicht als Garanten für die Übereinstimmung von Glückswürdigkeit und Glückseligkeit anzusehen. Dafür, dass Gott diese Funktion übernehmen kann, muss er zunächst näher bestimmt werden nach seinen wesentlichen Eigenschaften. Ansonsten ist „Gott" nur ein Zauberwort, das für die gesuchte Übereinstimmung bürgen soll, ohne dass einsichtig wäre, auf welche Weise dies geschieht. Mehr noch, dieser „Gott" wäre gar nicht Gott. Der Rekurs auf die Eigenschaften Gottes ist unabdingbar, um zu klären, *wer* Gott ist. Nur so wird deutlich, *warum* Gott überhaupt für die Übereinstimmung von Glückseligkeit und Glückswürdigkeit bürgen kann. Er kann es nur, weil er allwissend, allmächtig etc. ist. Übersieht man, wie genau Kant den Gottesbegriff mit Hilfe der Lehre von den göttlichen Eigenschaften ausbuchstabiert, degeneriert der Gott der zweiten Kritik schnell zu einem *deus ex machina*, der auf mirakulöse Weise für die Übereinstimmung von Glückswürdigkeit und Glückseligkeit sorgt. Es erhellt daraus zugleich, dass es kein anderes Wesen außer Gott sein kann, dessen Wirklichkeit wir um der Wirklichkeit des *summum bonum derivatum* willen postulieren müssen. Ein unterbestimmter Gottesbegriff ist gar kein Gottesbegriff, sondern eine bloße Dämonologie. Daran scheitert die Physikotheologie.[101] Die Moraltheologie kann einen solchen bestimmten Begriff liefern, allerdings nur, wenn sie das postulierte Wesen über die Deduktion der göttlichen Eigenschaften eindeutig als Gott identifiziert.

In der zweiten Kritik behandelt Kant ausführlich nur die Ableitung der physischen Eigenschaften Gottes aus der Lehre vom höchsten Gut. Die moralischen Eigenschaften treten demgegenüber zurück. Die *Kritik der Urteilskraft* bedeutet in dieser Hinsicht einen Fortschritt. In der hier gebotenen Variante des „praktischen Gottesbeweises" kommt sowohl den moralischen als auch den physischen Eigenschaften eine zentrale Bedeutung zu. Um nicht auf alle Details des komplexen „Gottesbeweises" der dritten Kritik einzugehen, soll hier eine einzige, besonders dichte Passage genügen.

> Aus diesem so bestimmten Princip der Causalität des Urwesens werden wir es nicht bloß als Intelligenz und gesetzgebend für die Natur, sondern auch als gesetzgebendes Oberhaupt in einem moralischen Reiche der Zwecke denken müssen. In Beziehung auf das höchste unter

---

[101] Nach der dritten Kritik bringt sie daher auch keine Theologie, sondern nur eine „Dämonologie" (KdU, AA V, 444) hervor.

seiner Herrschaft allein mögliche Gut, nämlich die Existenz vernünftiger Wesen unter moralischen Gesetzen, werden wir uns dieses Urwesen als allwissend denken: damit selbst das Innerste der Gesinnungen (welches den eigentlichen moralischen Werth der Handlungen vernünftiger Weltwesen ausmacht) ihm nicht verborgen sei; als allmächtig: damit es die ganze Natur diesem höchsten Zwecke angemessen machen könne; als allgütig und zugleich gerecht: weil diese beiden Eigenschaften (vereinigt die Weisheit) die Bedingungen der Causalität einer obersten Ursache der Welt als höchsten Guts unter moralischen Gesetzen ausmachen; und so auch alle noch übrigen transscendentalen Eigenschaften, als Ewigkeit, Allgegenwart u.s.w. (denn Güte und Gerechtigkeit sind moralische Eigenschaften), die in Beziehung auf einen solchen Endzweck vorausgesetzt werden, an demselben denken müssen.[102]

Kant betont gleich zu Beginn dieser Passage, er wolle Gott sowohl in seiner Funktion als Weltenherrscher als auch in der als Oberhaupt der moralischen Welt thematisieren. Dass Kant den physischen und moralischen Aspekt des Gottesbegriffs in der dritten Kritik so deutlich hervorhebt, bedeutet zunächst keinen argumentativen Fortschritt gegenüber der zweiten Kritik, jedoch einen an Klarheit und Deutlichkeit. In der *Kritik der Urteilskraft* wird besonders betont, dass die Pointe des Gottesbegriffs gerade darin besteht, dass er beide Welten überspannt. Als moralisches Oberhaupt ist Gott das höchste Wesen im *mundus intelligibilis*, als Weltenherrscher und -urheber das höchste Wesen in Bezug auf den *mundus sensibilis*, ohne freilich selbst „in" diesem zu sein. Allein die Kombination der Bezeichnung „Weltenherrscher" mit dem Adjektiv „moralisch" zeigt, dass der Gottesbegriff der Einheitspunkt der beiden Welten, mithin der theoretischen und praktischen Philosophie Kants ist. Nur eine moralisch-physische Ursache (welche *eo ipso* nur als Urheber gedacht werden kann) vermag eine „moralische Teleologie"[103] der Natur hervorzubringen, deren Ziel die Wirklichkeit des höchsten abgeleiteten Guts ist.

Jedem der beiden Aspekte des Gottesbegriffs, dem moralischen ebenso wie dem physischen, entsprechen nun bestimmte Eigenschaften. Gott als Weltenherrscher und Urheber kommen die „transcendentalen" (in der hier gewählten Terminologie „physischen") Eigenschaften wie Allwissenheit, Allmacht, Allgegenwart zu, welche Kant auf die bekannte Weise aus dem höchsten Gut ableitet. Ergänzend stellt Kant diesen hier zwei moralische Eigenschaften gegenüber, (All-)Güte und Gerechtigkeit. Sie müssen von Gott ausgesagt werden, insofern er das höchste moralische Wesen ist. Während die physischen Eigenschaften angenommen werden müssen, weil nur so der höchste Zweck erreicht werden kann, d. h. Gott die Welt nur so nach dem Maßstab der Moralität durchgängig gestalten

---

102 KdU, AA V, 444 f.
103 KdU, AA V, 444.

kann, beziehen sich die moralischen Eigenschaften auf diesen Maßstab selbst. Sie sind die „Bedingungen der Causalität einer obersten Ursache der Welt als höchsten Guts unter moralischen Gesetzen" (s. o.). Mit dem „höchsten Gut" ist hier, da es als Apposition auf „höchste Ursache" bezogen werden muss, das *summum bonum originarium,* also Gott selbst gemeint. Anders als die physischen Eigenschaften, welche um der Möglichkeit des höchsten abgeleiteten Gutes willen angenommen werden müssen, sind die moralischen Eigenschaften notwendig, weil sie das gesuchte Wesen als höchstes moralisches qualifizieren, wodurch der moralisch-physische Gottesbegriff Kants überhaupt erst vollständig bestimmt ist. Was die moralischen Eigenschaften wie Güte und Gerechtigkeit leisten, ist eine genaue Fassung der moralischen Konstitution Gotts. Ihnen kommt daher im Rahmen der vorliegenden Arbeit eine besondere Bedeutung zu.

4.2 Die moralischen Eigenschaften

Im Gegensatz zu der im Einzelnen unklaren Einteilung der physischen (und ontologischen) Eigenschaften, gibt Kant unmissverständlich an, welche Eigenschaften er allein als moralische Prädikate Gottes gelten lässt: Heiligkeit, Gerechtigkeit und Güte. Bereits in der *Danziger Rationaltheologie* zählt er genau diese drei Eigenschaften auf. Dabei handelt es sich noch um eine rein rationaltheologische Bestimmung; die moralphilosophische Herleitung der drei „göttlichen Moralvollkommenheiten"[104] wird noch gar nicht thematisiert.

> 1) Heiligkeit findet nur bei Gott statt. Der Mensch hat Neigungen zum Bösen und in der Überwindung derselben besteht die Tugend. Ein jedes Geschöpf hat Bedürfnisse und daher auch Begierden und Neigungen. Gehen die Begierden zu weit aus oder auf unrechte Gegenstände, so muß er sie zähmen. Begierde steht nicht in der Gewalt des Menschen, aber der Wille. [...]
>
> 2) Die Gütigkeit ist ein unmittelbares Wohlgefallen an der Wohlfahrt anderer. Sie ist praktisch, wenn sie tätig ist. In das Wollen jedes erschaffenen Wesens reiht sich immer unsere eigene Wohlfahrt mit ein, und die Gütigkeit erschaffener Wesen ist also subjektiv eingeschränkt; denn sie sind nur insofern gütig, als es mit ihrem Vorteil übereinstimmt. Gottes Güte aber ist ohne alle subjektive Einschränkung, aber sie hat eine objektive Einschränkung, nämlich:
>
> 3) Die Gerechtigkeit, welches die Einschränkung der Gütigkeit durch die Heiligkeit ist und unter der Bedingung Gütigkeit zuläßt, wenn sich die Geschöpfe auch ihrer würdig machen. So ist Gerechtigkeit [eine] |negative Vollkommenheit. Wäre Gott ohne Unterschied und bloß

---

[104] Danziger Rationaltheologie, AA XXVIII, 1286.

gütig und nicht gerecht, so würde ihn selbst der Bösewicht, der davon Vorteil zöge, doch innerlich verachten.[105]

Dass Heiligkeit von Tugend prinzipiell unterschieden ist und nur übersinnlichen Wesen, die frei von Neigungen sind, oder sogar einzig und allein Gott zukommt, muss nicht mehr betont werden. Die Gütigkeit, die die zweite moralische Eigenschaft Gottes ausmacht, besteht darin, dass Gott ein unmittelbares Gefallen daran findet, seine Geschöpfe glücklich zu machen. Kant unterscheidet dabei, eine Variante der *via eminentiae* einschlagend, die göttliche Güte von der geschöpflichen. Das Geschöpf ist insofern eingeschränkt in seiner Güte, als es die Glückseligkeit anderer niemals befördert, ohne dabei auf die eigene zu schauen. Ein solches Eigeninteresse fehlt bei Gott. Er ist vollkommen gütig. Die Gerechtigkeit bestimmt Kant schließlich als ein Verhältnis der Gütigkeit zur Heiligkeit, genauer, die Einschränkung der Güte durch die Heiligkeit. Gerechtigkeit ist eine negative Vollkommenheit Gottes, da sie keine positive Eigenschaft bezeichnet, sondern nur dafür sorgt, dass die Glückseligkeit gemäß der jeweils erreichten Annäherung an das Ideal der Heiligkeit ausgeteilt wird.[106] Ohne eine Einschränkung der individuell ausgeteilten Güte würde allen Geschöpfen maximale Glückseligkeit zuteil, was laut Kant den Maßstab selbst zunichte machen würde. Gott kann nicht wollen, dass dem ärgsten Bösewicht im gleichen Maße vollkommene Glückseligkeit zuteilwird wie dem Tugendhaften. Seine Güte ist Ausdruck seines heiligen Wesens und kann daher nicht schrankenlos sein.

In der *Kritik der praktischen Vernunft*, die zu beachtenswerten Teilen aus der rationaltheologischen Vorlesung von 1783/84 schöpft, begegnet die Trias von Heiligkeit, Güte und Gerechtigkeit zwar nicht wörtlich, aber dem Sinn nach und in sehr ähnlicher Formulierung. In einer Anmerkung zum „praktischen Gottesbeweis" (Dialektik, Abschnitt V) geht Kant zunächst auf die physischen, dann auf die moralischen Eigenschaften Gottes ein. Im zugehörigen Haupttext erklärt Kant, warum das höchste abgeleitete Gut nicht in der absoluten Glückseligkeit der Geschöpfe, sondern nur in der der Sittlichkeit proportional entsprechenden Glückseligkeit bestehen könne. Nur, weil die Sittlichkeit zum Maßstab für die auszuteilende Glückseligkeit genommen wird, können wir uns demnach sicher sein, dass wir sie auch „durch die Hand eines weisen Urhebers"[107] erhalten. Da

---

105 Danziger Rationaltheologie, AA XXVIII, 1286.
106 Substituiert man „Glückswürdigkeit" für einen bestimmten Grad der „Annäherung an die Heiligkeit", klingt hier die Lehre vom höchsten vollendeten Gut an. Gott ist gerecht, wenn er jedem – nach seiner Güte – so viel an Glückseligkeit zuteilt, wie dieser gemäß seiner Glückwürdigkeit – deren Maßstab das Ideal der göttlichen Heiligkeit ist – verdient hat.
107 KpV, AA V, 130.

aber Weisheit praktisch als „Angemessenheit des Willens zum höchsten Gut" verstanden werden müsse,[108] könne der Zweck, den Gott verfolgt, nicht allein in der Gütigkeit schlechthin gesucht werden, sondern allein in derjenigen Gütigkeit, welche der Heiligkeit angemessen ist. Dogmatisch gesprochen: Wir dürfen Gott nicht indulgent vorstellen. Das Einzige, was hier gegenüber der Vorlesung noch fehlt, ist der Begriff der Gerechtigkeit. Kant scheint aber den Begriff der Weisheit in der zweiten Kritik in einem ähnlichen Sinn zu verwenden wie zuvor den der Gerechtigkeit.[109]

In der besagten Anmerkung unterscheidet Kant nun explizit zwischen den physischen Eigenschaften Gottes und den moralischen. Während die physischen Eigenschaften Gottes solche sind, „deren Qualität man auch den Geschöpfen angemessen findet, nur daß sie dort zum höchsten Grade erhoben werden",[110] gibt es laut Kant drei Eigenschaften, die Gott exklusiv zukommen und ihm ohne jede Quantifikation zugelegt werden:

> Es doch drei giebt, die ausschließungsweise und doch ohne Beisatz von Größe Gott beigelegt werden, und die insgesammt [sic!] moralisch sind: er ist der allein Heilige, der allein Selige, der allein Weise; weil diese Begriffe schon die Uneingeschränktheit bei sich führen. Nach der Ordnung derselben ist er denn also auch der heilige Gesetzgeber (und Schöpfer), der gütige Regierer (und Erhalter) und der gerechte Richter: drei Eigenschaften, die alles in sich enthalten, wodurch Gott der Gegenstand der Religion wird, und denen angemessen die metaphysischen Vollkommenheiten sich von selbst in der Vernunft hinzu fügen.[111]

Heiligkeit, Seligkeit und Weisheit sind *cum grano salis* identisch mit der Trias aus den Vorlesungen. Seligkeit ist semantisch nahe bei Glückseligkeit und mithin bei Gütigkeit, wenn es freilich auch einen gravierenden Unterschied ausmacht, ob ein Wesen selig ist oder andere selig macht. Ob Gott selbst in einem seligen Zustand vorgestellt werden kann, beurteilt Kant an anderer Stelle als äußerst problematisch.[112] Es muss davon ausgegangen werden, dass er, wider den ersten Anschein,

---

108 KpV, AA V, 131.
109 An anderer Stelle versteht Kant Weisheit wiederum als Verhältnis von Güte und Gerechtigkeit (Theodiz., AA VIII, 257 f., Anm.). In einer späten Anmerkung verwendet er Weisheit als Oberbegriff für alle moralischen Eigenschaften Gottes: „Die Heiligkeit, Gütigkeit und Gerechtigkeit des Gottlichen Willens. *Summa:* die Weisheit" (Refl. 4615, AA XVII, 610). Insgesamt ist also die Verwendung des Begriffs Weisheit bei Kant nicht konsistent.
110 KpV, AA V, 131, Anm.
111 KpV, AA V, 131, Anm.
112 In der Vorlesung von 1783/84 spricht Kant Gott Glückseligkeit im eigentlichen Verstand ab, da Gott sich in überhaupt keinem Zustand befinde, erst Recht keinem glückseligen. Seligkeit definiert Kant hingegen als moralische Selbstzufriedenheit (Danziger Rationaltheologie, AA XXVIII, 1296 f.). Bereits in der sehr frühen *Metaphysik Herder* (1762–64) versteht Kant die Seligkeit

Seligkeit in der zweiten Kritik als exeunte, auf die Geschöpfe gerichtete Eigenschaft Gottes ansieht. Weisheit definiert Kant hier, wie gezeigt, im Widerspruch zu früheren Äußerungen als Einschränkung der Güte nach dem Maßstab der Heiligkeit, also genau so, wie er 1783/1784 die Gerechtigkeit verstanden hat.

Für diese Gleichsetzung der beiden Triaden spricht auch, dass Kant im Folgenden die Heiligkeit, Seligkeit und Weisheit mit dem *heiligen* Gesetzgeber und Schöpfer, dem *gütigen* Regenten und dem *gerechten* Richter assoziiert. Bei dieser neuen, dritten Trias selbst handelt es sich nun um Personifikationen der moralischen Eigenschaften Gottes. Im letzten Abschnitt wurde gezeigt, dass die reine praktische Vernunft sich selbst in der Gestalt des göttlichen Richters und Gesetzgebers als Persönlichkeit setzt. Das Gewissen erforderte die Externalisierung eines Richters, das ethische Gemeinwesen die Setzung eines vom Volk selbst unterschiedenen idealen Gesetzgebers. Diesen Gedanken verbindet Kant in der *Kritik der praktischen Vernunft* nun mit seinen Überlegungen zu den moralischen Eigenschaften Gottes. Das Sittengesetz ist heilig,[113] folglich muss auch der Gesetzgeber, der es personifiziert, als heilig gedacht werden. Das Urteil des Gewissens muss gerecht sein, folglich muss auch seine Personifikation, der Richter, ebenso vorgestellt werden. Für die Figur des Regenten ist es schwieriger zu bestimmen, was durch sie personifiziert wird, zumal Kant sich auch in späteren Schriften genauer allein mit den Funktionen des Gesetzgebers und Richters beschäftigt.[114] Die beiden Bezeichnungen „Schöpfer" und „Erhalter" – anscheinend Bestandteil einer unvollständigen weiteren Trias – verweisen bereits darauf, dass Kant auf das Verhältnis der drei Personifikationen im Rahmen seiner Trinitätslehre näher eingehen wird. In diesem Zusammenhang wird dann auch klar, was mit der seltsamen Wendung gemeint ist, dass, sobald die moralischen Funktionen Gottes als Gesetzgeber, Regent und Richter gefunden sind, „die metaphysischen Vollkommenheiten sich von selbst in der Vernunft hinzu fügen".[115]

In der rationaltheologischen Vorlesung von 1783/184, mit welcher hier der Anfang gemacht wurde, thematisiert Kant aber noch einen anderen Aspekt seiner Deutung von Heiligkeit, Güte und Gerechtigkeit. Den drei moralischen Vollkom-

---

Gottes als exeunte Eigenschaft Gottes, d. h. als Ausdruck dafür, dass Gott der Stifter der Glückseligkeit ist: „[S]o wird also Gott kurz als das seligste Wesen definirt; dies ist aber nicht der erste Begriff nach dem gemeinen Urteil von Gott – denn hiermit ist blos gesagt Gott ist der Grund der grossen Glückseligkeit [...]" (Metaphysik Herder, AA XXVIII, 127). Dass Gott selig genannt wird, weil er Glückseligkeit austeilt, muss daher als eine nicht erst kritische, sondern bereits schulphilosophische Überzeugung Kants angesehen werden.
113 KpV, AA V, 32.
114 Zum Problem der zweiten trinitarischen Person s.u. 5.1.
115 KpV, AA V, 131, Anm., wie oben zitiert.

menheiten korrespondieren laut Kant drei „Einwürfe wider diese Eigenschaften Gottes".[116] Wider die Heiligkeit erhebt sich die Frage: *Unde malum?* Wie ist die Heiligkeit Gottes vereinbar mit dem Bösen? Bei der Güte stellt sich indes die Frage, warum es überhaupt Übel gibt. Übel und Böses unterscheidet Kant so, dass das Böse als ein absoluter „Gegenstand der Verachtung" erscheint, während das Übel nur für den schlecht sein soll, dem es widerfährt. Das Böse nennt er daher auch „Laster". In Anlehnung an Leibniz' berühmte Distinktion differenziert Kant hier zwischen dem moralischen Bösen, das in der Verfehlung der Menschen besteht, und dem natürlichen Übel (etwa Erdbeben und andere verheerende Naturereignisse). Die dritte moralische Vollkommenheit Gottes schließlich wird fraglich angesichts der „ungleichen Austeilung des Guten und Bösen in der Welt". Kant meint, dieser „Einwurf" sei der populärste. Zu Recht! Ist dieses Problem doch gerade dasjenige, dem sich das alttestamentliche Buch Hiob widmet. Nicht vorrangig, dass dem eponymischen Helden überhaupt Übel widerfahren, sondern, dass sie ihn treffen, obwohl er ein sittlich hochstehender Mensch ist, macht den zentralen Konflikt dieser Dichtung aus. Die Gesamtheit der drei von Kant gemachten „Einwürfe" kann man, in Anlehnung an Leibniz' berühmten Begriff, als „Theodizeeproblem" bezeichnen. In der *Danziger Rationaltheologie* liefert Kant dann auch eine Lösung dieses Problems, die stark an Leibniz erinnert.[117] Bekanntlich hat Kant später eine solche Lösung dezidiert abgelehnt. Im Jahr 1791 liefert er mit seiner Schrift *Über das Mißlingen aller philosophischen Versuche in der Theodizee* ein Argument dafür, warum die Theodizee ein prinzipiell unmögliches Unterfangen ist. Dieser Beweis im Einzelnen braucht gegenwärtig nicht zu interessieren.[118] Wichtig ist vielmehr die Formulierung des Problems, die Kant abermals im Rekurs auf die moralischen Eigenschaften Gottes vornimmt. Über diese urteilt Kant in der *Theodizeeschrift*: „Diese drei Eigenschaften zusammen, deren eine sich keineswegs auf die andre, wie etwa die Gerechtigkeit auf Güte, und so das Ganze auf eine kleinere Zahl zurückführen läßt, machen den moralischen Begriff von Gott aus."[119] Wichtig ist dabei vor allem die Rangordnung dieser Eigenschaften. So muss laut Kant die Heiligkeit immer der Gütigkeit übergeordnet werden, da bei einer Umkehrung des Verhältnisses, d. h., „wenn sogar die [heilige] Gesetzgebung sich nach der Güte bequemt", die Glückseligkeit nicht mehr

---

116 Danziger Rationaltheologie, AA XXVIII, 1286 f. Zu dieser Rechtfertigung Gottes nach seinen drei moralischen Eigenschaften s. ausführlich: DIERINGER, 2009, 54–75. Zur Behandlung der Theodizeeproblematik beim vorkritischen Kant s. GEBLER, 1990, 98–108.
117 Danziger Rationaltheologie, AA XXVIII, 1287–1297 (mit langen Exkursen). Kant beruft sich sogar wörtlich zu Beginn der „Theodizee" auf Leibniz (AA XXVIII, 1287).
118 S. dazu DIERINGER, 2009.
119 Theodiz., AA VIII, 257, Anm.

von der Glückswürdigkeit abhängig sein würde.[120] Das heilige Gesetz darf also nicht nachgiebig gedacht werden, sonst hebt es sich selbst auf. Im Hinblick auf die Gerechtigkeit nimmt Kant eine Präzisierung des gegen sie erhobenen „Einwurfs" vor: „Daher geht auch die Klage über den Mangel einer Gerechtigkeit, die sich im Loose, welches den Menschen hier in der Welt zu Theil wird, zeige, nicht darauf, daß es den Guten hier nicht wohl, sondern daß es den Bösen nicht übel geht." [121] So anstößig dies zunächst klingen mag: Hiob verlangt nach dieser Deutung nicht, dass es ihm besser gehe, sondern den Frevlern schlechter. Einen Rechtsanspruch auf Güte kann kein Mensch vor dem göttlichen Richterstuhl geltend machen, da er gegenüber Gott höchstens seine Schuldigkeit tut, was keinen solchen Anspruch auf Wohlergehen begründen kann.[122] Der Mensch, der seine Pflicht tut, ist nicht strafwürdig – das bedeutet aber keineswegs, dass er ein Recht darauf habe, dass ihm wohlgetan werde. Der Mensch hat gegenüber Gott überhaupt keine Rechte, sondern nur Pflichten, und kann mithin seinen „Wunsch zum Wohlergehen" allein auf die Güte Gottes stützen.[123] Gott, der alle Rechte, aber keine Pflichten besitzt, muss überhaupt keinem Menschen wohltun. Wohl aber muss er den Bösen bestrafen, damit der Maßstab der Heiligkeit nicht verletzt wird. Göttliche Strafen dienen daher laut Kant auch nicht dazu, den Schlechten zu bessern, d. h. Gutes zu bewirken, sondern sind notwendig, weil die Übertretung des Gesetzes mit Übel verbunden sein muss. Strafen sind für ihn keine Mittel der Besserung, sondern Zwecke an sich selbst.[124] Aus der Heiligkeit Gottes folgt allein, dass Gott strafen muss, aus der Güte, dass er glückselig machen will, aus der Gerechtigkeit, dass er den, der strafwürdig ist, nicht glückselig machen darf, sondern vielmehr der Glückseligkeit berauben muss.

In der gleichen Schrift nimmt Kant auch die bekannte Zuordnung der drei „Einwürfe" und Arten von Übel zu den drei moralischen Eigenschaften vor. Die drei Übel bezeichnet er dabei als „Zweckwidrigkeiten", weil sie der Erfüllung des letzten Zwecks der Schöpfung im Wege stehen. Das moralisch Zweckwidrige ist das Böse, das physisch Zweckwidrige das natürliche Übel. Die dritte Zweckwid-

---

120 Theodiz., AA VIII, 257, Anm.
121 Theodiz., AA VIII, 258, Anm.
122 „Denn in einer göttlichen Regierung kann auch der beste Mensch seinen Wunsch zum Wohlergehen nicht auf die göttliche Gerechtigkeit, sondern muß ihn jederzeit auf seine Güte gründen: weil der, welcher bloß seine Schuldigkeit thut, keinen Rechtsanspruch auf das Wohlthun Gottes haben kann" (Theodiz., AA VIII, 258, Anm.)
123 Auch hier kann von „Rechten" und „Pflichten" nur im analogen Sinn die Rede sein.
124 „Auch ist die Strafe in der Ausübung der Gerechtigkeit keineswegs als bloßes Mittel, sondern als Zweck in der gesetzgebenden Weisheit gegründet: die Übertretung wird mit Übeln verbunden, nicht damit ein anderes Gute herauskomme, sondern weil diese Verbindung an sich selbst, d.i. moralisch nothwendig und gut ist" (Theodiz., AA VIII 257, Anm.).

rigkeit besteht im Missverhältnis zwischen Verbrechen und Strafen – wohlgemerkt nicht in dem zwischen Verdienst und Lohn.[125]

> Die Eigenschaften der höchsten Weisheit des Welturhebers, wogegen jene Zweckwidrigkeiten als Einwürfe auftreten, sind also auch drei:
> Erstlich die Heiligkeit desselben als Gesetzgebers (Schöpfers) im Gegensatze mit dem Moralisch-Bösen in der Welt.
> Zweitens die Gütigkeit desselben als Regierers (Erhalters) im Contraste mit den zahllosen Übeln und Schmerzen der vernünftigen Weltwesen.
> Drittens die Gerechtigkeit desselben als Richters in Vergleichung mit dem Übelstande, den das Mißverhältniß zwischen der Straflosigkeit der Lasterhaften und ihren Verbrechen in der Welt zu zeigen scheint.[126]

Dies ist die genauste Formulierung des „Theodizeeproblems", die sich bei Kant findet. Die drei Einsprüche werden nicht nur als Einwände gegen die drei moralischen Eigenschaften verstanden, sondern auch mit den entsprechenden Funktionen Gottes koordiniert. Der erste Einspruch richtet sich gegen Gott als Gesetzgeber. Wenn Gott der Gesetzgeber und Schöpfer der Welt ist, der sie nach heiligen, im höchsten Grade moralischen Gesetzen einrichtet – wie kann er dann das moralisch Böse zulassen? Gott, der Regent der Welt, wird durch den zweiten Einspruch angeklagt. Wenn Gott die Welt in jedem Augenblick regiert und erhält, also stets die Macht besitzt, alles zu tun, was er will – woher kommt dann das Übel, wenn doch Gott den Geschöpfen wohltun will? Schließlich erhebt sich auch ein Einspruch gegen Gott, den Richter. Wenn Gott gerecht ist, mithin für die proportionale Zuteilung von Glückseligkeit entsprechend der Glückswürdigkeit sorgen will und auch kann – warum gibt es dann Unglückswürdige, die Glück im höchsten Maße erfahren? Statt diesen Prozess näher zu verfolgen, sollen im Folgenden schlicht die „Angeklagten" ein wenig näher vorgestellt werden. Die Trias von Gott als Gesetzgeber, Regent und Richter erinnert, wie bereits mehrfach angedeutet, an eine andere, die für die christliche Theologie von kaum zu überschätzender Bedeutung ist.

---

125 Theodiz., AA VIII, 256 f. Die ersten beiden dieser Übel hat Kant von Leibniz übernommen. Leibniz unterscheidet in seiner *Theodicée* drei Arten des Übels, die Kant in seiner Schrift wieder aufgreift: das metaphysische Übel (*le mal metaphysique*), das in der schlichten Unvollkommenheit der Welt besteht, das natürliche Übel (*le mal physique*) und schließlich das moralische Übel (*le mal moral*), das vom Menschen gewirkte Böse s. (Essais de Theodicée § 21; LEIBNIZ, 1932, 115). Bei Kant fällt das *malum metaphysicum* fort. An seine Stelle tritt jenes Konzept, das gewöhnlich als „Hiob-Problem" bezeichnet wird und mit dem Theodizeeproblem keineswegs identisch ist. Zur Schwierigkeit, das sogenannte „Theodizeeproblem" in Abgrenzung u. a. zum Hiob-Problem genauer zu fassen, s. KLINGE, 2011, 1–12.
126 Theodiz., AA VIII, 257.

5. Kapitel Die Dreieinigkeit Gottes

Kants Deutung der Trinitätslehre hat in der Forschung ein vergleichsweise geringes Interesse gefunden.[127] Der Grund hierfür scheint ein doppelter zu sein. Erstens besitzen Kants nüchterne und – dogmatisch betrachtet – wenig subtile Ausführungen über die Dreieinheit Gottes nicht die gleiche Strahl- und Anziehungskraft wie die spekulativen Anverwandlungen dieses zentralen Dogmas des christlichen Glaubens bei Schelling und Hegel.[128] Kants „Trinitätslehre" wirkt *prima facie* trocken und wenig originell. Zweitens nimmt die Trinitätslehre bei Kant auch kaum Raum rein. Von einigen versprengten Äußerungen abgesehen, beschäftigt sich Kant einzig im dritten Parergon der *Religionsschrift* ausführlicher mit Vater, Sohn und Heiligem Geist. Den Verdacht, dass von Kant in dieser Frage nicht allzu viel zu erwarten sei, legt auch eine Stelle aus dem *Streit der Fakultäten* nahe. Kant entwickelt hier die Grundlagen seiner „praktischen" Bibelhermeneutik. Über die Trinität heißt es in diesem Zusammenhang:

> Aus der Dreieinigkeitslehre, nach dem Buchstaben genommen, läßt sich schlechterdings nichts fürs Praktische machen, wenn man sie gleich zu verstehen glaubte, noch weniger aber wenn man inne wird, daß sie gar alle unsere Begriffe übersteigt.[129]

Ob man nun in der Gottheit drei oder zehn Personen annehme, sei theoretisch gleichgültig und praktisch, d. h. für den „Lebenswandel", vollkommen irrelevant. Wenn die Trinitätslehre einen moralischen Sinn erhalten soll – einen theoretischen kann sie laut Kant nicht haben –, muss dieser erst in sie „hereingetragen" werden.[130] Bestätigt diese Formulierung die häufig anzutreffende Interpretation, nach der Kant im dritten, die „Geheimnisse der Vernunft" behandelnden Parergon der *Religionsschrift* lediglich versucht, seine moralphilosophischen Grundsätze mit dem Gewand des christlichen Dogmas zu überkleiden,[131] deutet eine Refle-

---

127 BÖTTIGHEIMER, 2010. BRACHTENDORF, 2011. FORSCHNER, 2010, 122–126. PALMQUIST, 2000. STÜMKE, 2004 (mit Schwerpunkt auf Kants Lehre vom Heiligen Geist). Eine Monographie zur Trinitätslehre Kants ist m. E. ein dringendes Desiderat.
128 Zur Trinitätslehre bei Schelling und Hegel im Überblick s. TRAWNY, 2002.
129 Str. d. Fak., AA VII, 38 f.
130 Kant verweise hier explizit auf seine *Religionsschrift*. Böttigheimer fasst Kants Verhältnis gegenüber dem Trinitätsdogma richtig, wenn er schreibt: „Für Kant kann die Trinität, wenn überhaupt, nur eine moralische, nicht aber eine theoretische Relevanz haben" (BÖTTIGHEIMER, 2010, 190).
131 Brachtendorf meint, dass das Trinitätsgeheimnis bei Kant in „praktische Vernunft aufgelöst" werde. Es gehöre zu denjenigen Bestandteilen christlicher Dogmatik, denen Kant beim Besten willen keinen Sinn abgewinnen könne (BRACHTENDORF, 2011, 166). Dagegen spricht aber un-

xion aus den achtziger Jahren in eine andere Richtung: „Die Religion kan nur moralisch seyn, so fern wir Gott in einer dreyfachen Person verehren".[132] Das ist eindeutig mehr als eine bloße Akkommodation an das Dogma. Kant konstatiert vielmehr die moralphilosophische Notwendigkeit des trinitarischen Gottesbegriffs. Diese Reflexion mag im Folgenden als leitende These dienen. Es soll gezeigt werden, dass Kants Ausführungen über die Trinitätslehre weit mehr sind als eine (eher politisch denn philosophisch bedingte) Anpassung an die christliche Lehre. Vielmehr benötigt Kant den trinitarischen Gottesbegriff, um, vermittelt über seine Auffassung der göttlichen Eigenschaften, das Gottespostulat der zweiten Kritik genauer zu explizieren und argumentativ zu stützen. Zugleich ist damit aber auch klar: Kant hat weniger an der Trinitätslehre als solcher Interesse als daran, sie für die Plausibilisierung der eigenen Philosophie in Anspruch zu nehmen. In seiner – zugegebenermaßen – rudimentären Aufnahme des Dogmas erblickt er eine Möglichkeit, sein eigenes Lehrstück vom höchsten abgeleiteten Gut zu einem befriedigenden Abschluss zu bringen. Damit erhält die Trinitätslehre innerhalb der kantischen Moralphilosophie eine durchaus zentrale Funktion.

5.1 Gesetzgeber, Regent und Richter

Kant entwickelt, wie dargelegt, in der *Kritik der praktischen Vernunft* seine Lehre von den drei moralischen Eigenschaften bzw. „Vollkommenheiten" Gottes weiter zu einer Lehre von drei unterschiedenen Funktionen Gottes. Gott ist 1. der heilige Gesetzgeber und Schöpfer, 2. der gütige Regent und Erhalter und 3. der gerechte Richter.[133] Diese Unterscheidung von drei verschiedenen Personen ist keine Errungenschaft der kritischen Philosophie. Die gleiche Trias von Gesetzgeber, Regent und Richter findet sich schon in der moralphilosophischen Vorlesung der 70er-Jahre.[134] Auch die Einfärbung dieser Trias mit klassischen dogmatischen

---

mittelbar die *Religionsschrift* selbst, in der Kant festhält, dass die „Idee eines moralischen Weltherrschers [...] eine Aufgabe für unsere praktische Vernunft" sei. Diesem „Bedürfnisse der praktischen Vernunft gemäß ist nun der allgemeine wahre Religionsglaube" an Gott als Gesetzgeber und Schöpfer, Regent und Erhalter sowie Richter gemäß (Rel., AA VI, 139). Eine moderate Deutung schlägt bereits Bohatec vor: „Daß Kant die Religion nicht in der Moral aufgehen läßt, sondern die letztere als Grundlage der ersteren betrachtet, zeigt auch sein weiterer Versuch, die kirchliche Trinitätslehre dem moralischen Prinzip der praktischen Vernunft anzupassen" (BOHATEC, 1938, 565, Hervorhebung getilgt).

132 Refl. 6092, AA XVIII, 449.
133 KpV, AA V, 131, Anm. S. o. 4.2.
134 „So fern wir nur Gott als das principium der Sittlichkeit ansehn, und ihn als einen heiligen Gesetzgeber, gütigen Weltregierer und gerechten Richter erkennen, so ist dieses zu einem Glauben

Begriffen, wie sie in der zweiten Kritik *en passant* vorgenommen wird, ist bereits früh nachweisbar. So entwirft Kant in einer schwer datierbaren Vorlesung eine „angewandte Moraltheologie", d. h. eine Moraltheologie, die Gottes Verhältnis zur Welt thematisiert. Er setzt dabei den heiligen Gesetzgeber mit dem Schöpfer, den gütigen Regenten mit dem Erhalter und den gerechten Richter – dogmatisch ist Kant hier etwas unsicherer – mit dem Repräsentanten des letzten Zwecks der Welt gleich.[135] Diese Identifikation stellt für Kant keineswegs eine zu vernachlässigende Nebensache dar. Im Folgenden expliziert er ausführlich die Schöpfungs- und Erhaltungslehre sowie die Lehre von der Vollendung der Welt.[136] Implizit wird damit ein zeitliches Schema angedeutet: Der heilige Gesetzgeber steht für die Schöpfung *in principio*, also für die Vergangenheit, der gütige Regent für die Erhaltung, also die Gegenwart, und der gerechte Richter für den Endzweck und die Zukunft. In einer Reflexion wird dieser Gedanke explizit: „Gesetzgeber im Anfange, / Regirer in der Dauer, / Richter am Ende, eigentlich in der Unendlichkeit des Fortganges".[137] In der zitierten Metaphysik-Vorlesung findet sich auch eine weitere Bestimmung der Trias von Gesetzgeber, Regent und Richter, die sonst – von einer Andeutung in der zweiten Kritik abgesehen[138] – bei Kant in dieser Form nicht nachweisbar ist. Ihre Relevanz für die Rekonstruktion der kantischen Trinitätslehre ist entsprechend gering. Interessant ist diese Bestimmung jedoch insofern, als Kant mit ihrer Hilfe versucht, eine Beziehung zwischen den moralischen Eigenschaften und den physischen herzustellen. Die kryptische Formulierung der zweiten Kritik, dass, sobald die moralischen Eigenschaften Gottes einmal gefunden sind, „die metaphysischen Vollkommenheiten sich von selbst in der Vernunft hinzu fügen",[139] wird hierdurch zumindest ein wenig erhellt:

---

an Gott hinreichend, so ferne die Religion zum Grunde liegen soll, ohne solches logisch beweisen zu können" (Moralphilosophie Collins, AA XXVII, 312). In der schwer zu datierenden Vorlesung *Metaphysik L1* (s. dazu das Vorwort von Pölitz in KANT, 1821, IV) findet sich die Behauptung, dass „alle Moraltheologie auf folgenden Gründen [beruhe]: 1) Wir erkennen Gott: / 1) als einen heiligen Gesetzgeber; / 2) als einen gütigen Regierer; 3) als einen gerechten Richter" (KANT, 1821, 323).
135 „Jetzt wenden wir uns zu dem zweiten Theile der rationalen Theologie, nämlich zu der angewandten, und betrachten die Art des Verhältnisses Gottes zur Welt. Diese kann in drei Abschnitte abgefaßt werden. Der erste handelt von der Schöpfung; der zweite von der Erhaltung und Regierung, und der dritte von dem Zwecke der Welt, oder von der letzten Bestimmung und Vollendung der Welt" (KANT, 1821, 325).
136 KANT, 1821, 326–343.
137 Refl. 3692, AA XVII, 199.
138 KpV, AA V, 139.
139 KpV, AA V, 131.

> Die natürliche Religion enthält also nichts mehr, als einen Glauben an einen heiligen Gesetzgeber, gütigen Regierer und gerechten Richter. Damit aber dieser Glaube practisch sey, und damit wir durch den Glauben, daß ein *summum bonum* sey, auch des *summi boni* theilhaftig werden; damit es also auch für uns ein *summum bonum* sey; so ist es nöthig, daß wir die Eigenschaften damit verbinden, die den Grundeigenschaften des *summi boni* alle *efficaciam* geben, und dieses höchste Gut subjectiv practisch machen. Wenn Gott also ein gütiger Regierer ist; so muß er allmächtig seyn; denn sonst könnte er uns das nicht ertheilen, was uns fehlte. Er muß ferner allgegenwärtig seyn; denn sonst könnte er nicht allen helfen. Damit er ein gerechter Richter sey; so muß er allwissend seyn; er muß uns innigst gegenwärtig seyn; er muß ein *Scrutor cordum* seyn, damit er einem jeden nach seinem Wohlverhalten lohnen könne. Von Gottes Unpartheilichkeit, Langmuth, Billigkeit, Wahrhaftigkeit u.s.w. ist unanständig zu reden.[140]

Auffällig ist hier bereits, dass Kant die Trinitätslehre als den wesentlichen Inhalt der *natürlichen* Religion bezeichnet und ihr somit höchste religionsphilosophische (und eben nicht nur positiv-religiöse) Dignität zuspricht.[141] Entscheidender für den gegenwärtigen Kontext ist aber, dass Kant die *physischen* Eigenschaften Gottes den unterschiedlichen trinitarischen Personen appropriiert und somit bestimmte moralische Eigenschaften mit bestimmten physischen koordiniert.[142] Der gütige Regent muss allmächtig und allgegenwärtig sein, da er sonst die Glückseligkeit gar nicht austeilen könnte. Der Richter muss allwissend und innerlich allgegenwärtig, genauer, ein „Herzenskundiger" (*scrutor cordum*) sein – dieser Gedanke begegnet dann wieder beim „inneren Richter" der *Tugendlehre* –, weil er, um die Glückswürdigkeit zu ermitteln, auf die innere Gesinnung der Menschen blicken muss. Dem heiligen Gesetzgeber schreibt Kant indes keine eigene physische Eigenschaft zu.

Dass zumindest dem gütigen Regenten und dem gerechten Richter bestimmte physische Eigenschaften appropriiert werden müssen, begründet Kant wiederum mit der Lehre vom höchsten abgeleiteten Gut. Das Argument erinnert an das bereits aus der zweiten Kritik bekannte: Kant deduziert dort, wie gezeigt, die physischen Eigenschaften Gottes aus der Notwendigkeit des höchsten abgeleite-

---

140 KANT, 1821, 325.
141 Angesichts dieser Hochschätzung des trinitarischen Gedankens verwundert es nicht, dass Kant, ganz im Stile der Aufklärung, auf trintitätsanaloge Phänomene in anderen Religionen aufmerksam macht (Rel., AA VI, 140, Anm. Brief an Abraham J. Penzel, 12. August 1777, AA X, 209).
142 An dieser Kombination zeigt sich auch bereits, dass es sich, zumindest formal, wirklich um eine Trinitätslehre und nicht etwa um eine beliebige Anhäufung von Triaden handelt. Die moralischen Eigenschaften sichern, als funktional voneinander unterschiedene, die Dreiheit der göttlichen Personen. Die physischen Eigenschaften bürgen, insofern sie mit Hilfe von All-Prädikaten formuliert werden, indes für die Einheit – zwei allmächtige Wesen sind nicht denkbar, da dann eben keines von beiden *alle* Macht innehätte.

ten Gutes und sichert so wiederum die Identifikation Gottes mit jenem gesuchten Wesen ab, das für die Übereinstimmung von Glückswürdigkeit und Glückseligkeit Sorge tragen soll.[143] Der vorliegende (wahrscheinlich) sehr frühe Text betont demgegenüber einen anderen Aspekt. Kant setzt Gott in seiner dreifachen Funktion als heiliger Gesetzgeber, gütiger Regent und gerechter Richter zu Beginn des Arguments bereits voraus. Diese drei moralischen Funktionen bezeichnet er als die „Grundeigenschaften" des höchsten Gutes, was wiederum impliziert, dass er mit *summum bonum* hier das *summum bonum originarium* meint. Nun stellt sich die Frage, wie der Mensch an dem höchsten ursprünglichen Gut, das Gott selbst in seinen drei Vollkommenheiten ist, Anteil erhält. Die drei „Grundeigenschaften" Gottes müssen dafür auf uns wirken können, „alle efficaciam" besitzen. Um sie in dieser Weise verstehen zu können, müssen sie mit physischen Eigenschaften verbunden werden. Die Güte des Regenten besitzt keine Wirkung (*efficacia*), ist keine Güte für uns, wenn sie nicht mit der Eigenschaft der Allmacht verbunden wird. Nicht Güte *per se* ist wirksame Güte, sondern nur allmächtige Güte. Die Gerechtigkeit des Richters würde uns nichts nützen, wenn der Richter nicht allwissend wäre, da die Allwissenheit gerade die notwendige Bedingung für das gerechte Gericht über uns als moralische Wesen darstellt. Gerechtigkeit, die „alle efficaciam" besitzt, muss die Gerechtigkeit eines allwissenden, innerlich gegenwärtigen Wesens sein.

Diese einzigartige Verbindung der physischen und moralischen Eigenschaften bzw. Funktionen Gottes hat Kant sonst nicht in dieser Deutlichkeit vertreten. In der *Religionsschrift* nennt Kant den heiligen Gesetzgeber und Schöpfer abermals allmächtig, fügt aber keine weitere Erläuterung hinzu. Kant hat damit den interessanten Ansatz aus seiner Vorlesung leider nicht weiterverfolgt. Über die formale, durch die Tradition vorgegebene Zusammenstellung von „heilig", „gesetzgebend" und „allmächtig" gelangt er nicht mehr hinaus. Es bleibt bei einem bloßen Nebeneinander der physischen und moralischen Eigenschaften Gottes. Eine Passage aus der *Religionsschrift* zeigt dies überdeutlich:

> Diese Idee eines moralischen Weltherrschers ist eine Aufgabe für unsere praktische Vernunft. Es liegt uns nicht sowohl daran, zu wissen, was Gott an sich selbst (seine Natur) sei, sondern was er für uns als moralische Wesen sei; wiewohl wir zum Behuf dieser Beziehung die göttliche Naturbeschaffenheit so denken und annehmen müssen, als es zu diesem Verhältnisse in der ganzen zur Ausführung seines Willens erforderlichen Vollkommenheit nöthig ist (z. B. als eines unveränderlichen, allwissenden, allmächtigen etc. Wesens), und ohne diese Beziehung nichts an ihm erkennen können. Diesem Bedürfnisse der praktischen Vernunft gemäß ist nun der allgemeine wahre Religionsglaube der Glaube an Gott 1) als den allmächtigen Schöpfer Himmels und der Erden, d.i. moralisch als heiligen Gesetzgeber, 2) an

---

143 S.o. 4.1.

ihn, den Erhalter des menschlichen Geschlechts, als gütigen Regierer und moralischen Versorger desselben, 3) an ihn, den Verwalter seiner eignen heiligen Gesetze, d.i. als gerechten Richter.[144]

Kant insinuiert hier zwar, dass Gott eben aus denselben Gründen als Gesetzgeber, Regent und Richter vorgestellt werden müsse, aus denen heraus er auch allmächtig, allwissend etc. genannt wird. Auch erinnert die Formulierung, dass Gott „für uns ein moralisches Wesen" werde, durch die Hinzufügung der physischen Eigenschaften auffällig an die aus der Metaphysik-Vorlesung. Hieß es doch dort, dass die physischen Eigenschaften postuliert werden müssen, damit das *summum bonum (originarium)* „für uns ein *summum bonum* sey".[145] Das entscheidende Argument aus der Vorlesung, der Gedanke, dass die moralischen Eigenschaften nur durch Koordination mit den physischen das *summum bonum* für uns herbeiführen können, fehlt aber gerade. Der Übergang von den physischen zu den moralischen Eigenschaften ist, anders als der Satzanschluss („diesem Bedürfnis der praktischen Vernunft gemäß") suggeriert, vollkommen unvermittelt. Zwischen dem ersten Teil des Zitats und dem zweiten, der mit dem besagten Satzanschluss beginnt, müsste die Koordination der moralischen und physischen Eigenschaften als argumentatives Scharnier eingebaut werden. Allein, Kant verzichtet darauf. So gesehen, bedeutet die Version der *Religionsschrift* gegenüber der verwandten Passage aus der Metaphysik-Vorlesung einen Rückschritt.

In anderer Hinsicht markiert die *Religionsschrift* indes einen gewaltigen Fortschritt auf dem Weg zur moralphilosophischen Rekonstruktion der Lehre von der Dreieinheit Gottes. Kant kombiniert hier nicht nur, wie in der Metaphysik-Vorlesung oder der *Kritik der praktischen Vernunft*, die moralphilosophische Trias von Gesetzgeber, Regent und Richter mit der dogmatischen von Schöpfer, Erhalter und Vollender, sondern stellt sie direkt in den Rahmen der traditionellen Trinitätslehre. Diese explizite Bezugnahme ist, abgesehen von einigen Reflexionen,[146] bei Kant einzigartig. Die dogmatische Trias, wie sie auch die zweite Kritik nennt,

---

144 Rel., AA VI, 139.
145 KANT, 1821, 325.
146 Einschlägig ist hier Refl. 6307 (AA XVIII, 598–600), in der Kant die Funktionen des Sohnes und Geistes behandelt. Der Geist, heißt es dort, ist „der Richter in Uns, der uns das heilige Gesetz vorhält, darnach richtet, aber auch das, was uns an Gerechtigkeit abgeht, durch das Ideal der Menschheit, wenn wir auf dem Wege sind ihm immer näher zu kommen, ergänzt und uns im Unendlichen, ununterbrochenen Fortgange demselben und zugleich der Seeligkeit näher bringt" (AA XVIII, 599). Damit wird die Funktion Gottes als Richter hier, ebenso wie in der *Religionsschrift*, anders aber als in der *Tugendlehre*, explizit der trinitarischen Person des Geistes zugeschrieben. Eine nur implizit-trinitarische Rede von Gott in einer dreifachen Qualität findet sich u. a. in Refl. 410, AA XVII, 609.

deutet gewiss unmissverständlich in diese Richtung. Allein jedoch in der *Religionsschrift* entfaltet Kant seine Lehre von den drei moralischen Vollkommenheiten und Funktionen Gottes in unmittelbarer Anknüpfung an das Theologumenon vom einen Gott in drei Personen.

Diese Verbindung bringt einige Probleme mit sich. Zunächst gerät Kant durch seine Zuordnung der drei moralischen Funktionen zu den drei trinitarischen Personen in Konflikt mit der klassischen Dogmatik, welche er sich doch gerade für seine Moralphilosophie zu Nutze machen will. Während es im Einklang mit der Tradition steht, Gottvater als heiligen Gesetzgeber zu betrachten, den Sohn aber – vermittelt über den Gedanken der Erhaltung – als gütigen Regenten, ist die Behauptung, der Heilige Geist habe das Amt des göttlichen Richters inne, aus christlicher Perspektive äußerst irritierend. Es verwundert daher auch nicht, wenn ein Theologe mit Hinblick auf die Funktion des göttlichen Richters bei Kant konstatiert: „Diese Aufgabenzuweisung innerhalb der göttlichen Trinität ist dogmatisch ungewöhnlich"[147] – um das Mindeste zu sagen. Nach biblischer Vorstellung ist es vielmehr der Sohn, dem der Vater das Gericht übergeben hat.[148] Kant versucht zwar, diesem Befund gerecht zu werden, indem er zwischen einer doppelten Richterfunktion unterscheidet, sein Argument beruht aber m. E. auf einer recht spitzfindigen scholastischen Unterscheidung und besitzt nur wenig Überzeugungskraft.[149]

---

147 STÜMKE, 2004, 117. Stümke bezieht sich hier darauf, dass die Werke der Trinität nach außen traditionell als ungeteilt angesehen werden (*opera ad extra sunt indivisa*).
148 Stümke weist mit Bezug auf Röm 14,10 f. Joh 5,27 und 2Kor 5,10 darauf hin, dass biblisch der Vater oder der Sohn als Richter bezeichnet werden, aber gerade nicht der Geist (STÜMKE, 2004, 117).
149 Kant unterscheidet in einer Anmerkung zwischen einem göttlichen Gericht nach der Liebe, bei dem es um Verdienst oder Mangel des Verdienstes geht, und einem Gericht nach der Gerechtigkeit, das nach Schuld oder Unschuld entscheidet. Das Gericht nach der Liebe, das der Sohn als Weltenrichter ausübt, zieht als negatives Resultat nur die „Aussonderung", d. h. Nicht-Erwählung, nach sich, während das Gericht des Heiligen Geistes nach der Gerechtigkeit, also entsprechend der jeweiligen Schuld, wahre Verdammnis bedeuten kann. Das Gericht des Sohnes aus Liebe betrifft die Menschheit als ganze, insofern hier eine Aussonderung der „Verdienten" stattfindet, während das Gericht nach der Gerechtigkeit sich auf den je einzelnen bezieht und über ihn das Urteil fällt (Rel., AA VI, 145 f., Anm.). Im Gericht der Liebe geht es um einen seligen Ausgang (Aussonderung der Verdienten), während der unselige Ausgang rein privativ als Nicht-Aussonderung der Unverdienten begriffen wird. Spiegelbildlich ist das Gericht nach der Gerechtigkeit entworfen: Das positive Moment ist in diesem Fall die Unseligkeit (Verdammnis), rein privativ die Seligkeit (Lossprechung). Der Sohn will die Verdienten retten, der Geist den Schuldigen verdammen. So geschickt diese Konstruktion ist, bleibt doch die Frage offen, wie der Vater, der nach biblischem Zeugnis dem Sohn das Gericht erst übergeben hat (Joh 5,22), am Akt des Richtens beteiligt ist. In der oben ausgelegten Passage aus der *Tugendlehre* – also wohlgemerkt

Ein zweites Problem entsteht aus der Identifizierung des Sohnes mit dem Regenten. Diese moralische Funktion thematisiert Kant – obwohl er sie bereits früh als Teil der Trias nennt – in seinen Druckschriften nie ausführlich. Während im Spätwerk, vornehmlich in der *Religionsschrift* und der *Tugendlehre*, ganze Abschnitte den Funktionen des Gesetzgebers und Richters gewidmet sind, lassen sich für die Funktion des göttlichen Regenten kaum vergleichbare Stellen benennen. Sinnvoll ist hier ein Blick in die *Metaphysik der Sitten Vigilantius*, die auf einer von Kant im Wintersemester 1793/1794 – also kurz vor der Drucklegung der *Religionsschrift* – abgehaltenen Vorlesung beruht. Kant interpretiert hier zunächst die bekannten drei Funktionen Gottes als Objekte der menschlichen Moralität. Dies ist die letzte von drei koordinierten Triaden, wie in einer Tabelle veranschaulicht werden kann (vgl. Tabelle A). Inhaltlich ist wichtig, dass jetzt die Haltung des Menschen gegenüber dem göttlichen Objekt thematisch wird.

> Nämlich wir nehmen an, Gott sey das Fundament unserer ganzen Moralität, er sey das belebende moralische Wesen, in Verhältniß gegen uns als seine Geschöpfe; so liegt ja hierin eine dreifache Zerteilung dieser idealischen Vorstellung:
> a. Gott, als heiliger Gesetzgeber, ist Object der Achtung.
> b. Gott, als gütiger Erhalter und Regierer, ist Object der Liebe.
> c. Gott, als gerechter Richter, ist Object der Gottesfurcht.[150]

Dass der heilige Gesetzgeber ein Objekt der Achtung sein soll, leuchtet unmittelbar ein. Ist doch Gott, als Gesetzgeber betrachtet, nichts anderes als die Personifikation des heiligen Sittengesetzes in seiner verbindenden Kraft.[151] Das Sit-

---

nach der *Religionsschrift* – schreibt Kant das Gericht daher wieder auch schlicht der Gottheit als ganzer zu (MST, AA VI, 439/LUDWIG, 79 f.). Doch ist das Argument auch intern problematisch: Der Unterschied zwischen Verdienst und Unschuld leuchtet nur dann ein, wenn Verdienst in einem supererogativen Sinn verstanden wird. Dann geht es beim Gericht nach der Gerechtigkeit um die schlichte Alternative, ob jemand seine Pflicht tut oder nicht. Wer hier fehlt, fällt der Verdammnis anheim. Seine Pflicht zu tun reicht in diesem Fall aber nicht aus, um (im Gericht nach der Liebe) zu den Erwählten zu gehören, sondern es bedarf dafür *zusätzlicher* Verdienste. Abgesehen davon, dass aus theologischer Warte damit das Problem des Kant häufig vorgeworfenen „Semi-Pelagianismus" (s. u. 10.4.) gegeben ist, scheint die Voraussetzung supererogativer Pflichterfüllung nur schwer vereinbar mit den Grundpfeilern der kantischen Moralphilosophie. Kants Auffassung des Sittlich-Guten kennt vielmehr nur zwei Alternativen: Gehorsam gegenüber dem Sittengesetz oder Ermangelung desselben. Insofern ist nur das Gericht nach der Gerechtigkeit, nicht aber das nach der Liebe, konsistent mit Kants moralphilosophischen Prämissen.
150 Metaphysik der Sitten Vigilantius, AA XXVII, 721.
151 Ebenso wie Kant sagen kann, dass Gott eine Personifikation der Strafgerechtigkeit oder des Gesetzes selbst sei, kann er auch sagen, Gott sei eine, wenn nicht direkte Personifikation, so doch Hypostasierung der Heiligkeit. Bemerkenswerter Weise findet sich dieser Gedanke bereits in der

tengesetz ist, insofern es uns verbindet – so viel steht seit der *Grundlegung* fest –, Gegenstand der Achtung.[152] Für die Personifikation dieser verbindenden Kraft gilt, solang klar bleibt, dass es sich dabei um eine bloße Personifikation handelt, das Gleiche. Schwieriger ist schon zu verstehen, warum der gerechte Richter als Objekt der Gottesfurcht verstanden werden soll. Doch auch dieses Problem löst sich schnell, wenn man beachtet, wie „Furcht" im gegenwärtigen Kontext konnotiert ist. Freilich bedeutete es einen Rückschritt zu jener Position, die Kant im Kanon der ersten Kritik noch vertreten hat, wenn er hier meinen würde, wir müssten Gott als ein Wesen annehmen, welches uns durch „Verheißungen und Drohungen" zur Befolgung des Sittengesetzes motiviert.[153]

Tabelle A

Trinitarische Person	Gott, der Vater	Gott, der Sohn	Gott, der Heilige Geist
Dogmatische Bestimmung	Schöpfer	Erhalter	[Ende, letzter Zweck]
Funktion/ Analogie	Gesetzgeber	Regent	Richter
Moralische Eigenschaften	Heiligkeit	Güte	Gerechtigkeit
Physische Eigenschaften		Allgegenwart, Allmacht	Allwissenheit
Haltung des Menschen	Achtung	Liebe	Gottesfurcht

Damit wäre eine entscheidende Einsicht der *Grundlegung* untergraben: Theonomie ist zwangsläufig Heteronomie. Befolgt der Mensch das Sittengesetz *aus* Furcht vor Gott, dann handelt er eben nicht autonom, und sein Handeln entspricht höchstens der Legalität, nicht aber der Moralität. Dass Kant keineswegs die notorische „Gotteslehre" der ersten Kritik rehabilitieren will, zeigt eine Vorarbeit zum ersten Stück der *Religionsschrift*, die im Zusammenhang mit der Schillerfußnote zu stehen scheint. Dort heißt es, grammatisch unausgegoren: „Die Achtung fürs Gesetz in einem Wesen das fehlbar ist d.i. versucht wird es zu übertreten

---

Kritik der praktischen Vernunft im Zusammenhang mit der Religionsdefinition: „[...] dergleichen Pflichten man Pflichten gegen Gott zu nennen pflegt, weil wir uns in ihm das Ideal der Heiligkeit in Substanz denken [...]" (KpV, AA V, 158).
152 GMS, AA IV, 400.
153 KrV, B 839.

ist Furcht vor Übertretung (Gottesfurcht) aber zugleich freye Unterwerfung unter dem Gebot das die Vernunft des Subjects ihm selbst vorschreibt."[154]

Kant unterscheidet hier noch nicht so klar zwischen Achtung und Gottesfurcht wie im publizierten Text. Wichtig aber ist, dass das Objekt der Furcht nicht das Sittengesetz oder der Gesetzgeber ist, sondern die Übertretung des Sittengesetzes. Der Mensch fürchtet nicht das Sittengesetz als solches, welches durch den göttlichen Gesetzgeber in bestimmter Weise personifiziert wird – in diesem Fall drohte tatsächlich Heteronomie[155] –, sondern er achtet es. Gegenstand der Furcht ist vielmehr die Übertretung des Gesetzes. Mit der Gestalt des gerechten Richters passt dies – wenn auch weitgehend unbiblisch – durchaus zusammen. Stellt doch der Heilige Geist als göttlicher Richter eine Externalisierung des Gewissens dar, also einer internen Beurteilungsinstanz. Man kann ihn sogar mit der Urteilskraft – genauer der moralischen oder ethischen Urteilskraft[156] – in Zusammenhang bringen, ebenso wie den Gesetzgeber mit der reinen praktischen Vernunft.[157] Es

---

154 Vorarbeiten Rel., AA XXIII, 98.
155 Das gilt sogar unabhängig von der Personifikation: Wenn wir die Quelle der Moralität (welche bei Kant das Sittengesetz ist) selbst fürchten würden – was freilich eine rein virtuelle Situation ist – statt es zu achten, würden wir ihm auch aus Furcht gehorchen. Die Furcht muss aber weichen, wenn wir uns autonom dem Gesetz unterstellen sollen.
156 Das ergibt sich klar, wenn man zwei Stellen aus der *Religionsschrift* miteinander kombiniert. An der ersten Stelle nennt Kant den Heiligen Geist den „eigentliche[n] Richter der Menschen (vor ihrem Gewissen)" (Rel., AA VI, 145, Anm.). An der zweiten definiert er das Gewissen wörtlich als „sich selbst richtende moralische Urthelskraft" (Rel., AA VI, 186). Der entscheidende Schritt ist hier wieder die Externalisierung eines Selbstverhältnisses, hier allerdings nicht der Vernunft überhaupt, sondern der moralischen Urteilskraft. Dieses Selbstverhältnis wird symbolisiert als Verhältnis des Heiligen Geistes, der die göttliche Funktion des Richters ausübt, zu dem Menschen, der als Schuldiger vor ihm steht.
157 Laut Kaulbach analogisiert Kant die ethische Urteilskraft mit der juridischen. Der Mensch, welcher die ethische Urteilskraft in der Gestalt des göttlichen Richters personifiziert, errichte so die „Herrschaftsverhältnisse in seinem eigenen Bewußtsein" (KAULBACH, 1978, 225 f.). Zurückgewiesen werden muss indes der Versuch Palmquists, die drei Funktionen Gottes als Gesetzgeber, Regent und Richter als äquivalent mit den drei Kritiken zu erweisen. Palmquist unterscheidet in seinem mehrbändigen Werk zu Kants *system of perspectivs* zwischen drei verschiedenen Systemen Kants (system$_t$, system$_p$, system$_q$). System$_t$ steht für die theoretische Philosophie und die erste Kritik, system$_p$ für die praktische Philosophie und die zweite Kritik und system$_q$ schließlich für die Urteilskraft und die dritte Kritik (PALMQUIST, 2000, 54–61). In einem Abschnitt über Gottes „trinitarian nature" im zweiten Teil des Werkes behauptet nun Palmquist, dass die drei Systeme jeweils einer der trinitarischen Funktionen entsprächen: System$_p$ dem heiligen Gesetzgeber, system$_t$ dem gütigen Regenten und system$_q$ dem gerechten Richter (PALMQUIST, 2000,108 f.). Während es einleuchtet, den gerechten Richter mit der Urteilskraft zu verbinden, und auch die Zuordnung von heiligem Gesetzgeber und praktischer Philosophie noch möglich erscheint, stellt die Behauptung einer systematischen Äquivalenz der theoretischen Philosophie mit dem gütigen

obliegt eben dieser Beurteilungsinstanz zu entscheiden, ob wir das Gesetz übertreten oder nicht. Die Furcht vor dem Urteil unseres Gewissens darüber, ob wir das Sittengesetz übertreten, kann daher in der symbolischen Sprache so ausgedrückt werden, dass wir uns vor dem Urteil des Heiligen Geistes, welcher der gerechte Richter ist, fürchten.

Bleibt als wirklich problematische Vorstellung also nur die, dass Gott als Regent der Gegenstand unserer Liebe sein soll. Dass hier eine Schwierigkeit vorliegt, sieht Kant selbst, was zugleich erklärt, warum er sich gerade über diese Funktion, die er der zweiten trinitarischen Person zuschreibt, weitgehend ausschweigt. In der Fortsetzung der oben zitierten Passage aus der *Metaphysik der Sitten Vigilantius* heißt es:

> Von allen diesen drey pouvoirs in der göttlichen Staatsverfassung ist es am schwierigsten, sich eine richtige und wirksame Vorstellung von der Liebe Gottes zu machen: weit leichter ist es, sich Gott als Gesetzgeber und Richter der Welt zu denken: aber sich subjective in Gott ein Wesen zu denken, das mit seiner allvermögenden Macht allen Geschöpfen wohlwolle und Wohlthaten erzeuge, ist darum schwer, weil es immer ein Verdienst ist, sich die Quelle der Wohlthätigkeit zu denken: nun mag Gott soviel Gutes wirken und Kraft haben wohlzuthun, als er wolle, so stößt doch gleich der Einwand auf, daß es ihm vermöge seiner Allmacht keine Aufopferung koste, daß sich bey ihm keine Hindernisse finden, die er überwinden muß, wie beym Menschen, und daß er daher nicht verdienstlich handle: wir können die Größe der Kraft Gottes nicht berechnen, mithin auch nicht den Grad des uns erzeigten Wohlwollens.[158]

Die Stelle ist mehrdeutig und bedarf einer genauen Auslegung. Klar ist, dass sich Kant auf die zweite der „drey pouvoirs in der göttlichen Staatsverfassung" – auf diese bezeichnende Metapher wird gleich einzugehen sein – bezieht. Während es laut Kant „leicht" ist, Gott als Gesetzgeber und Richter der Welt zu denken (was er in der *Religionsschrift* und der *Metaphysik der Sitten* dann auch beweist), bereitet die zweite Person der moralischen Trinität ihm besondere Schwierigkeiten. Kant

---

Regenten schlicht eine Absurdität dar. Palmquists eigenes Argument ist hier auch entsprechend schwach. Güte steht laut ihm für die theoretische Philosophie. Das widerspricht aber bereits der Zuordnung der drei göttlichen Eigenschaften, wie Kant sie vornimmt. Vollends unhaltbar scheint aber die Behauptung, die traditionelle Interpretation der Güte als göttliche Gnade, die lediglich offenbart werden könne, weise ihr einen Platz in der theoretischen Philosophie zu (PALMQUIST, 2000, 108, Anm. 29). Als einziges Argument könnte m. E. angeführt werden, dass der gütige Regent für die physische Glückseligkeit zuständig ist, welche zur Sinnenwelt gehört, die wiederum originärer Gegenstand der theoretischen Philosophie ist. Doch auch dieses Argument ist sehr gewollt und würde voraussetzen, dass die Lehre vom Logos bzw. der Erhaltung der eigentliche Subtext der ersten Kritik sei. Palmquists These beruht auf einer vorschnellen Analogisierung, die sich zudem auf keine expliziten Textzeugnisse stützen kann.
158 Metaphysik der Sitten Vigilantius, AA XXVII, 721.

begründet dies damit, dass die zweite Person die Liebe Gottes repräsentiere. Verwirrender Weise scheint er allerdings mit diesem Terminus nicht die Liebe zu Gott (*genitivus obiectivus*) zu meinen, um die es ihm kurz zuvor noch ging, sondern die Liebe Gottes zu seinen Geschöpfen (*genitivus subiectivus*). Für diese Lesart spricht, dass Kant im Folgenden von der Gegenliebe des Menschen spricht, die auf die Liebe Gottes antwortet.[159] Diese Gegenliebe ist dann genau identisch mit derjenigen Liebe, deren Objekt Gott als Erhalter und Regent ist. Die Liebe Gottes hingegen muss als Bezeichnung derjenigen moralischen Eigenschaft verstanden werden, welche dem göttlichen Regenten und Erhalter in besonderer Weise appropriiert wird. Liebe Gottes meint hier also nichts anderes als das, was Kant sonst „Güte" nennt. Ein solches, im höchsten Maße liebendes und gütiges Wesen wie Gott ist dadurch ausgezeichnet, dass es den Geschöpfen gegenüber Wohltaten erweist. Hier liegt nun für Kant das zentrale Problem verborgen: Wohltätigkeit bedeutet immer ein Verdienst, welches von Gott als einem heiligen Wesen nicht ausgesagt werden kann. Den Allmächtigen kostet es keine Anstrengung, Gutes zu bewirken, weswegen ihm auch kein Verdienst zugeschrieben werden. Ohne Verdienstlichkeit kann aber von Güte oder Liebe keine Rede sein.

Um dieses Argument zu verstehen, muss eine Unterscheidung eingeführt werden, die Kant im gedruckten Text der *Tugendlehre* vornimmt. Er differenziert dort zwischen einer verdienstlichen und einer schuldigen Pflicht. Verdienstliche Pflichten sind Pflichten gegen andere, bei denen der Verpflichte zugleich den anderen, auf den sich seine Pflicht richtet, ebenfalls verbindet. Bei schuldigen Pflichten ist dies nicht der Fall.[160] Eine Geldschuld etwa ist eine schuldige Pflicht. Dadurch, dass ich das Geld, das ich einem anderen schulde, zurückzahle, verbinde ich diesen in keiner Weise. Sobald ich meine Schuld abgetragen habe, ist die Pflicht erloschen, ohne dass auf der Seite des aktiv Obligierenden eine neue Verpflichtung entstanden wäre. Paradigma für eine verdienstliche Pflicht ist hingegen ein Akt der Wohltätigkeit. Es ist meine Pflicht, dem Nächsten zu helfen, auch, wenn ich ihm nichts schulde. Der Wohltäter, der einem Armen Geld spendet, verpflichtet zugleich auch denjenigen, dem diese Wohltat erwiesen wird, im Mindesten zu Dankbarkeit. Der strukturelle Unterschied zwischen einer schuldigen und verdienstlichen Pflicht besteht also darin, ob es durch die Erfüllung der Pflicht zu einer Aufhebung des Pflichtverhältnisses kommt (wie bei der schuldigen Pflicht) oder ob vielmehr eine neue Pflicht auf der anderen Seite des Ver-

---

159 Metaphysik der Sitten Vigilantius, AA XXVII, 721 f.
160 „Die oberste Eintheilung kann die sein: in Pflichten gegen Andere, so fern du sie durch Leistung derselben zugleich verbindest, und in solche, deren Beobachtung die Verbindlichkeit Anderer nicht zur Folge hat. – Die erstere Leistung ist (respectiv gegen Andere) verdienstlich; die der zweiten ist schuldige Pflicht" (MST, AA VI, 448/Ludwig, 93).

hältnisses entspringt (verdienstliche Pflicht). Das bedeutet aber, wie Kant in einem anderen Paragraphen ausführt, noch nicht automatisch, dass alles, was strukturell einer verdienstlichen Pflicht gleicht, auch wirklich als verdienstlich angesehen werden kann. Er hat hier die Figur des reichen Wohltäters vor Augen: „Wohlthun ist für den, der reich (mit Mitteln zur Glückseligkeit Anderer überflüssig, d.i. über sein eigenes Bedürfniß, versehen) ist, von dem Wohlthäter fast nicht einmal für seine verdienstliche Pflicht zu halten; ob er zwar dadurch zugleich den Anderen verbindet."[161] Verdienst ist nur möglich, wenn ein Hindernis, ein Widerstand überwunden werden muss, was vom reichen Wohltäter gerade nicht gilt. Als einen solchen reichen Wohltäter, der mit „Mitteln zur Glückseligkeit Anderer überflüssig [...] versehen" ist, stellt sich Kant nun auch Gott vor. Da Gott allmächtig ist, kann er jedem so viel Glückseligkeit zuteilen, wie es ihm beliebt. Er muss kein Hindernis überwinden, weshalb ihm auch kein Verdienst angerechnet werden kann. Es ist dasselbe Argument, das schon im Zusammenhang mit der Frage, ob übersinnliche Wesen tugendhaft sein können, begegnete. Letztlich geht es also wieder um den Gegensatz zwischen Tugend und Heiligkeit. Das Problem, welches die Rede von der Liebe Gottes bereitet, besteht dann darin, dass Liebe, wie Kant sie versteht, immer Verdienst impliziert, welches Gott aber gerade nicht zugeschrieben werden kann. Für den Allmächtigen ist es ebenso wie für den reichen Wohltäter unmöglich, wahrhaft verdienstlich zu handeln: Wenn sie ihrer verdienstlichen Pflicht zur Wohltätigkeit nachkommen, ist ihr Handeln selbst immer noch nicht verdienstlich, weil es sie keine „Aufopferung" kostet. Liebe bedeutet laut Kant eben diese Bereitschaft, etwas von sich selbst aufzuopfern, um dem anderen wohlzutun. Wie soll dies aber von einem Wesen gesagt werden, dass überhaupt nichts aufopfern kann, da es alle Dinge im Übermaß besitzt? Das gleiche Argument findet sich auch in der *Religionsschrift*, nicht zufällig genau in jener Fußnote, die in dieser Arbeit bereits mehrfach herangezogen wurde:

> Zu dieser Vorstellungsart bequemt sich auch die Schrift, um die Liebe Gottes zum menschlichen Geschlecht uns ihrem Grade nach faßlich zu machen, indem sie ihm die höchste Aufopferung beilegt, die nur ein liebendes Wesen thun kann, um selbst Unwürdige glücklich zu machen („Also hat Gott die Welt geliebt," u.s.w.): ob wir uns gleich durch die Vernunft keinen Begriff davon machen können, wie ein allgenugsames Wesen etwas von dem, was zu seiner Seligkeit gehört, aufopfern und sich eines Besitzes berauben könne.[162]

Inwiefern die Auslegung von Joh 3,16 ein Paradebeispiel für Kants analoge Rede von übersinnlichen Wesen darstellt, wurde bereits erörtert: Die Hingabe des

---

161 MST, AA VI, 453/Ludwig, 99.
162 Rel., AA VI, 65, Anm.

Sohnes, der zweiten Person der Trinität, kann laut Kant, anders als der Bibelvers nahelegt, nicht im wörtlichen Sinn als Aufopferung angesehen werden, da ein allgenügsames Wesen wie Gott gar nicht fähig ist, etwas zu aufzuopfern.[163] Vielmehr handelt es sich hier um einen „Schematismus der Analogie." Doch, so muss jetzt gefragt werden, ist dieses Argument wirklich überzeugend?

Aus einem heiligen Wesen ein tugendhaftes zu machen, von einem Wesen, das, weil allgenügsam, unfähig ist zur aufopfernden Liebe, zu behaupten, es repräsentiere die Liebe im höchsten Maße, ist nicht eine uneigentliche Rede im Sinne der Proportionsanalogie, sondern schlicht unmöglich.[164] In der – immerhin fast gleichzeitigen – *Metaphysik der Sitten Vigilantius* ist Kant dann auch durchaus skeptischer, was die „Versinnlichung" der göttlichen Liebe angeht: „Daher ist es auch ganz falsch, sich diese Idee zu versinnlichen und als für sich bestehend zu realisiren".[165] Das verbietet nicht nur einen Schematismus der Objektbestimmung, sondern auch einen der Analogie und beweist, dass die zweite trinitarische Person in Kants Denken keinen wirklichen Platz hat.

5.2 Himmlische Gewaltenteilung

Was ist aber nun mit den „drey pouvoirs in der göttlichen Staatsverfassung" gemeint, wie sie Kant in der *Metaphysik der Sitten Vigilantius* anführt? Ohne Zweifel stellt diese – auch in der *Religionsschrift*[166] und im *Opus postumum*[167] anklin-

---

163 S. o. 1.2.
164 Aufmerksam gelesen, stellt für Kant die Liebe Gottes *an sich* hier gar keinen problematischen Begriff dar. Es ist vielmehr die Frage, ob von *aufopfernder* Liebe in Bezug auf Gott gesprochen werden darf. Kant will zeigen, dass „Aufopferung" von Gott auf analoge Weise prädiziert werden kann. Die göttliche Liebe setzt er hingegen voraus, mehr noch, er schreibt sie Gott in einem direkten, nicht-analogen Sinn zu. Damit unterschreitet er das Niveau jener Passagen, in denen die „Liebe Gottes" ein hochgradig problematischer Begriff ist, gerade, weil sie ein Verdienst voraussetzt. Während Kant also in der *Metaphysik der Sitten* von der Liebe schlechthin meint, sie müsse verdienstlich gedacht werden, gilt dies in der *Religionsschrift* allein von der aufopfernden Liebe.
165 Metaphysik der Sitten Vigilantius, AA XXVII, 722.
166 Der Glaube an die Trinität, der für Kant ein reiner Ausdruck der moralischen Relation zwischen Gott und Mensch ist, „liegt in dem Begriffe eines Volks als eines gemeinen Wesens, worin eine solche dreifache obere Gewalt (*pouvoir*) jederzeit gedacht werden muß" (Rel., AA VI, 140). S. hierzu BÖTTIGHEIMER, 2010, 190. Kant nimmt hier also genau das Gegenteil dessen an, was Carl Schmitt in seiner *Politischen Theologie* behauptet: „Alle prägnanten Begriffe der modernen Staatslehre sind säkularisierte theologische Begriffe" (SCHMITT, 1985, 49). Die trinitarische Gewaltenteilung wird nach Kant in Analogie zur staatlichen gedacht und nicht – wie in Schmitts Diktum – gerade umgekehrt. Die Trinitätslehre ist eine sakralisierte Form der staatlichen Ge-

5.2 Himmlische Gewaltenteilung — 123

gende – Formulierung einen Versuch dar, die göttliche Gewaltenteilung mit der im republikanisch verfassten Staat zu vergleichen. Die drei Gewalten Montesquieus werden zum Analogon für die drei Funktionen der reinen praktischen Funktion, die Kant im Gottesbegriff verbunden sieht. Bereits in seiner theologischen (bzw. religionsphilosophischen) Vorlesung von 1783/84 macht Kant diesen Vergleich explizit. Nachdem er dort die drei moralischen Vollkommenheiten Gottes in der bekannten Weise mit den drei Funktionen als Gesetzgeber, Regent und Richter korreliert hat, geht er dazu über, die himmlische mit der irdischen Gewaltenteilung zu vergleichen. In der Mitschrift von Mrongovius heißt es dazu knapp: „Die Regierung der Länder ist ein kleines symbolum der göttlichen Regierung. Bei den Menschen ist das verschieden."[168] Gerade der zweite dieser Sätze ist kryptisch. Glücklicherweise gibt Pölitz in der von ihm edierten Variante derselben Vorlesung etwas ausführlichere Auskunft:

> Ein Symbol davon trifft man in einer wohlgeordneten Landesregierung an; nur mit dem Unterschiede, daß hier Gesetzgebung, Regierung und Gericht in verschiedenen Personen gefunden werden, da sie hingegen in Gott zusammen verbunden sind. – Der Gesetzgeber in einem Staate muß souverain seyn, dem sich Keiner entziehen kann. Der Verwalter dieser Gesetze, welcher nach Proportion den, der sich durch ihre Befolgung seiner Güte würdig gemacht hat, versorgt und belohnet, muß jenem untergeordnet seyn, weil er eben nach den Gesetzen desselben verfahren soll. Der Richter endlich muß sehr gerecht seyn und genau nachsehen, ob die Austheilung des Lohns auch dem Verdienste gemäß sey. Alle menschlichen Vorstellungen hievon abgesondert, so ist der reine Begriff gerade eben der, welcher die moralischen Vollkommenheiten Gottes ausmacht.[169]

In diesem Zitat ist bereits der gesamte Vergleich skizziert. Sowohl das *tertium comparationis*, das Landesregierung und göttliches Regiment verbindet, als auch der spezifische Unterschied, der zwischen beiden bei aller Ähnlichkeit doch bestehen bleibt, werden im Text deutlich benannt. Rein formal besteht das *tertium comparationis* zunächst in der Dreiheit, allerdings nicht der schlichten Dreizahl der Gewalten, sondern der genauen und begründeten Trennung zwischen ihnen. Auffällig an der angeführten Passage ist, dass Kant zumindest für die zweite und dritte Person der Landesregierung die gleiche Korrelation von moralischer Eigenschaft und staatlicher Funktion annimmt wie beim göttlichen Regiment: Der

---

waltenteilung. Deren moderne Ausprägung ist freilich zeitlich jünger als die Trinitätslehre. Von der Unterscheidung zwischen den Funktionen des Richters, Regenten und Gesetzgebers gilt dies jedoch nicht.
167 „Die 3 Gewaltszweige [sic!] im Göttlichen Staat: Gesetzgebende Regierende und Richterliche" (Op. post., AA XXI, 71).
168 Danziger Rationaltheologie, AA XXVIII, 1285.
169 Religion Pölitz, AA XXVIII, 1074.

Verwalter der Gesetze muss gütig, der Richter gerecht sein. Vom Gesetzgeber sagt Kant, er müsse „souverain" sein, was nichts anderes ist als ein theologisch weniger aufgeladenes Äquivalent zu Heiligkeit. Dass diese drei Personen nicht eine sein können, begründet Kant für den Staat in seiner Schrift *Zum ewigen Frieden*. In der zweiten Erläuterung zum ersten Definitivartikel, in der er einer Verwechslung der republikanischen mit der demokratischen Verfassung vorbeugen will, unterscheidet Kant zwischen zwei Möglichkeiten, die „Form des Staates" zu charakterisieren. Zum einen kann dies geschehen mit Hinblick auf die Form der Beherrschung (*forma imperii*), d. h. unter Berücksichtigung der jeweiligen Personen, die die Staatsgewalt innehaben, zum anderen mit Hinblick auf die Regierungsform (*forma regiminis*). Während es laut Kant drei Formen der Beherrschung gibt, können nur zwei Regierungsformen unterschieden werden: Die despotische und die republikanische. Der Unterschied zwischen diesen beiden Regierungsformen besteht nun darin, ob die zwei ersten Gewalten – von der dritten schweigt Kant an dieser Stelle – getrennt sind oder nicht.

> Der Republikanism ist das Staatsprincip der Absonderung der ausführenden Gewalt (der Regierung) von der gesetzgebenden; der Despotism ist das der eigenmächtigen Vollziehung des Staats von Gesetzen, die er selbst gegeben hat, mithin der öffentliche Wille, sofern er von dem Regenten als sein Privatwille gehandhabt wird.[170]

Wenn der Gesetzgeber zugleich der Regent ist, der Regent sich also anmaßt, seinen Privatwillen an die Stelle des öffentlichen Willens, wie er sich in der Gesetzgebung bekundet, zu setzen, entsteht eine despotische Regierungsform. In ähnlicher Weise unterscheidet Kant auch die drei göttlichen Gewalten in der *Religionsschrift* und beharrt darauf, dass sie nicht vermischt werden dürften. So darf der Richter nicht in der Qualität des Gesetzgebers, d. h. als heilig, vorgestellt werden, weil sonst niemand vor ihm bestehen würde. Zugleich darf er aber nicht ebenso gütig wie der Regent sein, weil eine gütige und „abbittliche Gerechtigkeit" ein Widerspruch wäre. Vielmehr muss die Gerechtigkeit des Richters „als Einschränkung der Gütigkeit auf die Bedingung der Übereinstimmung der Menschen mit dem heiligen Gesetze, so weit sie als Menschenkinder der Anforderung des letztern gemäß sein könnten",[171] aufgefasst werden. Diese Formulierung reflektiert die bekannte Konzeption der Gerechtigkeit bei Kant: Distributive Gerechtigkeit ist die Zusprechung der der Heiligkeit proportionalen Glückseligkeit gemäß der Güte. Die Notwendigkeit einer Unterscheidung der drei göttlichen Gewalten wird von Kant also mit der Irreduzibilität und wechselseitigen Exklusivität der drei

---

170 Z. ew. Fried., AA VIII, 352.
171 Rel., AA VI, 141, dort auch das vorangehende Zitat.

moralischen Vollkommenheiten Gottes begründet. In einer Reflexion heißt es pointiert:

> Als gesetzgeber kan er [i. e. Gott] nicht gütig seyn, d.i. sein Gesetz kan nicht der absicht auf das Wohl der creatur untergeordnet oder damit vermischt seyn. Es ist auf Freyheit und nicht auf Glükseeligkeit gerichtet: daß die Geschopfe der Glükseeligkeit würdig, nicht daß sie glüklich werden; sonst stellen wir uns sein Gesetz als nachsichtlich, unseren Schwächen angemessen und nachgebend, aber nicht als heilig vor. Als Gütig [?] und aus keinem andern Grunde will er das Daseyn der Creatur; aber als heilig will er, wenn sie daseyn, daß sie sich verhalten müssen, um der Gütigkeit theilhaftig zu werden. Als gerecht setzt er zwar die Gütigkeit, aber mit Einschrankung durch die Heiligkeit des Gesetzes voraus, die gerechtigkeit ist aber nicht gütig, sie ist auch nicht heilig, sondern die Gütigkeit in conformitat mit der Heiligkeit des Gesetzes ist die distributive Gerechtigkeit. Als Gütig würde er nicht strafen, als heilig wird er nicht belohnen (denn alles ist schuldigkeit), denn er verlangt die that unangesehen der Glükseeligkeit des Zustandes. Also ist Gerechtigkeit die dritte personlichkeit.[172]

Heiligkeit und Güte, als vereinigt in einem Subjekt, schließen sich aus. Der Gesetzgeber kann nicht gütig sein, da er sonst nicht mehr mit aller Strenge gebieten könnte. Der Regent soll gütig sein und auf das Wohlergehen seiner Untertanen achten. Täte dies aber der Gesetzgeber, wäre er indulgent. Ist es aber wirklich so, dass aus der Vermischung der Gewalten auch bei Gott sofort der Despotismus folgt? Ist doch der „Privatwille" des göttlichen Regenten auf das Wohl der Untertanen, nicht aber auf seinen Eigennutz gerichtet. Allein, formal ändert sich hierdurch nichts. Der göttliche Regent, der sich anmaßt, zugleich Gesetzgeber zu sein, würde wie ein irdischer Regent seinen Privatwillen an die Stelle des allgemeinen Willens setzen, in diesem Fall also des durch den Gesetzgeber personifizierten Sittengesetzes. Resultat wäre ein Despotismus des Wohlwollens, eine Welt, in der jedem alles unmittelbar vergeben wird und keine sittliche Forderung mehr ergeht – eine (zumindest in Kants Augen) ungerechte Welt, da jedem, ganz unabhängig davon, ob er sich dem Sittengesetz unterstellt oder nicht, alles Gute zuteilwürde.

Um die Vermischung zu vermeiden, bedarf es in der himmlischen wie in der irdischen Bürgerschaft einer genauen Ordnung der drei Gewalten. In der *Metaphysik der Sitten* hat Kant dies für den Staat ausgeführt, indem er das Verhältnis der drei Gewalten mit den Sätzen eines praktischen Syllogismus vergleicht. Jeder Staat enthalte, heißt es dort, den „allgemein vereinigten Willen in dreifacher Person (*trias politica*)".[173] Diese Trias ist die bekannte aus Gesetzgeber, Regent

---

[172] Refl. 6092, AA XVIII, 448 f. Mit dem Fragezeichen ist eine Korruption im überlieferten Text bezeichnet.
[173] Zum praktischen Vernunftschluss s. KpV, AA V, 90.

und Richter, welche, „gleich den drei Sätzen in einem praktischen Vernunftschluß: Dem Obersatz, der das Gesetz jenes Willens, dem Untersatz, der das Gebot des Verfahrens nach dem Gesetz, d. h. das Princip der Subsumtion unter denselben, und dem Schlußsatz, der den Rechtsspruch (die Sentenz) enthält, was im vorkommenden Falle Rechtens ist", vorgestellt werden muss.[174] Die Funktion des Gesetzgebers entspricht der *praemissio maior*, welche das allgemeine Gesetz formuliert. Dem Regenten, der exekutiven Gewalt, obliegt das Verfahren nach dem Gesetz. Er unterscheidet (zumindest nach Kants Auffassung) darüber, ob das Gesetz in einem konkreten Fall anzuwenden ist, wie die *praemissio minor* in einem Schluss entscheidend dafür ist, ob das Gesetz auf einen bestimmten Fall zutrifft. Das Gesetz (in diesem Fall allerdings kein praktisches) sagt aus, dass alle Menschen sterblich sind. Der Untersatz leistet die konkrete Anwendung, indem er Sokrates unter diejenigen Wesen, die Menschen sind, subsumiert. Der Schlusssatz spricht dann das Urteil. Sokrates ist ein Mensch, alle Menschen sind sterblich. Der Richter entscheidet: Also ist auch Sokrates sterblich. Das Gesetz kann auf ihn bezogen werden. Was der Richter leistet, ist, dass er Obersatz und Untersatz des (praktischen) Syllogismus in ein Verhältnis setzt. Darin gleicht, formal betrachtet, sein Vorgehen dem des göttlichen Richters, der die Heiligkeit des Gesetzgebers in ein proportionales Verhältnis zur Güte des Regenten setzt.

Ob aber der praktische Syllogismus auch auf die Trinität im gleichen Sinne wie auf die staatlichen drei Gewalten angewandt werden kann, darf man bezweifeln. Wie die Güte der zweiten Person – welche schon in ihrer konzeptionellen Problematik beschrieben wurde – die Subsumtion unter das heilige Gesetz leisten soll, ist schwer vorstellbar. Die Analogosierungen der ersten und dritten Person sind hingegen leicht möglich. Göttlicher und menschlicher Gesetzgeber sind Urheber der Verbindlichkeit des allgemeinen Gesetzes, d. h. der *praemissio maior*. Göttlicher und menschlicher Richter stellen die Relation zwischen Obersatz und Untersatz her. Mag auch die zweite Person eine Grenze des Vergleichs markieren, ist doch das eigentliche *tertium comparationis* deutlich: Im Himmel wie auf Erden müssen die drei Gewalten nicht nur genau voneinander unterschieden sein, sondern auch in bestimmten Verhältnissen zueinander stehen. Nur, wenn die drei Gewalten so aufeinander abgestimmt sind, dass der Regent die Güte nicht anders verteilen darf, als es im Einklang mit dem Gesetz steht, handelt er recht. Die Proportionalität von Güte und Heiligkeit darf von einem gerechten Gott erwartet werden. Damit ergibt sich aber eine letzte Pointe: Insofern der irdische und der himmlische Staat gleichermaßen dafür sorgen, dass Glückseligkeit entsprechend der Würdigkeit des Einzelnen ausgeteilt wird, gleichen sie sich in auch in ihrer

---

[174] MSR, AA VI, 313/Ludwig, 129.

Ökonomie. Beide sind auf das gleiche Ziel ausgerichtet, i.e. das höchste abgeleitete Gut. Ein despotischer Herrscher (sei es ein Abgott, sei es ein Tyrann) kann für die Realisation des höchsten Gutes nicht bürgen, da er die Glückseligkeit nach seinem Gutdünken austeilt, nicht aber danach, wie viel jeder verdient, was einzig und allein das Gesetz bestimmen kann.[175]

Der Despotismus verhindert also, indem er die ersten beiden Gewalten vermischt, die Realisation des höchsten Gutes. Geschieht dies aber nicht gerade im Monotheismus? Ist der Gott des Monotheismus nicht notwendig ein Despot, und sei es ein Despot des Wohlwollens, der mehr Güte austeilt, als es das Gesetz erlaubt? Kant notiert, diesen Gedanken anscheinend zumindest erwägend, im *Opus postumum*: „Despotische Verfassung unter Gott und republikanische unter Götter [sic!]."[176] Auf den ersten Blick scheint der Polytheismus also der Forderung nach Gewaltenteilung im göttlichen Staat eher zu entsprechen als der Monotheismus. Der Staat wird automatisch despotisch, sobald zwei oder sogar drei Gewalten in einem Subjekt vereinigt sind. Will Kant seinen monotheistischen Gottesbegriff behaupten, muss er hier eine Inkongruenz zwischen der göttlichen und staatlichen *forma regiminis* annehmen. Damit ist bereits die Frage nach dem spezifischen Unterschied zwischen diesen Regierungsformen angesprochen. Wenn Kant

---

175 Ist diese Deutung richtig, wird die philosophisch gewendete Trinitätslehre bei Kant zu einem Instrument, um zu erklären, wie Gott genau das höchste Gut herbeiführen kann. Im sogenannten „praktischen Gottesbeweis" der zweiten Kritik wird nur gefolgert, dass das notwendige Wesen, das für die Übereinstimmung von Glückseligkeit und Glückswürdigkeit sorgen soll, ein moralischer Urheber der Natur sein müsse, welcher gewöhnlich „Gott" genannt wird (KpV, AA V, 125). Über die Ableitung bestimmter Eigenschaften, die dieses Wesen besitzen muss (Allmacht, Allwissenheit und Allgüte), wird die Identifikation des gesuchten Wesens mit Gott abgesichert. Damit ist aber nur geklärt, warum unter Annahme der Existenz Gottes das höchste abgeleitete Gut *möglich* ist. Um aber zu erklären, wie es *wirklich* wird, muss eine bestimmte Ökonomie angegeben werden, die, analog zum Funktionieren eines Staatsapparats, die Realisation des *summum bonum derivatum* garantiert. Genau dies soll Kants Trinitätslehre leisten. Entsprechend würde es auch nicht ausreichen, dass es einen allmächtigen, allwissenden und allgütigen Regenten überhaupt gibt, um für das größte Wohl aller Bürger Sorge zu tragen. Der besagte Regent müsste seinen Staat vielmehr so einrichten, dass es tatsächlich zur Verwirklichung dieses Ziels kommt. Für die Wirklichkeit des höchsten abgeleiteten Gutes muss nicht allein die Existenz Gottes, sondern auch die einer wirksamen göttlichen Ökonomie postuliert werden. Eben jene Ökonomie versucht Kant mit seiner Aneignung der christlichen Trinitätslehre begrifflich aufzuweisen. Sein Gottesbegriff ist notwendig ein trinitarischer, weil für die Wirklichkeit des höchsten Gutes ein Gott angenommen werden muss, der sie nicht nur garantieren, sondern auch bewirken kann.
176 Op. post., AA XXI, 71.

in der *Religionsschrift* auf die „drei pouvoirs" des göttlichen Staates zu sprechen kommt, hält er daher fest:

> Er liegt in dem Begriffe eines Volks als eines gemeinen Wesens, worin eine solche dreifache obere Gewalt (*pouvoir*) jederzeit gedacht werden muß, nur daß dieses hier als ethisch vorgestellt wird, daher diese dreifache Qualität des moralischen Oberhaupts des menschlichen Geschlechts in einem und demselben Wesen vereinigt gedacht werden kann, die in einem juridisch-bürgerlichen Staate nothwendig unter drei verschiedenen Subjecten vertheilt sein müßte.[177]

Kant greift sachlich auf die Unterscheidung zwischen einem ethischen und juridischen Gemeinwesen zurück. Die Oberhäupter der beiden Gemeinwesen werden jetzt jedoch nicht mehr allein dadurch unterschieden, dass es einmal die externalisierte reine praktische Vernunft selbst in der Gestalt des göttlichen Gesetzgebers, einmal eine reale menschliche Person ist, die für die Verbindlichkeit der Gesetze bürgt. Vielmehr hebt Kant nun hervor, dass die „dreifache Qualität" – eben jene *pouvoirs* oder Gewalten – im ethischen Gemeinwesen in einem Wesen vereinigt sind, während sie in im irdischen Staat notwendig auf verschiedene Individuen oder Körperschaften verteilt werden. Er greift hier auf den Grundsatz der klassischen Trinitätslehre zurück, nach der Gott eine Substanz in drei Personen (*tres personae, una substantia*) oder, in griechischer Terminologie, ein Wesen in drei Hypostasen sei (μία οὐσία, τρεῖς ὑποστάσεις).[178] Es stellt gerade die Eigentümlichkeit der klassischen Trinitätslehre dar, die Ein- und zugleich Dreiheit Gottes zu behaupten. Diesen Gedanken übernimmt Kant: Die drei Gewalten müssen wohl unterschieden werden – Gottes Heiligkeit darf nicht die Güte zum Maßstab haben, die Gerechtigkeit nicht die Heiligkeit –, zugleich sind sie aber in einem Subjekt vereinigt, anders als im Staat, bei dem genau dies unmöglich ist.

„Das Staatsoberhaupt stellt eine dreyfache Person vor", heißt es dazu in einer aufschlussreichen Reflexion.[179] In der bekannten Weise entfaltet Kant dort das hierarchische Ordnungsgefüge der drei Gewalten gemäß dem praktischen Syllogismus. Der Regent, „der nach Gesetzen ruhe und Glückseeligkeit austheilen soll", muss unter dem Gesetzgeber stehen, weil dessen Gesetze für ihn sonst keine Verbindlichkeit hätten, und ist diesem entsprechend subordiniert. Der Richter wiederum kann nicht die gleiche Person wie der Regent sein, „weil er dessen

---

[177] Rel., AA VI, 140. Dass der Begriff der „Hypostase" Kant skeptisch gegenüber der traditionellen Trinitätslehre gestimmt habe, weil er ihn selbst meist in pejorativem Sinn gebrauche, vermutet BÖTTIGHEIMER, 2010, 188.
[178] Zur Herkunft dieser Formeln s. in aller Kürze OBERDORFER, 2005, 601.
[179] Refl. 7971, AA XIX, 576.

Gütigkeit einschränken soll". Im nächsten und letzten Satz folgt der überraschende Übergang zur Trinitätslehre, die bisher überhaupt nicht thematisch war: „Diese drey Personen können nur in der Gottheit verbunden seyn, weil sie alle diese Vollkommenheiten zugleich in sich faßt."[180] In einer anderen Reflexion heißt es übereinstimmend: „Bey menschen sind die drey Personlichkeiten in drey Individuis vertheilt, in Gott ist es eine dreyfache Personlichkeit".[181] Kant versucht auf diese Weise, das Problem eines abstrakten Monotheismus zu vermeiden, in welchem Gott zum Despoten werden kann. Er rekurriert auf die traditionelle Trinitätslehre, um die drei Gewalten als unterschiedene denken und doch ein und demselben Subjekt zuschreiben zu können. Der Polytheismus, d. h. die Annahme von mehreren nicht nur unterschiedenen, sondern getrennten göttlichen Gewalten, scheint für Kant keine Alternative zu sein, weil „Gott" ein *conceptus singularis* ist, der als solcher die Vielheit ausschließt. Mehrere Götter gibt es ebenso wenig wie mehrere (aktuale) Welten. Hinzu kommt, dass Gott zwar eine Person (bzw. Persönlichkeit) ist, also ein Vernunftwesen, aber kein Sinnenwesen, welches allein individuiert werden könnte.[182] Kant bleibt also nur eine möglichst geschickte Kombination mono- und polytheistischer Momente, wie er sie in der christlichen Trinitätslehre vorgebildet sieht.

In der *Religionsschrift* findet sich eine Passage, die als Summe der philosophischen Aneignung der Trinitätslehre, wie Kant sie vornimmt, verstanden werden kann. Kant interpretiert hier abermals das „Glaubenssymbol" der Trinität vor dem Hintergrund der Lehre von den drei moralischen Eigenschaften Gottes. Dieses „Glaubenssymbol" ist laut Kant nicht bloß Ausdruck einer bestimmten positiven Religion, sondern vielmehr der reinen moralischen Religion oder, in der Sprache der Aufklärung, der Naturreligion.

---

180 Refl. 7971, AA XIX, 576.
181 Refl. 6092, AA XVIII, 449 f.
182 „Es ist ein einzelner Begriff *conceptus singularis* (es giebt nicht Götter) so wenig als Welten sondern Gott u. die Welt Er ist eine Person d.i. ein Wesen das Rechte hat aber kein Sinnenwesen; also nicht Götter" (Op. post., AA XX, 53). Bereits in der *Danziger Rationaltheologie* widerspricht Kant dem Polytheismus, wenn er „Gott" eindeutig als *conceptus singularis* bestimmt. Wäre der Begriff „Gott" nicht durchgehend bestimmt, mithin ein einzelner, könnte Gott nicht das *ens realissimum* sein. Dass er alle Realitäten in sich fassen soll, impliziert den monotheistischen Gottesbegriff. Das allerrealste Wesen kann nur eines sein: „Ist Gott einig oder sind mehrere Götter? – Das ens originarium ist unum, weil es ein conceptus singularis ist. Es ist nur der Begriff eines einzigen Dinges, welches durchgängig determinirt ist. Was durchgängig determinirt gedacht wird, ist ens singulare. Wären viele entia realissima, so wäre der Begriff des entis realissimi eine species und in vieler und in mancher Absicht unbestimmt. Der Begriff von Gott ist Begriff eines einzigen Wesens. – Das geht wider den Polytheismus" (Danziger Rationaltheologie, AA XVIII, 1262).

> Mit einem Wort: Gott will in einer dreifachen, specifisch verschiedenen moralischen Qualität gedient sein, für welche die Benennung der verschiedenen (nicht physischen, sondern moralischen) Persönlichkeit eines und desselben Wesens kein unschicklicher Ausdruck ist, welches Glaubenssymbol zugleich die ganze reine moralische Religion ausdrückt, die ohne diese Unterscheidung sonst Gefahr läuft, nach dem Hange des Menschen, sich die Gottheit wie ein menschliches Oberhaupt zu denken, (weil er in seinem Regiment diese dreifache Qualität gemeiniglich nicht von einander absondert, sondern sie oft vermischt oder verwechselt) in einen anthropomorphistischen Frohnglauben auszuarten.[183]

Die Unterscheidung der drei trinitarischen Personen in der Gottheit vermeidet laut Kant die Gefahr einer anthropomorphen Rede von Gott. Würden die drei – wohlgemerkt moralischen, nicht physischen – Personen, die in einem Wesen vereinigt sind, nicht genau voneinander unterschieden, stellten wir uns Gott wie ein menschliches Oberhaupt vor. Dies widerspricht nun aber dem, was Kant bisher über das göttliche Oberhaupt (im ethischen Gemeinwesen) und das menschliche Oberhaupt (im juridischen Gemeinwesen) ausgeführt hat. Das *tertium comparationis* zwischen der göttlichen und menschlichen Regierung war doch gerade, dass beide gewaltenteilig vorgestellt werden. Ist es demnach nicht vielmehr ein „anthropomorphistischer Frohnglaube", wenn die Regierung Gottes als gewaltenteilig vorgestellt wird? Der eingeklammerte Halbsatz vermag dies nur zum Teil zu erklären. Offenbar beruft sich Kant hier schlicht auf die kontingente Tatsache, dass in realen Staaten die drei Gewalten nicht immer genau unterschieden werden. Er bezieht sich also nicht auf die ideale republikanische Regierung, welche immer gewaltenteilig strukturiert ist, sondern auf die faktische, bei der die Vermischung der Gewalten zumindest eine beständige, latente Drohung darstellt. Die Trinitätslehre wird daher einerseits in Analogie zur idealen republikanischen Regierung entworfen, andererseits im Kontrast zur faktischen Landesregierung, in welcher die Gewaltenteilung nie rein durchgeführt ist. Das Symbol der Dreieinigkeit wehrt dem Anthropomorphismus, insofern es Gott von einem realen, tendenziell despotischen Herrscher unterscheidet. Eine analoge, symbolische Rede liegt hier insofern vor, als die republikanische Verfassung (als Ideal) mit der göttlichen verglichen wird. Die zweite Art, Gott anthropomorph vorzustellen, ist, im Gegensatz zur ersten, legitim, solange bewusst bleibt, dass Gott nicht objektiv, sondern nur nach der Analogie schematisiert wird. Seine früheren Überlegungen zur symbolischen Erkenntnis Gottes aufgreifend, schreibt Kant mit Hinblick auf die Trinität in der *Anthropologie in pragmatischer Hinsicht*:

> Daher die heilige Drei, ein alter Mann, ein junger Mann und ein Vogel (die Taube), nicht als wirkliche, ihrem Gegenstande ähnliche Gestalten, sondern nur als Symbole vorgestellt

---

[183] Rel., AA VI, 141 f.

werden müssen. Eben das bedeuten die bildlichen Ausdrücke des Herabkommens vom Himmel und Aufsteigens zu demselben. Wir können, um unseren Begriffen von vernünftigen Wesen Anschauung unterzulegen, nicht anders verfahren als sie zu anthropomorphisiren; unglücklich aber oder kindisch, wenn dabei die symbolische Vorstellung zum Begriffe der Sache an sich selbst erhoben wird.[184]

In der Terminologie der *Prolegomena* spricht Kant hier von einem „symbolischen Anthropomorphismus".[185] Die Lehre von der Dreieinigkeit ist keine eigentliche, theoretische Aussage über das Wesen Gottes, kein „Begriff der Sache an sich selbst" – das wäre vielmehr ein „dogmatischer Anthropomorphismus"[186] –, sondern lediglich ein Symbol für die dreifache moralische Qualität Gottes.[187] Geschickt deutet Kant die biblische Rede vom „Herabkommen" vom und „Aufsteigen" zum Himmel, beim Sohn also die Menschwerdung und Himmelfahrt, beim Geist das Niedersinken und abermalige Aufsteigen der Taube. Abstieg und Aufstieg sind für Kant nichts anderes als eine Illustration des Symbolisierungsvorgangs selbst. Der symbolische Anthropomorphismus ist unvermeidbar, „weil wir um unseren Begriffen von [übersinnlichen] vernünftigen Wesen Anschauung unterzulegen, nicht anders verfahren als sie zu anthropomorphisiren". Diese laut Kant legitime anthropomorphe Rede muss sich aber gleichsam zwischen Himmel und Erde halten. Wir müssen Anschauungen, die von sinnlich-vernünftigen Wesen entlehnt sind, (bildlich gesprochen) in den Himmel tragen, um sie auf übersinnliche Wesen anwenden zu können. Verweilen wir aber im „Himmel", droht die Gefahr, dass die entlehnten Begriffe für wörtliche genommen werden und aus dem symbolischen Anthropomorphismus ein dogmatischer wird. Nur durch den abermaligen Abstieg, die „Erdung" der Vorstellungen, wird diese Gefahr vermieden. Die anthropomorphe Rede von Gott ist legitim, solange sie als eine ebensolche uneigentliche Rede durchsichtig bleibt. Ein solcher symbolischer Anthropomorphismus ist laut der *Anthropologie* auch die sinnliche Vorstellung von Gott als Vater, Sohn und Geist. Wenn also, wie es in der *Religionsschrift* heißt, die Vorstellung von Gott als dreieinem ein Bollwerk gegen den anthropomorphistischen „Frohnglauben" sein soll, dann muss dies so verstanden werden, dass der

---

[184] Anthr., AA VII, 174, Anm.
[185] Prol., AA IV, 357. S. o. 1.2.
[186] Dem Begriff des „dogmatischen Anthropomorphismus" entspricht in der *Religionsschrift* das „anthropomorphistische [...] Symbol eines Kirchenglaubens" (Rel., AA VI, 142).
[187] Die dreifache moralische Qualität selbst ist auch kein theoretischer oder moralontologischer Ausdruck für das Wesen Gottes, sondern meint den praktischen Gottesbegriff, insofern Heiligkeit, Güte und Gerechtigkeit wiederum gekoppelt sind an die praktisch abgeleiteten Funktionen des Gesetzgebers, Regenten und Richters. So hat die Rede von der Gerechtigkeit Gottes letztlich ihren Grund in der Ansprache durch das Gewissen und dient dazu, diese Rede zu plausibilisieren.

symbolische Anthropomorphismus (Gott als dreieiner) einer unmittelbaren Übertragung sinnlicher Gegebenheiten auf das Übersinnliche wehren soll. Der symbolische Anthropomorphismus wird zur Panazee gegen alle Verwirrungen des dogmatischen.

Die Trinitätslehre bringt zur Sprache, wie Gott als moralisches Wesen vorgestellt werden kann. Sie kann dies aber immer nur in der Sprache der Analogie tun, da wir übersinnliche Wesen nicht objektiv schematisieren können. Bleibt dieser analoge Charakter der Rede von der Dreieinigkeit im Bewusstsein, kann dieses Glaubenssymbol in der Tat zum Ausdruck der gesamten moralischen Religion werden, für die nicht entscheidend ist, wie Gott in seinem Wesen beschaffen ist, sondern was er für uns als moralische Agenten darstellt: Die personifizierte reine praktische Vernunft in ihrer dreifachen Persönlichkeit als gesetzgebende, regierende und richtende Instanz.

Kant bleibt damit ohne Frage hinter den subtilen Ausdeutungen der Trinitätslehre, wie sie etwa Schelling und Hegel entwickeln sollen, zurück. Seine Absicht ist es offenkundig nicht, dieser zentralen Lehre des christlichen Glaubens mit Hilfe der Philosophie eine vernunftgemäße Plausibilität zu verleihen – weshalb die moderne systematische Theologie auch kaum auf die kantischen Ausführungen zu diesem Theologumenon zurückgreift. Weit davon entfernt, das Leben Gottes selbst mit Hilfe der Vorstellung von Gottes Dreieinigkeit zu deuten, dient Kant diese vielmehr als Vehikel, um die Gotteslehre der zweiten Kritik genauer zu entfalten. Er trägt den Sinn, wie er selbst im *Streit der Fakultäten* bekennt, erst in sie hinein.[188] Ein genuin religiöses Interesse scheint er nicht zu verfolgen.

Davon unbeschadet bleibt bestehen, dass Kants Trinitätslehre die Summe seiner Lehre von den göttlichen Eigenschaften darstellt. Sie ist damit zugleich die ausgereifteste Explikation des Gottespostulats der zweiten Kritik und kann mithin als Schlussstein der kantischen Lehre vom *summum bonum consummatum* angesehen werden – nicht mehr und nicht weniger.

---

188 AA VII, 38f. S. o. 5 (Einleitung).

Teil III: **Himmels- und Höllenbewohner**

6. Kapitel Die Engel

Die Rede von „anderen vernünftigen Wesen" neben dem Menschen bei Kant ist nicht unwidersprochen geblieben. Schopenhauer kritisiert Kant dafür, dass er „solche imaginäre vernünftige Wesen in abstracto" überhaupt zulässt, sei doch Vernünftigkeit einzig und allein eine Eigenschaft des Menschen.[1] Prominenz hat die bereits zitierte Sottise Schopenhauers erlangt: Wenn Kant von anderen vernünftigen Wesen als dem Menschen spricht, scheine er an die „lieben Engelein" zu denken.[2]

Die Annahme, dass Kant bei dem Ausdruck „andere vernünftigen Wesen" stets geflügelte Himmelsboten vor Augen gehabt habe, ist indes keineswegs zwingend. Die Rede kann sich ebenso gut auf die besagten Außerirdischen oder auch auf überhaupt nicht weiter qualifizierte (hypothetische) vernünftige Wesen beziehen.[3] Dass Kant Engel zu den anderen vernünftigen Wesen zählt, die es neben dem Menschen zumindest geben *kann*, mag indes kaum bestritten werden. Eine Reflexion zur Logik ist in dieser Hinsicht besonders instruktiv. Kant bezieht sich hier auf einen Abschnitt aus G. F. Meiers „Auszug aus der Vernunftlehre". Meier beschäftigt sich in dem entsprechenden Paragraphen mit der *divisio logica*, d. h. der Einteilung der Begriffe in höhere und niedere Gattungs- und Artbegriffe.[4] Kant erläutert die *divisio logica* in seiner Reflexion durch ein Beispiel:

> Niedrige Begriffe haben was übereinstimmendes und was von einander unterschiedenes. z.E. Menschen und Engel, in so weit sie etwas gemein haben, machen einen höhern Begriff, *e.g.* Vernünftig (endliche) wesen, und was sie verschiedenes haben, darin wiedersprechen sie

---

[1] SCHOPENHAUER, 1912, 602.
[2] S.o. Einleitung 1. Ähnlich urteilt auch TUGENDHAT, 1994, 188. Gegen Tugendhat s. WILLE, 2005, 141, Anm. 309. Bittner meint, dass die Rede von anderen vernünftigen Wesen nicht statthaft sei, da Vernunft sich „einem Wesen nur aufgrund von Erfahrung zusprechen lasse", andere vernünftige Wesen aber gerade nicht Gegenstand der Erfahrung seien. Da Vernunft selbst „kein reiner Vernunftbegriff" sei, müsse, um einem Adressaten moralische Verbindlichkeit zuschreiben zu können, immer auf empirische Argumente zurückgegriffen werden (BITTNER, 1993, 20). Richtig daran ist, dass Vernunft sich bei Kant zumindest nach 1787 immer nur im (empirischen) Vollzug zeigt, wie auch Recki in ihrer Metakritik Bittners zugesteht (RECKI, 2001, 317, Anm. 2). Kant geht es jedoch gar nicht darum, Engeln, Gott etc. Vernunft zuzuschreiben, wie Bittner unterstellt, sondern darum, andere mögliche, nicht-empirische Konstellationen der Vernunftbegabung zu erwägen. Nicht eine theoretische Aussage über die vernunftmäßige Konstitution von Engeln will Kant liefern, sondern Möglichkeiten der Erkenntnis und Moral, die jenseits der Grenzen der Menschheit liegen, diskutieren.
[3] Zu dieser Thematik s. WILLE, 2005. Gegen Schopenhauers schlichte Identifikation der „anderen vernünftigen Wesen" mit den Engeln s. auch RITTER, 1971, 123.
[4] MEIER, 1752, § 285, AA XVI, 612f.

sich: der Mensch hat einen irdischen Leib, der Engel nicht; also sage: vernünftige endliche Wesen, entweder die einen irrdischen Leib haben, oder nicht.[5]

Der höhere Begriff ist hier „endliches vernünftiges Wesen", die beiden niederen sind „Menschen" und „Engel". Der Terminus „endliche vernünftige Wesen" bezeichnet eine Gattung und mithin den höheren Begriff, der weiter unterteilt werden kann in endliche vernünftige Wesen, die einen Leib haben, und solche, die keinen besitzen. Engel und Menschen sind demnach lediglich zwei verschiedene Arten von (endlichen) vernünftigen Wesen. Freilich führt Kant die Engel nur um des Beispiels willen an – nicht Angelologie, sondern Logik ist das Thema –, weswegen die Passage nur sehr bedingte Aussagekraft im Hinblick auf den *ordo entium moralium* zukommt. Gleichzeitig kann aber doch davon ausgegangen werden, dass Kant das Beispiel anders gewählt hätte, wäre er nicht davon überzeugt, dass die (möglichen) Engel in die Klasse der endlichen vernünftigen Wesen fallen. Ihre *differentia specifica*, die sie von anderen endlichen vernünftigen Wesen wie dem Menschen unterscheidet, ist, dass sie keinen Leib besitzen, folglich keine Sinnenwesen sind. Damit rezipiert Kant schlicht die klassische Vorstellung von den Engeln als *substantiae incorporeae*.[6]

Eine ausführliche, stufenweise geordnete Angelologie, wie sie die Tradition im Anschluss an Pseudo-Dionysios Areopagita entwickelt hat,[7] sucht man bei Kant freilich vergebens. Bereits 1766 polemisiert er gegen Swedenborg und dessen schwärmerische Schilderung der Geisterwelt. Die Natur immaterieller Wesen kann, so Kant, mitnichten auf „einer ekstatischen Reise [...] durch die Geisterwelt" erkundet werden.[8] Wer vorgibt, über solche übernatürlichen Kenntnisse zu verfügen, ist ein „Luftbaumeister", der Träume mit der objektiven, überindividuellen Realität verwechselt.[9] Gegen Theosophie und Dämonologie, die klassischen „Disziplinen" der Engelkunde, wehrt Kant sich ebenso wie gegen die abergläubische Vorstellung, dass der Mensch irgendeinen Einfluss auf „andere übersinnliche Wesen" nehmen könne. Für den „schwärmerische[n] Wahn, von ande-

---

5 Refl. 3009, AA XVI, 612.
6 STh I, q. 50 a. 1. in resp. 1/THOMAS, 1952, 1. Bd., 253. Thomas entnimmt diese Vorstellung Johannes von Damaskus.
7 SPARN, 1999a, 1285.
8 Träume, AA II, 357. Zu Swedenborgs Vorstellungen von der Geisterwelt (*mundus spiritualis*) s. STENGEL, 2011, 309–323; speziell zu Swedenborgs Äußerungen über seine vermeintlichen Planetenreisen und Begegnungen mit extraterrestrischen Geistern s. STENGEL, 2011, 319 f. Zu Kants Swedenborg-Satire in den *Träumen eines Geistersehers* s. JOHNSON, 2008.
9 Träume, AA II, 342.

ren übersinnlichen Wesen Gefühl und auf sie wiederum Einfluß haben zu können", hat er nur Spott übrig.[10]

Lohnt sich dann aber überhaupt eine Beschäftigung mit den Engeln bei Kant? Teilt Kant hier nicht schlicht die allgemein-aufklärerische Kritik an der Angelologie als unbegründeter Spekulation?[11] Wenn Kant die Engel erwähnt, geschieht dies zumeist nur in Nebenbemerkungen. Er – so viel kann hier schon im Vorgriff gesagt werden – thematisiert die moralische Konstitution der Engel mit dem Ziel, eine genauere Beschreibung der menschlichen Gattung qua Komparation zu erreichen.

Die Stellung der Engel (als, wohlgemerkt, rein mögliche Wesen) im *ordo entium moralium* interessiert ihn nur insofern, als von hier aus die Stellung des Menschen genauer bestimmt werden kann. In diesem Sinne sind die Engel „andere vernünftige Wesen" *par excellence*, mögliche Entitäten, die Kant aus argumentativen Gründen annimmt. Die Existenz der Engel wird daher auch gar nicht diskutiert. Nur ihr Begriff ist von Bedeutung. Kant interessiert nicht die Wirklichkeit, sondern nur die Möglichkeit solcher Wesen. Das Augenmerk liegt dabei nicht auf der Erkenntnis, zu der solche Wesen fähig wären – obwohl Kant auch auf diese kurz zu sprechen kommt[12] –, sondern auf dem moralischen Status der „Himmelsbewohner". Die Leitfrage für den folgenden Abschnitt muss daher lauten: Wo auf der moralischen Stufenleiter der Wesen sind laut Kant die möglichen moralischen Wesen, die traditionell „Engel" genannt werden, zu verorten? Und: Welche argumentative Funktion kommt dieser Verortung zu?

Was die Beantwortung dieser Frage so intrikat macht, ist, dass sich in Kants Druckschriften nur wenige Stellen finden, die sich direkt mit Engeln, Seraphim oder „Himmelsbewohnern" beschäftigen. An einigen Stellen kann darauf ge-

---

10 KdU, AA V, 459. N. b.: Kant bezieht hier die Dämonologie auf eine Entartung der Gotteslehre, von anderen übersinnlichen Wesen (im Plural!) ist lediglich im Zusammenhang mit der Theurgie die Rede.
11 So SPARN, 1999b, 1283 im Hinblick auf Kants Kritik an Swedenborg.
12 Das Erkenntnisvermögen der Engel thematisiert Kant m. E. nur an einigen, zudem entlegenen Stellen. In der *Metaphysik Volckmann* heißt es von der „Engelweisheit": „Nun wollen wir uns eine Idee von einem solchen Ganzen machen daraus eine Wißenschaft entspringt, und zwar eine solche Wißenschaft, die den Zusammenhang unsrer Erkenntniße von den ersten Gründen bis zu den lezten Folgen enthält, und eine solche Wißenschaft wenn sie da wäre, würde das Ganze der menschlichen Erkenntniß enthalten, und Engelweisheit in sich faßen, nehmlich das ganze System aller unserer Erkenntniße, vom termino a priori an bis zum termino a posteriori" (Metaphysik Volckmann, AA XXVIII, 357). Der Verweis auf die Engel dient hier lediglich dazu, einen höchsten Grad der Erkenntnis zu bezeichnen – „Engelweisheit" nimmt in der theoretischen Philosophie die gleiche Stellung ein wie die später ausführlich zu erörternde „Engelstugend" in der praktischen. S. u. 6.3.

schlossen werden, dass Kant Wesen zu meinen scheint, die der Theologe als Engel bezeichnen würde. Etwas ausführlichere Informationen bieten die Vorlesungen, doch ergibt sich auch hier ein recht uneinheitliches Bild, das den Versuch, eine konsistente Position Kants zu eruieren, als vergeblich erscheinen lässt. Es kann daher im Folgenden auch nur darum gehen, die wichtigsten Stellen, an denen sich Kant mit Engeln (oder ähnlichen Wesen) beschäftigt, zusammenzutragen und diese, soweit überhaupt möglich, zu systematisieren.

6.1 Pflichten gegen Geister

Die Weltwesen stehen zueinander im Verhältnis von Rechten und Pflichten. Für reine Vernunftwesen, die nicht empirisch existieren, gilt dies hingegen nicht. Wir kennen nur ein einziges Wesen, das der aktiven wie passiven Obligation fähig ist, i. e. den Menschen. In der *Metaphysik der Sitten* hält Kant daher sowohl für die reinen Vernunftwesen, die über dem Menschen stehen, als auch für die vernunftlosen Wesen, die unter ihm stehen, explizit fest:

> Nun kennen wir aber mit aller unserer Erfahrung kein anderes Wesen, was der Verpflichtung (der activen oder passiven) fähig wäre, als blos den Menschen. Also kann der Mensch sonst keine Pflicht gegen irgend ein Wesen haben, als blos gegen den Menschen, und stellt er sich gleichwohl eine solche zu haben vor, so geschieht dieses durch eine Amphibolie der Reflexionsbegriffe, und seine vermeinte Pflicht gegen andere Wesen ist blos Pflicht gegen sich selbst; zu welchem Mißverstande er dadurch verleitet wird, daß er seine Pflicht in Ansehung anderer Wesen für Pflicht gegen diese Wesen verwechselt. Diese vermeinte Pflicht kann nun auf unpersönliche, oder zwar persönliche, aber schlechterdings unsichtbare (den äußeren Sinnen nicht darzustellende) Gegenstände bezogen werden. – Die erstere (außermenschliche) können der bloße Naturstoff, oder der zur Fortpflanzung organisirte, aber empfindungslose, oder der mit Empfindung und Willkür begabte Theil der Natur (Mineralien, Pflanzen, Thiere) sein: die zweite (übermenschliche) können als geistige Wesen (Engel, Gott) gedacht werden.[13]

Glaubt der Mensch, gegen „übermenschliche", zwar „persönliche", aber „unsichtbare" Wesen, also reine Vernunftwesen, oder „unpersönliche", „außermenschliche", also vernunftlose Wesen, eine Verpflichtung zu haben, handelt es sich schlicht um eine „Amphibolie der Reflexionsbegriffe".[14] Er verwechselt eine

---

[13] MST, AA VI, 442/LUDWIG, 83.
[14] In der *Kritik der reinen Vernunft* definiert Kant die transzendentale Amphibolie als „Verwechselung des reinen Verstandesobjects mit der Erscheinung" (KrV, B 326). Angewandt auf die Frage nach den Pflichten gegenüber Geistern bedeutet das: „Geister", d. h. reine Vernunftwesen, sind „Verstandesobjekte", die keinen Anteil an der Erscheinungswelt haben. Nur Wesen, die Teil

Pflicht, die er gegen sich selbst hat, mit einer vermeintlichen Pflicht gegenüber solchen Wesen. In seinen moralphilosophischen Vorlesungen nennt Kant diese Pflichten „nur negativ[e]".[15] Sie sind eigentlich gar nicht vorhanden. Vielmehr würde die Vorstellung von einem nach Rechten und Pflichten organisierten „Commercium [...] mit anderen Wesen" den Menschen „fanatisch, träumerisch, abergläubisch" machen und seinen gesunden Gebrauch der Vernunft aufheben. Dabei ist es – speziell im Hinblick auf die „übermenschlichen Wesen" – völlig gleichgültig, ob solche Wesen auch tatsächlich existieren. Da wir diese Wesen nicht kennen, sie also nicht Teil haben am *mundus sensibilis,* können wir zu ihnen in kein Verhältnis treten, nicht in ein moralisches und erst recht nicht in ein rechtliches.

Als Beispiele für „außermenschliche" Wesen führt Kant in der zitierten Passage aus der *Metaphysik der Sitten,* gemäß der bereits bekannten Unterscheidung,[16] sowohl empfindungslose wie der Empfindung fähige Wesen an, sowohl Pflanzen und Tiere als auch die reine Materie. Als Beispiele für die „übermenschlichen" Wesen nennt Kant ohne jegliche Differenzierung Engel und Gott. Es scheint also, als könnte von Rechten und Pflichten in Bezug auf die Engel in dem gleichen Sinn gesprochen oder vielmehr geschwiegen werden wie in Bezug auf Gott. Nun gilt aber von Gott, dass ihm zwar nicht unmittelbar Rechte und Pflichten zugeschrieben werden können, die Bezeichnung Gottes als „Inhaber aller Rechte", gegenüber dem der Mensch nur Pflichten hat, dennoch sinnvoll ist, so lang sie im Sinne einer symbolischen Aussage verstanden wird. Zwar gilt auch für die Pflichten gegen Gott, dass sie eigentlich Pflichten des Menschen gegen sich selbst sind,[17] nur ist es hier möglich, sogar anthropologisch-notwendig, eben diese Pflichten als Pflichten gegen Gott zu symbolisieren. Analog zu der Externalisierung der richtenden Instanz im Gewissen gilt für die Pflichten gegen sich selbst:

> Alle Pflicht ist eine Nöthigung durch irgend einen Willen der als der Wille eines Andern vorgestellt wird wenn ich mir die Nöthigung als Exsecution vorstellen soll. Das Selbst was mich nöthigen soll muß in einem andern Sinne als ich der ich genöthigt werde genommen werden. Das Wesen was alle verpflichtet würde Gott die höchste Moralität selbst seyn.[18]

---

der Erscheinungswelt sind, können überhaupt in Verpflichtungsverhältnisse eintreten. Wer glaubt, Pflichten gegenüber reinen Vernunftwesen zu haben, „verwechselt" sie also mit sinnlich-vernünftigen Wesen.
15 KANT, 2004, 348.
16 S. o. 2.5.
17 MST, AA VI, 443 f./LUDWIG, 84 f.
18 Vorarbeiten MS, AA XXIII, 401.

Es ist bei Pflichten insgesamt – Kant spricht tatsächlich ganz allgemein von Pflichten, nicht nur von Pflichten gegen sich selbst – notwendig, mir das aktiv obligierende Subjekt als einen „anderen" vorzustellen, ebenso wie es beim Gewissen notwendig ist, die richtende Instanz, die im Menschen selbst liegt, in Gestalt eines „anderen" zu externalisieren. Wie das angeführte Zitat aus den Vorarbeiten zur *Metaphysik der Sitten* deutlich macht, ist es eben diese Vorstellung von Gott als jenem personifizierten „anderen", der als nötigendes Subjekt notwendig zur Struktur der Pflicht gehört, die Kants berühmte Religionsdefinition plausibel erscheinen lässt. Auch bei der Religion geht es, subjektiv betrachtet, eigentlich nur um Pflichten des Menschen gegen sich selbst und andere Menschen, aber diese „Menschenpflichten" werden als göttliche Gebote angesehen.[19] Für diese Deutung spricht abermals eine Bemerkung aus den *Vorarbeiten zur Metaphysik der Sitten*:

> Ich kann in Beziehung auf eine meiner Vernunft nothwendige Idee von einem Wesen eine Pflicht haben ohne eine Pflicht gegen (*erga*) dieses Wesen zu haben; denn alsdann wäre es kein Gedankending. Ehrliebe ist Pflicht gegen uns selbst. Ehrbegierde ist Verletzung der Pflicht gegen Andere. Religion ist der Inbegrif seiner Pflichten als göttlicher Gebote, nicht der Inbegrif göttlicher Gebote als seiner Pflichten.[20]

Bei der Religion geht es nicht um Pflichten gegen Gott, sondern um Pflichten gegen mich und andere Menschen, die so angesehen werden, als ob Gott hier (direkt) eine Rolle spielte. Kants Erklärung für diesen Befund: Ich kann in Beziehung auf ein Wesen, das meine Vernunft notwendig setzt, eine Pflicht haben, ohne dass ich dadurch eine Pflicht *gegen* dieses Wesen habe. Eine „Pflicht gegen" (*erga*) ein solches Wesen kann ich schon deshalb nicht haben, weil es sich (möglicherweise) um ein reines Gedankending, ein *ens rationis ratiocinatae*, handelt, dessen Existenz ich nicht empirisch verifizieren kann. Von Pflichten *gegen* jemanden kann ich nur in Bezug auf empirische Vernunftwesen sprechen. Damit ist jedoch nicht jeder Bezug des Begriffs „Pflicht" auf ein *ens rationis* ausgeschlossen. Von Gott kann ich sagen, dass er alle anderen Wesen verpflichtet und dass alle Menschen ihm gegenüber nur Pflichten und keine Rechte haben. Er ist der Allverpflichter; gleichzeitig soll doch der Mensch nicht *gegen* ihn verpflichtet sein. Was Kant hier unterschlägt, ist, dass es notwendig zum Begriff einer Pflicht gehört, dass ein Wesen gegen ein anderes verpflichtet ist. Die Intention scheint klar: Kant will die religiösen Pflichten als Pflichten des Menschen gegen sich selbst deuten, zugleich aber festhalten, dass Gott, ohne unmittelbar *persona*

---

[19] Rel., AA VI, 110.
[20] Vorarbeiten MS, AA XXIII, 401.

obligans zu sein, dabei eine wesentliche Funktion erfüllt. Welche das ist, sagt Kant in der vorliegenden Passage aber leider nicht. Vielmehr erweckt seine Behauptung, dass ich in Bezug auf Gott eine Pflicht habe, ohne eine Pflicht gegen ihn zu haben, den Eindruck einer *ad-hoc*-Modifikation, die den Begriff der Pflicht selbst aufhebt.

Dies Problem lässt sich doch recht leicht beheben mit einem Blick in die Druckschriften. Bemüht man, gemäß der *analogia interpretationis*, das Modell der symbolisch-analogen Rede von Gott, ergibt der Gedanke aus den Vorarbeiten durchaus Sinn. Dann ist in der Tat richtig, dass in unmittelbarer Lesart kein Wesen gegen Gott verpflichtet ist. Daneben gibt es aber noch ein symbolisches Verständnis des *gegen*, also nicht nur ein *gegen*, sondern auch ein „gegen". Um eine reine Mystifikation zu vermeiden, muss es auch einen symbolischen, von der Sinnenwelt entlehnten Begriff von *gegen* geben, der hilft, intelligible Sachverhalte zu veranschaulichen. Gegen Gott gibt es keine Pflichten, sondern nur „gegen" Gott, so wie Gott auch nur ein „Vernunftwesen", aber kein Vernunftwesen ist. Wir haben nur insofern „gegen" Gott Pflichten, als er der personifizierte „andere" unserer Pflichten gegen uns selbst ist, nicht aber, insofern er ein eigenständiges Vernunftwesen darstellt.

Wozu aber dieser lange, wenngleich vertiefende Rückgriff auf die kantische Gotteslehre? Er macht deutlich, dass es, entgegen der Nebeneinanderstellung in der *Metaphysik der Sitten*, sehr wohl einen Unterschied zwischen Gott und den Engeln gibt. Während Gott zumindest im indirekten Sinn als Subjekt angesehen wird, „gegen" das oder „gegenüber" dem der Mensch verpflichtet ist, gilt dies für Engel anscheinend nicht. Im Zusammenhang mit den bereits angeführten Zitaten aus den Vorarbeiten zur *Metaphysik der Sitten* heißt es knapp: „Von der Religion als Pflicht zu uns selbst – Von der Aufrichtigkeit als indirecter Pflicht gegen uns selbst [.] Gegen Engel keine."[21]

Der erste Teil dieser Definition will schlicht das Gleiche sagen wie § 18 der ausgeführten *Metaphysik der Sitten*: Pflichten gegen Gott sind eigentlich Pflichten des Menschen gegen sich selbst. Dass es dennoch Sinn ergibt, eben diese Pflichten gegen sich selbst als Pflichten „gegen" Gott vorzustellen, wird dann bei näherer Analyse der Religionsdefinition deutlich. Warum Kant hier Aufrichtigkeit als Beispiel für eine indirekte Pflicht anführt, ist rein textlich schwer zu ermitteln; hier können nur Vermutungen angestellt werden. Zumindest auf den kryptischen Nachsatz kann jetzt einiges Licht geworfen werden: „Gegen Engel keine". Gegenüber Engeln gibt es keine Pflichten, weder direkte noch Pflichten, die sich eigentlich bzw. indirekt auf die Menschheit richten. Hier deutet sich nun ein

---

[21] Vorarbeiten MS, AA XXIII, 401.

wesentlicher Unterschied zwischen Gott und Engeln an. Gemeinsam ist ihnen, dass sie nicht unmittelbar Subjekt von Rechten und Pflichten sein können. Der Unterschied besteht aber darin, dass Gott mittelbar, nach dem Schematismus der Analogie, zum Träger von Rechten und zum Allverpflichter werden kann. Für Engel gilt nicht einmal dies, wie mit Hilfe der Unterscheidung zwischen direkten und indirekten Pflichten verdeutlicht werden kann: Gegenüber Gott gibt es keine direkten Pflichten, wohl aber Pflichten, die indirekte Pflichten des Menschen gegen sich selbst sind, Pflichten also, die, obwohl sie sich auf den Menschen richten, gleichsam einen symbolischen „Umweg" über den Gottesbegriff nehmen. Dieser „Umweg" ist bei den Engeln versperrt. Gegenüber ihnen gibt es nicht einmal Pflichten, die sich indirekt auf den Menschen richten. Anders als bei Gott, ist auch eine symbolisch-analoge Rede von Pflichten gegen Engel ausgeschlossen. Dass diese begriffliche Präzisierung möglich ist, geht aus einer vergleichsweise prominenten Passage der moralphilosophischen Vorlesung der 1770er-Jahre hervor:

> [S]o haben wir gegen die Thiere unmittelbar keine Pflichten, sondern die Pflichten gegen die Thiere sind indirecte Pflichen gegen die Menschheit. Weil die Thiere Analoga der Menschheit sind, so beobachten wir Pflichten gegen die Menschheit, wenn wir solche gegen Analoga beobachten und dadurch befördern wir unsere Pflicht gegen die Menschheit.[22]

Gegenüber Tieren haben wir keine Pflichten. Die vermeintlichen Pflichten gegenüber Tieren sind vielmehr indirekte Pflichten gegen die Menschheit. Das trifft sich mit der spröden Absage der *Metaphysik der Sitten* an die Verpflichtung gegenüber „vernunftlosen" Geschöpfen. Was wir aber haben, sind Pflichten gegenüber der Menschheit, die sich nicht direkt auf uns oder andere Menschen richten, sondern den „Umweg" über das Tier einschlagen. Was uns dazu berechtigt, ist die Analogisierbarkeit der menschlichen und tierischen Anlagen. Auch dieser Gedanke begegnete bereits: Tiere besitzen nach der dritten Kritik zwar keine Vernunft, aber ein vernunftanaloges Vermögen.[23] In der *Kritik der Urteilskraft* wurde deutlich, dass die Analogie in beide Richtungen möglich ist. Wir können sowohl den Tieren als den „niederen Geschöpfen" ein „vernunftanaloges" Vermögen zuschreiben als auch den höheren, reinen Vernunftwesen. Sowohl Tiere als auch Gott werden nur uneigentlich, vermittelt über die *via analogiae*, „vernünftig" genannt. Parallel zu dieser Analogie könnte nun gefolgert werden, dass wir unsere vermeintlichen Pflichten gegenüber reinen Vernunftwesen im gleichen Sinn als „indirekte Pflichten" gegenüber der Menschheit interpretieren

---

22 KANT, 2004, 345.
23 S. o. 1.2.

können wie unsere vermeintlichen Pflichten gegenüber Tieren. Leider sagt Kant dies gerade nicht, sondern beharrt im Folgenden darauf, dass unsere Pflichten gegenüber „Geistern", wie zitiert, „nur negativ" sind. Der Grund für dieses Beharren liegt jedoch darin, dass Kant mit „Geistern" hier Engel und eventuell andere hypothetische reine Vernunftwesen zu meinen scheint, nicht aber Gott. Bringt man an dieser Stelle Kants Religionsdefinition ins Spiel, ergibt es vielmehr Sinn, die Religionspflichten „gegenüber" Gott als *indirekte* Pflichten des Menschen gegen sich selbst zu interpretieren. Pflichten „gegen" Gott sind Pflichten gegen uns selbst, die den „Umweg" über den Gottesbegriff nehmen, ebenso wie Pflichten „gegen" Tiere Pflichten gegen die Menschheit sind, die den „Umweg" über die Tiere nehmen. Überspitzt formuliert: Kants Begründungsversuche der Religion und der Tierethik sind strukturell identisch. Dass Kant die Pflichten gegenüber Engeln gerade nicht so interpretiert, dass sie als sinnvoller „Umweg" kenntlich werden, zeigt, dass er der Engelsvorstellung keinen religiös-moralischen Wert zubilligt. Insofern die Struktur der Pflicht eine Personifikation der aktiv obligierenden Instanz benötigt, ist der symbolische „Umweg" der Religion bei den Pflichten gegen uns selbst ein prinzipiell sinnvoller. Für eine solche Externalisierungs-Funktion taugen die Engel, anders als Gott, jedoch nicht. Dass den Engeln gar keine Funktion im Rahmen der kantischen Philosophie zukommt, ist damit freilich noch nicht gesagt.

6.2 „Willenlose Engel"

Sind Engel heilig oder nur tugendhaft? Die Frage ist bei Weitem nicht so trivial, wie sie zunächst erscheint. Für die beiden, wechselseitig exklusiven Möglichkeiten lassen sich in Kants Schriften Argumente finden. Dafür, dass Engel als tugendhaft anzusehen sind, spricht – neben dem später zu erörternden Begriff „Engelstugend"[24] – eine recht sicher überlieferte Stelle aus Kants moralphilosophischer Vorlesung von 1774/1775. Er beschäftigt sich dort mit dem „Grad der Imputation", also der Zurechenbarkeit der Tugend.

> Von der natürlichen Neigung aber ist zu merken: Je mehr ein Mensch mit derselben kämpft, desto mehr ist es ihm zu imputiren; daher uns die Tugend mehr als den Engeln zu imputiren ist, weil sie nicht so viel Hinderniße haben.[25]

---

24 S.u. 6.3.
25 Moral Collins, AA XXVII, 291f.

Kant scheint hier von einem rein graduellen Unterschied zwischen Menschen und Engeln auszugehen. Wenn Tugend einzig „im Kampfe" mit den Neigungen erworben wird, ist sie dem Menschen, der immer starke Neigungen überwinden muss, im hohen Maße anzurechnen. Engel sind hingegen weniger tugendhaft, „weil sie nicht so viel Hinderniße" überwinden müssen. Der Widerstand der Neigungen gegen die moralische Gesinnung ist bei ihnen weit geringer, aber auch nicht gleich null. Der Kampf gegen die Neigungen, den sie auszufechten haben, ist weniger kräftezehrend als der des Menschen. Allein: Irgendein Hindernis müssen die Engel doch überwinden. Wo ein solches aber zu überwinden ist – und sei es noch so gering –, ist Tugend das Höchste, was errungen werden kann. Heiligkeit impliziert hingegen, dass ein Wesen überhaupt keinen internen Widerstand gegen seine moralische Gesinnung kennt: „Also heilige Wesen sind nicht tugendhaft, weil sie keine Neigung zum Bösen zu überwinden haben, sondern ihr Wille ist dem Gesetz adaequat."[26] Der Unterschied zwischen Heiligkeit und Tugend ist ein qualitativer, kein bloß gradueller. Zwischen den beiden Gruppen der heiligen und der höchstens zur Tugend fähigen Wesen gibt es keine Schnittmenge. Sind die Engel nur tugendhaft, folgt daraus, dass sie, anders als Gott, Anteil sowohl an der intelligiblen als auch an der sensiblen Welt haben müssen. Gibt es für sie irgendein Hindernis, und sei es noch gering, können sie nicht allein in der intelligiblen Welt „existieren", da ein Hindernis der moralischen Gesinnung stets eine Neigung, welche *per definitionem* sinnlich ist, voraussetzt. Rein intelligible Wesen hingegen können nicht versucht werden; es gibt hier kein Hindernis für die moralische Gesinnung, nicht mal ein kleines. Kant scheint also in den 1770er-Jahren anzunehmen, dass auch die Engel an beiden Welten partizipieren, wenn er auch den Einfluss der Sinnenwelt auf sie weit geringer ansetzt als beim Menschen.

Die Annahme, dass Engel in die Klasse der höchstens tugendhaften Wesen fallen, ist vor allem aus einem Grund äußerst problematisch. Die Engel fielen dann nicht nur mit dem Menschen in die gleiche Klasse, sondern, mehr noch, sie stünden auf der moralischen Stufenleiter der Wesen weit unter diesem. Wenn Engel tugendhafte Wesen sind, ist es ausgeschlossen, dass sie jemals aktual heilig sein können. Alles, was ihnen möglich ist, kann, wie beim Menschen, approximative Heiligkeit, unendliche Annäherung an das Ideal sein. Ist aber Tugend der Maßstab, nach dem sie zu beurteilen sind, ist ihr moralischer Wert geringer als der des tugendhaften Menschen.[27] Der Erdenrest, für Engel und Mensch gleicher-

---

26 Moral Collins, AA XXVII, 463.
27 Hier zeigt sich ein generelles Paradox der kantischen Rede von Heiligkeit und Tugend (das sie indes keineswegs als sinnlos erweist). Während Heiligkeit gerade den höchsten Grad der Moralität ausmacht, weil hier kein Widerstand gegen das Sittengesetz mehr vorhanden ist, gilt zugleich, dass ein besonders großer überwundener Widerstand den Wert der Tugend steigert. Für heilige

maßen zu tragen peinlich, bedeutet für die Engel eine weit geringere Bürde. Ihnen, die mit schwächeren Neigungen zu kämpfen haben, gelingt es leichter, sich tugendhaft zu verhalten – und gerade aus diesem Grund, so Kants Argument, wird ihnen die Tugend in einem geringeren Maß angerechnet als dem Menschen. Kurz, als Wesen betrachtet, die höchstens zur Tugend fähig sind, repräsentieren die Engel einen recht geringen Grad an moralischer Vollkommenheit. Auf der moralischen Stufenleiter stehen sie sogar noch unter dem Menschen, was, die traditionelle Vorstellung von Engeln vorausgesetzt, stark kontraintuitiv ist. Freilich wurde auch diese Position vertreten, zumal in der Aufklärungszeit. So weist Albrecht von Haller dem Menschen eindeutig einen höheren Rang auf der Stufenleiter der Wesen zu als den Engeln:

> Dann Gott liebt keinen Zwang, die Welt mit ihren Mängeln
> Ist besser als ein Reich von Willen=losen Engeln;
> Gott hält vor ungethan, was man gezwungen thut,
> Der Tugend Uebung selbst wird durch die Wahl erst gut.²⁸

Laut Haller ist die Welt – und das heißt hier, metonymisch, nichts anderes als der Mensch – besser als die Engel, weil diese keinen Willen haben und schon immer „automatisch" das Gute tun. Das bedeutet aber zugleich, dass sie über keine Wahlfreiheit verfügen. Dass die Engel das Gute „automatisch" tun, versteht Haller vielmehr als Zwang und stellt diesem die Tugend entgegen, die auf freiwilliger Wahl beruht. Kurz, der Mensch, der sich zum Guten überreden muss, ist besser als die seelenlosen himmlischen Automaten, die wir Engel nennen.

Kant zitiert das Gedicht von Hallers mehrfach. In seiner Paraphrase des Gedichts in der *Religionsschrift* meint er, dass von Haller „dem Menschen, sofern er einen Hang zum Bösen in sich zu bekämpfen hat, selbst darum, wenn er ihn nur zu überwältigen weiß, einen höheren Rang auf der Stufenleiter der moralischen Wesen bei[misst], als selbst den Himmelsbewohnern, die, vermöge der Heiligkeit ihrer Natur, über alle mögliche Verleitung weggesetzt sind."²⁹ Kant deutet das Gedicht also so, dass laut von Haller die Menschen tugendhaft, die Engel aber heilig sind, und der Mensch, der einen Widerstand zu überwinden hat, moralisch höher steht als die Engel. Heiligkeit bezeichnet in dieser Sichtweise keine positive

---

Wesen gilt: Sie sind gerade deshalb heilig, weil sie frei von allen Neigungen sind, die dem Sittengesetz widerstreiten. Für höchstens tugendhafte Wesen gilt: Sie sind besonders tugendhaft, wenn sie besonders große Neigung verspüren, das Sittengesetz zurückzustellen, – und diese Neigungen dann heroisch überwinden.

28 VON HALLER, 1734, 2. Buch, Vv. 34–36.
29 Rel., AA VI, 65.

Qualität, sondern schlicht die Privation der Tugend, einen Mangel an widerstreitenden Neigungen, gegenüber denen sich das moralische Subjekt im herkulischen Kampf um die Tugend bewähren muss. Es ist hier nicht unmittelbar klar, ob Kant nur von Hallers Meinung paraphrasiert oder seine eigene bekundet. Wäre an dieser Stelle die Position Kants mit der von Hallers identisch, hätte er seine vorherige aus der Vorlesung von 1774/75 korrigiert. Ließ sich doch dort folgern, dass dem Menschen die Tugend im höheren Maß zu imputieren sei, weil er mehr Widerstände als die Engel zu überwinden habe. Bei von Haller hingegen sind die Engel nicht bloß weniger tugendhaft als der Mensch, sondern, als heilige Wesen, gar nicht tugendhaft. Ihre Heiligkeit bedeutet für den Dichter wesentlich Nicht-Tugendhaftigkeit und steht für eine geringere moralische Qualität als Tugend. Die heiligen Engel, die ohne jedes moralische Verdienst sind, stehen auf der moralischen Stufenleiter unter dem Menschen, der seine moralische Qualität erst im Kampf mit den Neigungen erringen muss.

Dass dies nicht seine Meinung ist, macht Kant deutlich, wenn er in der *Metaphysik der Sitten* mit explizitem Bezug auf das gleiche Zitat von Hallers schreibt, dass die Tugend „als Ideal, so glänzt, daß sie nach menschlichem Augenmaß die Heiligkeit selbst, die zur Übertretung nie versucht wird, zu verdunkeln scheint; welches gleichwohl eine Täuschung ist."[30] Die Tugendhaftigkeit, die sich bewährende Moralität, ist keine höhere moralische Qualität als die Heiligkeit, auch wenn dies zunächst so scheinen mag. Von Haller sitzt einer Täuschung auf. Geblendet von der menschlichen Tugend, sieht er in der Heiligkeit nur die Nicht-Tugend. Für Kant hingegen ist Heiligkeit, als eine eigene positive Qualität, das höchste moralische Ideal und Tugend demgegenüber ein defizienter Status.[31] Wenn die Engel als heilig angesehen werden – und Heiligkeit nicht nur als eine reine Privation der Tugend angesehen wird –, stehen sie auf der moralischen Stufenleiter genau dort, wo sie die Tradition verortet, d. h. über dem Menschen. Lässt sich also die These stützen, dass Engel für Kant doch keine tugendhaften,

---

30 MST, AA VI, 396 f./LUDWIG, 30 f. Diese Stelle muss auch gegen Brandts Behauptung, dass „das Selbst des Menschen [...] im Praktischen durch keinen Gott übertrumpft werden kann" (BRANDT, 2007, 31), geltend gemacht werden. Kant vertritt mitnichten einen „radikalen Anthropozentrismus" (BRANDT, 2007, 31), sondern weist selbst darauf hin, dass es eben nichts anderes als eine Täuschung sei, die moralische Stufe des Menschen, d. h. die Tugend, für ein unüberbietbares Maximum anzusehen. Um auf einer Stufe mit Gott zu stehen, müsste der Mensch aktuale Heiligkeit erreichen, was Kant aber gerade ausschließt. S. u. 4.1.

31 Aus diesem Grund ist auch die landläufige Kennzeichnung der kantischen Ethik als „Tugendethik" oder, insofern Tugend Pflicht impliziert, „deontologische Ethik" äußerst fragwürdig (ähnlich bereits RITTER, 1971, 123, Anm. 199).

sondern heilige Wesen sind? Die Textevidenz spricht durchaus dafür. Bereits der vorkritische Kant erwägt diese Möglichkeit.

> Die Tugend ist die moralische Vollkommenheit des Menschen. Mit der Tugend verknüpfen wir Kraft, Stärke und Gewalt. Es ist ein Sieg über die Neygung. Die Neygung an sich selbst ist regellos, und das ist der Zustand des moralischen Menschen, selbige zu unterdrücken. Engel im Himmel können heilig seyn, der Mensch kann es aber nur so weit bringen, daß er tugendhaft ist. Weil die Tugend nicht auf Instinkten sondern auf Grundsätzen beruht, so ist die Uebung der Tugend eine Uebung der Grundsätze, denselben eine bewegende Kraft zu geben, daß sie überwiegend sind, und sich durch nichts ableiten lassen, von ihnen abzugehn. Man muß also einen Charakter haben, solche Stärke ist die Tugendstärke, ja die Tugend selbst.[32]

Im Gegensatz zu der – wohlgemerkt aus derselben Vorlesung stammenden – Passage, die für die Tugendhaftigkeit der Engel angeführt wurde, definiert Kant hier Tugend als die spezifische moralische Vollkommenheit des Menschen, während die Engel in die Klasse der heiligen Wesen fallen. Sie können, wie für den Begriff eines heiligen Wesens konstitutiv, nicht einmal versucht werden.[33] Noch deutlicher zeigt dies eine Passage aus der frühen *Metaphysik Herder* (1762–64).[34]

> Ja Heiligkeit ist auch von Tugend so gar unterschieden und eben dadurch dass etwas die grösst mögliche Tugend ist, kann es nicht die grösstmögliche Heiligkeit sein. Die Tugend setzt nicht blos eine Verbindlichkeit zu Handlungen voraus, sondern auch eine Moralische Möglichkeit des Gegentheils nach subjectiver Möglichkeit. Die Tugend kann also keinem als der das Gegentheil zu überwinden hat, zugeschrieben werden und also weder Engeln noch Gott, sondern diesen ist Reinigkeit und Heiligkeit zuzuschreiben – wo hingegen Tugend stets unrein ist; und also der Mensch im natürlichen Stande ist nie heilig, sondern höchstens tugendhaft und desto mehr tugendhaft, je weniger heilig man ist, so wie Sokrates alsdenn am freundlichsten redet, wenn sein Zorn am meisten schwillt und er ihn am meisten unterdrückt.[35]

Nur jemandem, der ein „Gegentheil" – also ein Hindernis seiner Moralität – überwinden muss, kann Tugend zugesprochen werden. Den Engeln kann sie

---

32 Moralphilosophie Collins, AA XXVII, 465.
33 „Man kann die Tugend von der Heiligkeit unterscheiden; denn bei der letztern finden gar keine Versuchungen zum Bösen statt [z.B. die Engel]. Dies hat man sonst vergessen" (Logik Dohna-Wundlacken, AA XXIV, 729). In den Druckschriften kommt Kant m. E. nur an einer einzigen Stelle explizit auf die Heiligkeit der Engel zu sprechen. Er spricht dort von den „Himmelsbewohnern", die von Natur aus heilig sind (Rel., AA VI, 65). Die Stelle, auf die noch einzugehen sein wird, stellt allerdings eine – wenn auch recht freie – Paraphrase dar.
34 Die entsprechende Passage lässt sich dabei nicht als reine Wiedergabe der Position Baumgartens verstehen.
35 2. Metaphysik Herder, AA, XXVIII, 135.

daher ebenso wenig wie Gott zugeschrieben werden, da sie kein Hindernis zu überwinden haben, sondern über die reine moralische Eigenschaft aktualer Heiligkeit verfügen.[36] Damit behauptet Kant *prima facie* genau das Gegenteil dessen, was er zehn Jahre später über die Engel sagen soll. Die Aussagen sind jedoch insofern vereinbar, als Kant an beiden Stellen einen graduellen Begriff von Tugend und Heiligkeit verwendet und, anders als in der zweiten Kritik, annimmt, dass Tugend und Heiligkeit zwar antiproportional, aber nicht wechselseitig exklusiv sind. Gilt das Gesetz, dass ein Wesen umso tugendhafter ist, je weniger heilig es ist, und umso heiliger, je weniger tugendhaft, kann gesagt werden, dass der Mensch sehr tugendhaft, aber wenig heilig, die Engel hingegen sehr heilig, aber wenig tugendhaft sind. Allein, während die Vorstellung von verschiedenen Graden der Tugend durchaus plausibel ist – der Grad misst sich an der jeweiligen Größe des zu überwindenden Hindernisses –, ist schwer zu bestimmen, wie eine solche graduelle Abstufung bei der Heiligkeit möglich sein soll. Hinzu kommt, dass die Annahme einer antiproportionalen Simultaneität von Heiligkeit und Tugend schlicht Kants eigenen Voraussetzungen widerspricht. Moralische Wesen sind entweder heilig oder tugendhaft, haben Neigungen oder nicht, werden durch das Sittengesetz genötigt oder tun das Gute *sua sponte*. Heilige und höchstens tugendhafte Wesen stellen zwei wechselseitig exklusive Klassen dar, was wohlgemerkt auch schon der vorkritische Kant unmissverständlich einschärft: Tugendhafte Wesen sind nicht-heilige Wesen, heilige Wesen nicht-tugendhafte.

Es scheint also am sinnvollsten, in den Engeln Wesen zu erblicken, die nicht tugendhaft, sondern einzig und allein heilig sind, und jene Stellen, an denen Kant eine Tugendhaftigkeit der Engel andeutet, preiszugeben. Doch auch in diesem Fall ergibt sich wiederum ein Problem. Heilige Wesen sind heilig, insofern sie über keine Neigungen verfügen, wie sie für jedes sinnliche Wesen konstitutiv sind. Heilige Wesen „existieren" daher nur im *mundus intelligibilis*. Im Bereich des Intelligiblen ist aber eine Individuation nicht denkbar. Wären Engel die einzigen

---

36 Für Engel gibt es daher, wie Kant bereits in den frühen 60er-Jahren weiß, streng genommen zwar eine Ethik, aber keine Tugendlehre, da Tugend immer einen „inneren Kampf", also den Widerstreit zwischen Neigung und Sittengesetz, mithin Nötigung, voraussetzt: „Ethik durch eine Tugendlehre erklärt, ist so fern gut, in sofern Tugend blos vor den innern Richterstuhl gehört; da aber die Tugend nicht blos moralisch gute Handlungen anzeigt: sondern zugleich eine große Möglichkeit des Gegenteils, und also einen innern Kampf einschließt, so ist dies ein zu enger Begriff, da wir Ethik, nicht aber Tugend (eigentlich) auch Engeln und Gott zuschreiben können: da bei diesen wohl Heiligkeit nicht aber Tugend ist" (Praktische Philosophie Herder, AA XXVII, 13). Ebenso hält Kant, wie dargelegt, noch in der *Metaphysik der Sitten* fest, dass es für endliche heilige Wesen zwar eine „Sittenlehre", aber keine „Tugendlehre" gebe, da für erste nur Autonomie, für zweitere aber auch Autokratie vorausgesetzt werden müsse (MST, AA VI, 383/LUDWIG, 15 f.). S. o. 2.2.

heiligen Wesen, würde daraus noch kein wirkliches Problem entstehen. Man müsste lediglich die Rede von „Engeln" in die von einem einzigen „Engel" überführen. Nun gibt es aber klarerweise neben den Engeln noch mindestens ein anderes heiliges Wesen, d. h. Gott. Es ergibt sich daher die Frage: Können Engel und Gott *zugleich* heilig sein, ohne schlechterdings identisch zu sein? Kant scheint – ohne expliziten Bezug auf die Engel – gegen diese Möglichkeit zu votieren, wenn er mehrfach deutlich macht, Gott sei das *einzige* heilige Wesen.

> Heiligkeit findet nur bei Gott statt. Der Mensch hat Neigungen zum Bösen und in der Überwindung derselben besteht die Tugend. Ein jedes Geschöpf hat Bedürfnisse und daher auch Begierden und Neigungen. Gehen die Begierden zu weit aus oder auf unrechte Gegenstände, so muß er sie zähmen. Begierde steht nicht in der Gewalt des Menschen, aber der Wille. Heiligkeit geht nicht allein aufs Wollen, sondern auch auf Begierde.[37]

In diesem Zitat geht Kant davon aus, dass alle Wesen außer Gott Geschöpfe sind und als solche nicht heilig sein können. Gott allein ist heilig. Das schließt streng genommen die Heiligkeit aller anderen Wesen aus. Von „heiligen Wesen" kann offenbar nur im Singular die Rede sein. Kant spricht hier nicht von Engeln. An anderer Stelle nimmt er sogar – entgegen der Tradition – an, dass Engel ebenso „ungeschaffen" seien wie Gott.[38] Dies muss Kant auch behaupten, will er die Heiligkeit der Engel festhalten. Doch wiederholt sich dann wieder die Problematik, die die Tradition gerade dadurch zu vermeiden suchte, dass sie die Engel als erste, unsichtbare Schöpfung von Gott, dem Schöpfer, unterschied: Sind Engel und Gott gleichermaßen ungeschaffene, rein-intelligible und heilige Wesen, gibt es keine Möglichkeit zu erklären, warum die Engel nicht schlicht mit der göttlichen Substanz identisch sein sollen. Selbst wenn man das – m. E. aporetische – Problem der Individuation im Intelligiblen vernachlässigt, bleibt immer noch das Desiderat, einen moralischen Rangunterschied zwischen Gott und Engeln zu etablieren. Wenn Gott und Engel auf genau die gleiche Weise vollkommen wären,

---

37 Danziger Rationaltheologie, AA XXVIII, 1286, ähnlich auch: „Unter Gott versteht man eine Person die über alle Vernünftige rechtliche Gewalt hat. – Dieser Begrif [sic!] bietet auch ein *Maximum* (*potestatis legislatoriae*) dar: ein Wesen, vor dem sich alle Knie beugen derer die im Himmel, auf Erden etc. sind[,] das höchste Wesen der Heilige der nur ein Einiger seyn kann" (Op. post., AA XXI, 35f.). Vgl. schließlich auch Metaphysik K2, AA XXVIII, 801 („Gott ist allein heilig").
38 „Man kann Gott daher im Gegensatz als ein Wesen sich denken, das allein heilig, d.i. mit der Eigenschaft, daß die moralischen Gesetze von ihm ohne Nöthigung befolgt werden, und dessen Wille schon den moralischen Gesetzen angemessen ist, [...]. Ein dergleichen Wesen, so wenig als ein Engel, läßt sich als erschaffen gar nicht denken, sondern ist dem Philosophen nur Idee. Denn sonst müßte es Bedürfnisse, Antriebe und unbefriedigte Anreizungen seiner physischen Natur nach haben; diese Reizungen müßten mit den moralischen Gesetzen in Widerstreit liegen, und dann wäre die Nöthigung nothwendig" (Metaphysik der Sitten Vigilantius, AA XXVII, 489 f.).

würden die Engel nicht nur ihre traditionelle Mittelstellung einbüßen, es wäre auch nicht mehr klar, warum Gott als das höchste Wesen betrachtet wird, das die Wesen auf der moralische Stufenleiter *in toto* übertrifft.

Eine Möglichkeit, zwischen Gott und den Engeln als Repräsentanten der heiligen Wesen zu unterscheiden, bestünde darin, die Engel mit den „endliche[n] heilige[n] Wesen (die zur Verletzung der Pflicht gar nicht einmal versucht werden können)" aus der *Metaphysik der Sitten* zu identifizieren.[39] Dafür spricht, dass Kant in demselben Werk Engel („Seraphen") als endliche Wesen bezeichnet, und sei es auch nur in einer Nebenbemerkung.[40] In diesem Fall könnten die heiligen Wesen weiter differenziert werden in ein unendliches heiliges Wesen (Gott) und mehrere endliche heilige Wesen.[41] Oben wurde, um die Rede von „endlichen heiligen Wesen" zu plausibilisieren, dafür argumentiert, dass endliche Wesen nicht automatisch mit Naturwesen, also Wesen, die in der sinnlichen Welt existieren, gleichgesetzt werden können. Jetzt muss aber noch mehr vorausgesetzt werden: Endliche Wesen dürfen nicht mehr *eo ispo* Geschöpfe sein, da Geschöpflichkeit nach Kant Heiligkeit ausschließt. „Heilige Geschöpfe" wäre ebenso ein Widerspruch wie „heilige Naturwesen". Während für die Gleichsetzung von endlichen Wesen und Naturwesen keine direkt Textevidenz spricht, können dafür, dass die Begriffe „Geschöpfe" und „endliche Wesen" den gleichen semantischen Umfang haben, durchaus Belege angeführt werden. Im zweiten der angeführten Zitate legt Kant eindeutig nahe, dass „erschaffene Wesen" bedeutungsgleich ist mit „endliche Wesen". Unter dieser Voraussetzung ist es dann aber unmöglich, von endlichen heiligen Wesen zu sprechen. „Endliche heilige Wesen" ist dann eine *contradictio in adiecto*, da endliche Wesen immer Geschöpfe sind und Geschöpfe, welche als solche nicht rein intelligibel „existieren", niemals heilig sein können. Der vorgeschlagene Versuch, eine Differenzierung der heiligen Wesen zu erreichen, indem man die Engel mit den „endlichen heiligen Wesen" der *Metaphysik der Sitten* identifiziert, muss als gescheitert angesehen werden.

---

39 MST, AA VI, 383, s.o. 2.2.

40 „Demuth in Vergleichung mit anderen Menschen (ja überhaupt mit irgend einem endlichen Wesen, und wenn es auch ein Seraph wäre) ist gar keine Pflicht [...]" (MST, AA VI, 435/LUDWIG, 75, Hervorhebung getilgt).

41 Eine gewisse Parallele hat die Rede von endlichen heiligen Wesen in der wesentlich früheren Formulierung „das einsehendste und zugleich allervermögendste, aber doch endliche Wesen" (GMS, AA IV, 418) – wobei es hier freilich um den Grad der „Klugheit" und nicht um den moralontologischen Status geht. Gemeint ist hier aber eindeutig kein Engel, sondern ein (hypothetischer) Mensch mit maximaler intellektueller Begabung.

Das bisherige Resultat ist ernüchternd. Weder können Engel einwandfrei als tugendhafte noch als heilige Wesen eingestuft werden. Sind sie tugendhaft, sind sie Geschöpfe und haben auch Anteil an der Sinnenwelt. Mehr noch, sie stehen, weil weniger tugendhaft als der Mensch, auf einer niedrigeren moralischen Stufe als dieser. Sind sie heilig, ist unklar, wie sie von Gott unterschieden werden können. Der Versuch, eine solche Unterscheidung zu etablieren, führt letztlich dazu, sie wieder zu Geschöpfen zu machen, die *per definitionem* nicht heilig sein können.

Die Lösung des Problems liegt m. E. in einem Gedanken, den Thomas von Aquin im Rahmen seiner Angelologie entwickelt hat. Laut Thomas stellen die Engel als *substantiae incorporeae* ein „Mittleres" zwischen Gott und den körperlichen Wesen dar. Ein solches Mittleres erscheine aber, wenn es mit dem einen Extrem verglichen werde, immer wie das andere Extrem. So erscheine das Lauwarme, verglichen mit dem Heißen, kalt. In diesem Sinne, schließt Thomas, werde also auch gesagt, dass die Engel im Vergleich mit Gott körperlich seien, obwohl dies nicht bedeute, dass sie zu der körperlichen Natur gehören.[42] Man könnte dieses Verständnis der Körperlichkeit der Engel komparativ-relational nennen. Die Pointe besteht darin, dass die Engel nicht schlechterdings körperlich oder unkörperlich sind, sondern körperlich nur im Vergleich mit Gott, ansonsten aber, vor allem aber im Vergleich mit dem Menschen, unkörperlich. Wechselt man nun vom *ordo rerum*, den Thomas vor Augen hat, in den *ordo entium moralium*, kann ein entsprechender relational-komparativer Begriff von Heiligkeit und Tugend entwickelt werden. Engel sind nicht schlechterdings tugendhaft, sondern sie sind tugendhaft im Vergleich mit Gott. Im Vergleich mit uns und anderen Geschöpfen müssen sie hingegen *gratia comparationis* als heilig angesehen werden.[43] Daraus folgt aber noch nicht, dass die Engel, insofern sie mit Gott verglichen werden, der Nötigung unterworfen sind, ebenso wie bei Thomas die komparative Körperlichkeit der Engel nicht bedeutet, dass sie der Sinnenwelt angehören. Tugendhaftigkeit muss, bezogen auf die Engel, genauso komparativ verstanden werden wie bei Thomas Körperlichkeit. Eine moralontologische Aussage über den Status der Engel wird damit nicht getroffen. Denn moralontologisch betrachtet würde Tugend notwendig implizieren, dass ein tugendhaftes Wesen der Nötigung un-

---

42 „[...] quod substantiae incorporeae medium sunt inter Deum et creaturas corporeas. Medium autem comparatum ad unum extremum, videtur alterum extremum; sicut tepidum comparatum calido, videtur frigidum. Et hac ratione dicitur quod angeli, Deo comparati, sunt materiales et corpora: non quod in eis sit aliquid de natura corporea" (STh I, q. 50 a. 1. in resp. 1.; THOMAS, 1952, 1. Bd., 253).
43 Ebenso müsste auch gelten: Engel sind Geschöpfe, verglichen mit Gott, aber ungeschaffene Wesen, verglichen mit uns. Diese extreme Paradoxie liegt Thomas freilich ebenso fern wie Kant.

terworfen sein muss. Bei einem rein komparativen Begriff von Tugend kommt es auf diesen Aspekt gar nicht an. Es genügt, dass die Engel qualitativ von Gott unterschieden werden, ohne eine konkrete Aussage über das Prinzip der Moralität, dem sie unterworfen sind, zu treffen. Wenn die Engel nur um des Vergleiches willen angenommen werden, können sie aus verschiedenen Perspektiven als heilig oder tugendhaft angesehen werden. Vom Standpunkt strenger Moralontologie aus wäre eine solche Aussage kontradiktorisch.

Die Engel stehen dann nicht mehr auf einer niederen moralischen Stufe als die Menschen, da sie, wenn mit jenen verglichen, als heilig angesehen werden müssen. Zugleich ergibt sich nicht mehr das Problem, wie sie von Gott als höchstem heiligen Wesen unterschieden werden können, da sie, verglichen mit Gott, gar nicht als heilig zu bezeichnen sind. Auch die Geschöpflichkeit konfligiert dann nicht mehr mit der Heiligkeit, da die Engel nur verglichen mit Gott Geschöpfe sind. Das Problem, das die zuerst angeführte Stelle aus der Vorlesung von 1774/75 bereitet, besteht dann darin, dass Kant hier von Engeln in einem doppelt komparativen Sinn spricht: Im Vergleich mit Gott sind Engel bloß tugendhaft. Diese Perspektive vorausgesetzt, sind sie, vergleicht man sie nun in einem zweiten Schritt mit dem Menschen, natürlich weniger tugendhaft als der Mensch, weil sie weniger Hindernisse zu überwinden haben. Die Absurdität von Engeln, die weniger tugendhaft als der Mensch sind, resultiert aus der doppelten Perspektive. Nichts aber zwingt dazu, diese doppelte Perspektive einzunehmen. Kant geht es gar nicht um die Bestimmung einer konkreten hierarchischen Stufe der Engel im *ordo entium moralium*, sondern darum, indirekt etwas über die moralische Konstitution des Menschen auszusagen.[44] Von Engeln kann sehr wohl einmal als von heiligen, einmal als von tugendhaften Wesen die Rede sein, zumindest dann, wenn statt einer konsistenten Angelologie nur eine Behelfskonstruktion für argumentativ-komparative Zwecke benötigt wird.[45]

---

[44] In diesem Sinn deutet auch Forschner die Haller-Fußnote in der *Religionsschrift:* „Nicht zur objektiven Bestimmung der hierarchischen Stufe der Engel, wohl aber zur subjektiven Bestärkung im Kampf mit dem Bösen macht der Schematismus der Analogie hier guten Sinn" (FORSCHNER, 2010, 130). Freilich geht es Kant m. E. nicht um moralische Erbauung, wie Forschner zu meinen scheint, sondern um die eine präzisere Bestimmung der moralontologischen Konstitution des Menschen qua Komparation.

[45] Eine letzte Schlussfolgerung sei hier erlaubt: Wenn von Heiligkeit und Tugend in Bezug auf die Engel nur in dem angegebenen relational-komparativen Sinn gesprochen werden kann, ist es kaum möglich, auch nur die Möglichkeit der Existenz von Engeln zu behaupten. Wesen, die in der einen Perspektive heilig, in der anderen tugendhaft sind, sind vielmehr „unmögliche Wesen". Sie dienen allein dem Vergleich und werden um seinetwillen angenommen. (Als entweder heilige *oder* tugendhafte Wesen sind Engel freilich möglich, nur nicht beides zusammen, da einem kontradiktorischen Begriff keine objektive Realität zukommen kann).

6.3 Engelstugend

Engel stehen für eine niedere moralische Stufe als die Gottes und eine höhere als die des Menschen. Da eine graduelle Unterscheidung bei der Heiligkeit nicht möglich ist, muss, um die Engel von Gott zu unterscheiden, gesagt werden, dass die Engel bezogen auf Gott komparativ-tugendhaft sind, obwohl das nicht bedeuten muss, dass sie vom Sittengesetz im Modus des Imperativs adressiert werden.[46] Vielmehr interessiert die Frage, wie die moralische Konstitution der Engel *de facto* beschaffen ist, Kant überhaupt nicht. Unterscheidet er Tugend und Heiligkeit sonst streng – Nötigung durch das Sittengesetz in Form des Imperativs oder nicht –, kann er, jeweils unterschiedliche Perspektiven wählend, beides von den Engeln aussagen. Wie die Engel jeweils gesehen werden, hängt davon ab, ob sie im Zusammenhang mit der Gotteslehre oder der Anthropologie zur Sprache kommen. Akzeptiert man diese rein komparative Funktion der „Engellehre" in Kants Moralphilosophie, bereitet auch der Begriff der „Engelstugend", den Kant in der *Metaphysik der Sitten* entwickelt, (zumindest auf den ersten Blick) keine größeren Probleme mehr. Die einschlägige Passage sei hier in Gänze zitiert:

> Alle Laster, welche selbst die menschliche Natur hassenswerth machen würden, wenn man sie (als qualificirt) in der Bedeutung von Grundsätzen nehmen wollte, sind inhuman, objectiv betrachtet, aber doch menschlich, subjectiv erwogen: d.i. wie die Erfahrung uns unsere Gattung kennen lehrt. Ob man also zwar einige derselben in der Heftigkeit des Abscheues teuflisch nennen möchte, so wie ihr Gegenstück Engelstugend genannt werden könnte: so sind beide Begriffe doch nur Ideen von einem Maximum, als Maßstab zum Behuf der Vergleichung des Grades der Moralität gedacht, indem man dem Menschen seinen Platz im Himmel oder der Hölle anweiset, ohne aus ihm ein Mittelwesen, was weder den einen dieser Plätze, noch den anderen einnimmt, zu machen. Ob es Haller mit seinem „zweideutig Mittelding von Engeln und von Vieh" besser getroffen habe, mag hier unausgemacht bleiben. Aber das Halbiren in einer Zusammenstellung heterogener Dinge führt auf gar keinen bestimmten Begriff, und zu diesem kann uns in der Ordnung der Wesen nach ihrem uns unbekannten Classenunterschiede nichts hinleiten. Die erstere Gegeneinanderstellung (von Engelstugend und teuflischem Laster) ist Übertreibung. Die zweite, obzwar Menschen, leider! auch in viehische Laster fallen, berechtigt doch nicht eine zu ihrer Species gehörige Anlage dazu ihnen beizulegen, so wenig als die Verkrüppelung einiger Bäume im Walde ein Grund ist, sie zu einer besondern Art von Gewächsen zu machen.[47]

---

[46] Dies wäre nur bei real-tugendhaften Wesen der Fall, die einen bestimmten Status im *ordo entium moralium* einnehmen. Die Engel haben gar keinen festen Ort in der Ordnung der Wesen. Sie erhalten ihn vielmehr nur im Rahmen des Vergleichs.

[47] MST, AA VI, 461/Ludwig, 108f.

Was Kant hier über die „teuflischen Laster" sagt, wird erst im nächsten Abschnitt erörtert. Die Aufmerksamkeit soll zunächst allein der „Engelstugend" gelten. Welche Tugenden er hiermit genau meint, verschweigt Kant, anders als bei den teuflischen Lastern, allerdings.[48] Das legt, ebenso wie der auffällige Singular, den Verdacht nahe, Kant meine mit „Engelstugend" keine distinkten Tugenden, sondern versuche schlicht, einen Maximalbegriff der Tugend überhaupt einzuführen. Hierauf – und nicht auf bestimmte seraphische Tugenden *in concreto* – kommt es ihm an: „Engelstugend" ist ebenso wie „teuflisches Laster" ein Maximalbegriff, der, wie Kant betont, nur „zum Behuf der Vergleichung des Grades des Moralität" angenommen wird. Damit erhält die komparative Deutung der kantischen „Engellehre" ihre Bestätigung. Nicht um die *De-facto*-Beschaffenheit der Engel geht es, sondern darum, die *differentia specifica* des Menschen näher zu fassen.

Das Problem, das die zitierte Passage auf den zweiten Blick bereitet, besteht darin, dass Kant von Engels*tugend* spricht. Nach dem, was bisher über die komparative Funktion der Begriffe Heiligkeit und Tugend im Zusammenhang mit den Engeln gesagt wurde, wäre eher Engels*heiligkeit* als Engels*tugend* zu erwarten gewesen. Stellt doch Heiligkeit, nicht Tugend das Maximum der Moralität überhaupt dar. Zudem ist „Engelstugend" ja eindeutig komparativ auf den Menschen bezogen, weswegen von Tugend hier gar nicht die Rede sein sollte. Werden Engel als tugendhafte Wesen betrachtet, stehen sie ja auf der Rangleiter unter dem Menschen, da sie nur geringe Hindernisse überwinden müssen. „Engelstugend" bezeichnet – anders als „Engelsheiligkeit" – gar kein Maximum, sondern vielmehr ein Minimum der Tugendhaftigkeit. Der Ausdruck „Engelstugend" scheint verfehlt, soll es um ein Maximum gehen, stehen doch die Engel einzig als heilige, nicht aber als tugendhafte Wesen auf der moralischen Stufenleiter über dem Menschen. Schließlich scheint der Begriff auch deshalb unpassend, weil Kant in der parallelen Vorlesung von der „Engelstugend" als einem „unerreichbaren Ideal" spricht.[49] Tugend, welchen Grades auch immer, ist aber niemals prinzipiell unerreichbar. Allein Heiligkeit bezeichnet eine moralische Qualität, die der Mensch anstreben soll, zugleich aber niemals besitzen kann, und stellt insofern

---

48 Zu den drei teuflischen Lastern s.u. 7.2. Nur einmal deutet Kant, in Parallelität zu diesen Lastern, zwei konkrete „englische Tugenden" an: Nächstenliebe und die Bereitschaft zur Aufopferung. „Wir können auch generaliter sagen, daß wir englische Tugenden haben, wozu 1. die Liebe des Feindes gehöret, 2. wenn man das allgemeine beste beförderd, auch mit Aufopferung seines eigenen Nuzzens [sic!]" (Praktische Philosophie Powalski (1781/82), AA XXVII, 230). Einmal spricht Kant von „himmlischen Tugenden" und definiert sie als diejenigen, bei denen „ich selbst an dem Guten Genüge finde" (Danzinger Rationaltheologie, AA XXVIII, 1232).
49 Metaphysik der Sitten Vigilantius, AA XXVII, 691.

ein „unerreichbares Ideal" dar. Muss also Kants Begriff der „Engelstugend" als ein Versehen oder sogar eine Inkonsistenz angesehen werden?

Abermals hilft es, genau auf die argumentative Funktion zu achten. Die „Engelstugend", von der Kant in der *Metaphysik der Sitten* spricht, ist „Übertreibung", d. h. ein rein hyperbolischer Ausdruck. Laut Kant sind es nicht übersinnliche Wesen wie Teufel oder Engel, die man durch die Ausdrücke „teuflisches Laster" und „Engelstugend" dem Himmel oder der Hölle zuweist, sondern gewöhnliche Menschen. Die Laster und Tugenden sind und bleiben menschlich, wie die Vorlesungsnotiz hervorhebt, und die Zuschreibungen an Teufel und Engel nur „Versinnbildlichungen" dieses absoluten denkbaren Maximums.[50] Kant will ja gerade nicht, im Gegensatz zu von Haller, erklären, inwiefern der Mensch ein Wesen ist, das zwischen Engel und Teufel (oder Vieh) steht.[51] Solches „Halbieren" helfe nichts. Engel und Teufel sind hier keine Wesen neben dem Menschen – wie Kant sie *gratia comparationis* ja durchaus annehmen kann –, sondern Personifikationen extremer Möglichkeiten des Guten und Bösen, die, gerade und nur insofern sie Übertreibungen darstellen, inhuman sind.

Der Begriff „Engelstugend" dient – weit davon entfernt, eine Aussage, und sei es auch nur im komparativen Sinn, über die höheren Regionen des *ordo entium moralium* anzudeuten –, also schlicht zur Qualifizierung des moralischen Status einer *menschlichen* Person im Modus der inhumanen Übertreibung. Die Engel, um die es bei der Engelstugend geht, sind gar keine Engel, sondern nur besonders tugendhafte Menschen, genauer Menschen, die so tugendhaft sind, dass man sie mit einem hyperbolischen Ausdruck „Engel" nennen möchte. Objektiv betrachtet ist Engelstugend schon inhuman, subjektiv aber noch menschlich.

Gewiss mag man einwenden, dass es wenig Sinn ergebe, besonders tugendhafte Menschen übertreibend als Engel zu bezeichnen, wenn zugleich angenommen wird, dass Engel weniger tugendhaft sind als Menschen bzw. überhaupt nicht tugendhaft, da sie entweder nur geringe – wie die Vorlesung der 70er-Jahre nahelegt – oder gar keine Hindernisse – wenn sie denn heilig sind – zu überwinden haben. Mit „Engelstugend" wird 1797 ein Maximum, 1774/75 ein Minimum der Tugend bezeichnet (obwohl im zweiten Fall der konkrete Begriff natürlich nicht fällt). Im ersten Fall sind die Engel Menschen, im zweiten sind sie wirkliche

---

50 „Die Laster wie die Tugenden bleiben zwar immer menschlich, und das maximum des Bösen und des Guten im Teufel und Engel ist nur ein unerreichbares Ideal: eine Vorstellung des größtmöglichen, denkbaren Grades, die schon vorhanden war, ehe sie unter der Vorstellung von Teufel und Engel versinnbildlicht wurde" (Metaphysik der Sitten Vigilantius, AA XXVII, 691).
51 Warum Kant dem Engel den Teufel und nicht das Vieh entgegensetzen will, wird unten deutlich werden.

Engel. Beides ergibt, aus seinem Kontext gesehen, argumentativ Sinn, verbietet es aber, eine „Angelologie" Kants zu rekonstruieren.

Die Tugend der Engel steht, je nach Kontext, entweder für ein mögliches Maximum oder Minimum der Tugend, wie sie der Mensch zu erwerben vermag. Ist hingegen von der Heiligkeit der Engel die Rede, dient diese als Limitativbegriff. Heiligkeit ist eben die moralische Vollkommenheit, die der Mensch prinzipiell nicht erreichen kann. „Engelstugend" hingegen, wenn als Maximum betrachtet, bezeichnet eine moralische Vollkommenheit, die er allein kontingenter Weise nicht erreicht. Kurz, „Engelstugend" im Sinne von 1797 ist ein quantitatives Maximum, die Heiligkeit der Engel aber eine höchste Qualität der Moralität.[52]

---

[52] Der hier nicht näher behandelte „Staat von Engeln" (Z. ew. Fried., AA VIII, 366) ist m. E. ein reiner Gegenbegriff zum „Staat von Teufeln", der gleich näher behandelt werden soll, und an sich von keinem großen Gewicht. Ebenso wie Kant mit den „Teufeln" dort nicht Teufel *sensu stricto* meint (s. u. 7.3.), müssen auch die Engel hier nicht unbedingt als heilige Wesen angesehen werden. Dass Kant jenen Engeln hier Menschen als Wesen mit „selbstsüchtigen Neigungen" gegenüberstellt, spricht nicht unbedingt gegen diese Deutung. Für einen idealen Staat würde es reichen, dass seine Bürger im hohen oder höchsten Maß tugendhaft sind, also „Engelstugend" besitzen, oder „engelrein" (Anthr., AA VII, 332) sind. Sie haben Neigungen, erliegen ihnen aber, anders als die selbstsüchtigen Menschen, nicht. Außerdem meint Kant an dieser Stelle eindeutig einen (hypothetischen) irdischen Staat, keine intelligible Bürgerschaft im Sinn der *respublica noumenon* (Str. d. Fak., AA VII, 91). Nur in einem solchen „Himmelsstaat" könnten die Engel auch wirklich rein intelligible Wesen und mithin heilig sein. Solange es sich um einen irdischen Staat handelt, muss er auch Bürger haben, die empirisch existieren und *eo ipso* nicht heilig sein können.

7. Kapitel Die Teufel

In Jean Pauls *Baierischer Kreuzerkomödie* hält der Teufel eine lange „Katechismuspredigt von [s]einer Nichtexistenz" und gibt sogleich an, wie er zu seiner sonderbaren Überzeugung gekommen ist.[53] Es war Kant, dieser „Antichrist für die Metaphysik, dieser Messias der Philosophie", dessen *Kritik der reinen Vernunft* den obersten aller Dämonen zum Zweifel an seiner eigenen Existenz veranlasste. Auf dem Postkissen das kantische *opus magnum* durchdenkend, muss er erkennen, dass sein Leib mit allen Haaren, Hörnern und Klauen nur ein Schein, eine bloße Modifikation der Sinnlichkeit ist. Freilich ist die Krise des Teufels bei Jean Paul die gleiche, die auch einen Göttinger Studenten befallen haben soll. Die Person ausgerechnet des Teufels wurde von Jean Paul in seiner Kant-Satire, so scheint es, nur um des poetischen Effekts willen gewählt. Dass der Teufel eine ästhetisch unbrauchbare Figur ist, wie Hegel behauptet,[54] hat Jean Paul durch seine Komödie sinnenfällig widerlegt. Hätte er aber wirklich zeigen wollen, dass es nach der *Kritik der reinen Vernunft* keinen Teufel und kein Teuflisches mehr geben kann, so wäre sein Argument schnell zu widerlegen. Denn Kant kennt, auch wenn er vom bocksfüßigen Dämon des alten Aberglaubens eindeutig Abstand nimmt, durchaus das Teuflische als Inbegriff absoluter Immoralität.[55] Die pointiertesten Aussagen hierzu finden sich in der *Religionsschrift*. Kant liefert in seinem religionsphilosophischen Hauptwerk eine veritable Satanologie innerhalb der Grenzen der bloßen Vernunft.

Die Grundzüge dieser „Satanologie" müssen am Anfang der folgenden Überlegungen stehen. Vernachlässigt werden kann hierbei Kants Auslegung der Geschichte vom Sündenfall, die m. E. weitgehend eine reine Akkommodation an die religiöse Überlieferung darstellt.[56] Was Kant an Neuem über den Ursprung des

---

53 Alle Zitate nach PAUL, 1996, 561–565.
54 „Das Grausame, Unglückliche, die Herbigkeit der Gewalt und Härte der Übermacht läßt sich noch in der Vorstellung zusammenhalten und ertragen, wenn es selber durch gehaltvolle Größe des Charakters und Zwecks gehoben und getragen wird; das Böse als solches aber, Neid, Feigheit und Niederträchtigkeit sind nur widrig, der Teufel für sich ist deshalb eine schlechte ästhetisch unbrauchbare Figur. Denn er ist nichts als die Lüge in sich selbst, und deshalb eine höchst prosaische Person" (HEGEL, 1927, Bd. 12, 301).
55 Chignell nennt den Teufel in einer Reihe mit den Vorstellungen von Fall, Inkarnation und Erlösung als „symbols in historical and scriptural narratives", die eine Versinnlichung der rationalen Religion darstellen und die zentralen Ideen von Gott, Freiheit und dem Bösen mit „intuitional [...] content" anreichern (CHIGNELL, 2011, 125).
56 Auf den ersten Blick ist es, Kants Lehre von der intelligiblen Tat vorausgesetzt, durchaus überraschend, dass er den Versucher der biblischen Geschichte überhaupt noch erwähnt. DÖRFLINGER gibt eine plausible Erklärung: „Der von seiner erhabenen Bestimmung ab-

Bösen zu sagen hat, entwickelt er im Zusammenhang mit seinem Theorem des intelligiblen Sündenfalls. Der eigentliche Sündenfall ist für Kant ja gerade ureigenste, intelligible Tat des Menschen, zu der ihn kein böser Dämon veranlasst hat.[57] Für den vorliegenden Kontext gilt es, sich auf diejenigen Stellen aus der *Religionsschrift* zu konzentrieren, die den Teufel als Vernunftwesen innerhalb des moralischen Kosmos verorten. Es muss nach der *differentia specifica* des teuflischen Willens gegenüber anderen Formen des Willens gefragt werden. Dabei geht es freilich nicht darum, ob der Teufel wirklich existiert, sondern einzig darum, wie ein – hypothetisch konstruierbarer – teuflischer Wille beschaffen sein müsste. Schließlich ist der Teufel, ebenso wie die Engel, für Kant wesentlich die Personifikation einer extremen moralischen Möglichkeit:

> [...] [W]ir haben so gut wie vom Guten ebenso auch vom Bösen eine Idee und alles Böse referieren wir in die Hölle so wie das Gute in den Himmel, *personificiren* wir dieses voll-

---

gefallene Geist eignet sich deshalb zur Darstellung einer *in uns* angesiedelten Problematik, weil sich auch mit Bezug auf ihn die Frage nach dem Grund des Bösen stellt – ‚woher bei jenem Geiste das Böse?' – und sie in seinem Falle ebensowenig wie im Fall des Menschen zu beantworten ist" (DÖRFLINGER, 2008, 90). S. zum Fall bei Kant auch CHIGNELL, 2011, 116–118.

57 „Der Hang zum Bösen ist nun That in der ersten Bedeutung (*peccatum originarium*) und zugleich der formale Grund aller gesetzwidrigen That im zweiten Sinne genommen, welche der Materie nach demselben widerstreitet und Laster (*peccatum derivativum*) genannt wird; und die erste Verschuldung bleibt, wenn gleich die zweite (aus Triebfedern, die nicht im Gesetz selber bestehen) vielfältig vermieden würde. Jene ist intelligibele That, bloß durch Vernunft ohne alle Zeitbedingung erkennbar; diese sensibel, empirisch, in der Zeit gegeben (*factum phaenomenon*)" (Rel., AA VI, 31). Kant versucht hier m. E. das klassische Dilemma der Erbsündenlehre zu lösen: Die Erbsünde soll ein Verhängnis sein, das jeden Menschen trifft, und zugleich doch jedem einzelnen zugerechnet werden, also persönliche Schuld sein. Indem Kant den Sündenfall (also den „Moment", in dem das *peccatum originarium* „zugezogen" wird) unzeitlich als intelligible Tat versteht, kann er tatsächlich behaupten, dass die Erbsünde zugleich Verhängnis und Schuld sei. Deutlicher wird dieser Gedanke, wenn man ihn in Kants anthropologischer Terminologie ausbuchstabiert: Diejenige Größe, die die intelligible Tat „begeht", ist nicht der einzelne Mensch, ganz gleich, ob er als *homo noumenon* oder als *homo phaenomenon* betrachtet wird. Vielmehr muss diese Tat demjenigen Moment am Menschen zugeschrieben werden, das allein rein-intelligibel genannt zu werden verdient: Die noumenale Menschheit, das *eine* reine Vernunftwesen, welches im Einzelnen als „Menschheit in meiner eigenen Person" auftritt. Es allein – als überindividuelle Größe – „begeht" unzeitlich den Sündenfall. Der einzelne Mensch, der durch seine Teilhabe an der Sinnenwelt individuiert wird, trägt diese Schuld mit, zieht sich Laster zu und wird sogar dafür bestraft (s. u. 10.3), da er – als *homo noumenon* betrachtet – mit dem noumenalen Vernunftwesen „Menschheit" (das n. b. etwas ganz anderes ist als der empirische Kollektivbegriff) unlöslich verbunden ist. Vereinfacht gesagt: Die noumenale Menschheit wird schuldig, der Mensch, als noumenaler betrachtet, hat Anteil an dieser überindividuellen Schuld und muss, als phänomenaler, die Strafe erdulden. Zu Kants Theorem der intelligiblen Tat als Versuch, die christliche Erbsündenlehre zu interpretieren, s. FORSCHNER, 2011, 83–89.

kommene Böse, so haben wir die Idee vom Teufel, wenn wir nun glauben, daß solcher Einfluß auf uns haben könne, daß er des Nachts erscheine und herumspukke, so macht das in uns Hirngespinste, die den vernünfftigen Gebrauch unserer Kräffte aufheben.[58]

Ist der Glaube an den Teufel der Glaube an einen nächtlichen Dämon, ist er in der Tat ein Aberglaube. Sinn ergibt er nur dann, wenn der Teufel als Personifikation einer bestimmten moralischen Möglichkeit, genauer, des höchsten Grades an moralischer Verderbtheit verstanden wird. Damit kommt dem Teufel, wie den Engeln, zugleich eine komparative Funktion zu. Vom Teuflisch-Bösen reden wir, um das Menschlich-Böse besser zu verstehen.[59]

Im Anschluss an die Darstellung der praktisch-vernünftigen „Satanologie" der *Religionsschrift* soll Kants Auffassung von den teuflischen Lastern herangezogen werden, wie sie hauptsächlich in der *Tugendlehre* der *Metaphysik der Sitten* entwickelt wird. Hilfreich sind in diesem Zusammenhang auch die Ausführungen in den *Vorlesungen über Moralphilosophie* und der *Anthropologie in pragmatischer Hinsicht*, da sie die knappen Gedankengänge aus der *Tugendlehre* mit Beispielen anreichern. Schließlich muss auch das berühmte Bild von einem „Volk von Teufeln" aus der *Friedensschrift* in die Erörterung einbezogen werden.

7.1 Die teuflische Triebfeder

Kants wichtigste Äußerungen über das Teuflisch-Böse finden sich im ersten Abschnitt seiner *Religionsschrift*, in der das Zentraltheorem vom radikal Bösen in der menschlichen Natur entfaltet wird. Es ist m. E. daher sinnvoll, zunächst kurz daran zu erinnern, was Kant unter dem radikal Bösen in der menschlichen Natur versteht, um von hier aus Kants Begriff des Teuflisch-Bösen zu gewinnen. Die Formulierung, dass der Mensch „von Grund auf" oder von der Wurzel (*radix*) an böse sei, hat zu Irritationen geführt.[60] Dass das Böse in der menschlichen Natur

---

58 KANT, 2004, 348.
59 So besonders deutlich in der (allerdings unsicheren) Überlieferung der Religionsphilosophie nach Pölitz: „Die Bosheit denken wir uns, wenn wir den höchsten Grad derselben denken, als eine unmittelbare Neigung, die ohne alle Reue und Lockungen am Bösen Gefallen hat, und es ohne alle Rücksicht auf Gewinn und Vortheil, blos weil es böse ist, ausübet. Diese Idee bilden wir uns, um darnach die mittlern Grade der Bosheit zu bestimmen" (KANT, 1830, 2f.).
60 Bereits Goethe lehnt die Vorstellung vom radikalen Bösen vehement ab. In einem Brief an das Ehepaar Herder vom 7.06.1793 urteilt er, Kant habe seinen „philosophischen Mantel [...] freventlich mit dem Schandfleck des radicalen Bösen beschlabbert, damit doch auch Christen herbeigelockt werden, den Saum zu küssen" (GOETHE, 1991, 676). Zu weiteren wichtigen Etappen der Kritik vgl. WIMMER, 1990, 122.

seinen Ursprung hat, scheint jeder, gerade auch der von Kant intendierten Theorie der Zurechenbarkeit zu widerstreiten. Um sich hier nicht in Subtilitäten zu verlieren, ist es am einfachsten, „Natur" in diesem Zusammenhang einfach als Chiffre für Allgemeinheit zu verstehen.[61] Dass der Mensch von Natur aus böse ist, bedeutet bei Kant nicht, dass er unfrei gegenüber dem Bösen ist, sondern, dass die Wahl des Bösen, die Kant als eine unzeitliche und intelligible versteht,[62] faktisch bei allen Menschen vorausgesetzt werden muss. Entscheidender für den gegenwärtigen Kontext ist aber die Frage, wie Kant das Wesen des Bösen im Menschen bestimmt. In einem apagogischen Verfahren schließt er zunächst aus, dass das Böse schlicht mit der Sinnlichkeit gleichzusetzen sei. Die sinnlichen Neigungen sind uns „anerschaffen", nicht frei gewählt und können daher nicht zugerechnet werden.[63] Sie sind, als zum *mundus sensibilis* gehörig, moralisch gesehen *adiaphora*.[64] Um eine Zurechnung zu gewährleisten, ist es nach Kant jedoch auch nicht hinreichend, wenn die sinnliche Triebfeder in die Maxime aufgenommen wird. Das Menschlich-Böse ist vielmehr zu verstehen als Überordnung der sinnlichen über die moralische Triebfeder:

> Also muss der Unterschied, ob der Mensch gut oder böse sei, nicht in dem Unterschiede der Triebfedern, die er in seine Maxime aufnimmt (nicht in dieser Materie), sondern in der Unterordnung (der Form derselben) liegen: welche von beiden er zur Bedingung der anderen macht.[65]

Das Menschlich-Böse muss in einer bestimmten Konfiguration der Triebfedern gesucht werden, nicht in diesen Triebfedern selbst. Das „Paradoxon der Methode"[66] aus der *Kritik der praktischen Vernunft* verschafft sich hier Geltung: Was gut und böse ist, kann gar nicht material (über die Angabe eines bestimmten Objekts), sondern nur formal über den Bezug auf das Sittengesetz bestimmt werden. Die Form des Bösen nach der *Religionsschrift* ist gerade die Überordnung der sinnlichen über die moralische Triebfeder, wobei das Böse nicht aus der sinnlichen Triebfeder als solcher herrührt, sondern aus der Zurücksetzung der moralischen Triebfeder gegenüber einer anderen. Das Menschlich-Böse besteht damit we-

---

61 Vgl. WIMMER, 1990, 115.
62 Rel., AA VI, 31.
63 Rel., AA VI, 35.
64 Dörflinger verweist darauf, dass die sinnlichen Neigungen „nicht schon als solche notwendigerweise in diese Entgegensetzung" zu moralischen Erfordernissen führen. Erst die Überordnung mache die für sich betrachtet moralisch indifferenten Neigungen zu bösen (DÖRFLINGER, 2008, 85).
65 Rel., AA VI, 36.
66 KpV, AA V, 63.

sentlich in einer Unterlassung, der Nicht-Überordnung der moralischen Triebfeder über die andere. Die Sinnlichkeit als unmittelbare Quelle des Bösen ist jedoch nur eine der beiden von Kant verworfenen Möglichkeiten, das Menschlich-Böse zu bestimmen. Ebenso wenig wie als Ausdruck der Sinnlichkeit darf das Menschlich-Böse als eine Korruption der Vernunft selbst verstanden werden.

> Der Grund dieses Bösen kann 2) auch nicht in einer Verderbnis der moralisch-gesetzgebenden Vernunft gesetzt werden: gleich als ob diese das Ansehen des Gesetzes selbst in sich vertilgen und die Verbindlichkeit aus demselben ableugnen könne; denn das ist schlechterdings unmöglich. Sich als frei handelndes Wesen, und doch von dem, einem solchen angemessenen, Gesetze (dem moralischen) entbunden denken, wäre so viel, als eine ohne alle Gesetze wirkende Ursache denken (denn die Bestimmung nach Naturgesetzen fällt der Freiheit halber weg): welches sich widerspricht.[67]

Die von Kant behauptete Unmöglichkeit einer verderbten Vernunft hat ihren Grund darin, dass eine Ursache nicht ohne ein sie begleitendes Gesetz gedacht werden kann, dieses bei einer freien Ursache aber nur das Sittengesetz selbst sein kann. Das Argument lässt sich genauer folgendermaßen rekonstruieren:

1. Eine Ursache, z. B. Freiheit, ohne jedes Gesetz zu denken ist unmöglich.
2. Alle Gesetze, die als Gesetz einer Ursache fungieren können, sind entweder Naturgesetze oder das Sittengesetz.
3. Wenn Freiheit als Ursache angenommen wird, scheiden die Naturgesetze aus.
4. Es folgt: Freiheit als Ursache muss ein Gesetz bei sich führen, und dieses kann kein anderes sein als das Sittengesetz.
5. Es folgt: Freiheit als Ursache ohne Bezug auf das Sittengesetz ist unmöglich.

Zu beachten ist nun, dass Kant keineswegs präzisiert, wie das Verhältnis der Freiheit als Ursache und des zu ihr gehörigen Gesetzes gedacht werden kann. Er sagt lediglich, dass das freie Wesen vom Sittengesetz nicht entbunden werden kann. Nichts kann nach der Kausalität aus Freiheit geschehen ohne Bezug auf das Sittengesetz. Wird von einem Vernunftwesen das Menschlich-Böse frei gewählt, so ist diese Wahl selbst frei und hat auch Bezug auf das Sittengesetz, gerade indem sie das Sittengesetz unterordnet. Diese Unterordnung des Sittengesetzes ist derjenige Bezug auf das Sittengesetz, der in der Wahl des Menschlich-Bösen enthalten ist. Führt die Wahl auch in die Heteronomie, d. h. die Bestimmung durch Neigungen und eben nicht durch das Sittengesetz, so ist sie doch selbst autonom und insofern bezogen auf das Sittengesetz. Auch wer (intelligibel) das Böse wählt, leugnet nicht die Verbindlichkeit des Sittengesetzes.

---

[67] Rel., AA VI, 35.

Neben der Unterordnung des Sittengesetzes und seiner Überordnung (beim guten Willen) gibt es aber noch eine dritte Möglichkeit, bei der die Freiheit als Ursache ihren Bezug auf das Sittengesetz wahren kann: der Kampf oder die Rebellion gegen das Sittengesetz. Hier wird der „Widerstreit gegen das Gesetz selbst zur Triebfeder", was zwar die gesetzgebende Vernunft nicht verdirbt, wohl aber den Titel einer „boshaften Vernunft" verdient.[68] Wenn diese „boshafte Vernunft" möglich sein soll, so muss irgendein Gesetz auch für diese Art der Kausalität gefunden werden. Da auch boshafte Vernunft eine Kausalität aus Freiheit bezeichnet, können Naturgesetze nicht in Betracht kommen. Boshafte Vernunft muss also eine Beziehung auf das Sittengesetz haben und, da die Über- oder Unterordnung des Sittengesetzes ausscheidet, bleibt nur die Rebellion gegen das Sittengesetz selbst, welche als Triebfeder anzunehmen systematisch durchaus konsequent ist, wie Schulte bemerkt: „Gerade dann, wenn das Gesetz für sich hinreichende Triebfeder der Willkür sein kann, könnte hypothetisch auch der bloße Widerstreit gegen das Gesetz zur Triebfeder werden."[69] Kant hat hier eine zweite Abgrenzung des Menschlich-Bösen erreicht. Das Menschlich-Böse ist weder reine Sinnlichkeit noch boshafte Vernunft, der Mensch ist weder Tier noch – so nennt Kant nun die Verkörperung der boshaften Vernunft – ein Teufel. Das Tierische und das Teuflische sind Limitativbegriffe, Grenzpfähle des Menschlich-Bösen.

> Um also einen Grund des Moralisch-Bösen im Menschen anzugeben, enthält die Sinnlichkeit zu wenig; denn sie macht den Menschen, indem sie die Triebfedern, die aus der Freiheit entspringen können, wegnimmt, zu einem bloß Tierischen; eine vom moralischen Gesetz aber freisprechende, gleichsam boshafte Vernunft (ein schlechthin böser Wille) enthält dagegen zu viel, weil dadurch der Widerstreit gegen das Gesetz selbst zur Triebfeder (denn ohne alle Triebfeder kann die Willkür nicht bestimmt werden) erhoben und so das Subjekt zu einem teuflischen Wesen gemacht werden würde. – Keines von beiden ist aber auf den Menschen anwendbar.[70]

Um das Teuflisch-Böse vom Menschlich-Bösen noch klarer abgrenzen zu können, führt Kant die Unterscheidung zwischen menschlicher Bösartigkeit und teuflischer Bosheit ein.[71] Der Boshafte tut das Böse nach Kant nicht aus sinnlichen

---

68 Rel., AA VI, 35.
69 SCHULTE, 1988, 103. Schulte bezeichnet das Teuflisch-Böse treffend als das „Konträre des Guten" im Gegensatz zum Menschlich-Bösen als „Kontradiktion des Guten" (SCHULTE, 1988, 103f.).
70 Rel., AA VI, 35.
71 „Die Bösartigkeit der menschlichen Natur ist also nicht sowohl Bosheit, wenn man dieses Wort in strenger Bedeutung nimmt, nämlich als eine Gesinnung (subjektives Prinzip der Maximen), das Böse als Böses zur Triebfeder in seine Maximen aufzunehmen (denn dies ist teuf-

Neigungen, die er dem Sittengesetz überordnet, sondern er tut das Böse um des Bösen willen, aus reinem Protest gegen das Sittengesetz. „Teufel: eine Idee, als wenn ein Wesen möglich wäre, was an der bloßen Uebertretung Vergnügen fände."[72] Dem Boshaften bzw. Teuflischen geht es nicht um die eigene Glückseligkeit, sondern es geht ihm streng genommen um „nichts".[73] Als einem „Wesen höherer Art[,] als einem Geist" können dem Teufel der *Religionsschrift* „irdisch[e] und körperliche Gegenstände keinen Genuß gewähren".[74] Das absolut Böse ist das Prinzip, wider alles Prinzip zu handeln – eine *contradictio in adiecto*, wie Kant selbst bemerkt.[75] Boshafte Vernunft verfolgt kein Ziel, sie ist absolute Destruktion.[76] Der Teufel ist im „besten" Sinne ein *rebel without a cause*. Nicht zufällig rezipiert Kant hier das traditionelle Verständnis des Teufelsfalls als Rebellion gegen Gott:

> Der Ungehorsam ist entweder priuativ oder negativ – dort fehlt die gnugsame lebendige Einsicht des göttlichen Willens, hier zeigt sich bosheit: Triebfedern die jenem realiter opponirt sind; – und diese macht die Empörung gegen Gott aus: die also eine große Erkenntnis des göttlichen Willens: und große Triebfedern dagegen voraussetzt: und insonderheit eigentlich – wenn man eine Handlung in der Absicht thut: Gott zu mißfallen: z.E. die Rebellion der gefallnen Engel. [A]nalogisch nennt man auch Menschen Rebellen Gottes, die etwaz, wie wohl zu andern Absichten thun, ob sie gleich wissen, daß es Gott mißfällig ist: – aber uneigentlich da wir von der bosheit der gefallnen Engel blos in Absicht Gott zu beleidigen, keinen begrif haben, und eine Blasphemie eines verzweifelnden Menschen eine geringe Annäherung dazu ist, die endlich aber vielleicht ein habitus werden kann. – Die Rebellion ist eigentlich nicht im Menschlichen Herzen: da das Wiederstreben Gottes aus Grundsätzen und Absichten unmittelbar ihm kaum zuzutrauen, weil er sich so nicht verwirren kann: gegen Gott etwaz seyn zu können.[77]

---

lisch); sondern vielmehr Verkehrtheit des Herzens, welches nun, der Folge wegen, auch ein böses Herz heißt, zu nennen" (Rel., AA VI, 37).
72 Metaphysik Dohna, AA XXVIII, 700, ähnlich auch: „Das Grösste im moralisch Guten ist Gott, dass Grösste im moralisch Bösen ist der Teufel. Wenn unsre Verbrechen Unendlichkeit hätten, wären wir alle Teufel; Teufel ist aber eine blosse Idee. Teufel ist der, der das Gesetz übertritt aus unmittelbarer Lust an der Übertretung, nicht etwa an den Folgen" (Metaphysik K2, AA XXVIII, 808).
73 So DÖRFLINGER, 2008, 105, Anm. 106.
74 Rel., AA VI, 78 f.
75 „Das böse Princip wäre ein subjectiver practischer Grundsatz ohne Princip ja wieder alles Princip zu handeln; ist also *contradictio in adiecto*" (Op. post., AA XXII, 123).
76 Damit ist der teuflische Wille aber mitnichten vom Sittengesetz entbunden, sondern, insofern er, ohne durch Neigungen versucht zu sein, gegen es ankämpft, in eminenter Weise darauf bezogen.
77 Praktische Philosophie Herder, AA XXVII, 33.

Menschen als Rebellen gegen Gott zu bezeichnen, wenn sie sich der Blasphemie schuldig machen, ist nur eine uneigentliche Redeweise. Wahre Rebellion gegen Gott, ein Ungehorsam, der sich nicht mehr als Privation des Gehorsams denken lässt, liegt außerhalb der Möglichkeiten des Menschen. Menschen haben einen Grund, eine Neigung, warum sie das Sittengesetz nicht befolgen. Die gefallenen Engel haben hingegen nur die Absicht, Gott zu beleidigen. Die Rede von der Rebellion des Menschen gegen Gott ist eine analogische. So, wie Kant ansonsten Eigenschaften, die sinnlichen Wesen zukommen, qua Analogie auf übersinnlichen Wesen überträgt, lässt er die hier Umkehrung zu: Vom Gotteslästerer wird analogisch das ausgesagt, was eigentlich nur vom Teufel, einem rein intellektuellen Wesen, prädiziert werden darf. Insofern diese Rede immer analogisch bleibt, lässt sich die *differentia specifica* des Teufels gegenüber dem bösen Menschen bestimmen. Sie besteht darin, dass der Teufel nicht, wie der böse Mensch, das Sittengesetz nur unterordnet, sondern es aktiv bekämpft. Die Bosheit des Teufels ist eine Bosheit aus „Grundsätzen und Absichten", während die menschliche Bösartigkeit schlicht darin besteht, das Sittengesetz zu verlassen, d. h. einer anderen wie auch immer gearteten Triebfeder unterzuordnen.[78] Während sich das Menschlich-Böse als Unterlassung begreifen lässt, stellt das Teuflisch-Böse ein positives Tun dar, weshalb auch nur beim Teuflisch-Bösen die Qualität der Triebfeder interessieren muss. Das Teuflisch-Böse lässt sich in seiner Eigenart über seine material einzigartige Triebfeder bestimmen: die Triebfeder der reinen Rebellion gegen das Sittengesetz, die, weil sie die Umkehrung der moralischen darstellt,[79] auch als anti-moralische bezeichnet werden kann. Kant sagt *expressis verbis* nichts darüber aus, ob der teuflische Wille neben dieser Triebfeder noch andere besitzt. Zwei Beobachtungen sprechen aber dagegen: 1. Wenn Kant die spezifisch teuflische, d. h. die anti-moralische, Triebfeder einführt,[80] betont er, dass er dies nur tue, weil ohne irgendeine Triebfeder die Willkür nicht bestimmt werden könne. Besäße der Teufel eine andere (etwa die sinnliche) Triebfeder, wäre diese Bemerkung überflüssig. 2. Nach Kant kann der Teufel weder versucht

---

[78] „Der steife, unbiegsame Sinn bei einem gefaßten Vorsatz (wie etwa an Karl XII) ist zwar eine dem Charakter sehr günstige Naturanlage, aber noch nicht ein bestimmter Charakter überhaupt. Denn dazu werden Maximen erfordert, die aus der Vernunft und moralisch=praktischen Principien hervorgehen. Daher kann man nicht füglich sagen: die Bosheit dieses Menschen ist eine Charaktereigenschaft desselben; denn alsdann wäre sie teuflisch; der Mensch aber billigt das Böse in sich nie, und so giebt es eigentlich keine Bosheit aus Grundsätzen, sondern nur aus Verlassung derselben" (Anthr., AA VII, 293 f.).
[79] Diese Triebfeder ist im Grunde die gleiche wie die moralische, nur in umgekehrter Richtung. Auch sie hat unmittelbar mit dem Sittengesetz zu tun, nur nicht mit dessen Befolgung, sondern dessen konsequenter Verneinung.
[80] Rel., AA VI, 35.

werden noch ist er einer Besserung fähig.[81] Würde der Teufel neben der antimoralischen Triebfeder noch über die sinnliche Triebfeder verfügen, könnte er versucht werden. Verfügte er neben seiner ihm eigenen Triebfeder noch über die moralische, wäre eine Besserung bzw. eine „Versuchung" zum Guten nicht ganz auszuschließen.

Um diesen Punkt noch weiter zu verdeutlichen, denke man sich ein mögliches vernünftiges Wesen, das genau zwei Triebfedern besitzt, die sinnliche und die anti-moralische. Dieses Wesen könnte versucht werden, seine sinnliche Triebfeder der anti-moralischen überzuordnen. Statt seines Amtes der reinen Destruktion zu walten, würde ein solches Wesen von Zeit zu Zeit egoistischen Wünschen nachgeben. Anschaulich gesprochen: Während es eigentlich das Böse um des Bösen willen tun sollte, etwa den Hund des Nachbarn ohne jeden persönlichen Gewinn zu Tode bringen, wird es sich vielleicht in der Kneipe oder auf dem Rummelplatz amüsieren. Ein solches Wesen – man mag es ein Teufelchen nennen – ist Kants Teufel nicht. Kants Teufel lässt sich nicht anfechten in seinem Dienst am Bösen. Am allerwenigsten ist er ein Egoist. Er verfügt über überhaupt keine sinnliche Triebfeder, die ihn verleiten könnte, sein eigenes Streben nach Glückseligkeit der anti-moralischen Triebfeder überzuordnen. Er ist auf seine Weise selbstlos.

Dass Kants Teufel nur über eine einzige Triebfeder verfügt, impliziert aber noch ein Zweites: Der Teufel ist, anders als der Mensch,[82] nicht Bürger zweier Welten, sondern ein rein intellektuelles Wesen, ein, wenn man so will, Vernunftwesen mit negativem Vorzeichen. Die sinnliche Triebfeder im Menschen setzt notwendig voraus, dass der Mensch im *mundus sensibilis* existiert. Der Teufel hat hingegen laut Kant mit der Sinnlichkeit nichts zu schaffen. Ferner: Wenn Kant den Pflichtbegriff so einführt, dass er gerade nur dann anwendbar ist, wenn es einen Widerstreit der Triebfedern gibt, dann muss vom Teufel gesagt werden, dass er zu nichts verpflichtet ist. Er gehorcht der Triebfeder der Rebellion nicht unter

---

81 „Diese Unbegreiflichkeit, zusamt der näheren Bestimmung der Bösartigkeit unserer Gattung, drückt die Schrift in der Geschichtserzählung dadurch aus, daß sie das Böse zwar im Weltanfange doch [sic!] noch nicht im Menschen, sondern in einem Geiste von ursprünglich erhabener Bestimmung voranschickt: wodurch also der erste Anfang alles Bösen überhaupt als für uns unbegreiflich (denn woher bei jenem Geiste das Böse?), der Mensch aber nur als durch Verführung ins Böse gefallen, also nicht von Grund aus (selbst der ersten Anlage zum Guten nach) verderbt, sondern noch einer Besserung fähig, im Gegensatze mit einem verführenden Geiste, d.i. einem solchen Wesen, dem die Versuchung des Fleisches nicht zur Milderung seiner Schuld angerechnet kann, vorgestellt, und so dem ersteren, der bei einem verderbten Herzen doch immer noch einen guten Willen hat, Hoffnung einer Wiederkehr zu dem Guten, von dem er abgewichen ist, übrig gelassen wird" (Rel., AA VI, 44). S. dazu auch DÖRFLINGER, 2008, 104.
82 WIMMER, 1990, 120.

Vernachlässigung seiner Pflicht, sondern in völliger Übereinstimmung mit der Negation des Sittengesetzes. Der Teufel ist so böse, wie Gott heilig ist.

Kant spricht davon, dass die Kategorie des Teuflisch-Bösen *sensu stricto* auf den Menschen nicht anwendbar sei.[83] Dies hat ihm, von dem Zeitgenossen und Theosophen Franz Xaver Baader an bis in die jüngere Forschungsliteratur, deutlichen Widerspruch eingetragen.[84] Sprechen doch, so wird eingewandt, die Verbrechen des zwanzigsten Jahrhunderts eindeutig dafür, dem Menschen jede Form des Bösen prinzipiell zuzutrauen.[85] Dass auch Menschen das Böse um des Bösen willen tun können, sei durch zahlreiche vornehmlich literarische Beispiele belegt, etwa die Figuren des Marquis de Sade.[86] Erinnert werden könnte auch an Au-

---

83 Ähnlich wie an den bereits angeführten Stellen äußert sich Kant in den *Reflexionen:* „Die Lüge (deren Anfänger Teufel genannt wird aber auch der erste Neider) ist ein formales Böse, welches in keinem Verhaltnisse gut seyn kan. Dazu kan keine Anlage in der menschlichen Natur und keine Triebfeder anerschaffen seyn" (Refl. 8096, AA XIX, 640 f.). Kant unterscheidet hier zwischen einem Material-Bösen, d. h. bestimmten Lastern, die auch zum Guten führen können, mithin nur relativ böse sind, und dem Formal-Bösen, das, als unbedingt Böses, niemals ein Teil jener Kraft sein kann, die stets das Böse will und stets das Gute schafft.

84 Baader kontrastiert das bloß Bestialische mit dem wahrhaft Bösen, das er in einem Missbrauch der Vernunft erblickt. Zu solchem Missbrauch ist der Mensch nach Baader durchaus fähig (BAADER, 1831, 93 f.). Gewisse tierische Eigenschaften könnten indes das wahrhaft Böse lindern helfen: „Böse Menschen würden ohne Zweifel noch als böser, sie würden als Teufel sich kund geben, falls das Thierische ihnen nicht noch eine Art (heteronomer) Güte gebe" (BAADER, 1831, 94). – Schulte schreibt: „Daß der Trotz gegen das Gesetz zur Triebfeder der Maximen würde, ist in Kants Anthropologie des Moralwesens Mensch ausgeschlossen. So hält sich Kants ‚Grund des Bösen' brav in der Mitte zwischen den Extremen des Tierischen und des Teuflischen" (SCHULTE, 1988, 106). Schulte konstatiert, dies werde bei Kant ohne „weitere Begründung" schlicht behauptet (SCHULTE, 1988, 105). Eine ähnliche Kritik formulieren auch SILBER, 1960, cxxv f., WIMMER, 1990, 120 und KLEIN, 2008, 273 f. Dörflinger meint hingegen, dass Kants Ausschluss des Teuflisch-Bösen aus dem Bereich des Menschlichen gerechtfertigt sei. Den Menschen als Teufel anzusehen, bedeutete, einen Menschen zu konstruieren, der nicht mehr Bürger zweier Welten wäre: „Durch einen Gedanken aber, durch den sowohl der noumenale moralische Aspekt des Menschen als auch sein sinnlicher als eliminiert gedacht werden soll, wird gar nicht mehr der Mensch gedacht." (DÖRFLINGER, 2008, 105, Anm. 106). Dörflinger bezieht sich in seinen Ausführungen, ebenso wie Wimmer und Schulte, nur auf die *Religionsschrift*. Hätten die genannten Autoren auch die *Metaphysik der Sitten* und die *Anthropologie* in ihre Argumentation einbezogen, würde ihr Urteil (im Hinblick auf die Lehre von den teuflischen Lastern) u. U. anders ausfallen.

85 KLEIN, 2008, 274. Klein sieht m. E. allerdings nicht die Pointe der Konzeption des Teuflisch-Bösen bei Kant, welche in der direkten Rebellion gegen das Sittengesetz besteht. Vielmehr meint er das Wesen des Teuflisch-Bösen darin zu finden, dass der Mensch in Umkehrung der Universalität des Sittengesetzes seine eigene Individualität zum allgemeingültigen Gesetz mache (KLEIN, 2008, 275 f.). Solch ein Teuflisch-Böses ist zwar durch Despoten und Sadisten breit exemplifiziert, hat mit Kants Konzeption des Teuflisch-Bösen aber nichts mehr zu tun.

86 KLEIN, 2008, 275 f.

gustinus' berühmte, die Erbsünde illustrierende Erzählung über den Birnendiebstahl in den *Confessiones*.[87] Allein, alle diese Argumente übersehen, dass Kant das Teuflisch-Böse in der *Religionsschrift* mit Hilfe der Triebfedernlehre charakterisiert. Der teuflische Wille ist vom menschlichen Willen grundsätzlich unterschieden, da er über eine anti-moralische Triebfeder – und nur über diese! – verfügt. Nach der *Religionsschrift* sind Teufel rein intelligible Wesen, wenn auch ihre Vernunft keine rein-gute, sondern eine rein-boshafte ist. Menschen hingegen können niemals ihre Bestimmung aktual realisieren.[88] Dass Menschen zu wahrhaften Teufeln werden, ist schon deshalb unmöglich, weil sie hierfür frei von jeder sinnlichen Triebfeder sein müssten. Kant ist also durchaus berechtigt zu behaupten, dass Menschen niemals zu Teufeln werden können, weil Menschen niemals zu (boshaften oder heiligen) reinen Vernunftwesen werden können. Der richtige Kern der gegen Kant gemachten Einwände besteht indes darin, dass die Behauptung, der Mensch könne niemals die Qualität des Teuflisch-Bösen erreichen, schlicht eine gewaltige *petitio principii* darstellt. Warum kann nicht auch der Mensch die anti-moralische Triebfeder in seine Maxime aufnehmen? Ein Blick auf die *Tugendlehre* und die Vorlesungen über Moralphilosophie kann diesen Einwand allerdings entkräften helfen. Hier begreift Kant das Teuflisch-Böse und Menschlich-Böse nicht mehr nur als starre Gegensätze, sondern erwägt die Möglichkeit von zumindest beinahe-teuflischen Menschen.

---

[87] Ein solcher teuflische Wille entspricht der augustinischen Definition der Erbsünde. Augustinus berichtet im zweiten Buch seiner *Confessiones* (II, 4) von einem Birnendiebstahl in Kindertagen. Die Birnen, die das Kind stiehlt, haben nichts Verlockendes. Nicht um der Befriedigung eines egoistischen Bedürfnisses willen stiehlt es, sondern aus einem anderen Grund: Es hat Lust am Verbrechen selbst, an der Übertretung des Gebotenen, nicht am sinnlichen Objekt seiner Begierde: „[...] etiamsi aliquid inde [d. i. von den Birnen] comedimus, dum tamen fieret a nobis quod eo liberet, quo non liceret" (AUGUSTINUS, 1996, 30). Augustinus bekennt im Anschluss selbst, dass der einzige Grund für seine Bosheit die Bosheit selbst gewesen sei („malitiae meae causa nulla esset nisi malitia"). Diese *malitia causa malitiae* könnte geradezu als der Wahlspruch des kantischen Teufels gelten, mit dem einzigen, aber gewichtigen Unterschied, dass der kantische Teufel nicht wie das Kind Augustinus versucht wird.

[88] Freilich kann sich der Mensch, das Unsterblichkeitspostulat vorausgesetzt, in einem ewigen Progressus infinitesimal daran annähern, ein reines Vernunftwesen zu werden, wie es seine Bestimmung ist. Nur approximativ, aber nicht aktual kann er dann überhaupt reines Vernunftwesen sein. Verzichtet man hingegen auf das Postulat der Unsterblichkeit, wird der Mensch zum reinen Vernunftwesen, sobald er seine empirische Gestalt aufgibt, also trivialer Weise mit dem Tod. Zu diesem grundsätzlichen Problem s. u. 9.1. u. 9.2.

7.2 Die teuflischen Laster

Als wichtigstes Resultat der Analyse der *Religionsschrift* muss festgehalten werden, dass Kant Teuflisch-Böses und Menschlich-Böses hier qualitativ unterscheidet. Das Teuflisch-Böse ist von anderer Qualität als das Menschlich-Böse, da beide Formen des Bösen sich einer unterschiedlichen Konfiguration des Willens verdanken. Das Menschlich-Böse besteht darin, die sinnliche Triebfeder der moralischen überzuordnen, das Teuflisch-Böse darin, eine einzigartige, antimoralische Triebfeder die Willkür bestimmen zu lassen. Dass ein Mensch teuflisch-böse handeln kann, scheint somit ausgeschlossen, wie zu Recht von den Kritikern Kants konstatiert wird. Kant scheint aber diese Kritik vorausgeahnt zu haben. In der *Tugendlehre* der *Metaphysik der Sitten* formuliert er die Absicht, seine eigene Theorie von der Einzigartigkeit des Teuflisch-Bösen mit der Erfahrung offenkundig teuflisch handelnder Menschen auszugleichen.

> Alle Laster, welche selbst die menschliche Natur hassenswerth machen würden, wenn man sie (als qualificirt) in der Bedeutung von Grundsätzen nehmen wollte, sind inhuman, objectiv betrachtet, aber doch menschlich, subjectiv erwogen: d.i. wie die Erfahrung uns unsere Gattung kennen lehrt.[89]

Die Laster, die Kant hier meint, sind die drei teuflischen Laster: Undankbarkeit, Neid und Schadenfreude.[90] Die Undankbarkeit (*ingratitudo*) begegnet schon bei Baumgarten an zentraler Stelle, allerdings ohne den entscheidenden Zusatz des „Teuflischen".[91] Dass Kant diese Laster teuflisch nennt, – zumindest dann, wenn sie in maximaler Gestalt vorliegen –, lässt sich problemlos mit seiner Kennzeichnung des Teuflisch-Bösen als „Bösen um des Bösen" willen aus der *Religionsschrift* erklären. So ist Neid ein teuflisches Laster, weil er nicht auf die Befriedigung einer sinnlichen Neigung abzielt. Der Neidische will für sich nichts durch seinen Neid erreichen, es geht ihm lediglich darum, dass ein anderer etwas nicht besitzen soll, ohne dass er selbst, der Neidische, daraus irgendeinen egoistischen Gewinn zöge. In seiner Vorlesung über Moralphilosophie von 1774/75 führt Kant das Beispiel eines holländischen Kaufmanns an, der, als die Tulpen in Holland einmal mehr als hundert Gulden kosten, in den Besitz einer besonders teuren und seltenen Tulpe kommt. Als er nun hört, dass ein anderer eine eben-

---

89 MST, AA VI, 461/LUDWIG, 108f.
90 Bereits in Rel. werden sie als Trias genannt (AA VI, 27). An anderer Stelle (Rel., AA VI, 33) kommen Schadenfreude und Undankbarkeit als Laster der Zivilisation in den Blick.
91 Vgl. *Ethica philosophica* § 331/BAUMGARTEN, 1763, 218 f. Diesen Unterschied zwischen Kant und Baumgarten benennt bereits LEHMANN, 1980, 72.

solche Tulpe besitzt, erwirbt der holländische Kaufmann diese zu überhöhtem Preis. Statt sie aber für sich zu behalten, zertritt er sie, weil er schlicht nicht will, dass ein anderer eine ebensolche seltene Tulpe wie er besitze.[92] Der holländische Kaufmann handelt mitnichten egoistisch. Denn in diesem Falle würde er die Tulpe behalten, eine sinnliche Neigung, etwa Habgier, befriedigen, statt sie einfach zu zertreten. Kants neidischer Holländer ist vielmehr das beste Beispiel eines Menschen, der das Böse um des Bösen willen tut. Die Erfahrung unserer Gattung lehrt uns also durchaus, dass es Menschen gibt, die das Böse um des Bösen willen tun und mithin „Teufel" genannt zu werden verdienen. Dieser, wie Kant sagt, subjektiven Erfahrung steht die „objektive" Lehre entgegen, dass das Teuflisch-Böse auf den Menschen nicht anwendbar sei, wie es in der *Religionsschrift* heißt,[93] bzw. dass das Teuflisch-Böse im strengen Sinne „inhuman" ist – so die oben bereits angeführte Passage aus der *Tugendlehre*. Folgt man dieser Passage weiter, so scheint Kant nur noch eine uneigentliche Kennzeichnung von Menschen als „teuflisch" zuzulassen. Die entscheidende Aussage sei hier noch einmal wiederholt: „Ob man also zwar einige derselben [d. i. Laster] in der Heftigkeit des Abscheues teuflisch nennen möchte, so wie ihr Gegenstück Engelstugend genannt werden könnte: so sind beide Begriffe doch nur Ideen von einem Maximum, als Maßstab zum Behuf der Vergleichung des Grades der Moralität gedacht, indem man dem Menschen seinen Platz im Himmel oder der Hölle anweiset, ohne aus ihm ein Mittelwesen, was weder den einen dieser Plätze, noch den anderen einnimmt, zu machen."[94] Kant etabliert hier *prima facie* ein völlig neues Verständnis des Teuflisch-Bösen. Teuflisch-Böse ist nicht mehr, wie in der *Religionsschrift*, ein Limitativbegriff des Menschlich-Bösen, sondern ein Maximalbegriff. Das Teuflisch-Böse bezeichnet ein vom Menschen nie zu erreichendes Maximum des Bösen wie Engelstugend ein Maximum des Guten. Was hieran irritiert, ist schlicht, dass die Vorstellung des Teuflisch-Bösen als Maximum des Menschlich-Bösen ein rein quantitatives Verhältnis zwischen beiden Formen des Bösen suggeriert. In der *Religionsschrift* hingegen wird das Teuflisch-Böse eindeutig als eigene Qualität begriffen. Wie, so lässt sich fragen, kann das Teuflisch-Böse ein Maximum des

---

92 Moral Collins, AA XXVII, 443.
93 Rel., AA VI, 35. Ähnlich kann Kant auch bereits in der *Danziger Rationaltheologie* festhalten, dass die „höllischen Laster" gerade, weil in ihnen das Böse um des Bösen willen gewollt wird, nicht auf den Menschen anwendbar seien: „Höllische Laster sind die, wo ich an dem Bösen selbst Genüge finde. Solche haben die Teufel, die Menschen aber nicht; denn sie tun das Böse bloß aus Gewinnsucht" (Danziger Rationaltheologie, AA XXVIII, 1232). Erst in der *Metaphysik der Sitten* gelangt er mit Hilfe der dargestellten Unterscheidung zwischen einem subjektiven und objektiven Aspekt der „teuflischen" bzw. „höllischen" Laster zu einer differenzierteren Position.
94 MST, AA VI, 461/LUDWIG, 108f.

Menschlich-Bösen bezeichnen, wenn der teuflische Wille durch eine nur ihm zukommende, anti-moralische Triebfeder gekennzeichnet ist? Die beiden Konzeptionen des Teuflisch-Bösen geraten offensichtlich in Konflikt: Zum einen die qualitative Auffassung in der *Religionsschrift*, zum anderen die quantitative des Teuflischen als eines Maximums in der *Tugendlehre*. Als der neuralgische Punkt erscheint die Triebfedernlehre, wie am Beispiel des neidischen holländischen Kaufmanns verdeutlicht werden kann. Man stelle sich einen maximal neidischen holländischen Kaufmann oder kurz einen maximalen Holländer – „denn die Holländer sind ja überhaupt ein neidisches Volk"[95] – im Sinne Kants vor. Ein solcher maximaler Holländer wäre im Bösen soweit fortgeschritten, dass er als inhuman bzw. als Teufel zu gelten habe. Da die Steigerung des Bösen hier aber nur quantitativ erfolgt, müsste dieser maximale Holländer, was die Konfiguration seiner Triebfedern betrifft, immer noch menschlich bleiben, d. h., er könnte nicht über die anti-moralische Triebfeder verfügen, wenn auch seine Handlungen den Anschein erwecken, als besäße er eine solche. Auch das Zertreten der Tulpe muss letztlich als ein Ausdruck der Überordnung der sinnlichen über die moralische Triebfeder begriffen werden.[96] Gerade aber die Weise, in der Kant die teuflischen Laster charakterisiert, lässt es als sinnvoll erscheinen, in ihnen einen Ausdruck der anti-moralischen Triebfeder zu sehen. Wird die Triebfedernlehre, wie Kant sie in der *Religionsschrift* entwickelt, auch auf die *Tugendlehre* angewandt, scheint der Widerspruch zwischen einer quantitativen und einer qualitativen Fassung des Teuflischen-Bösen unausbleiblich. Kant hat darum guten Grund, seine Lehre von den teuflischen Lastern nicht mit der Triebfedernlehre zu verbinden. Entledigt man sich der Triebfedernlehre, weist die Lehre von den teuflischen Lastern einen Weg, die quantitative Auffassung neben der qualitativen behaupten zu können. Die teuflischen Laster des Neides, der Schadenfreude und Undankbarkeit werden bei Kant in der *Tugendlehre* nur uneigentlich teuflisch genannt. Sie sind nicht an sich selbst teuflisch, sondern erst in maximaler Form. So wird Undankbarkeit erst in der qualifizierten Gestalt des Hasses gegen den Wohltäter zu einem wahrhaft teuflischen Laster.[97] Die sogenannten teuflischen Laster sind, was die Quantität betrifft, noch keineswegs teuflisch. Qualitativ gesehen können aber schon die drei Laster *selbst* (also die Laster als solche, nicht primär der Lasterhafte) als wirklich

---

95 Moral Collins, AA XXVII, 443.
96 Anschaulich begreifen ließe sich dies, wenn von einem solchen maximalen Holländer gesagt werden könnte, er gewinne noch eine gewisse Lust bei dem Zertreten der Blume. Dann unterschiede sich das „Teuflische" als Maximal-Menschlich-Böses von dem Wahrhaft-Teuflisch-Bösen darin, dass das Böse um des Bösen willen hier noch eine gewisse Lust bereitet. Leider gibt Kant keinen einzigen Hinweis in diese Richtung.
97 MST, AA VI, 459/Ludwig, 106.

teuflisch gelten, da der Neidische, Schadenfrohe etc. das Böse um des Bösen willen erstrebt. Der Begriff des Teuflischen ist bei Kant einerseits Maximalbegriff, andererseits Limitativbegriff. Er versucht, so der evidenten Erfahrung teuflisch handelnder Menschen gerecht zu werden, ohne seine eigene Theorie von der Inhumanität des Teuflischen aufgeben zu müssen. Der holländische Kaufmann ist, qualitativ betrachtet, bereits ein Teufel. Sein Laster ist nicht egoistisch, sondern direkt gegen das Sittengesetz selbst gerichtet. Quantitativ ist der Holländer aber noch kein Teufel, da sein Neid noch nicht das Maximum erreicht hat. Diese Lösung des Problems kann nicht befriedigen, da sie sich wesentlich auf eine Ambiguität stützt. In seiner großen Vorlesung über Moralphilosophie aus der 1770er-Jahren hat Kant eine andere Variante des gleichen Arguments geliefert, die m. E. eher überzeugen kann.

> Alle 3 [Laster] [...] sind teuflische Laster, weil sie eine unmittelbare Neigung zum Bösen anzeigen. Daß der Mensch mittelbare Neigung zum Bösen hat, ist menschlich und natürlich, z. E. der Geizige will gerne alles an sich ziehn; er hat aber kein Vergnügen, wenn der andre gar nichts hat. Es giebt also Laster, die directe und indirectte [sic!] böse sind. Diese 3 Laster sind die, die directe böse sind. Es fragt sich, ob in der menschlichen Seele eine unmittelbare Neigung zum Bösen, also eine Neigung zum teuflischen Laster ist? Teuflisch nennen wir das, wenn das Böse bey den Menschen so weit getrieben wird, daß es den Grad der menschlichen Natur überschreitet, so wie wir das Gute, was über die Natur des Menschen getrieben wird, englisch nennen. [...] Es ist aber zu glauben, daß in der Natur der menschlichen Seele eine unmittelbare Neigung zum Bösen nicht stattfinde, sondern daß solches nur indirecte böse sey. [...]. Der Mensch hat also keine directe Neigung zum Bösen als Bösen, sondern nur eine indirecte.[98]

Die hier von Kant getroffene Unterscheidung zwischen direkten und indirekten Lastern ist vergleichsweise schlicht. Indirekte Laster beziehen sich auf ein Objekt und können somit der Überordnung der sinnlichen Triebfeder zugeordnet werden, direkte Laster, wie die drei teuflischen, richten sich auf kein Objekt, genauer, auf „nichts". In ihnen wird das Böse um des Bösen willen erstrebt.[99] Der Mensch hat nun nach Kants berühmtem Zentraltheorem einen Hang zum Bösen,[100] allerdings, wie die Vorlesung nahelegt, einen Hang bzw. eine Neigung nur zum

---

98 Moral Collins, AA XXXVIII, 440 f.
99 In der *Danziger Rationaltheologie* bringt Kant die drei teuflischen Laster unmittelbar in Zusammenhang mit Gedanken eines Bösen um des Bösen willen: „Höllische Laster sind die, wo ich an dem Bösen selbst Genüge finde. Solche haben die Teufel, die Menschen aber nicht; denn sie tun das Böse bloß aus Gewinnsucht. – Solche höllische Laster, die der menschlichen Natur widerstreiten, sind Undankbarkeit, Neid, Schadenfreude" (Danziger Rationaltheologie, AA XXVIII, 1232 f.).
100 Rel., AA VI, 29.

indirekten Bösen. Anders formuliert: Der Mensch hat einen Hang, die sinnliche der moralischen Triebfeder überzuordnen. Eine Neigung oder einen Hang aber zu direkten Lastern kann dem Menschen nicht zugesprochen werden. Die Neigung zu solchen Lastern ist unnatürlich und überschreitet die Grenzen der menschlichen Gattung. Sie sind als teuflisch anzusehen. Soweit entwickelt auch hier Kant konsequent – allerdings unter Verzicht auf die Triebfedernlehre – den qualitativen Begriff des Teuflisch-Bösen aus der *Religionsschrift*. Gleichzeitig behauptet er aber, dass das Teuflische einen bestimmten maximalen Grad des Menschlich-Bösen bezeichnet, mehr noch, er scheint einen Sprung von Quantität zu Qualität vorauszusetzen, wenn er behauptet, das Böse „bey den Menschen" könne so weit getrieben werden, dass es das Menschlich-Böse selbst überschreite.

Die Pointe des Abschnitts liegt darin, dass Kant nicht behauptet, Menschen könnten keine direkten Laster begehen, sondern darin, dass die Menschen*gattung*, d. h. „der Mensch" im emphatischen Sinne, keine Neigung zu solchen verspürt. Es liegt nicht in der Natur des Menschen, sich teuflische Laster zuziehen, während es sehr wohl in seiner Natur liegt, einen Hang zum Menschlich-Bösen zu haben. Neid, Schadenfreude und Undankbarkeit sind direkte Laster und als solche von teuflischer Qualität. Nun wäre es unsinnig zu fragen, ob die Menschennatur sich diese drei Laster zuziehen kann. Der einzelne Mensch, aber nicht die Natur bzw. Gattung kann sich ein Laster zuziehen. Um die Frage zu beantworten, ob die Menschennatur etwas mit dem Teuflischen zu tun hat, gilt es vielmehr zu prüfen, ob die Natur des Menschen einen Hang bzw. eine Neigung zum Teuflisch-Bösen hat, was nach Kant klar zu verneinen ist. In Bezug auf die Natur und Gattung des Menschen ist das Teuflische also eindeutig ein Limitativbegriff. Die Natur des Menschen hat keine teuflische Qualität, weil sie keinen Hang zu direkten Lastern besitzt. Evident hingegen ist es, dass sich einzelne Menschen die direkten und qualitativ-teuflischen Laster des Neides, der Schadenfreude und Undankbarkeit zuziehen können. Diese Menschen, wie etwa der holländische Kaufmann, sind, qualitativ betrachtet, partielle Teufel, da sie Handlungen vollbringen, die bereits teuflisch sind. Kant stellt aber die weitere Forderung auf, dass die genannten Laster ein Maximum erreichen müssen, um ein bestimmtes vernünftiges Wesen als Teufel bezeichnen zu können, und dieses Maximum wird, so seine Behauptung, auch bei keinem Einzelmenschen erreicht, denn ein solches Maximum wäre vielmehr „inhuman". Einzelne Menschen können daher im Gegensatz zur menschlichen Natur qualitativ teuflisch sein, aber nicht quantitativ. Sie vollbringen einzelne Handlungen, die teuflischen Charakter haben, oder besitzen sogar einen Hang, solche Handlungen zu vollbringen. Sie sind aber niemals durchgehend teuflisch, die Rebellion gegen das Sittengesetz bestimmt nicht alle ihre Handlungen, und insofern sind sie nur partielle Teufel.[101] Ist für die menschliche Natur das Teuflische ein Limitativbegriff, so ist es für den einzelnen Menschen ein Maximalbegriff. Auch hier arbeitet Kant mit einer Ambiguität des Begriffs „teuflisch". Seine Argumentation ist gegenüber der *Tugendlehre* aber überzeugender, da er mit der Menschennatur argumentiert und als neues Unterscheidungskriterium zwischen Teuflisch-Böse und Menschlich-Böse die Theorie des Hangs bzw. der Neigung einführt.

Wirklich und durchgehend teuflische Menschen gibt es nach Kant nicht. Doch sind wir in der „Heftigkeit des Abscheues"[102] versucht, manche Menschen so zu nennen. Den holländischen Kaufmann als Teufel zu titulieren, ist eine Übertreibung, weil er das Maximum des Bösen noch nicht erreicht hat bzw. als Sinnenwesen, das auch von egoistischen Strebungen bestimmt wird, gar nicht erreichen kann.

7.3 „Ein Volk von Teufeln"

Teuflisches Laster ist ebenso eine Übertreibung wie Engelstugend. Wird ein Mensch teuflisch-böse genannt, so wird auf ihn ein Superlativ angewandt, der im strengen Sinn inhuman ist. Teuflische Menschen gibt es nur im uneigentlichen Sinne, wofür der holländische Kaufmann das beste Beispiel abgibt. Der Neid des

---

101 Versucht man, dies in der Sprache der Triebfedernlehre auszudrücken, könnte gesagt werden: Während der Teufel als reines Vernunftwesen einzig von der anti-moralischen Triebfeder bestimmt wird, gibt es bei beinahe-teuflischen Menschen auch noch andere Triebfedern, möglicherweise die moralische, in jedem Falle aber die sinnliche, da der Mensch bis zu seinem Tod nicht anders denn als Sinnenwesen existiert. So ist der neidische Holländer allein schon deshalb immer nur ein partieller Teufel, weil von Zeit zu Zeit die sinnliche Triebfeder die Oberhand gewinnen kann über die anti-moralische. Die Tulpe wird dann doch nicht zertreten, weil ihre Schönheit den Holländer sinnlich erfreut oder er einen egoistischen Gewinn aus ihrem Besitz zieht. Kurz gesagt: Menschen können nur partielle Teufel sein, weil sie keine reinen Vernunftwesen sind. Nur ein Wesen, das frei von allen sinnlichen Neigungen ist, kann allein und ausschließlich von der amoralischen Triebfeder beherrscht werden, woraus noch einmal deutlich wird, dass Kant das Teuflisch-Böse als Vexierbild der Heiligkeit begreift. Denkbar wäre freilich ein Wesen, das sowohl über die sinnliche als auch über die antimoralische Triebfeder verfügt und dabei die antimoralische stets der sinnlichen überordnet. Ein solches Wesen wäre maximal lasterhaft (wie sein Gegenbild maximal tugendhaft), aber noch kein Teufel, da die Möglichkeit, die sinnliche Triebfeder überzuordnen, prinzipiell immer bestehen bleibt, selbst wenn dies *de facto* nie der Fall ist. Ein echter Teufel hingegen kann nicht einmal versucht werden, sinnlichen Neigungen nachzugeben, und muss daher als reines Vernunftwesen vorgestellt werden. (Entsprechend ist auch ein maximal-tugendhaftes Wesen dadurch nicht schon heilig.)
102 MST, AA VI, 461/Ludwig, 108f.

Holländers ist eine qualitativ bereits teuflische Gesinnung, die nahelegt, ihn im übertragend-übertreibenden Sinn einen „Teufel" zu nennen. Kant erwähnt diese uneigentliche Redeweise vom Teuflisch-Bösen, um zu begründen, warum wir von Menschen sagen, sie seien teuflisch. Eine generelle Billigung dieser Redeweise lässt sich daraus indes nicht ableiten. An prominenter Stelle in Kants Œuvre begegnet jedoch eine ebensolche übertreibende Verwendung des Ausdrucks „teuflisch".

> Das Problem der Staatsverrichtung ist, so hart wie es auch klingt, selbst für ein Volk von Teufeln (wenn sie nur Verstand haben), auflösbar und lautet so: ‚Eine Menge von vernünftigen Wesen, die insgesamt allgemeine Gesetze für ihre Erhaltung verlangen, deren jedes aber in Geheim sich davon auszunehmen geneigt ist, so zu ordnen und ihre Verfassung einzurichten, daß, obgleich sie in ihren Privatgesinnungen einander entgegen streben, diese einander doch so aufhalten, daß in ihrem öffentlichen Verhalten der Erfolg eben derselbe ist, als ob sie keine solche bösen Gesinnungen hätten.' Ein solches Problem muß auflöslich sein.[103]

Dass dieses Volk von Teufeln nur aus uneigentlichen Teufeln bestehen kann, wird anhand zweier Überlegungen klar.

1. Um einen Staat zu gründen, bedarf es nach Kant keines Volkes der Engel.[104] Das Problem ist auch für eine Gruppe von Wesen, die weit tiefer auf der moralischen Stufenleiter stehen, auflösbar. Diese Wesen – „Teufel" genannt – sind durch und durch egoistisch. Sie sind zugleich verständig, insofern sie einsehen, dass allgemeine Gesetze für ihr grundlegendes Interesse, die Selbsterhaltung, notwendig sind. Dabei macht sich, so Kant, der Naturmechanismus die egoistischen Bestrebungen zunutze: Die Bestrebungen der einzelnen richten sich gegeneinander, der Naturmechanismus ist aber so eingerichtet, dass diese sich wiederum neutralisieren. Damit ist freilich noch nicht gesagt, dass die besagten „Teufel" selbst fähig wären, eine Republik zu gründen. Kant schreibt lediglich, dass die „Teufel" nach allgemeinen Gesetzen „verlangen" – was aber nicht unbedingt bedeutet, dass sie solche auch selbst einführen können. Für die Gründung einer Republik bedarf es weiterhin des „moralischen Politikers", der den Naturmechanismus lediglich als Mittel benutzt.[105] Die „Teufel" handeln rein instinktiv – nur dass ihre Instinkte ihnen den Übergang in einen gesetzlichen Zustand nahelegen. Sie erinnern darin an die von Kant an anderer Stelle angeführten „Wilden". Diese – Kant folgt hier der Terminologie und Vorstellungswelt seiner Zeit – leben zunächst in einem Zustand der gesetzlosen Freiheit. Auch sie handeln

---

103 Z. ew. Fried., AA VIII, 366.
104 Z. ew. Fried., AA VIII, 366.
105 So LUDWIG, 1995, 80–84 u. ö.

lediglich nach der unmittelbaren Eingebung ihrer egoistischen Neigungen, ihr Gott ist ihr Bauch. Kant zitiert hier die Anekdote eines Ritters, der von einer Gruppe Kannibalen aufgefressen wird, „bloß weil sie ihn gerne essen wollten".[106] Diese „Kannibalen" – so lässt sich über Kants spärliche Notizen hinaus ergänzen – haben aber zugleich den Trieb zur Selbsterhaltung, welcher ihnen nahelegt, ihren „Mit-Kannibalen" nicht anzurühren und stattdessen den Fremden zu verzehren – aus dem schlichten Grund, dass sie so hoffen können, nicht selbst verzehrt zu werden. Auch sie verlangen also, ebenso wie die Teufel der *Friedensschrift*, „allgemeine Gesetze für ihre Erhaltung", ein Mechanismus, der sich wiederum für die Staatengründung instrumentalisieren lässt. „Teufel" im Sinne der *Friedensschrift* sind also ebenso wie Kants „Wilde" vergleichsweise passiv bei der Staatengründung, sie sind mehr deren Objekt als Subjekt, das Problem wird mehr *für* sie als *durch* sie gelöst.[107]

Einen Unterschied zwischen den besagten „Teufeln" und Kants „Wilden" kann man lediglich darin sehen, dass erstere eine gewisse Hinterlist an den Tag legen – sie verlangen nach allgemeinen Gesetzen, sind aber zugleich geneigt, sich selbst davon auszunehmen –, womit sich Kant an die traditionelle Vorstellung des Teufels als Lügner (Joh 8,44) anschließt. Diese Nuance ist aber zweitrangig. Wichtig für den vorliegenden Kontext ist, dass die „Teufel" der *Friedensschrift* – ebenso wie Kants „Wilde" – durch und durch egoistisch sind. Sie suchen ausschließlich ihren eigenen Vorteil.

Ein solcher Egoist ist der Teufel der *Religionsschrift* gerade nicht, er muss vielmehr als ein zu keinem sinnlichen Genuss verführbarer Gegen-Gott angesehen werden. Während die „Teufel" der *Friedensschrift* lediglich ein indirektes Interesse an Gesetzen haben, insofern diese ihrer Selbsterhaltung dienen, ist der Teufel der *Religionsschrift* in direkter Weise auf das Sittengesetz bezogen, gerade, indem er es aktiv bekämpft. Er erhält m. E. damit fast einen heroischen Charakter: Als *rebel without a cause* handelt er auch dann gegen das Sittengesetz, wenn es seiner eigenen Erhaltung zuwider ist. Der Teufel der *Religionsschrift* würde sich selbst aufopfern im Kampf gegen das Sittengesetz. Das ist genau der Punkt, an dem ihm die Teufel der *Friedensschrift*, die reinen Egoisten, nicht mehr folgen würden. Der wahre Teufel ist kein Egoist, sondern ganz Idealist, der sich selbst um des Bösen willen verzehrt. Es spricht also vieles dafür, in dem „Volk von Teufeln" unei-

---

[106] Belege nach Naturrecht Feyerabend, AA XXVII, 1320.
[107] So LUDWIG, 1995, 74, in Auseinandersetzung mit Henry Allison (ALLISON, 1995). Zur Frage der Rolle von moralischen Politikern, die sich den Naturmechanismus gleichsam zunutze machen, vgl. auch die Diskussion zwischen Ludwig und Brandt: S. LUDWIG, 1997, 226, v. a. Anm. 17 und BRANDT, 1997, 230. 234.

gentliche Teufel zu sehen, die nur „in der Heftigkeit des Abscheues",[108] also im hyperbolischen Sinn, als „Teufel" bezeichnet werden, weil sie in keiner Beziehung zum Sittengesetz stehen. Im strengen Sinne sind sie nicht einmal besonders „böse", sondern lediglich Wesen, die der reinen praktischen Vernunft in jeglicher Hinsicht ermangeln.[109]

2. Die These, dass es sich beim „Volk von Teufeln" in der *Friedensschrift* um uneigentliche Teufel handelt, kann auch durch die hypothetische Überlegung gestützt werden, ob denn auch wahrhafte Teufel im Sinne der *Religionsschrift* zur Errichtung eines Staates fähig wären, oder, genauer, ob sich wahrhafte Teufel vom Naturmechanismus (bzw. moralischen Politikern) „überlisten" ließen. Die Antwort muss m. E. negativ ausfallen. Der Naturmechanismus macht sich gerade zunutze, dass die bösen Bestrebungen seiner egoistischen Bürger gegeneinander gerichtet sind. Es herrscht ein Zustand des *bellum omnium contra omnes*, und die List der Natur zeigt sich darin, gerade diesen Zustand universalen Krieges zum Anlass der Staatserrichtung werden zu lassen. Die wahrhaften Teufel der *Religionsschrift* würden sich hingegen gar nicht erst auf einen solchen Krieg einlassen. Ihre Bestrebungen richten sich nicht gegeneinander, sondern gegen das Sittengesetz.[110] Die wahrhaften Teufel würden sich, anstatt sich in ihrem Egoismus gegenseitig zu bekämpfen, vielmehr vereinen in ihrem Kampf gegen das Sittengesetz. Da sie das Böse um des Bösen willen tun, können sie sich gar nicht überreden lassen, in ihrem eigenen Interesse den Naturmechanismus und moralische Politiker für sie das Problem der Staatsverrichtung lösen zu lassen, denn sie verfolgen überhaupt keine eigenen Interessen bis auf das Interesse am Bösen schlechthin. Anders formuliert: Die wahrhaften Teufel haben keinen Verstand, welcher gerade nach Kant das „Volk von Teufeln" aus der *Friedensschrift* kennzeichnet.

Doch nicht nur den wahrhaften Teufeln mangelt es an Verstand. Auch vom holländischen Kaufmann müsste gelten, dass er, von seinem blinden Neid getrieben, unverständig handelt. Eine kostbare Blume zu kaufen, um sie dann zu

---

108 MST, AA VI, 461/Ludwig, 108 f. S. o. 7.2.

109 Brandt identifiziert die Teufel der *Friedensschrift* als „bloß vernünftige Wesen", also vernünftige Wesen, die nur „mit instrumenteller Vernunft" ausgestattet sind, nicht aber über reine praktische Vernunft verfügen; m. a. W., vernünftige Wesen, die keine Vernunftwesen sind (Brandt, 2013, 131–134).

110 Ludwig unterscheidet in diesem Sinn zwischen „richtigen Teufeln" und „kantischen Teufeln". „Richtige Teufel" sind die Teufel der *Religionsschrift*, für die der Widerstreit gegen die Pflicht die Triebfeder des Handelns ist. „Sie sind für jeden Staatseinrichter hoffnungslose Fälle: Mit ihnen ist einfach kein Staat zu machen" (Ludwig, 1995, 85, Anm. 6). Die Teufel der *Friedensschrift* sind hingegen, so Ludwig, „kantische Teufel", die gegen das Gesetz nur dann nicht verstoßen, wenn es im Interesse ihrer eigenen Erhaltung ist (Ludwig, 1995, 85, Anm. 6).

zertreten, ist dumm. Es scheint daher, als ob sich auch mit einem Volk von holländischen Kaufmännern kein Staat errichten ließe. Würde der Holländer die kostbare Tulpe aus Habgier besitzen wollen, könnte es zu einer Neutralisation der Kräfte kommen. Auch der ursprüngliche Besitzer der kostbaren Tulpe wäre habgierig und würde seinerseits versuchen, die Blume seines Kontrahenten an sich zu bringen. Beide wären in ihrer Habgier gleich, und die Bestrebungen, die sich auf die Tulpe des jeweils anderen richteten, würden sich wechselseitig neutralisieren, so dass sich beide am Ende aus reinem Kalkül mit ihrer eigenen Tulpe begnügten. Neid aber, nicht Habgier ist das Motiv des holländischen Kaufmanns, weshalb sich ein Volk von holländischen Kaufmännern der List des Naturmechanismus bzw. der moralischen Politiker widersetzen würde. Der holländische Kaufmann steht, qualitativ betrachtet, mit den wahrhaften Teufeln der *Religionsschrift* zumindest partiell auf einer Stufe. Was er erstrebt, ist das direkte Böse. Einen Staat mit Bürgern zu errichten, die das direkte Böse wollen, scheint unmöglich, da es hier keine Wechselwirkung gibt, sondern nur den gemeinsamen Kampf gegen das Sittengesetz.

Der holländische Kaufmann ist indes ebenso wie die Glieder des „Volks von Teufeln" aus der *Friedensschrift* nur ein uneigentlicher Teufel. Es scheint hier m. E. eine weitere Differenzierung zwischen zwei Klassen von uneigentlichen Teufeln vonnöten zu sein. Die erste Klasse – hier vertreten durch das „Volk von Teufeln"– besteht schlicht aus extremen Egoisten. In ihnen ist lediglich das Menschlich-Böse so weit gesteigert, dass im Modus der Übertreibung gesagt werden kann, sie handelten teuflisch. Sie bleiben aber ganz im Einklang mit der Menschennatur, zeigen weder die Qualität noch die Quantität des Teuflischen.

Die zweite Klasse, in die nach Kant wohl die meisten holländischen Kaufleute gehören, besteht aus Menschen, die nicht nur rein quantitativ das Menschlich-Böse gesteigert haben. Sie sind neidisch, undankbar und schadenfroh – drei Laster, die nach Kant alle als direkte zu gelten haben. Qualitativ betrachtet sind diese Menschen bereits keine Menschen mehr, sondern Teufel; in Bezug auf die Quantität bleiben sie indes Menschen. Sie sind (und sei es auch nur prinzipiell) allein schon, weil sie Sinnenwesen sind, nicht durchgehend von der anti-moralischen Triebfeder bestimmt. Diese zweite Klasse ist weit näher am wahrhaft Teuflisch-Bösen als die erste: Man mag sie darum Fast-schon-Teufel nennen, da es nur einer weiteren quantitativen Steigerung bedarf, um in ihnen vollkommene Teufel zu sehen. Wären sie, hypothetisch gesprochen, nicht mehr durch ihre Sinnennatur eingeschränkt – was sie freilich als Menschen *eo ipso* immer sind –, könnten sie zu reinen Teufeln werden, die nicht einmal mehr versucht werden könnten, eigene egoistische Wünsche dem Dienst am Bösen überzuordnen.

8. Kapitel Himmel und Hölle

8.1 Intelligible Orte

Mit dem astronomischen Himmel hat sich Kant bereits in einer seiner frühsten Schriften, der *Allgemeinen Naturgeschichte* von 1755, beschäftigt. Dass es neben dem astronomischen aber noch einen religiösen Begriff des Himmels gibt – nicht nur *sky*, sondern auch *heaven* –, ist Kant sehr wohl bewusst. Mehr noch, er hat ein deutliches Gespür dafür, was geschieht, wenn man diese beiden unterschiedlichen Dimensionen vermischt. In den *Träumen eines Geistersehers*, gut zehn Jahre nach der astronomischen Schrift erschienen, kritisiert Kant Swedenborg genau aus diesem Grund. Der Himmel „als der Sitz der Seligen", d. h. der religiöse Himmel, sei laut Swedenborg „hoch in dem unermeßlichen Weltraume". Gegen diese Vorstellung wendet sich Kant, indem er abermals seine hypothetischen Außerirdischen bemüht. Die Bewohner anderer Planeten, argumentiert er, sähen unsere Erde als einen Planeten an ihrem astronomischen Himmel und würden ihn vielleicht, darauf zeigend, als den „Wohnplatz ewiger Freuden" und „einen himmlischen Aufenthalt" identifizieren.[111] Die Hoffnung sei immer mit der Vorstellung des „Steigens" verbunden, die bessere Welt immer die obere. Diese Vorstellung ist aber laut Kant ein bloßer Wahn. Denn, wer emporsteigt, muss auch sinken können. Und wer die bessere Welt mit der oberen identifiziere, müsse sich bewusst sein, dass aus einer Perspektive unterhalb der seinen auch die eigene Welt als die bessere erscheinen mag. Kurz, welche Welt als die obere angesehen wird, ist immer relativ zum Standpunkt des Betrachters. Folglich wird auch der „Wohnplatz der ewigen Freuden" zu einem relativen Begriff, wenn er mit den oberen astronomischen Regionen identifiziert wird. Gerade dies soll aber vom Himmel in religiöser Hinsicht nicht gelten. Er bezeichnet einen Zustand nicht bloß relativer, sondern absoluter Glückseligkeit. Laut Kant ist der Himmel, wie ihn die Religion beschreibt, daher gerade kein Ort, sondern die immaterielle „Geisterwelt", welche man „weder über sich noch unter sich zu suchen" hat.[112]

„Wo ist Himmel? Wo ist Hölle?", fragt Kant daher bereits in den 70er-Jahren. Die Antwort lautet: „Der Himmel ist also allerwärts, wo solche Gemeinschaft heiliger geistiger Wesen ist; er ist aber nirgends, weil er keinen Ort in der Welt einnimmt, indem die Gemeinschaft nicht in der Körperwelt errichtet ist."[113] Der Himmel der Religion ist, da immateriell, kein distinkter Ort. Räumlich betrachtet

---

111 Beide Zitate Träume, AA II, 332, Anm.
112 Träume, AA II, 333, Anm.
113 Beide Zitate KANT, 1821, 254, Hervorhebungen getilgt.

ist er, da nicht phänomenal, nirgends und kann daher auch nicht mit dem astronomischen Himmel identifiziert werden: „Demnach wird der Himmel nicht der unermeßliche Raum seyn, den die Weltkörper einnehmen, und der sich in blauer Farbe zeigt, wo man durch die Luft hinfahren müßte, will man hinkommen."[114] Der Himmel der Religion ist aber überall dort, wo „heilige geistige Wesen" sind – man ist verführt, abermals an die Engel zu denken. Kant scheint hier den Himmel genauer mit jenem Reich zu identifizieren, das er in der kritischen Phase als „moralische Welt" bezeichnen wird. Die moralischen, idealen „Orte" Himmel und Hölle gehören nicht zum *mundus sensibilis* – dann wären sie reale Orte –, sondern nur zum *mundus intelligibilis*.[115] Der Himmel steht für eine bestimmte Gemeinschaft von moralischen Wesen, nicht für eine bestimmte Lokalität. Das Gleiche gilt auch für die Hölle: „Demnach wird die Seele nicht in die Hölle kommen, wenn sie boshaft gewesen ist; sondern sie wird sich nur in der Gesellschaft der bösen Geister sehen, und das heißt: in der Hölle seyn."[116] Kant verabschiedet die Vorstellung, nach der der Himmel und die Hölle supranaturale Lokalitäten sind, an die der Mensch erst postmortal gelangt. Es stellt für ihn eine Naivität dar, die Seele nach ihrem Tod an einen solchen Ort „umziehen" zu lassen. Mit dem Tod findet nicht der Wechsel von einer sinnlichen Welt in die nächste statt, sondern der Tod bedeutet vielmehr das Ende der Existenz in der Sinnenwelt überhaupt und, damit koinzidierend, den Anfang einer nur noch intelligiblen „Existenz".[117] In die intelligible Welt kommt man aber nicht erst, man ist immer schon in ihr. Der Unterschied zwischen Tod und Leben besteht lediglich darin, ob der Mensch in beiden Welten zugleich oder nur in der intelligiblen „existiert". Schon jetzt ist er in der ideellen Gemeinschaft guter oder böser Wesen – und das heißt eben im Himmel oder in der Hölle. In der Moralphilosophievorlesung aus den 1770er-Jahren führt Kant dazu aus:

> Schon itzt finden wir uns in der Intelligiblen Welt, und ieder Mensch kann sich nach Beschaffenheit seiner Denkungs Art entweder zur Gesellschaft der Seeligen oder der Ver-

---

114 KANT, 1821, 254f.
115 In diesem Sinn muss m. E. auch eine recht kryptische, frühe Reflexion Kants verstanden werden: „Sitz der Seele. Ort nach dem Tode. Abscheidung vom Körper. Himmel, Hölle und Erde. Jenes gehört beydes zur Welt, aber nicht zur [S]innenwelt" (Refl. 4442, AA XVII, 548).
116 KANT, 1821, 255.
117 „Was haben wir uns aber unter der Scheidung der Seele vom Körper vorzustellen? Nichts weiter, als den Anfang des [i]ntellectuellen und das Ende des sinnlichen Lebens. Es ist eine materialistische Vorstellung, wenn man denkt, daß die Seele sich gleichsam aus dem Zimmer begebe, wenn der Mensch stirbt; denn sie hat keine locale Gegenwart. Es fängt die Seele sodann an, die Dinge anders anzuschauen, als sie es in der Verknüpfung mit dem Leibe gewohnt gewesen ist" (Moral Mrongovius, AAXXIX, 918).

dammten zählen. Er ist sichs itzt nur nicht bewußt und nach dem Tode wird er sich dieser Gesellschaft bewußt werden. Der Mensch kommt also nicht erst in den Himmel oder die Hölle, sondern er sieht sich nur darin. Dies ist eine herrliche Vorstellung. Wo ist Himmel und Hölle? Fragen wir nach dem Ort, so ist das sinnlich, und die Seele zum Körper gemacht. Himmel ist das Reich des Belohnenden und Hölle ist das Reich des strafenden Richters. Wir sind uns itzt durch die Vernunft schon als in einem intelligiblen Reiche befindlich bewußt; nach dem Tode werden wir das anschauen und erkennen und dann sind wir in einer ganz anderen Welt, die aber nur der Form nach verändert ist, wo wir nehmlich die Dinge erkennen, wie sie an sich selbst sind.[118]

Die Frage, wo der Himmel und die Hölle seien, mit dem Hinweis auf einen realen Ort zu beantworten, bedeutet, die Seele zum Körper zu machen, die intellektuelle mit der sinnlichen Welt zu verwechseln. Entsprechend findet auch kein Ortswechsel statt. Der Himmel ist und bleibt die intellektuelle Gemeinschaft moralischer Wesen, in der wir schon jetzt „existieren". Kant sagt es nun überdeutlich: „Der Mensch kommt also nicht erst in den Himmel oder die Hölle, sondern er sieht sich nur darin." Nach dem Tod wird diese rein-moralische, intellektuelle Art der „Existenz" zu der nunmehr einzigen. Der Mensch, in seiner Doppelgestalt als sinnliches Vernunftwesen, hört auf zu existieren; er „existiert" nur noch noumenal. Kant scheint in der Vorlesung sogar davon auszugehen, dass der Mensch, da nicht mehr durch seine sinnliche Natur eingeschränkt, nach dem Tod über intellektuelle Anschauung verfügt. Wir werden die Dinge erkennen, so wie sie an sich sind.[119]

---

118 Moral Mrongovius, AA XXIX, 919 f.
119 Eigentümlicher Weise zieht Kant die sich nahelegende moralontologische Parallele an dieser Stelle nicht. Wenn der Mensch, sobald seine Sinnennatur wegfällt, die Dinge, wie sie an sich selbst sind, zu betrachten vermag, müsste er auch, da nunmehr keine Versuchung durch die Sinnlichkeit mehr möglich ist, mit dem Tod automatisch zu einem heiligen Wesen werden. Die epistemologische und moralontologische Ebene würden, folgt man der Konstruktion, koinzidieren: Wesen, die von aller Sinnlichkeit frei sind, sehen die Dinge, wie sie an sich selbst betrachtet sind, und sind aus demselben Grund auch heilig (teuflische Wesen freilich ausgenommen). Dass Kant gerade diese Konsequenz nicht ziehen will, erklärt sich leicht mit dem Postulat der Unsterblichkeit, das ein Besserwerden des Menschen nach dem Tode voraussetzt und aktuale Heiligkeit ihm gerade nicht zusprechen will. Die in den Vorlesungen artikulierte Vorstellung, der Tod bedeute den Beginn einer rein intelligiblen „Existenz", steht in einer deutlichen Spannung zum Postulat der Unsterblichkeit, die Kant m. E. nicht aufgelöst hat. Dass das Unsterblichkeitspostulat dabei die systematisch weniger überzeugende Variante darstellt, zeigt sich bereits daran, dass die Vorstellung vom unendlichen Fortschritt des Menschen nach seinem Tod die Anschauungsform der Zeit in einer Weise auf die intelligible Welt überträgt, die auch mit dem Schematismus der Analogie kaum zu rechtfertigen ist.

Nur beiläufig eröffnet Kant in der zitierten Passage eine weitere Dimension seiner Rede von Himmel und Hölle. Der Himmel, definiert er, ist das Reich des belohnenden, die Hölle das des strafenden Richters. Himmel bedeutet also nicht nur die Aufnahme in die Gemeinschaft der moralisch-guten Wesen, sondern scheint auch eine besondere Belohnung mit sich zu führen, ebenso wie die Hölle eine Strafe. Himmel und Hölle sind mithin nicht nur Symbole für bestimmte moralische Zustände, sondern stehen auch für ein bestimmtes Maß an Glückseligkeit. Der Richter teilt jedem die ihm entsprechende Glückseligkeit aus, je nach dem Maß seiner Moralität. Damit ist bereits ein anderes Zentraltheorem Kants in den Horizont der Untersuchung getreten.

8.2 Höchstes Gut und größtes Übel

In der *Metaphysik der Sitten* bringt Kant die „englischen" Tugenden und die teuflischen Laster in Zusammenhang mit den Vorstellungen von Himmel und Hölle.[120] In der seinem Alterswerk vorausgehenden Vorlesung geht Kant auf diesen Punkt ein wenig genauer ein. Die teuflischen Laster und die englischen Tugenden als Extreme werden durch die Idee des Himmels und der Hölle versinnbildlicht. Die menschlichen Laster, behauptet Kant, stünden genau zwischen den teuflischen Lastern und der Engelstugend, „so wie die Erde in der Mitte von Himmel und Hölle".[121] Bedenkt man, dass bereits „teuflisches Laster" und „Engelstugend" selbst Versinnbildlichungen eines höchsten möglichen Grades an Moralität oder Verderbnis sind, handelt es sich dabei um eine Versinnbildlichung zweiten Grades, bei der schnell die Frage aufkommt: Ist sie überhaupt nötig? Stehen „Himmel" und „Hölle" schlicht für die beiden moralischen Extreme, sind sie in Kants moralphilosophischer Semantik schlicht gleichbedeutend mit „Engel" und „Teufel". Nun meint Kant in der *Religionsschrift*, der einzigen Druckschrift neben der *Metaphysik der Sitten*, in der er genauer auf Himmel und Hölle eingeht, dass es eine „Eigenthümlichkeit der christlichen Moral" sei,[122] das Sittlich-Gute und Sittlich-Böse nicht wie Himmel und Erde, sondern wie Himmel und Hölle gegenüberzustellen. Hier verschafft sich der gleiche Gedanke Geltung, der Kant bereits zur Opposition gegen von Hallers „Mittelding" zwischen Engel und Vieh (statt Engel und Teufel) veranlasste.

---

120 MST, AA VI, 461/LUDWIG, 108 f.
121 Metaphysik der Sitten Vigilantius, AA XXVII, 692.
122 Rel., AA VI, 60, Anm.

> Sie [i.e. die Vorstellung von Himmel und Hölle] dient nämlich dazu, zu verhüten: daß das Gute und Böse, das Reich des Lichts und das Reich der Finsterniß, nicht als an einander gränzend und durch allmähliche Stufen (der größern und mindern Helligkeit) sich in einander verlierend gedacht, sondern durch eine unermeßliche Kluft von einander getrennt vorgestellt werde. Die gänzliche Ungleichartigkeit der Grundsätze, mit denen man unter einem oder dem andern dieser zwei Reiche Unterthan sein kann, und zugleich die Gefahr, die mit der Einbildung von einer nahen Verwandtschaft der Eigenschaften, die zu einem oder dem andern qualificiren, verbunden ist, berechtigen zu dieser Vorstellungsart, die bei dem Schauderhaften, das sie in sich enthält, zugleich sehr erhaben ist.[123]

Die Extreme von „Himmel" und „Hölle" veranschaulichen, dass es eben kein „Mittelding" zwischen gut und schlecht gibt. Der Mensch ist bei Kant kein Mischwesen, halb Tier, halb Engel, sondern er steht zwischen zwei moralischen Extremen, die beide, für sich betrachtet, rein abstrakte Möglichkeiten darstellen, denen sich der reale Mensch immer aktual nur annähert. Was die Gesinnung betrifft, gehört er schon immer klar auf die eine oder andere Seite. Hier gilt ein bedingungsloses „Entweder-oder". Man mag eine gewisse Nuancierung darin sehen, dass der Gegensatz von Himmel und Hölle die „Verschiedenheit der Grundsätze" betont: Der Mensch ist entweder gut oder schlecht, aber nicht beides zugleich. Allein, um diesem Gedanken Ausdruck zu verleihen, genügt abermals die Gegenüberstellung von „teuflischen" Lastern und „englischen" Tugenden. Auch die Ausführungen der *Religionsschrift* lassen Kants moralphilosophische Rede von „Himmel" und „Hölle" letztlich als redundant erscheinen.

Eine weiterreichende Interpretation der religiösen Symbole „Himmel" und „Hölle" findet sich einzig außerhalb der Druckschriften, dort zeitlich allerdings recht breit gestreut. Eine Passage, die besonders klar zeigt, wie Kant die Gleichsetzung des Himmels mit der höchsten Stufe der Moralität (und der Hölle entsprechend mit der niedrigsten) entscheidend erweitert, findet sich in den handschriftlichen Notizen zu Eberhards *Vorbereitung zur natürlichen Theologie:*

> Heiligkeit also des Willens und Seeligkeit des Zustandes zusammen macht die Idee des Himmels. Anderer Seits, weil das, dessen Begrif im Verhaltnisse der Ursache und Wirkung besteht, zweyerley Gegentheil hat: ein negatives =0 und ein privatives = –, so kan man sich einen Zustand denken, der gar keine Zufriedenheit übrig läßt: Unglük, und so fern das Wesen in sich selbst die Ursache enthält: Elend, imgleichen auch einen Willen, der allen moralischen Gesetzen mit Absicht zuwieder handelt, und so entspringt die Idee der Hölle. Daher
> himmlische Freuden und hollische Qvaalen
> himmlische Tugend und hollische Laster} Ideen.[124]

---

123 Rel., AA VI, 60, Anm.
124 Refl. 6206, AA XVIII, 490 f. Den gleichen Gedanken vertritt Kant bereits in der *Danziger Rationaltheologie:* „Wir machen uns eine transcendentale Idee von Himmel und Hölle. Jene bilden

Hier ist es nicht mehr allein ein hoher Grad der Moralität, der den Himmel ausmacht, sondern dieser gemeinsam mit der entsprechenden Seligkeit. Erst die himmlische Tugend – und damit geht Kant an dieser Stelle weiter als in seinen beiden späten Druckschriften – im Verbund mit der himmlischen Freude macht die Idee des Himmels aus. Ebenso gehört zur Idee der Hölle nicht allein der niedrigste Grad der Moralität, sondern auch das Elend oder Unglück. Die höllischen Laster verdienen höllische Qualen als Strafe. Dabei zeigt eine etwas spätere Reflexion, dass es Kant darauf ankommt, himmlische Freude und himmlische Tugend, höllische Qual und höllische Laster jeweils als Entsprechungen zu verstehen: „Die andere (intellectuale) Welt ist eigentlich die, wo die Glükseeligkeit genau mit der sittlichkeit zusammenstimt [sic!]: Himmel und Hölle, davon der eine auf das größeste Glük, diese auf Elend abzielt."[125] Oder, in den Worten der *Metaphysik Dohna* (1792/93): „Himmel das Maximum alles Guten in Ansehung des Wohlbefindens und der Würdigkeit – Hölle das Gegentheil – beides sind Ideale".[126]

Wie unschwer zu sehen, verweist die Rede von der Übereinstimmung von Würdigkeit und Wohlbefinden auf den Begriff des höchsten abgeleiteten Guts, wie ihn Kant in der *Kritik der praktischen Vernunft* entwickelt. Zeigt Kant doch dort – nachdem er sich mit Epikureismus und Stoa auseinandergesetzt hat[127] –, dass das

---

wir uns als das Maximum der Tugend verbunden mit dem Maximo der Seligkeit, welche eine innere von keinen äußeren Ursachen abhängende Zufriedenheit der Seele ist; diese als das Maximum der Bosheit verbunden mit dem Maximo der Unglückseligkeit ab" (Danziger Rationaltheologie, AA XXVIII, 1232).
125 Refl. 6838, AA XIX, 176.
126 Metaphysik Dohna, AA, XXVIII, 689. Dass Kant für den Himmel, d. h. die „intellectuale Welt", auch den höchsten Grad der Glückseligkeit proklamiert, ist systematisch wenig konsequent. Die zitierten Formulierungen schließen es aus, dass Kant hier moralische Glückseligkeit meint. Geht es aber – *tertium non datur* – um sinnliche Glückseligkeit, kann es diese im Himmel, der nur intelligibel „existiert", gar nicht geben. Die im Folgenden zu erörternde Gleichsetzung des Himmels mit dem *summum bonum consummatum* steht in unübersehbarer Spannung zur Definition des Himmels als rein intelligibler „Ort". Kants ohnehin nur tentative Bemühungen dürfen hier allerdings nicht überstrapaziert werden. Die Gleichsetzung des Himmels mit dem höchsten vollendeten Gut stellt schlicht eine andere moralphilosophische Interpretation dar, die mit der vorher zitierten, nach der der Himmel ein Name für die „moralische Welt" ist, nicht integriert werden kann. Der neue Ansatz hat gegenüber dem früheren den Vorzug, nicht im gleichen Maße Redundanz zu erzeugen. Für das *summum bonum consummatum* stand, anders als für die „moralische Welt", bisher noch kein adäquates religiöses Symbol zur Verfügung.
127 Kurz vor den eben angeführten Reflexions-Notizen geht Kant ausführlich auf Epikur und Zeno ein: „Der Wunsch glücklich zu seyn ist aus der Selbstliebe, das Urtheil von der Würdigkeit aus Vernunft. *Summum bonum* Epicur wolte zur Tugend treiben, Zeno sie erklären. Der oberste Zwek (Glückseeligkeit) und die obiective Bedingung dieses zweks" (Refl. 6827, AA XIX, 174).

höchste abgeleitete Gut eine Synthese darstellt, genauer, dass es in der Übereinstimmung von Glückseligkeit und Glückswürdigkeit bestehen muss.[128] Es überrascht daher nicht – oder höchstens zeitlich –, wenn Kant bereits im Wintersemester 1783/1784 schreiben kann: „Summum bonum creatum, i.e. das höchste Gut generaliter oder der gute Wille mit Seligkeit verbunden, nennt man Himmel".[129] Der Himmel bezeichnet hier nicht nur eine besonders hohe Stufe der Moralität, welche „Engelstugend" genannt werden kann, sondern auch die dieser Moralität entsprechende physische Glückseligkeit. In der Sprache der zweiten Kritik: „Engelstugend" symbolisiert das *bonum supremum*, „Himmel" das *summum bonum consummatum*.[130] Interessanter Weise kann Kant in der Vorlesung von 1783/84 das Bild auch umkehren. Ebenso, wie der „Himmel" eine Veranschaulichung des höchsten abgeleiteten Guts ist, steht die „Hölle" für ein größtes mögliches Übel: „Den bösesten, verstocktesten Willen, verbunden mit der größten Unseligkeit und dem größten Elend, das wir uns nur denken können, das nennt man Hölle; und also muß man sich ein Größtes denken, um einen Maßstab zu haben."[131] Unter der Hand introduziert Kant hier einen Gegenbegriff zum höchsten abgeleiteten Gut, welcher in den Druckschriften nur angedeutet wird.[132] Was er vor Augen hat, ist ein größtes vollendetes Übel, das in der Übereinstimmung von Unglückswürdigkeit und Unglückseligkeit – oder, positiv formuliert, Elend – besteht, ein Zustand, in dem das Elend der Verschuldung proportional angemessen ist, kurz, ein *summum malum consummatum*.[133]

Sind Himmel und Hölle jeweils Veranschaulichungen des höchsten vollendeten Guts bzw. des größten vollendeten Übels, ergibt sich eine gewisse Schwierigkeit. Insofern beide Begriffe als synthetische angesehen werden müs-

---

128 So KpV, AA V, 110–113, die Einleitung zum zweiten Hauptstück der Dialektik: „Von der Dialektik der reinen Vernunft in Bestimmung des Begriffs vom höchsten Gut".
129 Religion Pölitz, AA XXVIII, 1132. In der *Danziger Rationaltheologie* aus dem gleichen Semester fehlt diese Stelle allerdings.
130 Zur Terminologie s. KpV, AA V, 110.
131 Religion Pölitz, AA XXVIII, 1132.
132 Die Rede von einer „glücklichen Zukunft" und einem „unabsehliche[n] Elend" im zweiten Teil der *Religionsschrift* verweist unmittelbar auf das höchste Gut und einen entsprechenden Gegenbegriff. In der folgenden Fußnote behandelt Kant dann auch *expressis verbis* die „Höllenstrafen" (Rel., AA VI, 69).
133 S. hierzu auch Heits Ausführungen über das Theologumenon der Verwerfung bei Kant (HEIT, 2006, 207 f. 209–211). Laut Heit ist der Verworfene doppelt unglückselig, sowohl was die moralische als auch die physische Glückseligkeit anbelangt (HEIT, 2006, 211). In der Einleitung seiner Monographie bringt Heit die mögliche „Vollendung zum Bösen" wie zum Guten in Zusammenhang mit dem Modell des sogenannten doppelten Ausgangs, der die bekannteste Variante christlicher Eschatologie darstellt (HEIT, 2006, 36).

sen, enthalten sie je ein sinnliches (Glückseligkeit, Elend) und ein intelligibel-moralisches Moment (Glückswürdigkeit, Unglückswürdigkeit),[134] welches zweitere jeweils identisch ist mit dem höchsten Gut bzw. niedrigsten Bösen. Sowohl *summum bonum consummatum* als auch *summum malum consummatum* überschreiten, gerade weil sie nicht nur das oberste, sondern das vollendete Gut bzw. Übel bezeichnen, die Grenze von Natur und Sittlichkeit. Es ist nun aber unmittelbar einleuchtend, dass sich der natürliche „Teil" des höchsten Guts, also die Glückseligkeit, leichter anschaulich machen lässt als der Vernunftbegriff der Tugend.[135] Ebenso klar ist, dass der Vernunftbegriff der Tugend sich weit besser im Sinne eines intelligiblen Ideals verstehen lässt als die Glückseligkeit. Die Tugend wird besser begrifflich expliziert, die Glückseligkeit besser durch Anschauung vorgestellt, da die Vernunft einen unmittelbaren Zugang zur Moral, die Anschauung aber zur Natur hat. Für das höchste vollendete Übel gilt spiegelbildlich dasselbe. Kant hält daher nach der Überlieferung der *Natürlichen Theologie Volckmann* fest:

> Wenn die Begriffe auf Vernunft beruhen, so läßt sich sicherer ein Ideal formieren als von den Sinnen; z.B. eher von der Bosheit als vom Elend. Die Idee der Einbildungskraft hat nichts Vollständiges und Bestimmtes; z.E. man hat keine Idee vom größten Elend. Daher kommt das Ideal von Pech und Schwefel und Feuer; darunter denkt man sich die größten Marter; es ist also ein Ideal der Phantasie, und das hat nichts Bestimmtes.[136]

Bosheit, das rein-moralische Moment am *summum malum consummatum*, lässt sich leicht als intelligibles Ideal darstellen, schwieriger aber das Elend. Wir können es uns vorstellen, haben aber keine präzise Idee davon. Kant unterscheidet daher zwischen einem „Ideal der Einbildungskraft" und einem „Ideal der Vernunft".[137] Das höllische Elend, welches die christliche Ikonographie in düsteren Bildern voll Pech und Schwefel ausgemalt hat, ist, da das sinnliche Moment am *summum malum consummatum* illustrierend, ein Ideal der Phantasie oder Einbildungskraft.[138] Umgekehrt ist die Bosheit ein Ideal der Vernunft, das präzise

---

134 Wenn Kant explizit vom Elend spricht, impliziert dies, dass er das *summum malum consummatum* nicht bloß als Negation des *summum bonum consummatum* versteht, sondern als eigene positive Qualität. Folglich reicht es auch nicht, der Glückswürdigkeit die Glücks*un*würdigkeit entgegenzusetzen, sondern es muss, abermals positiv formuliert, von der Unglücks- oder Elendswürdigkeit die Rede sein.
135 Kant spricht hier immer von „Tugend" statt von „Heiligkeit", weil er die „Engelstugend" vor Augen hat.
136 Natürliche Theologie Volckmann, AA XXVIII, 1133.
137 Natürliche Theologie Volckmann, AA XXVIII, 1133.
138 In der kurze Zeit später erschienenen *Grundlegung* bezeichnet Kant die Glückseligkeit, also das sinnliche Moment am *summum bonum consummatum*, als Ideal der Einbildungskraft (GMS,

angegeben werden kann, etwa so, wie Kant es in der *Religionsschrift* mit Hilfe der Triebfedernlehre tut. Dass Himmel und Hölle bei unterschiedlichen Nationen unterschiedlich vorgestellt werden – die Schotten haben laut Kant „eine andere Vorstellung der Hölle" –, ist eben dadurch bedingt, dass wir zwar genau sagen können, was Bosheit und Tugend ist, von Glückseligkeit und Elend aber „keine vollständigen Ideen" haben.[139] Ein vollendetes Gut oder Übel wird immer unterschiedlich vorgestellt, da sein Begriff synthetisch ist und mithin ein sinnlich-natürliches Element enthält, das nicht in ein reines, bei allen vernünftigen Wesen gleiches Vernunftideal überführt werden kann.

Wo sind also Himmel und Hölle? Sie sind keine realen Orte außer uns, sondern in uns, keine astronomischen Begriffe, sondern reine Ideale. Allerdings dürfen sie, anders als Engelstugend und teuflische Bosheit, nicht als reine Vernunftideale verstanden werden. Vielmehr stellen sie die Verbindung eines Vernunftideals mit einem Ideal der Einbildungskraft dar: Das Ideal des Himmels verbindet das Vernunftideal der Tugend mit dem Phantasieideal Glückseligkeit, das Ideal der Hölle das Vernunftideal der Bosheit mit dem Phantasieideal des Elends. Himmel und Hölle, sind, wenn man so will, „Meta-Ideale", also Ideale, die selbst wieder Verbindungen zweier niederrangiger Ideale sind. Während „Engelstugend" und „teuflisches Laster" allein das – in der Terminologie der zweiten Kritik – oberste Gut bzw. Übel, d. h. das jeweilige Vernunftideal, versinnbildlichen, handelt sich bei „Himmel" und „Hölle" um Darstellungen des vollendeten höchsten Gutes bzw. größten Übels.[140] Die moralphilosophische Semantik von „Himmel" und „Hölle" überschreitet die von „Teufelslaster" und „Engelstugend" ebenso, wie das *summum bonum consummatum* das oberste Gut nur als einen seiner beiden Bestandteile enthält.

AA IV, 418). In der *Kritik der Urteilskraft* wird die Schönheit ebenfalls als Ideal der Einbildungskraft bezeichnet, „eben darum weil es nicht auf Begriffen, sondern auf der Darstellung beruht" (KdU, AA V, 232).
139 So an der Parallelstelle zu der eben ausgelegten Passage aus der *Natürlichen Theologie Volckmann* in der *Danziger Rationaltheologie* aus demselben Semester: „Die damit [i. e. Tugend und Bosheit] verbundene Glück- oder Unglückseligkeit sind keine vollständigen Ideen; denn sie beruhen auf Empfindung und sind bloß Ideen der Einbildungskraft, welche bei jedem Menschen verschieden sind. Demnach macht sich auch der Grönländer, Ostindianer, Muhamedaner u.s.w. jeder andere Vorstellung von dem Himmel. Die Schottländer haben auch eine andere Vorstellung von der Hölle" (Danziger Rationaltheologie, AA XXVIII, 1233).
140 Die mit „Engelstugend" und „teuflisches Laster" gemeinten moralischen Konstellationen enthalten selbst kein sinnliches Moment. Sie müssen im strengen Sinne *ver*sinnlicht werden, was durch den nämlichen Bezug auf Engel und Teufel geschieht. Bei dem höchsten vollendeten Gut bzw. Übel handelt es sich bereits um einen synthetischen Begriff, der bereits ein sinnliches Element enthält, was die religiös-sinnliche Symbolisierung vereinfacht.

Teil IV: **Bürger zweier Welten**

9. Kapitel Die Stufe des Menschen

„Was ist der Mensch?"[1] Diese Frage stellt bekanntlich für Kant die letzte, abschließende Frage seiner ganzen Philosophie dar. Die Anthropologie kann daher auch als auch Schlussstein des philosophischen Systems – wenn es bei Kant denn ein solches gibt – angesehen werden, da sich die drei Fragen, welche Metaphysik, Moral und Religion jeweils zugrunde liegen, „auf die[se] letzte [Frage] beziehen".[2]

Auch auf der moralischen Stufenleiter der Wesen stellt die Stufe des Menschen die entscheidende dar. Während die anderen vernünftigen Wesen für Kant zunächst reine Gedankenmöglichkeiten sind, definiert er den Menschen als das einzige vernünftige Wesen, das wir „kennen", d. h., das wir nicht nur aus moralphilosophischen oder argumentativen Gründen annehmen, sondern dessen Begriff wir, weil wir eine Anschauung von ihm besitzen, objektiv schematisieren können.[3] Das, was den Menschen von den rein übersinnlichen vernünftigen Wesen unterscheidet, ist schlicht seine phänomenale Existenz. Der Mensch ist das „einzige[...] vernünftige[...] Geschöpf auf Erden".[4] Gott, die Engel und der Teufel als reine Vernunftwesen haben keine sinnliche Natur.[5] Sie können daher auch

---

[1] In der *Logik* lauten die vier berühmten Fragen: „1) Was kann ich wissen?/ 2) Was soll ich thun?/ 3) Was darf ich hoffen? / 4) Was ist der Mensch?" (AA IX, 25). Die Antwort auf diese Fragen bieten jeweils die Metaphysik, Moral, Religion und Anthropologie. In der *Kritik der reinen Vernunft* nennt Kant nur die ersten drei Fragen (KrV, B 833).
[2] Logik, AA IX, 25.
[3] KpV, AA V, 12. Bereits in der *Allgemeinen Naturgeschichte* formuliert Kant, allerdings in abgeschwächter Form, den gleichen Gedanken (Th. des Himmels, AA I, 355). Gegenüber der der *Kritik der praktischen Vernunft* ist diese Formulierung schwächer, da Kant nur festhält, dass der Mensch dasjenige vernünftige Wesen ist, welches wir „am deutlichsten" erkennen – hier geht es als um einen rein graduellen Unterschied im Gegensatz zur prinzipiellen Aussage der zweiten Kritik.
[4] G. i. weltbürg. Abs., AA VIII, 18. Das „auf Erden" kann in einem doppelten Sinn verstanden werden. Im Gegensatz zu den reinen, „überirdischen" Vernunftwesen existiert der Mensch auch phänomenal. Zugleich bedeutet „auf Erden" aber auch, dass der Mensch an einem bestimmen phänomenalen Ort, dem Planeten Erde, existiert. Darin ist er von den bereits mehrfach erwähnten Aliens unterschieden. Diese existieren, wenn es sie gibt, zwar ebenfalls phänomenal, aber nicht auf dem gleichen Planeten wie der Mensch. „Auf Erden" heißt hier also beides zugleich: nichtüberirdisch und nicht-außerirdisch – und ist damit bei Kant anders besetzt als das *prima facie* synonyme „irdisch" (s. o. 1.2.).
[5] Der doppelte Sinn, in dem Kant von *entia rationis* redet (s. o. 2.3.), lässt sich auf diese Weise integrieren. Reine Vernunftwesen verfügen über keine Sinnennatur. Sie sind daher nicht nur rein von jeder Versuchung, sondern zugleich auch kein möglicher Gegenstand der Anschauung und mithin keiner Erkenntnis. „Reine" Vernunftwesen wie Gott und die Engel (aber eben auch der Teufel) „existieren" nur noumenal. Praktische Vollkommenheit (inklusive absoluter noumenaler Verderbtheit) und theoretische Unerkennbarkeit implizieren sich wechselseitig. Ein Wesen ohne

nicht Gegenstand der Erfahrung sein. Ein Engel, der uns erschiene, wäre keiner. Die Epiphanie eines Gottes würde ihn seiner Göttlichkeit berauben. Einzig der Mensch ist beides zugleich, Naturwesen und Vernunftwesen, *homo phaenomenon* und *homo noumenon*.

In der neueren Literatur hat sich, um diesem Sachverhalt Rechnung zu tragen, die Formulierung etabliert, der Mensch sei laut Kant ein „Bürger zweier Welten". Obwohl bei Kant selbst nicht direkt belegt, ist der Ausdruck doch treffend. Der Mensch als ein Wesen, das mit dem Sittengesetz widerstreitenden Neigungen zu kämpfen hat, zugleich aber transzendentale Freiheit besitzt, partizipiert an beiden Welten im gleichen Maße. Die Stufe des Menschen ist diejenige auf der moralischen Stufenleiter der Wesen, auf der die „höhere" und die „niedere" Welt aufeinandertreffen. Unter dem Menschen stehen die Tiere, Pflanzen und die reine Materie, welche höchstens über ein der spekulativen Vernunft analoges Vermögen verfügen. Über ihm stehen die reinen Vernunftwesen, Gott und die Engel.[6]

Die gesamte Anthropologie Kants im Folgenden zu behandeln, scheint unmöglich und würde auch das Ziel der bisherigen Überlegungen verfehlen.[7] Gerade die einzelnen, vor allem empirischen Bestimmungen der Anthropologie interessieren hier nicht. Vielmehr muss der Fokus darauf liegen, die genaue Stellung des einzigen uns bekannten vernünftigen Wesens im *ordo entium moralium* anzugeben. Es geht, kurz gesagt, um die moralontologische Definition des Menschen – nicht um die detailliert ausgeführte „empirische Anthropologie", wie Kant sie in „pragmatischer Hinsicht" betreibt, sondern um die alle kritischen Schriften durchziehende „Transzendentalanthropologie".[8] Dabei kann es zugleich nicht

---

Neigungen ist notwendiger Weise nicht objektiv schematisierbar. Moralische Vollkommenheit kann nur ein Ideal sein. Epistemologie und Moralontologie kommen so zur Deckung (s. u. 8.1.).

6 Dem Teufel der *Religionsschrift* kommt eine Sonderstellung zu. Als reines Vernunftwesen steht er über dem Menschen, als Inbegriff moralischer Verderbtheit weit unter ihm. Mehr noch, er verkörpert sogar genau jene Form der Bosheit, die jenseits der *unteren* Schranke menschlicher Möglichkeiten liegt. Es kommt zu einer eigentümlichen Koinzidenz: Ontologisch steht der Teufel über dem Menschen, moralisch unter ihm.

7 Aus der Literatur zu Kants Anthropologie, deren Zahl Legion ist, seien als für die vorliegende Arbeit besonders relevant genannt: ANTONOPOULUS, 1958. BRANDT, 1999. BRANDT, 2000. KÖNIG, 1994.

8 Zum Begriff einer *anthropologia transcendentalis* bei Kant s. FIRLA, 1981, 70–83. Verwandt ist der Begriff der moralischen Anthropologie, den Kant in der Einleitung zur *Metaphysik der Sitten* einführt: „Das Gegenstück einer Metaphysik der Sitten, als das andere Glied der Eintheilung der praktischen Philosophie überhaupt, würde die moralische Anthropologie sein, welche, aber nur die subjective, hindernde sowohl als begünstigende Bedingungen der Ausführung der Gesetze der ersteren in der menschlichen Natur, die Erzeugung, Ausbreitung und Stärkung moralischer Grundsätze (in der Erziehung, der Schul- und Volksbelehrung) und dergleichen andere sich auf

allein um die Anthropologie gehen. Die Frage „Was ist der Mensch?" muss ergänzt werden um eine andere: „Was soll der Mensch sein?" „Was ist seine Bestimmung?" – Bestimmung im Sinne von *vocatio*.[9] Kant selbst differenziert, um die verschiedene Ausrichtung dieser beiden Fragen deutlich zu machen, in der *Metaphysik der Sitten* zwischen Anthropologie und Anthroponomie.[10] Er führt diese Unterscheidung, wie so oft, nur *en passant* ein. Nicht primär die Begriffsdistinktion interessiert ihn, sondern Kant will zeigen, dass das moralische „Ideal der Menschheit" in keiner Weise seine Bedeutung einbüßt, wenn „Beispiele des Wiederspiels dessen, was die Menschen jetzt sind, gewesen sind, oder vermuthlich künftig sein" angeführt werden.[11] Der Aufweis, wie schlecht es *de facto* um die moralische Konstitution der Menschen bestellt ist, darf nicht missverstanden werden als Freifahrtschein, an der Strenge des moralischen Ideals zu rütteln. Der lange Katalog aller bisher von der Menschheit begangenen moralischen Verfehlungen – sowie der zu erwartenden künftigen – benimmt diesem Ideal nichts von seiner Gültigkeit. Im Hintergrund steht die bereits bekannte Unterscheidung zwischen Moralphilosophie und Anthropologie. Die Ergebnisse der Anthropologie dürfen niemals Voraussetzung dafür sein, was als Soll-Zustand des Menschen bestimmt wird – sonst droht ein naturalistischer Fehlschluss *avant la lettre*. Der Begriff der Anthroponomie bringt genau dies auf den Punkt. Mit Anthroponomie bezeichnet Kant denjenigen Teil der reinen Moralphilosophie, der vom spezifischen moralischen Soll-Zustand des Menschen – also nicht mehr der vernünftigen

---

Erfahrung gründende Lehren und Vorschriften enthalten würde" (MSR, AA VI, 217/LUDWIG, 13). Auch diese Anthropologie ist empirisch, aber sie ist darauf fokussiert, die kontingente Beschaffenheit des Menschen als retardierendes oder beförderndes Moment in der Durchsetzung des Sittengesetzes zu begreifen. Auch für diese Anthropologie gilt, dass sie der Metaphysik der Sitten systematisch nachgeordnet ist (s. o. 1.1.). Vgl. ferner die Unterscheidung zwischen physiologischer und pragmatischer Anthropologie, d. h. der Anthropologie, insofern sie den Menschen als Naturwesen und insofern sie ihn als freies Wesen begreift (Anthr., AA VIII, 119).

9 Brandt unterscheidet in diesem Sinn zwischen Essenz und Existenz des Menschen: „Während die Frage ‚Was ist der Mensch?' nach der definierbaren *Essenz* des Menschen fragt, richtet sich die Rede von der Zweck-Bestimmung auf die *Existenz*: Wozu ist der Mensch da? Was soll er tun? Oder besser: Wozu bin *ich* da? Was soll *ich* tun?" (BRANDT, 2007, 13, Hervorhebung im Text). Zum Begriff „Bestimmung" v. a. bei Kant selbst vgl. BRANDT, 2007, 57–60. Der Wortgebrauch schwankt generell zwischen *determinatio* und *teleologia*, Erfassung eines faktischen So-Seins und zweckhafter Ausrichtung. „Bestimmung" kann, speziell im Sprachgebrauch des 18. Jahrhunderts, in einem anthropologischen wie auch einem anthroponomischen Sinn verstanden werden. Die „praktische Bestimmung" des Menschen (s. KpV, A 464) kann daher *prinzipiell* heißen „genaue Beschreibung des Menschen in praktischer Hinsicht" als auch „das dem Menschen gesetzte Ziel".

10 MST, AA VI, 406/LUDWIG, 40f. Zum Begriff der Anthroponomie s. KÖNIG, 1994.

11 MST, AA VI, 405f./LUDWIG, 40.

Wesen überhaupt – handelt.[12] Von der Anthroponomie als einem Untergebiet gilt mithin das Gleiche wie von der reinen Moralphilosophie überhaupt: „[D]ie Anthropologie, welche aus bloßen Erfahrungserkenntnissen hervorgeht, kann der Anthroponomie, welche von der unbedingt gesetzgebenden Vernunft aufgestellt wird, keinen Abbruch thun."[13]

Aus den Ergebnissen der transzendentalen Anthropologie und Anthroponomie ergibt sich eine Spannung zwischen dem *De-facto*-Status des Menschen und seiner Bestimmung, welche, wenn ungelöst, Kants Rede vom Menschen als inkonsistent erweisen würde. Kant muss die besagte Spannung (sie wird gleich näher zu untersuchen sein) lösen, sonst droht seine Lehre von den vernünftigen Wesen zu kollabieren. Eine solche Lösung unternimmt er in doppelter Hinsicht. Einmal stellt er in der *Religionsschrift* (und einigen verstreuten Notizen) das Ideal eines Menschen auf, in dem die besagte Spannung bereits überwunden ist: Jesus Christus, der „Heilige des Evangelii". Zum anderen versucht er zu zeigen, wie die Lösung der Spannung für die gesamte Menschheit aussehen kann. Thetisch formuliert: Das Unsterblichkeitspostulat vermag, für sich genommen, dies noch nicht zu leisten. Es bedarf, um die Diskrepanz zwischen *De-facto*-Status und Bestimmung des Menschen auf theoretischer Ebene wirklich auszugleichen, einer Ergänzung durch die moralphilosophisch gewendete Rechtfertigungslehre.

9.1 Autonomie und Autokratie

Begegnet auch das geläufige Bild vom „Bürger zweier Welten" bei Kant selbst nicht direkt, kennt er doch verschiedene inhaltlich äquivalente Ausdrücke.[14] Allerdings erst in der *Metaphysik der Sitten* findet er hierfür auch eine klare Terminologie: Der Mensch ist zugleich „Sinnenwesen" und „Vernunftwesen", „vernünftiges Naturwesen" und mit Freiheit begabte „Persönlichkeit", phänomenaler und noumenaler Mensch;[15] er kann – bei den Pflichten gegen sich selbst – ent-

---

12 Recki ist daher im Recht, wenn sie den Begriff der „Anthroponomie" als streng genommen redundant einstuft. Die Unterscheidung zwischen „Anthropologie" und „Anthroponomie" entspreche der zwischen „empirischer" und „rationaler" (in der hier gewählten Terminologie: transzendentaler) Anthropologie (RECKI, 2001, 335).
13 MST, AA VI, 406/LUDWIG, 40. Laut Wenzel dient der Begriff der Anthroponomie an dieser Stelle zunächst dazu, die „praktische Realität des sittlichen Ideals gegen die Unzulänglichkeit seiner faktisch-empirischen Realisierung zu behaupten" (WENZEL, 1992, 277).
14 Am nächsten kommt der berühmten Formulierung eine Passage aus der *Kritik der praktischen Vernunft*, in der Kant den „Menschen" mit einer entsprechenden Kennzeichnung versieht („[...] der Mensch, als zu beiden Welten gehörig [...]", KpV, AA V, 87).
15 MST, AA VI, 418/LUDWIG, 54.

weder als rein moralisches Wesen oder eben „als animalisches (physisches) und zugleich moralisches Wesen" betrachtet werden.[16]

Eine besonders weitreichende Anwendung dieses Gedankens findet sich im *Opus postumum*. Kant unterscheidet nunmehr nur noch zwischen drei Prinzipien: Welt, Gott und Mensch.[17] „Welt" und „Gott" werden hier, wie dargestellt,[18] zu Totalitätsbegriffen des Sinnlichen und Übersinnlichen überhaupt. Eine Gleichsetzung von „Welt" mit *mundus sensibilis* und von „Gott" mit *mundus intelligibilis* ist zumindest angedeutet. Der radikalen Reduktion auf primär zwei ontologische Grundprinzipien entspricht eine metaphysische Aufladung der Rede vom Menschen. Insofern der Mensch als einziges uns bekanntes Wesen zugleich an beiden Welten partizipiert, wird er zum Einheitspunkt von „Gott" und „Welt". Neben den beiden Prinzipien „Gott" und „Welt" gibt es nach Kant also noch ein drittes: „[D]as, was beyde in einem system vereinigt. Der Mensch in der Welt".[19]

Doch dieser Gedanke überschreitet bereits die Grenzen einer heuristischen Moralontologie in Richtung einer manifesten Realontologie des Menschen. Um die Stufe des Menschen im *ordo entium moralium* zu bestimmen, bedarf es eines geringeren Aufwandes. In der *Kritik der praktischen Vernunft* findet sich das Wesentliche hierzu bereits versammelt. So bestimmt Kant in der zweiten Kritik die „sittliche Stufe" des Menschen als die Stufe der Achtung – eine eindeutig moralontologische Status-Angabe.

---

[16] MST, AA VI, 420/LUDWIG, 56. Nicht hierher gehört die häufige Rede von einem „vernünftigen Sinnenwesen". Mit diesem Ausdruck bezeichnet Kant, wohlgemerkt bereits vor der *Metaphysik der Sitten*, immer ein Wesen, das über das spekulative Vernunftvermögen verfügt. So nennt er den Menschen in der *Idee zu einer allgemeinen Geschichte in weltbürgerlicher Absicht* von 1784 zwar das „einzige [...] vernünftige [...] Geschöpf auf Erden", was eine Nähe zur Bürger-zweier-Welten-Metapher suggeriert, definiert im Nachsatz Vernunft aber sogleich als „ein Vermögen, die Regeln und Absichten des Gebrauchs aller seiner Kräfte weit über den Naturinstinct zu erweitern [...]" (G. i. weltbürg. Abs., AA VIII, 18). So unklar diese Formulierung ist, scheint eines jedoch nicht gemeint zu sein: reine praktische Vernunft. Wenn Kant also in der *Metaphysik der Sitten* den „mit Vernunft begabten Sinnenmenschen" mit dem *homo phaenomenon* identifiziert (MST, AA VI, 439, Anm. /LUDWIG, 79), ist dies lediglich Ausdruck seiner jetzt auch terminologisch klaren Erkenntnis, dass nicht das *animal rationale* der Tradition, sondern nur das *animal morale* Bürger der „höheren" Welt ist.
[17] Op. post. AA XXI, 41. S. dazu RHEINDORF, 2010, v. a. 143 f. Rheindorf verteidigt die These, dass im *Opus postumum* die Skizze zu einem letzten Hauptwerk Kants enthalten sei, das Gott, Welt und Mensch in ein System bringe. Ausführlich untersucht er dafür jene nachgelassenen Texte, die er als Titelentwürfe für das nämliche Hauptwerk deutet (RHEINDORF, 2010, 113–120).
[18] S. o. 2.4.
[19] Op. post., AA XXI, 41.

> Die sittliche Stufe, worauf der Mensch (aller unserer Einsicht nach auch jedes vernünftige Geschöpf) steht, ist Achtung fürs moralische Gesetz. Die Gesinnung, die ihm, dieses zu befolgen, obliegt, ist, es aus Pflicht, nicht aus freiwilliger Zuneigung und auch allenfalls unbefohlener, von selbst gern unternommener Bestrebung zu befolgen, und sein moralischer Zustand, darin er jedesmal sein kann, ist Tugend, d.i. moralische Gesinnung im Kampfe, und nicht Heiligkeit im vermeintlichen Besitze einer völligen Reinigkeit der Gesinnungen des Willens.[20]

Der Begriff der Achtung bringt hier die sittliche Stellung des Menschen – und möglicher anderer sinnlicher Vernunftwesen – auf den Punkt. Der Mensch, der als Sinnenwesen Neigungen unterworfen ist, befolgt das Sittengesetz anders als heilige Wesen nicht aus „freiwilliger Zuneigung", sondern allein aus Pflicht. Vermeint der Mensch, dass er das Sittengesetz gerne befolgen würde, entlarvt sich dies schnell als eine bloß angemaßte Heiligkeit. Die moralische Gesinnung des Menschen ist Tugend, eine „Gesinnung im Kampfe", nicht Heiligkeit. Was den real existierenden Menschen angeht, gilt ohne Einschränkung: „Mensch und heilig sein, sind widersprechende Begriffe."[21]

> Es ist eben dieser Gedanke, dass der Mensch das Gute nicht gern tun könne, gegen den sich Schillers spottender Protest erhebt: „Gerne dien ich den Freunden, doch tu ich es leider mit Neigung, Und so wurmt es mir oft, daß ich nicht tugendhaft bin."[22] Wenn der Mensch, sobald er glaubt, das Sittengesetz gerne zu erfüllen, bereits die ihm gesteckten Grenzen überschreitet, ergibt sich laut Schiller eine stark kontraintuitive Position: Ich darf dem Freund nicht helfen wollen, sondern muss mich immer dazu zwingen, andernfalls handele ich nicht moralisch. Gegen dieses Missverständnis seiner Ethik und explizit gegen Schillers Schrift *Über Anmut und Würde* von 1793 wendet sich Kant in der berühmten Fußnote der *Religionsschrift*. Dort gesteht er zu, dass seine Konzentration auf die Pflicht zunächst aller „Anmut" entbehre. Gleichzeitig wehrt er sich dagegen, dass die Pflichtbefolgung immer mit einer „sklavische[n] Gemütsstimmung" einhergehen müsse. Ein „fröhliches Herz in Befolgung der Pflicht" ist für ihn Kennzeichen der echten Tugendgesinnung.[23] Worauf es Kant allein ankommt, ist, dass sinnliche Antriebe (wie es auch die Freundesliebe ist) niemals zur Triebfeder werden dürfen. Der Achtung vor dem Gesetz gebührt immer der Primat vor der – an sich keinesfalls schädlichen – Begleitung durch anmutige Freundesliebe: Erst „[n]ach bezwungenen Ungeheuern wird Herkules Musaget [...]."[24]

In der *Metaphysik der Sitten* schließlich gelingt es Kant, die Stufe des Menschen auch autonomietheoretisch näher zu bestimmen. Er unterscheidet hier –

---

20 KpV, AA V, 84.
21 Metaphysik K2, AA XXVIII, 801.
22 SCHILLER, 2004, 299.
23 Rel., AA VI, 24, Anm.
24 Rel., AA VI, 23, Anm.

die Stelle wurde bereits in anderer Hinsicht erläutert[25] – zwischen Tugend- und Sittenlehre. Für „endliche heilige Wesen" gibt keine Tugend-, sondern nur eine Sittenlehre. Der Begriff der Tugend ist auf sie gar nicht anwendbar, da sie keine Neigungen besitzen und zur Abweichung vom Sittengesetz „nicht einmal versucht werden können". Die Tugendlehre hat nur Bedeutung für ein Wesen wie den Menschen, der ein „Bewußtsein des Vermögens [besitzt], über seine dem Gesetz widerspenstige Neigungen Meister zu werden".[26] Tugendhaft können nur Wesen sein, deren Gesinnung eine Gesinnung im Kampfe ist. So weit, so bekannt. Die besondere Pointe des Abschnitts besteht nun darin, dass Kant auch den „endlichen heiligen Wesen" *expressis verbis* Autonomie zuschreibt. Zur Selbstgesetzgebung sind auch solche Wesen fähig. Die *differentia specifica* des Menschen ist mithin nicht allein über das Autonomietheorem zu gewinnen, da auch andere autonome Wesen zumindest möglich sind. Der Mensch ist vielmehr darin von den reinen Vernunftwesen unterschieden, dass es bei ihm nicht nur eine „Autonomie" der reinen praktischen Vernunft gibt, sondern auch eine „Autokratie".[27] Der Mensch gibt sich selbst nicht nur das Gesetz, sondern er muss stets gegen seine eigene sinnliche Natur ankämpfen, er muss seiner Neigungen Herr werden (κράτειν, herrschen). Gerade diese Notwendigkeit fällt für reine Vernunftwesen, welche keine Neigungen besitzen, fort. Da sie autonome Wesen sind, gilt das Sittengesetz zwar auch für sie, weshalb sie einer Sittenlehre bedürfen; eine Tugendlehre, die immer die Existenz widerstrebender Neigungen voraussetzt, erübrigt sich aber für sie. Endliche heilige Wesen müssen nicht diszipliniert werden, nur der Mensch, der allzu gern die Befolgung des Sittengesetzes zugunsten seiner Neigungen suspendieren möchte. In der früheren, aber gleichfalls zum Spätwerk gehörenden *Preisschrift* appliziert Kant die Unterscheidung zwischen Autonomie und Autokratie auf das Verhältnis des Menschen zu sich selbst als ein Wesen, das zugleich phänomenal und noumenal „existiert":

> Die Freyheit, von welcher der Anfang muß gemacht werden, weil wir von diesem Übersinnlichen der Weltwesen allein die Gesetze, unter dem Namen der moralischen, *a priori*,

---

25 S. o. 2.2.
26 Alle Zitate nach MST, AA VI, 383/LUDWIG, 16.
27 MST, AA VI, 383/LUDWIG, 16. König spricht in diesem Zusammenhang von der „Autokratie der empirisch-bedingten praktischen Vernunft" als einer „Kraft der Vernunft [...] sich gegen innere Widerstände durchzusetzen" (KÖNIG, 1994, 192, Hervorhebung getilgt). Von dieser Art der Autokratie unterscheidet König eine „Autokratie der reinen praktischen Vernunft", die darin besteht „die sinnlichen Bestimmungsgründe zu überwiegen und sich das absolute Ganze aller möglichen Zwecke (das höchste Gut) in dem Streben nach der Tugend zum Zweck zu setzen" (KÖNIG, 1994, 228). Da diese zweite Art von Autokratie m. E. besser als Autonomie bezeichnet werden sollte, wird „Autokratie" im Folgenden immer in dem ersten von König identifizierten Sinn verstanden.

mithin dogmatisch, aber nur in praktischer Absicht, nach welcher der Endzweck allein möglich ist, erkennen, nach denen also die Autonomie der reinen praktischen Vernunft zugleich als Autokratie, d. i. als Vermögen angenommen wird, diesen, was die formale Bedingung desselben, die Sittlichkeit, betrifft, unter allen Hindernissen, welche die Einflüsse der Natur auf uns, als Sinnenwesen, verüben mögen, doch als zugleich intelligible Wesen, noch hier im Erdenleben zu erreichen, d.i. der Glaube an die Tugend, als das Prinzip in uns, zum höchsten Gut zu gelangen.[28]

Kant erörtert an dieser Stelle – Thema ist das dritte Stadium der Metaphysik, d. h. an dieser Stelle die Transzendentalphilosophie – den „praktisch-dogmatischen" Übergang vom *mundus sensibilis* zum *mundus intelligibilis*. Diesen Übergang leisten nach Kant die drei Ideen der reinen praktischen Vernunft: Freiheit, Gott und Unsterblichkeit. Die Freiheit unterscheidet sich von den beiden anderen Ideen dadurch, dass sie kein reines Postulat darstellt, da ihre Gesetze a priori, obgleich nur praktisch erkannt werden können. Diese Gesetze erweisen, so Kant, dass Autonomie bei „Sinnenwesen" immer zugleich Autokratie sei. Der Akzent ist hier gegenüber der *Metaphysik der Sitten* leicht verschoben. Autokratie wird als ein Vermögen verstanden, welches uns als intelligiblen Wesen die Aussicht eröffnet, selbst noch auf Erden das höchste Gut zu erreichen, gegen alle Widerstände, die wir als Sinnenwesen der Selbstdurchsetzung der reinen praktischen Vernunft entgegenbringen. Abgesehen von der interpretatorisch problematischen Aussage, dass wir hoffen können, das höchste Gute noch „auf Erden" zu erreichen, ist auffällig, dass Kant den Konflikt zwischen Neigung und Gehorsam gegenüber dem Sittengesetz explizit als Selbstwiderspruch des Menschen denkt. Der Mensch steht sich selbst im Wege. Als intelligibles Wesen will er dem Sittengesetz Folge leisten, als Sinnenwesen sträubt er sich dagegen. Der Mensch, insofern er Bürger der empirischen Welt ist, wird verstanden als ein lediglich retardierendes Moment, das sich der Durchsetzung der reinen praktischen Vernunft entgegenstemmt. Was nun für den intelligiblen Menschen Anlass zur Hoffnung gibt, ist, dass die reine praktische Vernunft nicht nur das Gesetz gibt, sondern auch von sich selbst aus die Kraft zur Durchsetzung besitzt. Der intelligible Mensch darf darauf vertrauen, dass sich die reine praktische Vernunft gegen alle Widerstände Bahn bricht. Autokratie wird hier als ein der reinen praktischen Vernunft selbst immanentes Prinzip verstanden. Der innere Widerstreit des Menschen, zugleich intelligibles Wesen und Sinnenwesen zu sein, wird durch die reine praktische Vernunft selbst gelöst, die, sobald sie das Gesetz gibt, auch für

---

28 Fortsch. d. Metaph., AA XX, 295. Wenn Kant ansonsten von „Autokratie" spricht, ist der Begriff meistens im politischen Sinn zu verstehen (z. B. Z. ew. Fried, AA VIII, 352. MSR, AA VI, 340/ LUDWIG, 137)

dessen Durchsetzung sorgt. Sie ist beides zugleich, legislatives und exekutives Prinzip des Sittengesetzes.

Kant beschließt die Passage damit, die Hoffnung des Menschen auf die Durchsetzungskraft des Sittengesetzes als „Glauben an die Tugend" auszuweisen. Die Überwindung des retardierenden Moments, deren Inbegriff das Sinnenwesen „Mensch" ist, bedeutet nicht den Erwerb der Heiligkeit – wie sollte eine solche Eigenschaft auch erworben werden? –, sondern den Sieg im Kampf um die Gesinnung. Es hat also den Anschein, als ob Tugend die höchste und letzte Bestimmung des Menschen darstellt.

Dieser Eindruck wird durch die Aussagen der *Kritik der praktischen Vernunft* gestützt und kann mithin nicht als Eigentümlichkeit des Spätwerks angesehen werden. Eine längere Passage aus der zweiten Kritik ist hier besonders deutlich. Am Anfang dieser Passage schärft Kant nochmals ein, was Gegenstand des ersten Abschnitts dieser Arbeit war: Das Sittengesetz gilt nicht allein für den Menschen, sondern für alle vernünftigen Wesen, wobei „vernünftige Wesen" an dieser Stelle jene Wesen meint, die Kant später, nachdem seine Terminologie ausgereift ist, als „Vernunftwesen" bezeichnen wird. Soll der Moralphilosophie der methodische Primat vor der Anthropologie gebühren, „schränkt sich [das Sittengesetz] also nicht blos auf Menschen ein, sondern geht auf alle endliche Wesen, die Vernunft und Willen haben, ja schließt sogar das unendliche Wesen als oberste Intelligenz mit ein."[29] In einem nächsten Schritt stellt Kant nun die *differentia specifica* des Menschen als des einzig bekannten „Bürgers zweier Welten" heraus. Da der Mensch keinen heiligen Willen besitzt, sondern ein „mit Bedürfnissen und sinnlichen Bewegursachen afficirte[s] Wesen" ist, hat das Sittengesetz für ihn die Gestalt des Imperativs. Es bedarf eines „intellectuelle[n] Zwangs", eines „Widerstandes der reinen praktischen Vernunft" (n. b. *genitivus subiectivus*), der den Neigungen entgegenwirkt.[30] Beim allergenügsamsten Wesen, d. h. Gott, muss die „Willkür als keiner Maxime fähig, die nicht zugleich objectiv Gesetz sein könnte", vorgestellt werden, weshalb Gott heilig genannt wird. Für gibt ihn es sehr wohl praktische Gesetze – in der Terminologie der *Metaphysik der Sitten*: eine „Sittenlehre" –, jedoch keine „praktisch-einschränkende[n] Gesetze" – also keine „Tugendlehre".[31] Die Pointe des Abschnitts, auf die nun alles ankommt, formuliert Kant im letzten Satz:

> Diese Heiligkeit des Willens ist gleichwohl eine praktische Idee, welche nothwendig zum Urbilde dienen muß, welchem sich ins Unendliche zu nähern das einzige ist, was allen

---

29 KpV, AA V, 32.
30 KpV, AA V, 32.
31 Zur Unterscheidung zwischen Sitten- und Tugendlehre s. o. 2.2.

endlichen vernünftigen Wesen zusteht, und welche das reine Sittengesetz, das darum selbst heilig heißt, ihnen beständig und richtig vor Augen hält, von welchem ins Unendliche gehenden Progressus seiner Maximen und Unwandelbarkeit derselben zum beständigen Fortschreiten sicher zu sein, d.i. Tugend, das Höchste ist, was endliche praktische Vernunft bewirken kann, die selbst wiederum wenigstens als natürlich erworbenes Vermögen nie vollendet sein kann, weil die Sicherheit in solchem Falle niemals apodiktische Gewißheit wird und als Überredung sehr gefährlich ist.[32]

Tugend, so erschien es bisher, ist die höchste Bestimmung des Menschen.[33] Als ein mit Neigungen affiziertes Wesen kann der Mensch gar nicht mehr erreichen, als Herr über seine sinnlichen Antriebe zu werden und im herkulischen Kampf mit den Neigungen Sieger zu bleiben. Hier nun – und das ist weit weniger harmlos, als es zunächst klingt – wird zugleich Heiligkeit als eine „praktische Idee" bestimmt, der der Mensch zustreben soll. Aktual erreichen kann der Mensch als Bürger zweier Welten die Heiligkeit niemals, da er eingeschränkt ist durch seine Sinnlichkeit. Unendliche asymptotische Annäherung an dieses Ideal ist alles, was er vermag. Tugend ist das „höchste, was endliche praktische Vernunft erreichen kann", zugleich aber soll die Heiligkeit doch zum Urbild dienen. Aus der Tatsache, dass der Mensch niemals mehr als tugendhaft sein kann, zugleich aber sein soll,[34]

---

32 KpV, AA V, 32f.

33 Im *Opus postumum* definiert Kant daher die „Klasse" sinnlicher Vernunftwesen, der der Mensch angehört, wie folgt: „Unter den Vernünftigen Weltwesen ist die Classe derer welche mit moralisch practischer Vernunft mithin mit Freyheit unter Gesetzen die sie sich selbst vorschreiben (*dictamen rationis practicae*) begabt sind und den Pflichtbegriff mithin den categorischen Imperativ nothwendig anerkennen doch auch diejenige welche die Unlauterkeit u. Gebrechlichkeit der menschlichen Natur bekennen müssen als Weltwesen sich Uebertretungen zu erlauben" (Op. post., AA XXII, 130). Bemerkenswert ist an dieser Passage, dass die zur autonomen Gesetzgebung fähigen Weltwesen zugleich auch diejenigen sein sollen, welche mit Neigungen affiziert sind. Für die endlichen heiligen Wesen gilt dies natürlich nicht, sie geben sich autonom das Gesetz, ohne Neigungen unterworfen zu sein. Nur sind diese eben auch keine Weltwesen. Autonomie zusammen mit der Affektation durch Neigungen macht also die spezifische Differenz dieser Klasse aus – was wiederum auf den Begriff der Autokratie führt.

34 Hier wie im Folgenden darf „soll" nicht terminologisch gelesen werden. Es geht darum, was die Bestimmung des Menschen ist, nicht um eine besondere Art der Pflicht (wie ein terminologisches „soll" implizieren würde). Andernfalls müsste eine „Pflicht heilig zu sein" postuliert werden, was begrifflich und sachlich im höchsten Grade inkonsistent wäre. Auch würde dann fraglich, ob für Kant der Grundsatz „ultra posse nemo obligatur" überhaupt noch gilt. Das „Sollen", um das es bei der Bestimmung des Menschen im angegebenen Sinn geht, liegt außerhalb des Bereichs der Pflicht. Der Satz „ultra posse nemo obligatur" wird, angewandt auf heilige Wesen, nicht falsch, sondern sinnlos, da von „obligatio" hier gar nicht mehr die Rede sein kann. Für Kant gilt dieser Grundsatz unbedingt – allerdings nur, solange der Bereich der Pflicht nicht transzendiert wird. Niemand ist über sein Können hinaus verpflichtet, aber es gibt eine Bestimmung (*vocatio*) des Menschen, die nicht mehr deontologisch formulierbar ist.

ergibt sich nun die besagte Spannung. Wenn der Mensch niemals aktual heilig sein kann, was bedeutet das dann anderes, als dass er seine Bestimmung immer verfehlt? Ist der Mensch notwendig unvollkommen, weil er die moralische Vollkommenheit (aktuale Heiligkeit) niemals erreichen kann? Und, aus moralontologischer Perspektive gefragt: Wenn Heiligkeit und die moralische Konstitution des Menschen wechselseitig exklusiv sind, bedeutet dann die Heiligkeitsforderung nicht, dass der Mensch sich selbst überwinden muss? Es scheint also, als ob es keine Rettung für den Menschen gibt, es sei denn unter Preisgabe dessen, was ihn zum Menschen macht. Biblisch gesprochen: Da ist keiner, der gerecht ist, auch nicht einer.[35] Der Mensch ist und bleibt ein moralisches Mängelwesen. Seine *differentia specifica* ist es, als sinnliches Vernunftwesen stets qua Nötigung der Pflicht unterworfen zu sein. Seine Bestimmung ist es, reines Vernunftwesen und mithin heilig zu werden. Er soll ein Engel werden, doch er vermag es nicht. Wie gravierend dieses Problem ist, wird noch deutlicher durch einen Blick auf Kants explizite Äußerungen über die Bestimmung des Menschen zur Heiligkeit.

9.2 Heilig und unheilig zugleich

Kant unternimmt verschiedene Versuche, die Spannung zwischen *De-facto*-Status und Bestimmung des Menschen zu lösen. Die meisten dieser Versuche haben gemeinsam, dass Kant schlicht versucht, die Spannung zu mildern, indem er eine partielle Verwirklichung der Bestimmung zur Heiligkeit als ausreichend stipuliert. Hierin besteht zugleich auch das wesentliche Problem dieser Versuche: Entgegen Kants eigenem ausdrücklichen Bekunden[36] wird das Sittengesetz jetzt doch als indulgent vorgestellt. Es geschieht, was laut Kant nicht geschehen darf: Die Anthroponomie wird zugunsten der Anthropologie eingeschränkt. Das Sittengesetz wird den empirischen Bedingungen des Menschen angepasst.

---

35 Röm 3,10. Heit konstatiert ebenfalls eine „antinomische Spannung", in der der Mensch laut Kant steht. Er rekurriert hierfür auf Kants Rekonstruktion der Erbsündenlehre in der *Religionsschrift* und stellt ihr Kants berühmtes Diktum „Du kannst, denn Du sollst" gegenüber (HEIT, 2006, 27). Dieser Rückgriff auf Kants Lehre vom „radikal Bösen" ist m. E. gar nicht notwendig, um die besagte Spannung zu beschreiben. Der Mensch muss nicht von der Wurzel an böse sein, es reicht, dass er seiner heiligen Bestimmung niemals aktual nachkommen kann. Die Spannung entsteht nicht erst dadurch, dass der Mensch, in Aufnahme der lutherischen Sündenlehre, als ein radikal böses Wesen bestimmt wird, sondern bereits dadurch, dass der Mensch geringer ist als ein aktual heiliges Wesen – eine im Vergleich mit der Lehre vom „radikalen Bösen" recht triviale Aussage.
36 KpV, AA V, 122.

Die einfachste Möglichkeit, die Bestimmung des Menschen auf seine empirischen Gegebenheiten abzustimmen, besteht schlicht darin zu leugnen, dass Heiligkeit überhaupt die Bestimmung des Menschen sei. In einer Vorlesung von 1782/83 heißt es:

> Heiligkeit und Tugend sind darin unterschieden. Heiligkeit ist eigentlich das, was keine Neigung zum bösen hat, und das ist allein Gott. Die Tugend ist die wahre moralische Bestimmung des Menschen, denn zur Heiligkeit kann der Mensch nicht gelangen. Wenn sie gleichgültig gegen alle Glückseeligkeit ist, so übt sie alsdenn ihre größte Stärke aus.[37]

Nicht Heiligkeit, sondern Tugend soll nach diesem Zitat die Bestimmung des Menschen sein. Heiligkeit bezeichnet nicht die Bestimmung des Menschen, sondern fungiert vielmehr als Grenzbegriff für das, was dem Menschen möglich ist. Wie unzureichend diese Lösung bleibt, zeigt ein Vergleich mit der *Kritik der praktischen Vernunft*, genauer mit dem Postulat der Unsterblichkeit. Hier bezeichnet Kant Heiligkeit als die „völlige Angemessenheit der Gesinnungen zum moralischen Gesetz", welche für die praktisch notwendige Realisierung des höchsten Gutes eine *conditio sine qua non* darstellt.[38] Reine Tugend, welchen Grades auch immer, reicht nicht aus. Das *bonum supremum* ist an dieser Stelle nicht Tugend, sondern Heiligkeit. Dass Kant dieser Einschätzung sogar innerhalb der zweiten Kritik widerspricht,[39] zeigt, wie unsicher er sich in der Angabe der eigentlichen Bestimmung des Menschen ist. Schwarz trifft dieses Problem, wenn er in Bezug auf das Postulat der Unsterblichkeit konstatiert: „Neben seiner [i. e. des Menschen] Betrachtung als bloß-endliches Wesen kommt es auch zu einer Konzeption als ein der Anlage nach nicht-endliches Wesen, das Heiligkeit verwirklichen kann."[40] Dass Kant im Folgenden die Idee einer infinitesimalen Annäherung an den Zustand aktualer Heiligkeit einführt, widerspricht dieser Deutung nicht, sondern bestätigt sie vielmehr. Wäre, nach der Vorlesung von 1782/1783, die wahre moralische Bestimmung Tugend, dann bedürfte es dieses Progressus nicht. Nur, wenn Heiligkeit die Bestimmung des Menschen ist, ergibt das Progressus-Argument und mithin das Postulat der Unsterblichkeit Sinn.

---

37 Praktische Philosophie Powalski (1782/83), AA XXVII, 165.
38 KpV, AA V, 122.
39 Am Anfang der Behandlung des höchsten Gutes in der zweiten Kritik wird wörtlich Tugend (und eben nicht Heiligkeit) als *bonum supremum* und erster Bestandteil des *summum bonum consummatum* bezeichnet (KpV, AA V, 110). Zu diesem Widerspruch s. die – unten genauer behandelte – Kritik von Lewis W. Beck (BECK, 1995, 247).
40 SCHWARZ, 2004, 207.

In die gleiche Richtung weist auch Kants Auslegung des biblischen Gebots der Gottes- und Nächstenliebe (Mk 12,19–31 parr.). Kant bereitet dieser zentrale Text christlicher Ethik gleich in doppelter Hinsicht Probleme. Gottesliebe kann nach Kant nicht geboten werden. Da sinnliche – in Kants Worten „pathologische" – Liebe eine Neigung darstellt, kann sie sich nicht auf Gott beziehen, „denn er ist kein Gegenstand der Sinne".[41] Neigungen, zu denen auch die sinnliche Liebe gehört, können sich nur auf Wesen beziehen, die im *mundus sensibilis* angetroffen werden, nicht aber auf ein reines Vernunftwesen wie Gott. Versteht man unter Liebe zunächst einen Affekt, entsteht eine ähnliche Situation wie bei den „Pflichten gegen Geister": Auf Wesen, die rein intelligibel „existieren", können wir uns weder im Modus der Pflicht noch mit sinnlichen Neigungen beziehen. Das zweite Problem wiegt jedoch noch schwerer: Liebe, gleichgültig ob zu Gott oder zum Nächsten, kann nicht geboten werden. Kant beruft sich hier auf die Intuition: „Jemanden bloß auf Befehl zu lieben", vermag kein Mensch. Liebe, die befohlen wird, ist vielmehr ein Widerspruch. „Denn ein Gebot, daß man etwas gerne tun soll, ist in sich widersprechend."[42]

Ein Wesen, das ein Gebot gerne tut, also nicht genötigt wird, besitzt laut Kant einen heiligen Willen. Ein Wesen, das mit widerstrebenden Neigungen zu kämpfen hat, bleibt hingegen auf der Stufe der Achtung, also der Unterwerfung unter das Sittengesetz, stehen. Eben diese Unterscheidung zwischen Heiligkeit und Pflicht-Unterworfenheit wendet Kant nun auf das Doppelgebot an. Insofern es voraussetzt, dass etwas gerne getan werden soll, muss es als ein „Ideal der Heiligkeit" (und eben nicht als eigentliches Gebot) angesehen werden, wenn es überhaupt sinnvoll sein soll. Es folgt ein Progressus-Argument, das den Kerngedanken des Unsterblichkeitspostulats vorwegnimmt:

> Jenes Gesetz aller Gesetze stellt also, wie alle moralische Vorschrift des Evangelii, die sittliche Gesinnung ihrer ganzen Vollkommenheit dar, sowie sie als ein Ideal der Heiligkeit von keinem Geschöpfe erreichbar, dennoch das Urbild ist, welchem wir uns zu nähern und einem ununterbrochenen, aber unendlichen Progressus gleiche zu werden streben sollen. Könnte nämlich ein vernünftiges Geschöpf jemals dahin kommen, alle moralische Gesetze gerne zu tun, so würde das so viel bedeuten als: es fände sich ihn auch nicht einmal die Möglichkeit einer Begierde, die ihn zur Abweichung von ihnen reizte; […]. Zu dieser Stufe der moralischen Gesinnung aber kann es ein Geschöpf niemals bringen.[43]

Der Mensch ist zur Heiligkeit bestimmt, kann sie aber niemals erreichen. Alles, was Kant hier sagt, ist, dass der Mensch sich dem Ideal der Heiligkeit zumindest

---

41 KpV, AA V, 83.
42 KpV, AA V, 83.
43 KpV, AA V, 83f.

anzunähern vermag. Damit ist das eigentliche Problem aber nicht gelöst. Der Forderung, heilig zu sein, wird durch den Verweis auf ein immer strebendes Bemühen allein nicht Genüge getan. Was fehlt, ist ein Argument, das erklärt, warum dieses immer strebende Bemühen den Mangel an aktualer Heiligkeit ausgleichen kann. Dadurch, dass ich mich einem Zustand infinitesimal annähere, kann ich immer noch nicht behaupten, dass ich mich in demselben befände. Infinitesimale Annäherung kann nicht *per se* für Besitz gelten. Dazu bedürfte es eines weiteren argumentativen Schritts, den Kant – zumindest an dieser Stelle – noch unterlässt.

Eine andere Möglichkeit, die Spannung zwischen Bestimmung und *De-facto*-Status des Menschen zu mildern, besteht darin, verschiedene Aspekte der Heiligkeit zu unterscheiden. In der *Danziger Rationaltheologie* findet sich der singuläre Begriff einer „komparativen Heiligkeit".[44] Es ist eine der wenigen Stellen bei Kant überhaupt, an denen er annimmt, dass, obwohl streng genommen allein Gott heilig genannt werden kann, dem Menschen in einem gewissen Sinne zumindest potentiell Heiligkeit zukomme. Auch hier werden Heiligkeit und Tugend zunächst in der gewohnten Weise in Opposition gebracht. Ein sinnlich-vernünftiges Wesen wie der Mensch kann niemals aktual heilig sein, weil es Begierden und Neigungen besitzt, über die es unmittelbar keine Gewalt hat. Es muss sie vielmehr bändigen, und in eben diesem Bändigen der Begierden besteht die Tugend. Neu ist nun die Vorstellung, dass die Heiligkeit sich sowohl auf die Begierden als auch auf den Willen beziehen könne.[45] In Bezug auf die Begierden, deren Auftreten er nicht verhindern kann, ist es unmöglich, den Menschen jemals heilig zu nennen. Die Begierden stehen nicht in seiner Gewalt, wohl aber sein Wille, dessen Maximen er selbst zu bestimmen vermag. Kant nimmt nun an, dass ein Wesen heilig genannt werden könne, dessen Wille allein das Prädikat der Heiligkeit verdient. Ein solcher heilige Wille ist auch dann möglich, wenn eine Affektation durch sinnliche Neigungen vorliegt. Ein Wesen, das Begierden besitzt, kann dennoch heilig genannt werden, wenn zumindest sein Wille heilig ist. Allein, es ist keineswegs klar, worin die Heiligkeit des Willens bestehen soll. Handelt es sich um einen Willen, dessen Maximen so beschaffen sind, dass das Sittengesetz immer den Neigungen übergeordnet werden kann, ist der heilige Wille schlicht identisch mit dem guten Willen. Solange Neigungen und Begierden vorhanden sind, erfordert diese Überordnung aber immer eine gewisse Anstrengung, welche Kant Tugend nennt. Fallen die Neigungen und Begierden fort, ist diese Anstrengung nicht mehr notwendig, der Wille ist von sich aus gut und kann mit Kant heilig genannt werden. Kurz, wie es einen heiligen Willen in einem

---

44 Danziger Rationaltheologie, AA XXVIII, 1286.
45 Danziger Rationaltheologie, AA XXVIII, 1286.

Wesen geben soll, das dennoch durch Neigungen und Begierden affiziert wird, ist nicht unmittelbar einleuchtend, gehört es doch gerade zur Definition eines heiligen Willens, nicht durch Neigungen angefochten zu sein. So definiert Kant auch in der zweiten Kritik den heiligen Willen als „einen solchen, der keiner dem moralischen Gesetze widerstreitenden Maximen fähig wäre".[46] Gerade dies aber gilt für den Willen des komparativ-heiligen Wesens der Vorlesung nicht. Er ist anderer Maximen fähig, wenngleich auch die Maxime, das Sittengesetz zu befolgen, immer übergeordnet wird. Damit ist er kein eigentlich heiliger, sondern ein maximal tugendhafter Wille. Die Unterscheidung zwischen Heiligkeit und Tugend ist, nach der *Kritik der praktischen Vernunft*, eine vollständige Disjunktion. Für ein Mittleres zwischen beiden scheint kein Platz zu sein. Entweder ein Wesen hat keine Neigungen und ist heilig oder es ist durch Neigungen angefochten und daher höchstens tugendhaft. Für die Chimäre eines zumindest komparativ heiligen Wesens besteht kein Anlass. Kant hat den Begriff aus der Vorlesung daher – systematisch konsequent – in seinen Druckschriften nicht wieder aufgenommen. Einen Nachklang findet der Gedanke einer „komparativen Heiligkeit" indes in der *Religionsschrift*. Kant unterscheidet hier (abermals aspektivisch) zwischen einer Heiligkeit in der Maxime und einer Heiligkeit in der Tat:

> Das ursprünglich Gute ist die Heiligkeit der Maximen in Befolgung seiner Pflicht, mithin blos aus Pflicht, wodurch der Mensch, der diese Reinigkeit in seine Maxime aufnimmt, obzwar darum noch nicht selbst heilig (denn zwischen der Maxime und der That ist noch ein großer Zwischenraum), dennoch auf dem Wege dazu ist, sich ihr im unendlichen Fortschritt zu nähern. Der zur Fertigkeit gewordene feste Vorsatz in Befolgung seiner Pflicht heißt auch Tugend der Legalität nach als ihrem empirischen Charakter (*virtus phaenomenon*). Sie hat also die beharrliche Maxime gesetzmäßiger Handlungen; die Triebfeder, deren die Willkür hiezu bedarf, mag man nehmen, woher man wolle. Daher wird Tugend in diesem Sinne nach und nach erworben und heißt Einigen eine lange Gewohnheit (in Beobachtung des Gesetzes), durch die der Mensch vom Hange zum Laster durch allmählige Reformen seines Verhaltens und Befestigung seiner Maximen in einen entgegengesetzten Hang übergekommen ist.[47]

Unter „Heiligkeit der Maximen" versteht Kant hier den Vorsatz, seine Pflicht „blos aus Pflicht" zu befolgen – also nichts anderes als Moralität. Aufgrund dieser „Heiligkeit der Maximen" kann vom Menschen gesagt werden, er befinde sich auf dem unendlichen Fortschritt zu aktualer Heiligkeit, die Kant hier als Heiligkeit der Tat nach versteht. Das bekannte Progressus-Argument wird dahingehend modifiziert, dass die unendliche Annäherung an die aktuale Heiligkeit bereits in einem

---

[46] KpV, AA V, 32.
[47] Rel., AA VI, 146 f.

gewissen Maße Heiligkeit voraussetze, genauer, eine Heiligkeit der Maximen. Von dieser Heiligkeit der Maximen unterscheidet Kant wiederum die Tugend, die er nun mit dem beharrlichen Vorsatz „gesetzesmäßiger Handlungen" identifiziert. Von der „Heiligkeit der Maximen" ist Tugend nunmehr dadurch unterschieden, dass es bei ihr nur um die Gesetzmäßigkeit, also die Legalität der vorgenommenen Handlungen geht. Kant führt die „Heiligkeit der Maximen" als ein Mittleres zwischen aktualer Heiligkeit und Tugend ein, ähnlich wie zuvor die „komparative Heiligkeit". Irritierend ist dabei zunächst, dass die Unterscheidung zwischen Moralität und Legalität nunmehr mit der zwischen Heiligkeit und Tugend verbunden wird. Dass es bei Tugend nur um Legalität gehe, ist eine Neuerung der kantischen Tugendlehre in der *Religionsschrift*. Im Hintergrund steht hier die Unterscheidung zwischen einer *virtus phaenomenon* und einer *virtus noumenon*, über die sich Kant in der Vorrede zur zweiten Auflage der *Religionsschrift* kurz äußert. Es geht ihm hier vordergründig darum, den Vorwurf abzuwehren, seine Schriften seien unverständlich. Die Unterscheidung zwischen *virtus phaenomenon* und *virtus noumenon* dient hier als Beispiel für Termini, die allein dem wissenschaftlichen Charakter der Schrift geschuldet, der Sache nach aber auch in der „populärsten Kinderweisung" enthalten seien. Da Kant diese Unterscheidung im Verlauf seiner Schrift jedoch nicht wieder explizit aufgreift – die obige Passage bildet die einzige, bedingte Ausnahme –, muss die Interpretation die kurze Anmerkung aus der Vorrede zum Ausgangspunkt nehmen.

> Es bedarf, um diese Schrift ihrem wesentlichen Inhalte nach zu verstehen, nur der gemeinen Moral, ohne sich auf die Kritik der [praktischen] Vernunft, noch weniger aber der theoretischen einzulassen, und wenn z. B. die Tugend als Fertigkeit in pflichtmäßigen Handlungen (ihrer Legalität nach) *virtus phaenomenon*, dieselbe aber als standhafte Gesinnung solcher Handlungen aus Pflicht (ihrer Moralität wegen) *virtus noumenon* genannt wird, so sind diese Ausdrücke nur der Schule wegen gebraucht, die Sache selbst aber in der populärsten Kinderunterweisung oder Predigt, wenn gleich mit anderen Worten enthalten und leicht verständlich.[48]

Tugend wird hier einmal noumenal, einmal phänomenal verstanden. Als noumenale geht sie auf die standhafte Gesinnung, welche in der Befolgung der Pflicht aus Pflicht, i. e. der Moralität, besteht. Als phänomenale besteht die Tugend indes in der reinen Fertigkeit, pflichtgemäße Handlungen zu vollziehen (Legalität). Die *virtus noumenon* ist eine bestimmte beharrliche Gesinnung, die *virtus phaenomenon* die Fähigkeit, überhaupt pflichtmäßige Handlungen in der empirischen Welt zu vollziehen. Diese Unterscheidung ist durchaus plausibel, solange sie sich auf die Tugend selbst bezieht. Unklar ist aber, warum Kant in der *Religionsschrift*

---

[48] Rel., AA VI, 14 f.

selbst der *virtus phaenomenon* dann gerade nicht die als Beharrlichkeit der Gesinnung verstandene *virtus noumenon* gegenübergestellt, sondern die „Heiligkeit der Maximen". Es ist offenkundig, dass Kant mit der *virtus noumenon* und „Heiligkeit der Maximen" das Gleiche meint. Warum ist seine Terminologie hier aber nicht konsequent, mehr noch, warum wählt er die – seit der zweiten Kritik wechselseitig exklusiven – Begriffe Heiligkeit und Tugend, um den Sachverhalt zu beschreiben? Dafür, die beharrliche Gesinnung, welche auf die Moralität der Handlungen ausgeht, als Heiligkeit und – gegen die Vorrede zur zweiten Auflage – nicht als noumenale Tugend anzusehen, sprechen mehrere Argumente. Zunächst, auf der Ebene der Textevidenz, findet sich die besagte Verbindung von Moralität und Heiligkeit auch in der *Metaphysik der Sitten*[49] sowie, deutlicher noch, in den Vorarbeiten zu derselben.[50] Wichtiger aber noch spricht sachlich dafür, dass eine noumenale Tugend streng genommen ein Selbstwiderspruch ist. Tugend setzt die Überwindung von Neigungen voraus, welche im noumenalen Bereich gar nicht vorhanden sind. Eine moralische Anstrengung, wie sie der Begriff der Tugend bezeichnet, ist im *mundus intelligibilis* überhaupt nicht denkbar. Rein intelligible Wesen werden nicht angefochten, sondern sind als solche bereits heilig (es sei denn sie verfügen über eine teuflische Triebfeder). Von einer noumenalen Tugend

---

49 MST, AA VI, 446/LUDWIG, 88f. Kant unterscheidet an dieser Stelle zwischen der Heiligkeits- und der Vollkommenheitsforderung. Während die Heiligkeitsforderung auf eine *puritas moralis* der Gesinnung zielt, bei der „das Gesetz für sich allein die Triebfeder ist", verlangt die Vollkommenheitsforderung, „seine ganze Pflicht und die Erreichung der Vollständigkeit des moralischen Zwecks in Ansehung seiner selbst", eine Forderung, der der Mensch nach Kant in seinem Leben nur im immer strebenden Sich-Bemühen nachzukommen vermag (MST, AA VI, 446). Da Kant die Heiligkeitsforderung hier zugleich mit der Pflichterfüllung verbindet, kann hier nicht von aktualer Heiligkeit die Rede sein – denn dann würden alle Neigungen wegfallen, die das Gesetz für den Menschen zur Pflicht machen –, sondern nur von der Heiligkeit der Gesinnung, die der Mensch, obwohl er der Tat nach unvollkommen ist, doch immer zugleich erreichen kann, mit einem Wort: komparative Heiligkeit. Die Vollkommenheitsforderung geht nicht nur auf die Gesinnung, sondern auch auf eine vollständige Verwirklichung, weshalb sie, solange der Mensch empirisch existiert, immer Stückwerk bleiben muss. Die Heiligkeitsforderung ist wesentlich strenger, insofern sie absolute Reinheit der Gesinnung fordert, zugleich aber auch leichter zu verwirklichen, weil sie eben *nur* auf die Gesinnung geht. Die Vollkommenheitsforderung ist weniger streng, da sie nur Tugend fordert, eine Gesinnung, die sich noch „im Kampfe" befindet, zugleich aber nur approximativ zu verwirklichen, da sie die *vollständige* Verwirklichung des moralischen Zwecks verlangt.
50 „Die feste Maxime in Befolgung seiner Pflicht überhaupt heißt Tugend und da es besondere Arten von Pflichten giebt so werden so viel Tugenden genannt. Die Beschaffenheit der Handlung so fern die Idee der Pflicht zugleich Triebfeder ist ist die Moralität so fern sie es nicht ist oder nicht darauf gesehen wird ob sie es sey oder nicht legalität. (Von der Heiligkeit des Willens)" (Vorarbeiten MS, AA XXIII, 384).

zu reden, ergibt daher ebenso wenig Sinn, wie von einer empirischen Heiligkeit zu sprechen. Die moralontologische Unterscheidung zwischen der sensiblen und intelligiblen Welt macht derartige Hybrid-Begriffe unmöglich.

Wenn nun aber die *virtus noumenon* gar nicht Tugend, sondern Heiligkeit ist, stellt sich die Frage, ob der Mensch, insofern er die beharrliche Gesinnung moralitätskonformer Handlungen angenommen hat, nicht immer schon der Gesinnung nach heilig ist. Obwohl er noch nicht, wie Kant schreibt – und auch dies ist in sich unklar[51] –, der Tat nach heilig ist, sondern sich dieser Heiligkeit immer nur annähert, ist er doch immer schon heilig, insofern er eine heilige Gesinnung besitzt. Kurz, der Mensch, als ganzer betrachtet, ist immer beides zugleich, heilig und unheilig, *simul sanctus et non sanctus*, heilig der Gesinnung nach, unheilig – oder höchstens approximativ heilig – der Tat nach.[52] Diese Simultaneität von Heiligkeit und Unheiligkeit legt den Gedanken nahe, hier mit der Unterscheidung zwischen *homo noumenon* und *homo phaenomenon* zu operieren, zumal sich die vermeintliche *virtus noumenon* als sachlich identisch mit der Heiligkeit der Gesinnung erwiesen hat. Als interpretatorische Grundlage bietet sich hier wieder eine Passage aus der *Metaphysik der Sitten* an. In der Einleitung zur *Tugendlehre* – die Passage wurde in anderer Hinsicht schon besprochen – definiert Kant Menschen als „vernünftige Naturwesen", die „*unheilig genug* sind, daß sie die Lust wohl anwandeln kann das moralische Gesetz, ob sie gleich dessen Ansehen selbst anerkennen, doch zu übertreten und, selbst wenn sie es befolgen, es dennoch ungern (mit Widerstand ihrer Neigung) zu thun, als worin der Zwang eigentlich besteht."[53] Als Vernunftwesen betrachtet, vermag der Mensch die Stimme des Gesetzes zu hören, welches ihm, als Naturwesen betrachtet, nur im Modus des Imperativs gegeben wird. Er ist unheilig, weil er immer mit Neigungen zu kämpfen hat, die ihn dazu verleiten, das Sittengesetz, obwohl er es seiner Geltung nach anerkennt, dennoch nachzuordnen. Die Fußnote zu dieser Passage differenziert die Aussage indes in charakteristischer Weise:

---

[51] Versteht man unter „Tat" hier nicht eine intelligible Tat, sondern, wie der Kontext nahelegt, eine Handlung in der Sinnenwelt, ist es ebenso schwer möglich, von einer heiligen Tat zu sprechen wie von einer noumenalen Tugend. Tugend setzt einen Konflikt zwischen der guten Gesinnung und den Neigungen voraus, betrifft mithin immer beide Welten zugleich. Heilig kann indes, strenggenommen, nur ein Wesen sein, das rein intelligibel „existiert" und daher keine Handlungen in der Sinnenwelt vollbringen kann. Wie ein empirisch existierender Mensch, der in der Sinnenwelt Taten vollbringt, zugleich „heilig" genannt werden kann, versucht Kant m. E. in seiner philosophischen Rekonstruktion der Christologie zu klären (s.u. 10.1.).
[52] Dass die lutherische Formel *simul iustus et peccator* eine sachliche Parallele bei Kant findet, betont bereits HEIT, 2006, 194.
[53] MST, AA VI, 379/LUDWIG, 11, Hervorhebung HK.

9.2 Heilig und unheilig zugleich

> Der Mensch aber findet sich doch als moralisches Wesen zugleich (wenn er sich objectiv, wozu er durch seine reine praktische Vernunft bestimmt ist, (nach der Menschheit in seiner eigenen Person) betrachtet) *heilig genug*, um das innere Gesetz ungern zu übertreten; denn es giebt keinen so verruchten Menschen, der bei dieser Übertretung in sich nicht einen Widerstand fühlte und eine Verabscheuung seiner selbst, bei der er sich selbst Zwang anthun muß.[54]

Genauso wie der Mensch als „vernünftiges Naturwesen" immer versucht ist, das Sittengesetz zu übertreten, übertritt er es, als „moralisches Wesen" betrachtet, doch nicht gern. Er ist eben nicht nur der einzelne Mensch, sondern repräsentiert auch immer die „Menschheit in seiner eigenen Person". Als „vernünftiges Naturwesen" ist er unheilig, weil durch Neigungen versucht, als „moralisches Wesen" aber bereits heilig. *Cum grano salis* kann man hier den Menschen, insofern er die „Menschheit in seiner eigenen Person" repräsentiert, wieder mit dem *homo noumenon* gleichsetzen, wie von Kant selbst nahegelegt wird.[55] Mit dem „vernünftigem Naturwesen" ist hingegen der *homo phaenomenon* gemeint, also der Mensch, *insofern* er an der Sinnenwelt Anteil hat. Mit „vernünftig" verweist Kant an dieser Stelle, wie der Bezug auf das Sittengesetz zeigt, ausnahmsweise in die unklare Terminologie der *Grundlegung* zurückfallend,[56] nicht nur auf die technisch-praktische oder theoretische Vernunft, sondern auf die Ansprechbarkeit durch das Sittengesetz. Das „vernünftige Wesen" ist an dieser Stelle kein reines *animal rationale*, sondern ein Vernunftwesen, das zugleich auch phänomenal existiert. Daran zeigt sich eine grundsätzliche Problematik der Verwendung von *homo phaenomenon* bei Kant. Er benutzt den Ausdruck, wie dargelegt, aspektivisch, nicht mereologisch. Doch ist es nicht immer der gleiche Aspekt, den er betont. Einmal geht es ihm darum, dass das Vernunftwesen Mensch in der empirischen Welt auftritt und entsprechend mit Neigungen behaftet ist. An anderen Stellen aber spricht er vom *homo phaenomenon,* um zu verdeutlichen, dass der Mensch, insofern er ein Sinnenwesen ist, noch gar keinen Anteil an der intelligiblen Welt hat, selbst wenn er über Vernunft im spekulativen Sinn verfügt. Im ersten Fall geht es um den Menschen als Bürger zweier Welten, im zweiten um die Eigentümlichkeit seiner sinnlichen Natur.[57] Im vorliegenden Fall scheint Kant

---

54 MST, AA VI, 379 f./Ludwig, 11 f., Hervorhebung HK.
55 S.o. 2.3. (dort Belege).
56 S.o. 1.1.
57 Die Rede vom *homo phaenomenon* ist bei Kant also insgesamt ambigue. Zu der zweiten der beiden angedeuteten Linien gehört etwa, dass Kant an einer Stelle *homo phaenomenon* und *animal rationale* als gleichbedeutend nebeneinander stellt (MST, AA VI, 434/Ludwig, 74). Die Definition des *homo phaenomenon* als „physisches Wesen" scheint daher nur konsequent (MST, AA VI, 430/Ludwig, 69). Genau dies ist der *homo phaenomenon* ebenso wie die Tiere. Da hier aber

nun – entgegen der sonstigen Verwendung von „vernünftiges Wesen" – *homo phaenomenon* im ersten dargelegten Sinn zu meinen.

Wenn deutlich ist, dass Kant in der vorliegenden Passage von der noumenalen Menschheit und dem empirischen Menschen als sinnlichem Vernunftwesen spricht, dann klärt sich auch, warum er den Menschen im gleichen Atemzug heilig und unheilig nennen kann. Betrachtet man den Menschen seiner Menschheit nach, d. h. als noumenales Wesen, ist er immer schon heilig, ebenso wie Gott und die Engel. Individuiert man dieses Wesen nun, indem man es in die Sinnenwelt versetzt, und geht vom *homo noumenon* über zum *homo phaenomenon*, dann ergibt sich das Problem widerstreitender Neigungen. Daher die erstaunliche Koinzidenz: Als noumenales (n. b. nicht individuiertes) Wesen ist der Mensch „heilig genug", als sinnliches Vernunftwesen „unheilig genug".[58] Auch mit dieser Unterscheidung ist die Spannung zwischen *De-facto*-Status und Bestimmung des Menschen keineswegs gelöst, sondern lediglich präziser formuliert. Der Mensch als *homo noumenon*, als „Menschheit in seiner Person" verstanden, ist für den einzelnen Menschen ja nichts anderes als der personifizierte Inbegriff seiner Bestimmung (*vocatio*), die aktual zu erreichen ihm als einem Wesen, das an der Sinnenwelt partizipiert, prinzipiell unmöglich ist. Die Passage sagt klar, dass der *homo phaenomenon* zum *homo noumenon* werden muss, um zu einem heiligen

---

von der spezifischen Differenz, d. h. der Begabung mit theoretischer Vernunft, nicht die Rede ist, muss diese Formulierung vielmehr als Gattungsbezeichnung verstanden werden. In anderen Kontexten kann Kant – und hier beginnt die Zweideutigkeit – den *homo phaenomenon* indes mit dem Menschen als sinnlich-intelligibler Totalität gleichsetzen (MST, AA VI, 423/LUDWIG, 60). Wenn er etwa den *homo phaenomenon* definiert als „Menschen" schlechthin im Gegensatz zur noumenalen „Menschheit" und „Mensch" wiederum erklärt als ein mit „jenen [i. e. physischen] Bestimmungen behaftetes Subjekt" (MSR, AA VI, 239/LUDWIG, 32), ist klar, dass es hier nicht um die Sinnlichkeit des Menschen als solche geht, sondern darum, dass das Vernunftwesen Mensch in der sinnlichen Welt auftritt. Ein mit physischen Bestimmungen *behaftetes* Wesen ist zwar trivialer Weise auch ein „physisches Wesen". Zugleich aber ist der Akzent zwischen beiden Ausdrücken eindeutig verschoben: Im ersten Fall liegt er auf der Existenz des intelligiblen Wesens *in* der Sinnenwelt, im zweiten auf der Charakteristik des sinnlichen Wesens als solchen. Daraus erklärt sich der Widerspruch, dass Kant einerseits – gerade dort, wo er auch *homo noumenon* und „Menschheit" explizit identifiziert – den *homo phaenomenon* mit dem Menschen als Bürger zweier Welten gleichsetzen kann (s. o.), andererseits aber auch behauptet, dass derselbe als „vernünftiges Naturwesen" ein Wesen darstellt, bei dem, weil es nur zum spekulativen Vernunftgebrauch fähig ist, Verbindlichkeit gar nicht in Betracht komme und das folglich keinen Anteil an der intelligiblen Welt habe (MST, AA VI, 418/LUDWIG, 54, s. o. 2.3.). Solche Widersprüche lassen sich nur klären, wenn man von einer (zumindest) doppelten Verwendung von *homo phaenomenon* bei Kant ausgeht.

58 MST, AA VI, 379f./LUDWIG, 11f.

Wesen zu werden. Wie dies gelingen kann, verrät Kant leider nicht.[59] Der einzelne Mensch – der nur qua empirischer Existenz überhaupt individuiert wird – ist nicht heilig und kann sich dem heiligen Ideal „in ihm" nur unendlich annähern. Das Problem, wie dieses immer strebende Bemühen als Ersatz für den Mangel an aktualer Heiligkeit angesehen werden kann, bleibt.[60]

---

[59] Bedenkt man, dass Kant den Tod des Menschen eindeutig als Ende seiner phänomenalen, nicht aber seiner noumenalen Existenz versteht (so deutlich in MSR, AA VI, 295/LUDWIG, 106), scheint der Rat des Hegesias hier auf den ersten Blick plausibel: Wenn der Mensch als lebender immer ein unvollkommenes, weil phänomenales Wesen ist, mit dem Tod aber diese Hülle abstreift und als ein von jeder Versuchung freies, heiliges noumenales Wesen ersteht, scheint der Selbstmord das probate Mittel, um die höchste moralische Vollkommenheit zu erreichen. Neben Kants prinzipiellen Einwänden gegen die Selbsttötung (MST, AA VI, 422 f./LUDWIG, 59 f.) spricht gegen Hegesias hier jedoch auch, dass der Mensch mit seinem Tod zwar in den rein intelligiblen Bereich übergeht, zugleich aber auch seine Individualität einbüßt. Beim Postulat der Unsterblichkeit behaftet Kant den Menschen daher noch mit einem gewissen „Erdenrest", um die Individuation retten zu können. Dass hierdurch das Problem keineswegs gelöst, sondern vielmehr verschärft wird, soll sich bei genauerer Analyse des Unsterblichkeitspostulats zeigen.

[60] Fast scheint es an dieser Stelle so, als ob Kants Tendenz dahin ginge, den einzelnen, empirischen Menschen, der mit seinen Neigungen ringt, zur Selbstaufgabe aufzufordern. Erst wenn er seiner selbst als empirisches Wesen ledig wird, vermag er moralische Vollkommenheit zu erlangen. Als heroisch ringendes, um Tugendhaftigkeit bemühtes Wesen kann er niemals aktuale Heiligkeit erreichen, sondern nur, indem er sich dem *corpus mysticum* der noumenalen Menschheit hingibt. Eine solche Tat wäre aber wiederum mit dem Selbstmord des empirischen Subjekts identisch.

10. Kapitel Die Vollendung des Menschen

10.1 Der „Heilige des Evangelii"

Dass Kant die Christologie, die Lehre von Person und Werk Jesu Christi, zum Gegenstand der philosophischen Reflexion macht, ist keine Selbstverständlichkeit. Handelt es sich bei dieser Lehre doch um eine originär theologische, die sich gegenüber den rekonstruierenden Versuchen der Religionsphilosophie im besonderen Maße zu sträuben scheint. Dennoch kommt Kant auf die Christologie immer wieder zu sprechen, im zweiten Hauptstück der *Religionsschrift* sogar mit einiger Ausführlichkeit.[61] Ähnlich wie bereits bei der Trinitätslehre kann m. E. auch hier gezeigt werden, dass es sich bei der moralphilosophisch interpretierten Christologie keineswegs um ein peripheres Thema des kantischen Denkens handelt. Die Spannung, die aus der *vocatio* des Menschen und seinem *De-facto*-Status entsteht, ist in der Person Christi überwunden. In ihm wird anschaulich, was die Bestimmung des Menschen ist.[62]

Ein erstes Indiz: In der *Grundlegung* bezeichnet Kant den (ansonsten namenlosen) Jesus von Nazareth als den „Heiligen des Evangelii",[63] ähnliche Wendungen finden sich auch in der *Religionsschrift*.[64] Wertet man diese Formulierung nicht als eine bloße zufällige, unterminologische Redeweise, ist sie im Rahmen der kantischen Anthropologie und Anthroponomie durchaus überraschend. Wenn Heiligkeit und faktisches Mensch-Sein wechselseitig exklusiv sind, Menschen als „unreine" Vernunftwesen also niemals aktuale Heiligkeit erreichen können, stellt die Formulierung „Heiliger des Evangelii", bezogen auf den Menschen Jesus von Nazareth, auf den ersten Blick einen Widerspruch dar. Menschen können *per definitionem* nicht heilig sein. Für Jesus von Nazareth soll dies anscheinend nicht gelten. Repristiniert Kant hier etwa den Glauben an das Wunder eines Menschen, der zugleich mehr als ein Mensch ist? Seine Position ist freilich subtiler.

---

61 Als wichtigste Arbeit zur Christologie Kants darf die monographische Abhandlung von Sala gelten (SALA, 2000). Vgl. auch die ursprüngliche, wesentlich kürzere Version der gleichen Arbeit SALA, 1992, wiederabgedruckt als SALA, 2005. An anderen Arbeiten sind zu nennen: DIERKSMEIER, 2005. HEIT, 2006, 180–195. SIU, 1992. VIEILLARD-BARON, 1994. Für die theologischen Quellen der kantischen Christologie ist immer noch aufschlussreich BOHATEC, 1938, 351–391. Äußerst kritisch äußert sich von theologischer Warte aus METZ, 1971 zur Christologie Kants.
62 Bereits Vieillard-Baron weist darauf hin, dass Christus bei Kant gedacht sei „en fonction de la destination morale de l'humanité" (VIEILLARD-BARON, 1994, 9).
63 GMS, AA IV, 408.
64 In Rel., AA VI, 64 wird Christus als „Heiliger" bezeichnet, der einen „heiligen Willen" besitzt.

10.1 Der „Heilige des Evangelii"

Der systematische Ausgangspunkt für Kants Christologie ist die Vorstellung vom Weisen als einem Ideal sittlicher Vollkommenheit, das Kant in der *Metaphysik der Sitten* am deutlichsten formuliert.[65] Das Ideal des Weisen ist jedoch keine Neuerfindung Kants im Jahr 1796, sondern findet sich bereits in der *Kritik der reinen Vernunft*. Mehr noch: Die einschlägige Passage aus der ersten Kritik enthält bereits einen ersten, versteckten Hinweis auf die Person Jesu Christi.

> [D]er Weise (des Stoikers) ist ein Ideal, d. i. ein Mensch, der bloß in Gedanken existirt, der aber mit der Idee der Weisheit völlig congruirt. So wie die Idee die Regel giebt, so dient das Ideal in solchem Falle zum Urbilde der durchgängigen Bestimmung des Nachbildes; und wir haben kein anderes Richtmaß unserer Handlungen, als das Verhalten dieses göttlichen Menschen in uns, womit wir uns vergleichen, beurtheilen und dadurch uns bessern, obgleich es niemals erreichen können.[66]

Der Weise des Stoikers ist ein „Mensch, der bloß in Gedanken existiert", ein reines *ens rationis ratiocinatae*. Er stellt die realiter unmögliche Kongruenz eines Individuums mit dem Ideal der Weisheit – um Heiligkeit geht es Kant an dieser Stelle noch nicht – bildlich vor. Ein solcher, ideeller Mensch erfüllt laut Kant eine Funktion, die der einer Idee verwandt ist; so wie die Idee „die Regel gibt", dient der ideelle Weise zum Urbild, als Richtmaß aller unserer Handlungen, gleichgültig, ob dieses Ideal jemals erreicht wird oder nicht. Der Übergang zur Christologie ist in der ersten Kritik dadurch angedeutet, dass Kant den ideellen Weisen einen „göttlichen Menschen in uns" nennt. Damit ist zunächst schlicht die antike Vorstellung des θεῖος ἀνήρ alludiert. Bedenkt man die Nähe dieser Vorstellung zum kirchlichen Dogma von der Gottmenschheit Christi, scheint hier bereits die spätere Christologie Kants, wie er sie in der *Religionsschrift* entfaltet, angedeutet zu sein. Das gilt umso mehr, als Kant in der ersten Kritik behauptet, der göttliche Mensch sei „in uns". Die Auffassung, dass die Person Jesu Christi nicht mehr als eine bestimmte historische Gestalt, die auf wundersame Weise am Sein Gottes

---

65 Menschliche Moralität, „selbst wenn sie ganz rein (vom Einflusse aller fremdartigen Triebfeder als der der Pflicht völlig frei) wäre, da sie dann gemeiniglich als ein Ideal (dem man stets sich annähern müsse) unter dem Namen des Weisen dichterisch personificirt wird", setzt noch immer eine Unterwerfung der Neigungen voraus (MST, AA VI, 383/Ludwig, 16). Was in der Gestalt des Weisen personifiziert wird, ist laut Kant immer nur ein Ideal der höchsten Tugend. Darin unterscheidet sich die Gestalt des Weisen auch von der Christi, obwohl sie diese zugleich präfiguriert. Beim Weisen, selbst wenn er als eine reine Personifikation verstanden wird, gilt immer noch, „daß die menschliche Moralität in ihrer höchsten Stufe doch nichts mehr als Tugend sein kann" (MST, AA VI, 383). Erst die Figur des Gottmenschen ermöglicht es Kant, auch die Heiligkeit in einem idealen Wesen als personifiziert zu denken.
66 KrV, B 597.

partizipiert, sondern vielmehr als Personifikation eines Ideal „in uns" begriffen werden muss, prägt dann auch die *Religionsschrift*. Bereits der Titel der betreffenden Passage kündigt dies unmissverständlich an. Thema ist die „[p]ersonificirte Idee des guten Princips" (*Religionsschrift*, zweites Stück, Abschnitt a).[67]

Das Ideal, um das es Kant in diesem Abschnitt zunächst geht, ist die „Menschheit (das vernünftige Weltwesen überhaupt) in ihrer moralischen Vollkommenheit".[68] Diese Vollkommenheit ist zugleich die Bedingung dafür, dass Gott die Glückseligkeit erteilt. Moralische Vollkommenheit – und nicht nur ein immer strebendes Bemühen – ist hier die Voraussetzung dafür, glückselig zu werden. Eigentümlich ist nun, dass Kant im nächsten Satz ohne nähere Erklärung von „Menschheit" zu „Mensch" übergeht. Diese Identität ist nur dann plausibel, wenn „Mensch" hier den noumenalen Menschen meint. Ein einzelner empirischer Mensch kann für Kant niemals die ganze Menschheit repräsentieren. Der *homo noumenon* kann indes sehr wohl – die *Metaphysik der Sitten* liefert, wie gezeigt, dafür zahlreiche Beispiele[69] – mit der Menschheit identifiziert werden, wobei, wohlgemerkt, „Menschheit" nicht als Kollektivbegriff, sondern als Wesensbezeichnung zu verstehen ist. Von dem besagten noumenalen Menschen prädiziert Kant nun, mit zahlreichen Anspielungen auf biblische Formulierungen, Eigenschaften, die theologisch in den Bereich der Christologie fallen: Der „allein Gott wohlgefällige Mensch" ist von Ewigkeit her, Schöpfungsmittler, Abglanz der Herrlichkeit des Vaters etc.[70] Kants Vorgehen ist dabei mitnichten eine bloße Konzession an die kirchliche Autorität. Er entfaltet vielmehr seine bereits in der ersten Kritik nachweisbare Idee von einer Personifikation des moralischen Ideals.[71] Diesem Ideal schreibt er dann genau jene Eigenschaften zu, die die Tradition Jesus Christus verliehen hat. Die Eigenschaften werden von der Person des Gottessohnes gelöst und auf das „Ideal der moralischen Vollkommenheit"[72] übertragen. Aus der Perspektive der Theologie laufen diese Gedanken auf eine Idea-

---

67 Rel., AA VI, 60.
68 Rel., AA VI, 60, Hervorhebung unterdrückt.
69 S. o. 2.3. u. 9.2.
70 Rel., AA VI, 60 f. In einer *Reflexion* identifiziert Kant das Ideal der Menschheit direkt mit dem Sohn Gottes, dem wiederum traditionell-biblische Ehrentitel verliehen werden: „Das Ideal der Menschheit in ihrer gantzen Vollkomenheit ist sein erstgebohrner Sohn, der abglanz seiner Herrlichkeit, in ihm und durch ihn sind alle Dinge gemacht [er selbst ist von Ewigkeit]. Daher heißt er auch das selbständige oder Ursprüngliche Wort (der Grund des Werdens)" (Refl. 6307, AA XVIII, 499 f.).
71 Zu Christus als Ideal s. VIEILLARD-BARON, 1994, 10. DIERKSMEIER, 2005, 80 f. Zur Frage, inwiefern die Rede von Christus selbst wiederum auf einer Analogie beruht, s. DIERKSMEIER, 2005, 81–85.
72 Rel., AA VI, 61.

lisierung der Christologie oder, wie Sala formuliert, eine „Christologie mittels der Ideenlehre" hinaus.[73] Aus der historischen Person Jesu, in der der Glaube den Christus sieht, wird ein Ideal „in uns" bzw. dessen Personifikation.[74]

Auffällig ist an den Prädikationen, die Kant dem „Gott wohlgefälligen Menschen" in der *Religionsschrift* zunächst zuschreibt, dass sie allesamt Präexistenzeigenschaften bezeichnen. Ewigkeit, Schöpfungsmittlerschaft etc. sind Prädikate, die dem Gottessohn auch „vor" der Inkarnation zukommen. Kant scheint hier also nicht den inkarnierten Christus, sondern den präexistenten Gottessohn mit dem Ideal der Menschheit zu identifizieren. Man mag dagegen einwenden, dass es doch zumindest ein „Mensch" sei, dem Kant alle diese Eigenschaften zuschreibe, weswegen schwerlich der präexistente Gottessohn gemeint sein könne. Allein, es ist, wie dargelegt, plausibel, den „Gott wohlgefälligen Menschen" mit dem *homo noumenon* zu identifizieren, welcher, insofern er unabhängig von aller Empirie „existiert", eine Nähe zur Vorstellung eines präexistenten Wesens besitzt – die zeitliche Metapher, die das „prä" insinuiert, freilich abgezogen.

Gestützt wird diese Identifikation des „Gott wohlgefälligen Menschen" mit dem präexistenten Gottessohn auch dadurch, dass Kant auf die Inkarnation erst im nächsten Abschnitt zu sprechen kommt, ein Abschnitt, in dem m. E. auch klar wird, warum Christus „der Heilige des Evangelii" und gleichzeitig ein wahrer Mensch sein kann. Kant beschreibt die Inkarnation als eine „Herablassung" oder „Erniedrigung".[75] Wir selbst können nicht Urheber des Ideals der moralischen Vollkommenheit sein. Dieses ist vielmehr – die Metapher ist eindeutig biblisch[76] – zu uns „herabgekommen". Der böse Mensch kann sich selbst nicht bessern, sondern es ist nötig, dass das „Ideal der Heiligkeit" (wohlgemerkt nicht nur der Tugend) ihm entgegenkommt. Abermals überträgt Kant christologische Prädikate auf das moralische Ideal, diesmal allerdings Prädikate, die nicht die Präexistenz, sondern den Vorgang der Inkarnation selbst bezeichnen.

Im nächsten Satz wechselt er dann vom Ideal selbst wieder zur Personifikation: Dass das Ideal, welches nicht von uns ausgeht, zu uns kommen muss, kann,

---

73 So SALA, 2000, 29. S. auch ROHLS, 2003, 220f.
74 Vieillard-Baron spricht von „[l]'interiosation du rôle du Christ" (VIEILLARD-BARON, 1994, 10). Die Person Jesu Christi deutet er dabei als Personifikation für innere moralische Prinzipien gemäß dem Schematismus der Analogie (VIEILLARD-BARON, 1994, 10, bezogen auf die Vorstellung von der Genugtuung Christi).
75 Rel., AA VI, 61. Dass Kant die Inkarnation als „Herablassung" oder „Erniedrigung" versteht, verbindet ihn mit der sogenannten „Kenosis"-Christologie, die – zumindest in einer ihrer Spielarten – die Inkarnation als Selbsterniedrigung Gottes versteht.
76 Phil 2,5–10.

so Kant, auf keine bessere Weise vorgestellt werden als im Bild des sich selbst erniedrigenden Gottessohnes.[77] Hiermit geht Kant schon, ohne einen klaren Einschnitt zu markieren, von der Inkarnation zur Passion über. Der göttliche Mensch, d. h. die Personifikation des Ideals, ist an sich „selbst heilig und als solcher zu keiner Erduldung von Leiden verhaftet".[78] Wieder wird hier die Personifikation mit dem Ideal selbst verwoben: Der göttliche Mensch als Personifikation des Ideals ist ebenso heilig wie dieses selbst. Bereits in der *Kritik der praktischen Vernunft* fordert Kant, die Menschheit in unserer Person müsse heilig sein.[79] Ein Kollektiv kann hier mit „Menschheit" abermals nicht gemeint sein, da, wenn jeder einzelne Mensch aktual unheilig ist, es auch die Gesamtheit aller Menschen ist. Nur Menschheit als Wesensbestimmung (n. b. nicht faktische Verfasstheit) ist ein heiliges Ideal. Wird dies Ideal im Sohn Gottes personifiziert, ergibt es Sinn, auch diese Personifikation heilig zu nennen. Die Pointe in der *Religionsschrift* besteht nun darin, dass der Gottmensch, gemäß der traditionellen Dogmatik, freiwillig auf seinen heiligen Status verzichtet und, obwohl unschuldig, alle Leiden der Menschheit auf sich nimmt.

> Das Ideal der Gott wohlgefälligen Menschheit (mithin einer moralischen Vollkommenheit, so wie sie an einem von Bedürfnissen und Neigungen abhängigen Weltwesen möglich ist) können wir uns nun nicht anders denken, als unter der Idee eines Menschen, der nicht allein alle Menschenpflicht selbst auszuüben, zugleich auch durch Lehre und Beispiel das Gute in größtmöglichem Umfange um sich auszubreiten, sondern auch, obgleich durch die größten Anlockungen versucht, dennoch alle Leiden bis zum schmählichsten Tode um des Weltbesten willen und selbst für seine Feinde zu übernehmen bereitwillig wäre. – Denn der Mensch kann sich keinen Begriff von dem Grade und der Stärke einer Kraft, dergleichen die einer moralischen Gesinnung ist, machen, als wenn er sie mit Hindernissen ringend und unter den größtmöglichen Anfechtungen dennoch überwindend sich vorstellt.[80]

Es liegt hier auf den ersten Blick äußerst nahe, das „Ideal der Gott wohlgefälligen Menschheit" gleichzusetzen mit dem Ideal der „Menschheit (das vernünftige Weltwesen überhaupt) in ihrer moralischen Vollkommenheit",[81] welches Kant zu Beginn des Abschnitts als „Zweck der Schöpfung" benennt. Die „Menschheit in ihrer moralischen Vollkommenheit", so hat es den Anschein, ist ein äquivalenter

---

77 Rel., AA VI, 61. Vgl. Phil 2,5–10.
78 Rel., AA VI, 61.
79 KpV, AA V, 87. 131, ähnlich auch MST, AA IV, 379, Anm./LUDWIG, 11 f. Refl. 6801, AA XIX, 165: „Die Menschheit ist heilig und unverletzlich. (so wohl in seiner eignen Persohn [sic!] als in der anderer)".
80 Rel., AA VI, 61.
81 Rel., AA VI, 60, Hervorhebung unterdrückt.

Begriff zu „die Gott wohlgefällige Menschheit". Ein entscheidendes Detail spricht jedoch gegen diese Gleichsetzung. Während Kant im ersten Fall „Menschheit" auch durch das „vernünftige Wesen überhaupt" substituieren kann, betont er im zweiten Fall, dass es beim „Ideal der Gott wohlgefälligen Menschheit" um „eine [...] moralische Vollkommenheit, so wie sie an einem von Bedürfnissen und Neigungen abhängigen Weltwesen möglich ist",[82] gehe. Das Ideal der Heiligkeit kann in diesem zweiten Fall also auf gar keinen Fall gemeint sein. Vielmehr bezeichnet das „Ideal der Gott wohlgefälligen Menschheit" die höchste Vollkommenheit sinnlicher Vernunftwesen, von Wesen also, die das Gesetz im Modus des Imperativs erfahren, weil ihre Neigungen der Befolgung des Gebotenen immer im Weg stehen.

Nicht die Bestimmung zur Heiligkeit, sondern die zu maximaler Tugend, mithin ein auf sinnliche Vernunftwesen eingeschränktes Ideal, meint Kant also offenbar, wenn er von dem „Ideal Gott wohlgefälligen Menschheit" spricht. „Menschheit" meint hier wider Erwarten nicht den noumenalen Menschen bzw. das, was der empirische Mensch erst noch werden soll, sondern das Kollektiv der den Neigungen unterworfenen sinnlichen „unreinen" Vernunftwesen. Anders beim „Ideal der Menschheit in ihrer moralischen Vollkommenheit": Die Gleichsetzung von „Menschheit" und vernünftigem Wesen *überhaupt* – hier im Sinne von „Vernunftwesen" zu lesen – lässt sich nur so deuten, dass Kant hier den noumenalen, von aller Sinnlichkeit befreiten Menschen meint und nicht ein Kollektiv von sinnlichen Vernunftwesen. Dass der Begriff von „Menschheit" bei Kant ambigue ist, wurde bereits gezeigt. Das „Ideal der Menschheit in ihrer moralischen Vollkommenheit" ist nach allem, was die *Kritik der praktischen Vernunft* vermuten lässt, nicht Tugend, sondern Heiligkeit. Der Mensch soll dem Ideal der Heiligkeit nachstreben, obwohl er es niemals erreichen kann. *Absolute* moralische Vollkommenheit ist eine Forderung, der er aktual niemals gerecht werden kann; höchste Tugend, d. h. die seiner Spezies angemessene, *bedingte* Vollkommenheit, kann er indes – zumindest prinzipiell – auch realiter erreichen. Absolute moralische Vollkommenheit ist laut Kant ein „Urbild [...] der sittlichen Gesinnung in ihrer ganzen Lauterkeit".[83] Das „Ideal der Gott wohlgefälligen Menschheit" scheint hingegen mehr die Funktion eines Vorbilds zu haben. „Ideal" meint hier überraschender Weise gerade nichts Unerreichbares, sondern etwas durchaus Erreichbares bzw. etwas, was nur kontingent, aber nicht prinzipiell unerreichbar

---

[82] Rel., AA VI, 61. Zur späteren Unterscheidung zwischen einer Heiligkeits- und einer Vollkommenheitsforderung s. o. 9.2.
[83] Rel., AA VI, 61.

ist.[84] So spricht Kant im Zusammenhang mit dem „Ideal der Gott wohlgefälligen Menschheit" von der „Idee eines Menschen, der nicht allein alle Menschenpflicht selbst auszuüben, zugleich auch durch Lehre und Beispiel das Gute in größtmöglichem Umfange um sich auszubreiten, sondern auch, obgleich durch die größten Anlockungen versucht, dennoch alle Leiden bis zum schmählichsten Tode um des Weltbesten willen und selbst für seine Feinde zu übernehmen bereitwillig wäre".[85] Wenn mit dieser „Idee eines Menschen" abermals ein christologischer Bezug hergestellt werden soll – was kaum bestritten werden kann –, ergibt sich eine Spannung zu dem ersten Abschnitt der Passage, also jenem Abschnitt, in dem Kant das „Ideal der Menschheit in ihrer moralischen Vollkommenheit" behandelt. Nimmt doch Kant dort gerade an, dass der Gottessohn heilig sei. Jetzt soll er plötzlich alle Pflichten erfüllen und leiden, was laut Kant für ein heiliges Wesen ebenfalls unmöglich ist. Noch schwerer wiegt, dass Kant in der *Religionsschrift* ebenso wie schon in der *Grundlegung* – darauf wird gleich zurückzukommen sein – deutlich macht, dass der „Heilige des Evangelii" uns niemals zum Vorbild dienen kann, weil er in seiner moralischen Vollkommenheit so weit von uns entrückt ist, dass wir niemals hoffen können, ihm zu gleichen.[86] In der zitierten Passage soll – im offenen Widerspruch dazu – Christus nun durch „Lehre und Beispiel das Gute in größtmöglichem Umfange um sich ausbreiten."[87] Was bedeutet dies aber anderes, als ein Vorbild für andere zu sein?

Die Lösung muss m. E. darin bestehen, dass man das „Ideal der Menschheit in ihrer moralischen Vollkommenheit" mit dem präexistenten Gottessohn („Menschheit" als Ausdruck für die *vocatio* des Menschen) identifiziert und das „Ideal der Gott wohlgefälligen Menschheit („Menschheit" als Kollektiv sinnlicher Vernunftwesen) mit dem fleischgewordenen Christus. Insofern „Menschheit" im ersten Fall wiederum identisch ist mit dem *homo noumenon* und im zweiten Fall die sinnlich existierenden Vernunftwesen bezeichnet, deren Inbegriff der *homo phaenomenon* (im ersten angegebenen Sinn)[88] ist, kann noch eine weitergehende, von Kant nicht explizit gemachte Beziehung aufgezeigt werden: Die Identifizierbarkeit des inkarnierten Christus mit dem *homo phaenomenon* und die der gött-

---

84 Der Weise ist in diesem Sinne eine Personifikation des „Ideals der Gott wohlgefälligen Menschheit", nicht aber des Ideals der „Menschheit in ihrer moralischen Vollkommenheit", da er, obwohl *ens rationis*, immer nur tugendhaft, niemals aber heilig sein kann. Die Figur des Weisen hat mithin eine ähnliche Funktion wie die des fleischgewordenen Christus, nicht aber die des präexistenten Gottessohnes.
85 Rel., AA VI, 61.
86 Rel., AA VI, 62f.
87 Rel., AA VI, 61.
88 S.o. 9.2.

lichen Natur mit dem *homo noumenon* – Identifizierbarkeit hier natürlich im Sinne der Identifikation eines phänomenalen oder noumenalen Ideals mit dessen jeweiliger Personifikation verstanden. Um diese These zu begründen, bedarf es einer weiteren Untersuchung jenes zentralen Begriffspaars der kantischen Christologie, das den Unterschied zwischen einem noumenalen und einem phänomenalen Ideal auf den Punkt bringt.

10.2 Urbild und Vorbild

In der Religionsphilosophie der Aufklärung wird Jesus Christus weitgehend als ethisches Vorbild verstanden. Das kirchliche Dogma von der Gottmenschheit Christi, das in dem Wanderprediger Jesus von Nazareth mehr als einen bloßen Menschen sehen will, gerät hingegen in das Kreuzfeuer der Kritik. Bei Kant liegt der Fall freilich nicht so einfach. Er kritisiert, wie sich zeigen wird, die aufklärerische Vorbild-Christologie und bemüht sich um eine Rehabilitierung der Urbild-Christologie.[89] Damit markiert Kants Rekonstruktion der Christologie innerhalb der Grenzen der bloßen Vernunft den Auftakt zur Christologie des 19. Jahrhunderts. „Kant ist es zu verdanken, dass die Christologie des neunzehnten Jahrhunderts um die Begriffe ‚Vorbild', ‚Urbild' und ‚Idee' kreist."[90]

Gegen die aufklärerische Inanspruchnahme der Person Christi als ethisches Vorbild wendet sich Kant am deutlichsten in der *Religionsschrift*. Doch bereits in der *Grundlegung* finden sich gewichtige Argument dagegen, den „Heiligen des Evangelii" zum ethischen Vorbild zu erheben. Zu Beginn des zweiten Abschnitts der *Grundlegung* wendet sich Kant dagegen, die Erfahrung zur Begründung der Moralphilosophie heranzuziehen. Der Pflichtbegriff ist eben keiner, der aus der Erfahrung gewonnen werden kann, da die „Gebrechlichkeit und Unlauterkeit der menschlichen" Natur seiner Strenge gerade entgegengesetzt sind.[91] Daher gilt das Sittengesetz eben auch nicht nur für Menschen, sondern für „alle vernünftigen

---

[89] Interpretationen, die Kants Christologie noch weitgehend im Sinne einer stereotyp-aufklärerischen Vorbild-Christologie verstehen, finden sich indes zahlreich. So unterschätzt Böttigheimer m. E. die Vehemenz, mit der Kant in der *Grundlegung* die Vorbildchristologie angreift (BÖTTIGHEIMER, 2010, 192–196). Heit berücksichtigt diesen Aspekt in seiner Darstellung der Christologie Kants nur am Rande (vgl. jedoch HEIT, 2006, 185 f.). Demgegenüber stehen andere Arbeiten, die Kants Versuch, die Christologie der Aufklärung zu überwinden, deutlich werden lassen (v. a. SALA, 2000). Siu urteilt mit Hinblick auf die massive Kritik, die die Christologie seit dem Fragmentenstreit um Reimarus erfuhr: „Kant [...] tried to save Jesus from the *Aufklärer*" (SIU, 1992, 177).
[90] ROHLS, 2003, 219.
[91] GMS, AA IV, 406.

Wesen" überhaupt, ganz gleich, wie ihre jeweilige Natur beschaffen ist und über welche Anlagen sie verfügen.[92] Bei der angeführten Passage handelt es sich, kurz gesagt, um den *locus classicus* für Kants apriorisch begründete, „anti-konsequentialistische" Ethik. Ausgehend von seinem strikten Votum gegen die Einbeziehung der Erfahrung, lehnt Kant es auch ab, in der Moralphilosophie mit Beispielen zu operieren. „Man könnte auch der Sittlichkeit nicht übler rathen, als wenn man sie von Beispielen entlehnen wollte."[93] Im Rahmen einer konsequentialistischen Ethik des klassischen Typus ergibt es hingegen Sinn, bestimmte besonders edle Handlungen durch das vorbildliche Verhalten bestimmter historischer Personen zu veranschaulichen, mehr noch, die Frage, welche Handlungen gut sind, mit dem Verweis auf solche Personen zu beantworten. In einer Ethik, die, zumindest was den moralischen Maßstab betrifft, unabhängig von aller Erfahrung errichtet werden soll, muss die Nützlichkeit von Beispielen entsprechend ungünstiger beurteilt werden. Jedes Beispiel muss wieder an dem Maßstab der Moralität gemessen werden, da es diesen Maßstab selbst nicht liefern kann.[94] Das gilt auch für jene Person, die für die Aufklärung das größte aller sittlichen Vorbilder überhaupt darstellte.

> Selbst der Heilige des Evangelii muß zuvor mit unserm Ideal der sittlichen Vollkommenheit verglichen werden, ehe man ihn dafür erkennt; auch sagt er von sich selbst: was nennt ihr mich (den ihr sehet) gut? niemand ist gut (das Urbild des Guten) als der einige Gott (den ihr nicht sehet). Woher haben wir aber den Begriff von Gott als dem höchsten Gut? Lediglich aus der Idee, die die Vernunft *a priori* von sittlicher Vollkommenheit entwirft und mit dem Begriffe eines freien Willens unzertrennlich verknüpft. Nachahmung findet im Sittlichen gar nicht statt, und Beispiele dienen nur zur Aufmunterung, d.i. sie setzen die Thunlichkeit dessen, was das Gesetz gebietet, außer Zweifel, sie machen das, was die praktische Regel allgemeiner ausdrückt, anschaulich, können aber niemals berechtigen, ihr wahres Original, das in der Vernunft liegt, bei Seite zu setzen und sich nach Beispielen zu richten.[95]

Der „Heilige des Evangelii" kann nicht ohne vorherige Prüfung zum Vorbild aller Sittlichkeit erhoben werden, auch seine Taten müssen zuvor am apriorischen Maßstab aller Moralität gemessen werden. Kant greift hier zur Illustration die biblische Geschichte vom Reichen auf, der Jesus nach dem ewigen Leben fragt. Jener Reiche, der Jesus mit „guter Lehrer" anredet, erhält von diesem zur Antwort:

---

92 GMS, AA IV, 408.
93 GMS, AA IV, 408.
94 „Denn jedes Beispiel, was mir davon vorgestellt wird, muß selbst zuvor nach Principien der Moralität beurtheilt werden, ob es auch würdig sei, zum ursprünglichen Beispiele, d.i. zum Muster, zu dienen, keinesweges aber kann es den Begriff derselben zu oberst an die Hand geben" (GMS, AA IV, 408).
95 GMS, AA IV, 408f.

„Was nennst du mich gut? Niemand ist gut als nur einer, Gott" (Mk 10,18 parr.). In moralphilosophischer Lesart besagt dieses Apophthegma nicht anderes, als dass Jesus selbst nicht als „Urbild der Sittlichkeit" betrachtet werden will, sondern auf Gott verweist, der allein das Urbild sei. Gott allein, das *summum bonum originarium*, verdiene das Prädikat „gut", kein Mensch. Auch der beste Mensch kann – dies ist nun Kants rein moralphilosophische Deutung – niemals zum Maßstab der Moralität dienen. Das Gute ist eine Idee, die rein in der Vernunft liegt und mithin nicht angeschaut werden kann. Ein sittliches Vorbild wie der Mensch Jesus von Nazareth kann, wenn überhaupt, höchstens zur „Aufmunterung" dienen – aber auch nur, wenn das Beispiel selbst zuvor am Maßstab der Moralität gemessen wurde. Modern gesprochen: Kant zeigt die Fragwürdigkeit der Frage *„What would Jesus do?"* lange, bevor diese Frage in bestimmten christlichen Denominationen populär wurde. Die Frage *„What would Jesus do?"* kann die Frage „Was soll ich tun?" niemals ersetzen. Vielmehr begeht derjenige, der so fragt, einen Fehler, der laut Kant schon in den biblischen Schriften als solcher erkannt wird: Er maßt sich an, das „wahre Original" der Sittlichkeit, „das in der Vernunft liegt, bei Seite zu setzen" zugunsten einer empirischen Begründung der Moral. Zu fragen *„What would Jesus do?"* bedeutet, den Unterschied zwischen Moralphilosophie und Anthropologie nicht begriffen zu haben.

In der angeführten Passage scheint Kant jedoch nicht nur die Vorbild-, sondern auch die Urbild-Christologie zu kritisieren. Betont er doch deutlich, dass Jesus selbst von sich auf Gott verweise, d. h. die Versinnlichung des einzig wahren Urbilds der Moralität, welches allein der noumenalen Welt angehört. Ist die Charakterisierung der philosophischen Christologie Kants als Urbild-Christologie also genauso falsch wie eine schlichte Zuordnung zur Vorbild-Christologie? Es bedarf m. E. einiger exegetischer Anstrengung, um diesen Verdacht aus der Welt zu räumen. Allein, bereits die *Grundlegung*-Passage gibt, wenn aufmerksam gelesen, einen Hinweis in diese Richtung. Wenn Kant in der *Grundlegung* vom „Heiligen des Evangelii" spricht, hat er hier offenbar den Menschen Jesus von Nazareth vor Augen. Die dogmatische Lehre von der Gottmenschheit Christi wird gar nicht thematisiert. Kant hält lediglich fest, dass der Jesus, von dem die Bibel berichtet, ein in jeder Hinsicht sittlich vollkommener Mensch gewesen sei. Die Tatsache, dass er hier Gott in Beziehung zu dem Urbild aller Moralität setzt, lässt bereits vermuten, dass Kant erst dann ein positives Verhältnis zur Urbild-Christologie gewinnen kann, wenn es ihm gelingt, der dogmatischen Behauptung von der Göttlichkeit Jesu Christi im Rahmen seiner Moralphilosophie einen Sinn zu verleihen. Genau dies geschieht in der *Religionsschrift*. Der Präexistente ist für Kant eine – so kann hier zunächst thetisch nur formuliert werden – Versinnlichung des moralischen Urbilds. Wogegen er sich indes wehrt, ist, den Inkarnierten zum Urbild zu erheben. Dieser kann, wenn überhaupt, nur ein Vorbild sein, wobei zugleich die prinzipiellen Vorbehalte gegen die allzu eilfertige Verwendung von Beispielen in der Ethik in Kraft bleiben.

Die *Religionsschrift* scheint diese Vermutung zu bestätigen.[96] Zunächst verweist Kant auf ein „Ideal" zurück, das er im vorherigen Abschnitt besprochen hat. Da er von diesem „Ideal" behauptet, es liege in unserer „moralisch gesetzgebenden Vernunft selbst", muss davon ausgegangen werden, dass er das Ideal der moralischen Vollkommenheit meint, nicht das der Gott wohlgefälligen Menschheit. Es geht also um eine noumenale Größe, den apriorischen Maßstab aller Moral. Dieses Ideal fungiert nun als Urbild, dem wir gemäß werden sollen. Es würde gleichwohl auch dann gelten, wenn es niemals einen Menschen gegeben hätte, dem es gelungen wäre, ihm gemäß zu leben. Die Gültigkeit des Urbilds ist also unabhängig von allen zufälligen anthropologischen Bestimmungen. Mehr noch: „Es bedarf also keines Beispiels der Erfahrung, um die Idee eines Gott moralisch wohlgefälligen Menschen für uns zum Vorbilde zu machen; sie liegt als ein solches schon in unsrer Vernunft."[97] Dieser kurze Satz ist für Kants gesamte Christologie von höchster Bedeutung. Der Gedanke, dass das Urbild der Moralität nicht durch Beispiele gestützt zu werden kann – es gilt sogar *si homo non daretur* –, ist aus der *Grundlegung* bekannt. Die zweite Satzhälfte erinnert wiederum an den „göttlichen Menschen in uns", den Kant bereits in der *Kritik der reinen Vernunft* eingeführt hat. Kant ist also durchaus davon überzeugt, dass Christus eine Veranschaulichung des Urbilds sein könne. Nur beschränkt er dieses Urbild auf den präexistenten Gottessohn. Dieser ist – das war das Thema der Abteilung a.) – die Versinnlichung des Ideals der moralischen Vollkommenheit, mithin des Urbilds. Von dem inkarnierten Jesus Christus, wahrer Gott und Mensch zugleich, gilt dies laut Kant hingegen nicht. Insofern er auch empirischer Mensch ist, kann er niemals zum Urbilde der Moralität dienen, da sonst die Priorität der Moralphilosophie vor der Anthropologie aufgehoben wäre. Kurz, Christus, der Gottessohn, die zweite Person der Trinität, ist eine Versinnlichung des Urbilds; Jesus, der Menschensohn, der von Maria Geborene, taugt höchstens als Vorbild, welches, moralphilosophisch betrachtet, von geringem Wert ist.[98]

---

96 Genauer geht es jetzt um die Abteilung b.) des ersten Abschnittes des zweiten Hauptstücks der *Religionsschrift*.
97 Rel., AA VI, 62.
98 Überspitzt ist diese Formulierung, weil es streng genommen nicht um den Gottessohn und den Menschensohn geht, sondern um den Präexistenten und den Inkarnierten. Der Inkarnierte ist, dogmatisch gesprochen, eben kein *homo nudus*, sondern sowohl Gott als auch Mensch. Für Kants Argument reicht aber die Voraussetzung, dass der Inkarnierte überhaupt Mensch ist. Nur ein Wesen, das rein göttlich vorgestellt wird, kann für ihn Versinnlichung des rein noumenalen Ideals sein.

10.2 Urbild und Vorbild — 221

Während Kant in der Abteilung a.) hauptsächlich den präexistenten Gottessohn vor Augen hat, wendet er sich in Abteilung b.) dem inkarnierten *Christus totus* zu, also der „objektive[n] Realität" jener im Gottessohn personifizierten Idee moralischer Vollkommenheit. Im Folgenden nennt Kant nun mehrere Argumente dagegen, den Inkarnierten zum Urbild und Vorbild der Moralität zu machen. Wer so vorgehe – und darüber hinaus noch Wunder fordere –, beweise keinen Glauben, sondern vielmehr moralischen Unglauben. Die Tugend bedürfe keiner Beweise durch Wunder oder des Beispiels eines besonders tugendhaften Menschen; die Idee moralischer Vollkommenheit, welche in unserer Vernunft liegt, ist für sich gültig und verlange keines weiteren Beweises. Wer einen solchen fordert, beweist nur, dass er selbst die absolute Forderung, die im Sittengesetz an ihn ergeht, nicht hört. Das Urbild der Moralität – so beginnt das zweite Argument – liegt „immer nur in der Vernunft".[99] Kein Beispiel der äußeren Erfahrung kann ihm jemals adäquat sein. Vielmehr sollen *alle* Menschen ein Beispiel (soweit es denn möglich ist) dieses noumenalen Ideals abgeben. Sie alle sollen sich möglichst weit, trotz der prinzipiellen Schranke, der moralischen Vollkommenheit annähern. Das Ideal moralischer Vollkommenheit ist nicht allein für den Menschen Jesus von Nazareth das Ziel des Strebens, welches aktual zu erreichen allen, auch Marien Sohn, verwehrt ist. Mit dem dritten Argument kommt Kant unmittelbar auf die Inkarnationslehre zu sprechen:

> Wäre nun ein solcher wahrhaftig göttlich gesinnter Mensch zu einer gewissen Zeit gleichsam vom Himmel auf die Erde herabgekommen, [...] so würden wir doch nicht Ursache haben, an ihm etwas anders, als einen natürlich gezeugten Menschen anzunehmen (weil dieser sich doch auch verbunden fühlt, selbst ein solches Beispiel an sich abzugeben), obzwar dadurch eben nicht schlechthin verneint würde, daß er nicht auch wohl ein übernatürlich erzeugter Mensch sein könne. Denn in praktischer Absicht kann die Voraussetzung des Letztern uns doch nichts vortheilen: weil das Urbild, welches wir dieser Erscheinung unterlegen, doch immer in uns (obwohl natürlichen Menschen) selbst gesucht werden muß, dessen Dasein in der menschlichen Seele schon für sich selbst unbegreiflich genug ist, daß man nicht eben nöthig hat, außer seinem übernatürlichen Ursprunge es noch in einem besondern Menschen hypostasirt [sic!] anzunehmen.[100]

Kant unterzieht hier die kirchliche Lehre von der Menschwerdung Gottes einer eingehenden Kritik. Wenn – Kant formuliert rein hypothetisch – ein „göttlich gesinnter Mensch" jemals zu einem empirischen Menschen geworden wäre, hätte wir keinen Grund, ihn deshalb als göttlich anzusehen, auch wenn dies nicht unmöglich sei. Anders formuliert: Dass ein bestimmtes empirisches Wesen ein

---

99 Rel., AA VI, 63.
100 Rel., AA VI, 63 f.

inkarniertes göttliches Wesen darstellen soll, kann theoretisch weder bejaht noch verneint werden. Praktisch hat aber die Vorstellung einer solchen Inkarnation laut Kant gar keinen Sinn. Gesetzt, es hätte wirklich jemals ein solches, zugleich göttliches und empirisches Wesen gegeben, würde das für uns keine moralische Bedeutung haben. Das Urbild der Vernunft kann niemals in einem einzelnen empirischen Subjekt angetroffen werden, sondern muss immer „in uns" gesucht werden. Das wahre Wunder ist laut Kant, dass dieses Urbild aller Moral in unserer Vernunft liegt, weshalb es gar nicht nötig sei, darüber zu spekulieren, ob es auch in einem einzelnen empirischen Menschen jemals vollkommene Gestalt gewonnen habe. Man kann diese letzte Wendung so verstehen, dass Kant hier das Inkarnationsdogma doch noch, wenn auch äußerst reduziert, aufnimmt. Die Inkarnation bestünde dann darin, dass das rein noumenale Urbild in, wie Kant vage formuliert, unserer „Seele" Platz genommen hätte.[101] Kant würde nach dieser Lesart die alte Lehre von der Menschwerdung Gottes durch eine Lehre von der Idee-Werdung des Urbilds im menschlichen Bewusstsein ersetzen.[102]

Doch auf diese weitgehende Deutung kommt es gar nicht an. Wichtiger ist, dass Kant aufgrund seiner Kritik am kirchlichen Inkarnationsdogma nun dem Menschen Jesus nicht nur die Urbildlichkeit absprechen, sondern auch zeigen kann, warum ein göttliches Wesen, das empirischer Mensch wird, für die Moralität geradezu von Nachteil wäre. Ein solcher „Heiliger", wie dies Wesen es wäre, würde, da über „alle Gebrechlichkeit der menschlichen Natur" erhaben, der moralischen Nachahmung eher im Weg stehen, als dass er ihr nützen würde. In der *Grundlegung* hat Kant der Gestalt des Menschgewordenen noch zugetraut, zumindest aufmunternd auf die moralische Gesinnung zu wirken.[103] In der *Religionsschrift* gesteht er ihr selbst das nicht mehr zu. Selbst wenn dieser Heilige, weil er zugleich ein empirisches Wesen sein soll, den gleichen Versuchungen wie gewöhnliche Menschen unterworfen wäre, würde es ihm doch ein Leichtes sein, diese Hindernisse aufgrund seiner Heiligkeit zu überwinden. Ein Heiliger taugt niemals als Vorbild für Wesen, die sich im harten Kampf um die Tugend abmühen.

---

101 GMS, AA IV, 408 f. (mit explizitem Bezug auf den „Heiligen des Evangelii" und dessen Vorbildfunktion).
102 Rel., AA VI, 61. Diesen Punkt hebt Rohls besonders hervor: „Kant belässt es jedoch nicht bei der moraltheologischen Identifikation des präexistenten Logos mit dem Ideal oder Urbild des moralisch vollkommenen Menschen. Vielmehr wird die Tatsache, dass wir selbst nicht Urheber des Ideals sind, sondern es in unserer Vernunft vorfinden, von ihm mit der Menschwerdung des Logos gleichgesetzt. [...] Die Menschwerdung des Logos besteht also darin, dass sich das Ideal des moralisch vollkommenen Menschen mit uns vereint, insofern es in unserer Vernunft Platz nimmt" (ROHLS, 2003, 222).
103 GMS, AA VI 409, mit direktem Bezug auf den „Heiligen des Evangelii".

Vielmehr – dies ist für Kant die katastrophale Folge der kirchlichen Inkarnationslehre – könnte der gewöhnliche Mensch fordern: „[M]an gebe mir einen ganz heiligen Willen, so wird alle Versuchung zum Bösen von selbst an mir scheitern".[104] Ein heiliges Wesen, das – rein hypothetisch gesprochen – in die Lage versetzt wäre, mit allen Anfechtungen der Neigungen kämpfen zu müssen, hätte diesen Kampf schon immer gewonnen und würde mitnichten ein Vorbild für gewöhnliche Menschen sein, sondern in diesen vielmehr die Frage erwecken, warum sie selbst so schwer ringen müssen mit ihren Neigungen.

Aus der Perspektive der kantischen Moralphilosophie ist mit der Gestalt des inkarnierten Christus wenig anzufangen. Das ist in der *Religionsschrift* noch deutlicher als in der *Grundlegung*. Gleichwohl spricht Kant in der angeführten Passage auch wieder vom göttlichen Urbild in uns. Nach der *Kritik der reinen Vernunft* kann eben dieses in Gestalt eines göttlichen Menschen personifiziert werden. Ebenso kann Kant im vorhergehenden Abschnitt der *Religionsschrift* den präexistenten Christus als Ideal der moralischen Vollkommenheit ansehen. In der gleichen Schrift identifiziert Kant die Forderung „Seid heilig" aus Mk 12,29 – 31 parr. sogar mit dem „Ideal des Sohnes Gottes, welches uns zum Vorbilde aufgestellt ist".[105] Ist Jesus Christus also doch ein Ideal, d. h. hier Urbild, das zugleich als Vorbild fungieren kann? Eine Vorlesung stützt diesen Verdacht: „Ein Urbild ist eigentlich ein Gegenstand der Anschauung, sofern er der Grund der Nachahmung ist. So ist Christus das Urbild aller Moralität."[106]

All dies macht es unumgänglich, einen doppelten Umgang mit der Christologie bei Kant zu konstatieren. Kant übt zunächst massive Kritik an der traditionellen Lehre von der Gottmenschheit Jesu Christi, indem er ausschließt, dieser vermeintlich göttliche Mensch könne jemals zum Urbild der Moral werden. Er tauge höchstens zu einem Vorbild, wäre aber als solches für die Moralphilosophie von nur sehr eingeschränktem Nutzen (*Grundlegung*) oder sogar schädlich (*Religionsschrift*). Diese Linie ist eindeutig die dominante. Subkutan findet sich jedoch noch eine andere. Kant thematisiert nun nicht den Menschen Jesus von Nazareth und auch nicht den inkarnierten Gottessohn, sondern ausschließlich den Präexistenten. Dieser kann als Personifikation des Urbilds angesehen werden, im gleichen Sinn wie Gott, der Vater, die gesetzgebende Funktion des Sittengesetzes

---

104 Rel., AA VI, 64.
105 Rel., AAVI, 66. Die ganze Passage lautet: „Die erste Schwierigkeit, welche die Erreichbarkeit jener Idee der Gott wohlgefälligen Menschheit in uns in Beziehung auf die Heiligkeit des Gesetzgebers bei dem Mangel unserer eigenen Gerechtigkeit zweifelhaft macht, ist folgende. Das Gesetz sagt: ‚Seid heilig (in eurem Lebenswandel), wie euer Vater im Himmel heilig ist!' denn das ist das Ideal des Sohnes Gottes, welches uns zum Vorbilde aufgestellt ist" (Rel., AAVI, 66.).
106 KANT, 1821, 79.

und Gott, der Geist, die moralische Urteilskraft personifizieren. In der letzten Schrift Kants, in der er ausführlich auf religionsphilosophische und theologische Fragen eingeht, im *Streit der Fakultäten*, findet sich eine Passage, die diese beiden Linien miteinander kombiniert, obwohl auch hier wieder die Kritik an der moralphilosophischen Vereinnahmung des Menschgewordenen überwiegt. Nachdem Kant dort die Trinitätslehre durch das Säurebad der Kritik gezogen hat, um sie dann, in einem zweiten Schritt, moralphilosophisch „umzutaufen", versucht er das Gleiche auch mit der Inkarnationslehre:

> Eben so ist es mit der Lehre der Menschwerdung einer Person der Gottheit bewandt. Denn wenn dieser Gottmensch nicht als die in Gott von Ewigkeit her liegende Idee der Menschheit in ihrer ganzen ihm wohlgefälligen moralischen Vollkommenheit [...], sondern als die in einem wirklichen Menschen „leibhaftig wohnende" und als zweite Natur in ihm wirkende Gottheit vorgestellt wird: so ist aus diesem Geheimnisse gar nichts Praktisches für uns zu machen, weil wir doch von uns nicht verlangen können, daß wir es einem Gotte gleich thun sollen, er also in so fern [sic!] kein Beispiel für uns werden kann, ohne noch die Schwierigkeit in Anregung zu bringen, warum, wenn solche Vereinigung einmal möglich ist, die Gottheit nicht alle Menschen derselben hat theilhaftig werden lassen, welche alsdann unausbleiblich ihm alle wohlgefällig geworden wären.[107]

In diesem Abschnitt spiegelt sich die Abfolge der Abteilungen a.) und b.) des ersten Abschnitts des zweiten Hauptstücks der *Religionsschrift*. In weiten Teilen argumentiert Kant hier genauso wie in der Abteilung b.) der *Religionsschrift*. Wenn die Idee der Menschheit in ihrer ganzen moralischen Vollkommenheit als in einem bestimmten empirischen Menschen wohnende göttliche Natur vorgestellt wird, erhebt sich der bekannte Einspruch des „gewöhnlichen" Menschen: Warum habe nicht auch ich eine solche Vollkommenheit mitgeteilt bekommen? Auch der gewöhnliche Mensch wäre im höchsten Maße Gott wohlgefällig, wenn er ebenso heilig wäre wie der göttliche Mensch. Warum sind nicht alle Menschen Christus? An dieser Frage scheitert die klassische Vorbild-Christologie – womit freilich die Urbild-Christologie nicht automatisch rehabilitiert ist. Dies geschieht vielmehr in einem einzigen Nebensatz, der den wesentlichen Inhalt der Abteilung a.) der *Religionsschrift* wiedergibt. Kants ganze Kritik in der *Religionsschrift* gilt nur dann, „wenn dieser Gottmensch nicht als die in Gott von Ewigkeit her liegende Idee der Menschheit in ihrer ganzen ihm wohlgefälligen moralischen Vollkommenheit" (s. o.) verstanden wird. Diese Möglichkeit bleibt, und es ist eben jene Möglichkeit, die Kant in der ersten Kritik mit seiner Rede vom göttlichen Menschen „in uns" angedeutet und durch die Identifizierung des Ideals der moralischen Vollkom-

---

[107] Str. d. Fak., AA VII, 39. Kant selbst verweist hier in dem ausgelassenen Teil auf seine *Religionsschrift*.

menheit mit dem präexistenten Christus in der *Religionsschrift* näher begründet hat. Im Rückgriff auf die traditionelle Terminologie kann daraus geschlossen werden, dass es für Kant unproblematisch ist, die göttliche Natur Christi mit dem Ideal und Urbild der Moral im Zusammenhang zu bringen, den *Christus totus*, der in der göttlichen und menschlichen Natur subsistiert, aber zugleich außerhalb der Grenzen der bloßen Vernunft wissen möchte. Allein, der Ausdruck „göttliche Natur" ist offenbar keiner, den Kant besonders gerne verwendet. Er ersetzt ihn, spätere Entwicklungen der Theologiegeschichte präludierend, durch die Rede von der göttlichen Gesinnung Christi,[108] welcher er auch am Ende der Abteilung b.) in der *Religionsschrift* einen positiven Sinn abzugewinnen vermag.[109] Diese Gesinnung verleiht sich in der Lehre Christi Ausdruck, welche Kant weit wichtiger ist als die Person des Gottmenschen. In diesem Sinn kann Kant schon in einer sehr frühen Reflexion die klassische Sokrates-Christus-Typologie aufgreifen. Nicht die beiden Personen, sondern ihre Forderungen kontrastiert er dabei. Sokrates fordert nur „irdisch", d. h. Tugend. Christus hingegen fordert „himmlisch", was für Kant bedeutet: Heiligkeit.[110] Das Altertum, wie es durch Sokrates repräsentiert wird, habe, insofern seine Leitidee „Tugend, d.h. Stärke" war, überhaupt keine reine Moral gekannt. Erst mit Christus ergeht die unbedingte Forderung des Sittenge-

---

108 Schleiermacher fasst die Göttlichkeit Christi nicht mehr mit dem dogmatischen Begriff der „göttlichen Natur" – welchen er vielmehr vehement kritisiert (SCHLEIERMACHER, 2003, 60 – 70) –, sondern verweist auf ein „schlechthin kräftiges Gottesbewußtsein" Christi, um die urbildliche Würde des Erlösers zu klären (SCHLEIERMACHER, 2003, 54 f.). Strukturell ist sein Vorgehen hier dem Kants verwandt (woraus sich freilich keine direkten Abhängigkeiten folgern lassen): Der klassisch-ontologische Begriff der Natur wird ersetzt durch einen Ausdruck, der eine bestimmte praktische Qualität des Bewusstseins Christi bezeichnet.
109 Rel., AA VI, 63.
110 In einer anderen Reflexion verbindet Kant diese Kritik an der antiken Philosophie mit der – ansonsten im Kontext der Christologie ausgesparten – Triebfedernlehre. In bekannter Weise grenzt er sich gleichzeitig gegenüber Stoa und Epikureismus ab. Während Epikur der Tugend eine Triebfeder gab, dadurch aber deren intrinsischen Wert herabsetzte, habe die Stoa den intrinsischen Wert der Tugend richtig erkannt, aber keine entsprechende Triebfeder benennen können. Erst Christus sei es gelungen, den intrinsischen Wert der Tugend selbst zur Triebfeder zu machen. Christus besitzt eine „Triebfeder aus der andern Welt" (gemeint ist der *mundus intelligibilis),* die „von allen Hindernissen der Natur frey" ist (Refl. 6838, AA XIX, 176). Kant scheint hier jedoch nicht zu meinen, dass *allein* Christus diese Triebfeder „aus der anderen Welt" besitzt. Vielmehr stammt ja bei jedem Menschen, der die gute Gesinnung annimmt, die Triebfeder aus der „anderen", intelligiblen Welt. Die Triebfedernkonfiguration, die Kant Christus zuschreibt, stellt lediglich ein Ideal der – modern gesprochen – Reinheit der Handlungsmotive dar.

setzes, die über die Möglichkeiten, die der empirische Mensch aktual verwirklichen kann, immer schon hinausgeht.[111]

Dass Kant nun die Rede von einer „göttlichen Gesinnung" der von einer „göttlichen Natur" vorzieht, ändert nichts daran, dass er diese Gesinnung im präexistenten Gottessohn personifiziert denken kann. Von der *Kritik der reinen Vernunft* bis zur *Religionsschrift,* vom „göttlichen Menschen in uns" bis zum „Ideal des Sohnes Gottes" zieht sich eine Linie, die zeigt, dass Kant die Rede von einem präexistenten Gottessohn moralphilosophisch rekonstruieren kann, während die kirchliche Inkarnationslehre den Grundsätzen seiner Philosophie unmittelbar widerspricht. Dieser doppelte Umgang mit der Christologie lässt sich schematisch veranschaulichen (s. Tabelle B), wobei die im ersten Kapitel dieser Arbeit etablierte Unterscheidung zwischen reinen Vernunftwesen und Vernunftwesen, die auch in der Sinnenwelt auftreten, als Interpretament herangezogen wird.

Tabelle B

Wesen	Eigenschaft	Funktion	Christologie	Ideal
Reines Vernunftwesen	Heilig	Urbild	Der Sohn Gottes	Ideal der moralischen Vollkommenheit
Vernunftwesen, das in der Sinnenwelt existiert	Tugendhaft	Vorbild (höchstens)	Der inkarnierte Gottmensch	Ideal der Gott wohlgefälligen Menschheit

Zusammenfassend formuliert: Im Gegensatz zu reinen Vernunftwesen sind Vernunftwesen, die zugleich in der Sinnenwelt auftreten, Neigungen unterworfen und müssen mit diesen ringen. Der Mensch als Bürger zweier Welten ist das beste – und einzig bekannte – Beispiel. Nach dem traditionellen Inkarnationsdogma ist Christus wahrer Gott und wahrer Mensch zugleich. Der Sohn Gottes nimmt eine menschliche Natur an. Als Mensch steht Jesus Christus im Konflikt zwischen der Befolgung des Sittengesetzes und Neigung. Zugleich ist er auch wahrer Gott, hat eine göttliche Natur oder heilige Gesinnung. Ein Urbild der

---

[111] „Socrates und Christus sind himmelweit in der moral von einander unterschieden [sic!] (Nach menschlicher oder göttlicher Forderung). Der erste forderte sie himmlisch (vor den Himmel gültig), der andere irrdisch (vor menschen); doch ist beym Socrates der allgemeine Grundsatz Gut; nur die Bestimmung der besondern Handlungen, die unter dem Moralischen Grundsatz enthalten seyn, war von iedes privaturtheil abhängend und nicht praecis oder rein. Die alten hatten keinen Begrif von der Heiligkeit, d.i. der Moralischen reinigkeit des Herzens; sondern ihre [...] Moralitaet war Tugend, d.i. Stärke, daher rauh" (Refl. 4842, XXVII, 743 f.).

Moralität kann der Gottmensch schon deshalb nicht sein, da er nicht nur Sohn Gottes, sondern zugleich auch wahrer Mensch ist. Das kontingente Vorhandensein der menschlichen Gattung darf aber niemals zum Maßstab der Moralität werden, da sonst die Reinheit des Sittengesetzes verletzt werden würde. Als Vorbild taugt der Gottmensch wenig oder nichts, weil seine personale Identität mit dem Sohn Gottes es ihm immer ermöglichen würde, den Kampf mit Neigungen, im Augenblick, da er ihn begonnen hat, auch schon zu gewinnen. Der Gottmensch kann, anders als der Sohn Gottes „vor" der Inkarnation, höchstens als Vorbild, niemals als Urbild dienen. Als Vorbild ist er aber, gerade aufgrund seiner personalen Identität mit dem Sohn Gottes, kaum zu gebrauchen. Kant verabschiedet daher die traditionelle Lehre von der Inkarnation und beschränkt sich darauf, im Sohn Gottes, insofern er unabhängig von der Inkarnation betrachtet wird, eine Personifikation der göttlichen Gesinnung zu erblicken. Dieses Ideal kann in seiner Vollkommenheit durch keinen einzelnen (empirischen) Menschen verkörpert werden, sondern ist vielmehr „in uns". *Est Filius Dei in nobis.*[112]

10.3 Die Genugtuung

Die Christologie zerfällt traditionell in zwei Teile: die Lehre von der Person und die vom Werk Christi. Eine zentrale Vorstellung, die mit dem Werk Christi zusammenhängt, ist die von der stellvertretenden Genugtuung des Gottessohns, eine Vorstellung, die in der Aufklärung im besonderen Maße in das Kreuzfeuer der Kritik geriet. Auf klassische Weise entwickelt wurde das Konzept der Genugtuung oder Satisfaktion von Anselm von Canterbury in seinem Werk *Cur Deus homo*. Anstößig ist aus moderner Perspektive vor allem die Annahme, dass jeder Mensch schuldig gegenüber Gott sei. Als Sünder hat der Mensch Gott die Ehre geraubt und muss – wie in einem Rechtshandel – Gott das, was er ihm geraubt hat, wiedererstatten. „So muß also jeder, der sündigt, Gott die geraubte Ehre einlösen, und

---

[112] Akzeptiert man diese letzte Wendung, erscheint Kant als Vorläufer einer modernen „Menschheitschristologie". Wenn das Ideal des Sohnes Gottes in allen sinnlichen Vernunftwesen anwesend ist, geschieht die Inkarnation gleichsam in jedem Menschen. Jesus Christus wäre nur noch dadurch ausgezeichnet, dass in ihm das Urbild etwa besonders kräftig ist. Die Vorbild-Christologie, nach der das Ideal in einem einzigen Menschen Platz nimmt, scheiterte für Kant gerade an der Frage, warum nicht alle Menschen Christus sind (s. o.). Seine Urbild-Christologie, die das Ideal in jedem einzelnen Menschen errichtet, beantwortet diese Frage in einer Weise, die klar mit der orthodoxen Dogmatik bricht.

das ist die Genugtuung (*satisfactio*), welche jeder Sünder Gott leisten muß."[113] Der Mensch ist nach Anselm aber unfähig, diese Genugtuung zu leisten. Seine Schuld ist unendlich; der Mensch aber ist ein endliches Wesen und kann als solches keine unendliche Schuld begleichen. Nur Gott, der über unendliche Macht verfügt, vermag die unendliche Schuld zu tilgen.[114] Daraus ergibt sich für Anselm eine dilemmatische Situation: Der Mensch muss die Genugtuung leisten, kann es aber nicht. Einzig Gott vermag dies, muss es aber nicht. Er ist nicht der Schuldige, sondern vielmehr der Schuldner. Anselm folgert hieraus, dass es eines Gottmenschen bedarf, der, obwohl selbst unschuldig, als Stellvertreter der ganzen Menschheit die Genugtuung leistet und so den Zorn Gottes besänftigt.[115] Die Schultheologie des 18. Jahrhunderts übernimmt diesen Gedanken ohne wesentliche Modifikationen. So heißt es bei Johann Stapfer, einem Schweizer Theologen, dessen *Grundlegung zur wahren Religion* Kant, wie Bohatec gezeigt hat,[116] bei der Abfassung seiner *Religionsschrift* wahrscheinlich direkt rezipierte:

> Weil die Göttliche Gerechtigkeit und Heiligkeit erfordern, daß dem Gesetze ein Genügen geschehe, [...]; seine Gnade und Barmherzigkeit aber zuläßt, daß diese Eigenschaften GOttes auch durch eine gleichgültige Ersetzung desjenigen, was das Gesetz von dem Sünder fordert, verkläret werden, und jemand anders an des Sünders Stelle dem Gesetze ein Genügen leisten könne, so hat sich Christus aus innigstem und freywilligstem Erbarmen gegen so viel Millionen elende Geschöpfe, dargestellt, und auf sich genommen: Er wolle die Strafe selber, anstatt des Sünders, bezahlen: [...] Hat der Sünder Uebeles gethan, so soll es seinem Bürgen zugerechnet werden.[117]

Gott kann nicht einfach *sola misericordia* alles vergeben. Es würde – dieser Gedanke findet sich schon bei Anselm[118] – sein Gesetz für ungültig erklären, wenn er aus reiner Barmherzigkeit, unter Absehung von der Forderung des Gesetzes vergeben würde. Der Forderung des Gesetzes muss Genüge getan werden, derjenige, der gegen das Gesetz verstößt, muss bestraft werden, sonst würde Gott aufhören, Gott zu sein. Nun kann aber, so Stapfer, „jemand anders an des Sünders Stelle dem Gesetz ein Genüge leisten" und die Strafe stellvertretend für den Sünder bezahlen. Dieser „Bürge" des Sünders ist der Gottmensch Jesus Christus.

---

113 ANSELM, 1970, 41. „Sic ergo debet omnis qui peccat honorem deo quem rapuit solvere; et haec est ‚satisfactio', quam omnis peccator deo debet facere" (ANSELM, 1970, 40, übers. v. Franciscus Salesius Schmitt).
114 ANSELM, 1970, 96.
115 ANSELM, 1970, 98.
116 BOHATEC, 1938 verweist an zahlreichen Stellen auf Stapfer.
117 STAPFER, 1751, 27.
118 Vgl. ANSELM, 1970, 40–44.

Kant kommt an zwei Stellen der *Religionsschrift* ausführlicher auf die Satisfaktionslehre zu sprechen. Einmal im Rahmen der Christologie, einmal im Rahmen der Trinitätslehre.[119] Für den gegenwärtigen Kontext ist allein die erste Stelle entscheidend. Sie findet sich in der Abteilung c) des ersten Abschnitts des zweiten Hauptstücks der *Religionsschrift*. Kant erörtert hier drei „Schwierigkeiten", die sich ergeben, wenn gewöhnliche Menschen versuchen dem „Ideal des Sohnes Gottes" gleich zu werden.[120] Die Satisfaktionslehre erörtert Kant nun am Anfang seiner Auflösung der dritten Schwierigkeit, welche nicht nur die „dem Anscheine nach größte ist", sondern auch die systematisch eigentlich entscheidende.[121] Sie besteht näher darin, dass der Mensch, auch wenn er die gute Gesinnung angenommen hat, doch immer vom Bösen ausgeht, eine Verschuldung, die er niemals tilgen kann. Dass der Mensch den Gesinnungswechsel vollzogen hat, bedeutet nur, dass er nicht weiter schuldig wird; seine alte Schuld bleibt davon unberührt. Unter der Voraussetzung – die Kant im ersten Hauptstück der *Religionsschrift* zu plausibilisieren versucht –, dass jeder Mensch schuldig wird, entsteht das Problem, wie diese alte Schuld zu tilgen ist. Dadurch, dass der Mensch mehr leistet, als er soll, und durch diese, modern gesprochen, supererogative Pflichterfüllung seine „vorhergehende Schuld" tilgt, kann das Problem nicht gelöst werden, da nach Kant eine solche Art der Pflichterfüllung gar nicht möglich ist. Der Mensch muss stets so viel Gutes tun, als er vermag, weshalb er keinen Schatz an Verdiensten anhäufen kann, der helfen könnte, seine alte Schuld zu begleichen. „Auch kann er [i.e. der Mensch] in einem fernerhin geführten guten Lebenswandel keinen Überschuß über das, was er jedesmal an sich zu thun schuldig ist, herausbringen; denn es ist jederzeit seine Pflicht, alles Gute zu thun, was in

---

119 Rel., AA VI, 71–78. Rel., AA VI, 143. Die zweite Stelle kann kurz abgehandelt werden. Kant hält hier lediglich fest, dass die Genugtuung vom Menschen selbst herrühren müsse, weshalb das Verdienst eines anderen (hier: Gottes) nicht an die Stelle des mangelnden Verdiensts des Menschen treten könne. Gleichwohl räumt Kant ein, dass es in „moralischer Absicht" sinnvoll sein kann anzunehmen, dass ein solch stellvertretendes Verdienst möglich sei, was für die Vernunft jedoch ein „unerreichbares Geheimnis" bleibe (Rel., AA VI, 143). Mit dieser Äußerung ist im Grunde nur gesagt, dass, soll die Vorstellung von der stellvertretenden Genugtuung irgendeinen Sinn haben, es bestimmte praktische Gründe geben muss, eine solche zu postulieren. In der ersten der beiden genannten Passagen begnügt sich Kant indes nicht mit dem Hinweis, dass die stellvertretende Satisfaktion ein Geheimnis sei, sondern liefert eine veritable moralphilosophische *relecture* dieses zentralen Theologumenons der klassischen deutschen Schultheologie.
120 Theologisch gesprochen, geht es hier also um die Soteriologie. Für die Rekonstruktion des *ordo entium moralium* kommt der philosophischen Soteriologie Kants besondere Bedeutung zu, insofern hier der Versuch unternommen wird, die Spannung zwischen *De-facto*-Status und Bestimmung für *alle* Menschen zu lösen
121 Rel., AA VI, 71 f.

seinem Vermögen steht."¹²² Als eine andere Möglichkeit, die Schwierigkeit zu lösen, kommt das stellvertretende Eintreten eines Bürgen in Betracht, der die alte, durch den Menschen selbst nicht zu tilgende Schuld an dessen statt bezahlt. Das ist genau der Grundgedanke der klassischen Satisfaktionslehre. Doch erhebt Kant auch hier einen gewichtigen Einwand.

> Diese ursprüngliche, oder überhaupt vor jedem Guten, was er immer thun mag, vorhergehende Schuld, die auch dasjenige ist, was, und nicht mehr, wir unter dem radicalen Bösen verstanden [...], kann aber auch, so viel wir nach unserem Vernunftrecht einsehen, nicht von einem andern getilgt werden; denn sie ist keine transmissible Verbindlichkeit, die etwa wie eine Geldschuld [...] auf einen andern übertragen werden kann, sondern die allerpersönlichste, nämlich eine Sündenschuld, die nur der Strafbare, nicht der Unschuldige, er mag auch so großmüthig sein, sie für jenen übernehmen zu wollen, tragen kann.¹²³

Was Kant kritisiert, ist die von den Vertretern der klassischen Satisfaktionslehre stillschweigend vorausgesetzte Möglichkeit, die „Sündenschuld" mit einer Geldschuld zu analogisieren. So spricht Stapfer wörtlich davon, dass der „Bürge" Christus die Geldschuld für den Sünder bezahle,¹²⁴ Metaphern, die eindeutig aus dem Bereich der Finanzbuchhaltung übernommen sind. Eine solche Analogisierung ist nach Kant aber unzulässig, da die immer schon vorhergehende Schuld, welche mit dem radikal Bösen verbunden ist, im Gegensatz zu einer Geldschuld keine „transmissible Verbindlichkeit" darstelle. Eine Geldschuld kann ein anderer für mich übernehmen. Es ist dem Schuldner gleichgültig, ob ich selbst zahle oder sich ein Wohltäter meiner erbarmt und für mich die Schuld begleicht. Nicht so bei der „Sündenschuld". Sie ist, wie Kant schreibt, die „allerpersönlichste" Schuld und kann von niemandem übernommen werden. Der Strafwürdige muss gestraft werden. Kein barmherziger Wohltäter – und sei es auch der größte – kann mich dort vertreten. Die Satisfaktionslehre scheint damit erledigt. Sie ist gerade an ihrem entscheidenden Punkt, der Vorstellung von einer Stellvertretung des Sünders durch Christus, empfindlich getroffen.

Dennoch versucht Kant sich auf den nächsten Seiten an einer moralphilosophischen *relecture* der Satisfaktionslehre. Nachdem er zunächst festgestellt hat, dass die Sündenschuld eine unendliche ist, diskutiert er die Frage, ob die Strafe für diese Schuld vor oder nach der „Gesinnungsänderung" – also jener hoch problematischen intelligiblen „Revolution in der Gesinnung im Menschen", die

---
122 Rel., AA VI, 72.
123 Rel., AA VI, 72.
124 STAPFER, 1751, 27.

Kant im Parergon zum ersten Hauptstück behandelt[125] – angesetzt werden müsse. Dass die Besserung vor der Sinnesänderung stattfinden könne, schließt Kant mit dem seltsamen Hinweis aus, dass dies, da es ihm gegenwärtig nicht um die Frage der Gerechtigkeit zu tun sei, in „dieser Untersuchung" nicht thematisiert werden solle. Diese Bemerkung kann beim besten Willen nicht als echtes Argument gewertet werden, was umso mehr überrascht, als der Text selbst ein solches deutlich nahelegt: Wenn die Sündenschuld unendlich ist, muss es auch die Strafe sein. Eine unendliche Strafe kann aber niemals abgetragen werden, folglich erst recht nicht vor einem bestimmten „Ereignis" wie der Gesinnungsänderung. Klarer hingegen ist Kants Argument dafür, dass die Strafableistung auch nicht nach der Gesinnungsänderung erfolgen könne. In diesem Fall würde sich das Problem ergeben, dass der Mensch bereits „moralisch ein anderer geworden ist", welchen die Strafe zu Unrecht treffen würde. Dennoch muss der göttlichen Gerechtigkeit Genüge geschehen; irgendwann muss die Strafe vollzogen werden. Aus der Unmöglichkeit, weder vor noch nach der Gesinnungsänderung die Ableistung der Strafe ansetzen zu können, folgert Kant nun, dass die Strafe „in dem Zustand der Sinnesänderung" selbst liegen müsse. Diesen Gedanken entfaltend, schildert Kant die Gesinnungsänderung als eine intelligible Bestimmung, die nicht in zwei verschiedene Akte unterteilt werden könne. Das Verlassen der bösen und die Annahme der guten Maxime geschehen nicht in verschiedenen Augenblicken – wie sollte bei einer intelligiblen Tat auch von Augenblicken die Rede sein? –, sondern „zugleich". Die „Verlassung des Bösen" ist dabei, wie Kant nicht näher erläutert, mit einem Schmerz verbunden, welcher als Vollzug der Strafe angesehen werden kann. Die Aufopferung, die die Annahme der „Gesinnung des Sohnes Gottes" kostet, und die „Antretung einer langen Reihe von Übeln des Lebens", die nach Kants Sicht mit der Annahme der guten Maxime verbunden sind, können selbst schon als hinreichende Strafe angesehen werden. Akzeptiert man diese

---

125 Rel., AA VI, 44. Problematisch hieran ist v. a., dass Kant annimmt, im Bereich des Intelligiblen finde eine Veränderung statt, was, insofern der *mundus intelligibilis* zeitlos gedacht werden muss, einen Widerspruch darstellt. Es bleiben m. E. nur zwei Möglichkeiten, mit diesem Problem umzugehen: Entweder man begnügt sich damit – ähnlich wie bei der Frage, inwiefern eine Individuation im Bereich des Intelligiblen möglich sein soll –, die Aporie einzugestehen, oder man nimmt, ohne direkte Textevidenz, eine uneigentliche Redeweise an. Ebenso wie Kant übersinnliche Begriffe, denen keine Anschauung unterlegt werden kann, dennoch mit Hilfe einer proportionalen Analogie schematisiert, könnte hier angenommen werden, dass Kant das Zeit-Schema in einem analogen Sinn auf das Übersinnliche überträgt. Allerdings ergibt sich dann wiederum das Problem, dass es sich hier nicht mehr um einen Schematismus von Begriffen gemäß der Analogie, sondern vielmehr um einen Schematismus des Schemas selbst handelte, was keine attraktive Option zu sein scheint, da völlig unklar bleibt, worin das *tertium comparationis* besteht.

Deutung, bleibt nur noch die entscheidende Frage, *wer* Schuld und Strafe eigentlich trägt. Kant beantwortet sie, indem er in überraschend affirmativer Weise auf die Satisfaktionslehre zurückgreift:

> Ob er also gleich physisch (seinem empirischen Charakter als Sinnenwesen nach betrachtet) eben derselbe strafbare Mensch ist und als ein solcher vor einem moralischen Gerichtshofe, mithin auch von ihm selbst gerichtet werden muß, so ist er doch in seiner neuen Gesinnung (als intelligibles Wesen) vor einem göttlichen Richter, vor welchem diese die That vertritt, moralisch ein anderer, und diese in ihrer ihrer Reinigkeit, wie die des Sohnes Gottes, welche er in sich aufgenommen hat, oder (wenn wir diese Idee personificiren) dieser selbst trägt für ihn und so auch für alle, die an ihn (praktisch) glauben, als Stellvertreter die Sündenschuld, thut durch Leiden und Tod der höchsten Gerechtigkeit als Erlöser genug und macht als Sachverwalter, daß sie hoffen können, vor ihrem Richter als gerechtfertigt zu erscheinen, nur daß (in dieser Vorstellungsart) jenes Leiden, was nur der Mensch, indem er dem alten abstirbt, im Leben fortwährend übernehmen muß, an dem Repräsentanten der Menschheit als ein für allemal erlittener Tod vorgestellt wird.[126]

Nach der Deutung des Theologen Karl Barth versteht Kant hier die Satisfaktion im Sinne einer Stellvertretung des empirischen Menschen durch den intelligiblen. Der empirische Mensch ist schuldig, der intelligible unschuldig, übernimmt aber zugleich für den empirischen Schuld und Strafe und, insofern empirischer und intelligibler Mensch letztlich doch nur ein Mensch sind, eröffnet diesem die Aussicht, vor seinem göttlichen Richter als gerechtfertigt zu erscheinen.[127] Barths Deutung ist m. E. nicht schlechterdings falsch, doch korrekturbedürftig. Gegen seine Deutung spricht bereits, dass nicht klar ist, wie, erstens, ein (rein) empirisches Wesen überhaupt schuldig werden kann, und, zweitens, wie ein intelligibles eine Strafe im Sinne von Leiden auf sich nehmen soll.

Betrachtet man die zitierte Passage aus der *Religionsschrift* in ihrem Kontext, spielen folgende Begriffe eine zentrale Rolle: „Sinnenwesen", „intelligibles Wesen", „Weltwesen" und „Gesinnung". Mit Sinnenwesen – insofern hat Barth vollkommen recht – ist ein rein phänomenales Wesen gemeint. „Intelligibles Wesen" meint indes ein noumenales Wesen, also den *homo noumenon*. Nun nennt Kant in der Fußnote aber noch ein drittes Wesen: das „Weltwesen". Über dieses

---

[126] Rel., AA VI, 74 f.
[127] „Das Werk des Sohnes Gottes aber, sofern es über seine Lehre hinausgeht, das stellvertretende Leiden vor Allem, ist nach der einen Stelle bei Kant dahin zu verstehen, daß der intelligible Mensch vor Gott moralisch ein anderer ist als der empirische Mensch, daß er als dessen Stellvertreter dessen Sündenschuld trägt und durch Leiden und Tod der höchsten Gerechtigkeit genug tut und also dessen Erlöser ist, so daß jener, der empirische Mensch, sofern er nun doch mit dem intelligiblen identisch ist, hoffen kann, vor seinem Richter als durch jenen gerechtfertigt zu erscheinen" (BARTH, 1981, 257, Hervorhebungen unterdrückt).

„Weltwesen" sagt Kant, dass es sich in einem „kontinuierlichen Werden" befinde. Es soll zu einem intelligiblen Wesen werden, soweit es in der Sinnenwelt überhaupt möglich ist. Aktual ein reines Vernunftwesen zu werden, ist aber – so lässt sich hier von der zweiten Kritik her ergänzen – für ein Wesen, das in der Sinnenwelt existiert, niemals möglich. Mit „Weltwesen" meint Kant also weder ein reines Sinnenwesen – sonst würde es sich gar nicht dem Ideal eines „Gott wohlgefälligen Subjekts" annähern – noch ein reines Vernunftwesen, da es sonst dem Ideal vollständig entsprechen könnte. Das „Weltwesen" muss vielmehr mit dem *homo phaenomenon* (abermals in der ersten Bedeutung)[128] gleichgesetzt werden, also einem Vernunftwesen, das allein schon durch seine Existenz in der Sinnenwelt immer darin gehindert wird, vollständig seiner intelligiblen Bestimmung zu entsprechen. Will man diesen Sachverhalt veranschaulichen, kann das Verhältnis der drei Wesen wie folgt bestimmt werden, ohne dadurch ein mereologisches Verhältnis nahezulegen: *Weltwesen = Intelligibles Wesen / Sinnenwesen*. Nun spricht Kant explizit davon, dass der Mensch als intelligibles Wesen mit der Gesinnungsänderung „moralisch ein anderer wird". Es kann also unterschieden werden zwischen dem intelligiblen Wesen „vor" der Gesinnungsänderung, welches vom radikal Bösen infiziert ist, und dem intelligiblen Wesen „nach" der Gesinnungsänderung. Diesen beiden intelligiblen Wesen können als intelligibles Wesen$_1$ und intelligibles Wesen$_2$ bezeichnet werden. Das Sinnenwesen hingegen scheint einen solchen qualitativen Wandel nicht durchzumachen. Vielmehr ist es eben jene Größe, die die Identität der Person gewährleistet. Nimmt man diese beiden Überlegungen zusammen, kann unterschieden werden zwischen *Weltwesen$_1$ = Intelligibles Wesen$_1$ / Sinnenwesen* und *Weltwesen$_2$ = Intelligibles Wesen$_2$ / Sinnenwesen*, wobei das Sinnenwesen in beiden Fällen identisch ist. Was Weltwesen$_1$ und Weltwesen$_2$ unterscheidet, ist, dass das erste zumindest einem Hang unterliegt, die sinnliche Triebfeder der moralischen überzuordnen. Das zweite hingegen ordnet die moralische Triebfeder immer der sinnlichen über. Moralische Vollkommenheit erlangt es dadurch freilich nicht, da diese (als mit der Heiligkeit identisch) für Weltwesen prinzipiell ausgeschlossen ist. Dasjenige Wesen, das sich die ursprüngliche „Sündenschuld" zuzieht, ist das intelligible Wesen$_1$. Das Sinnenwesen, welches mit ihm verbunden ist, muss die Strafe, welche die Erscheinung des intelligiblen Wesens in der Zeit ist, dafür ertragen. Diese Strafe ist unendlich und kann zu keinem Zeitpunkt als abgeleistet angesehen werden.

Wenn jetzt – in jener schwer zu erklärenden Revolution der Gesinnungsart – das intelligible Wesen$_1$ durch das intelligible Wesen$_2$ abgelöst wird, ergibt sich das von Kant konstatierte Problem: Das intelligible Wesen$_2$ ist unschuldig, zugleich

---

[128] S.o. 9.2.

aber, insofern es zum Weltwesen$_2$ gehört, mit dem Sinnenwesen verbunden, welches, da es ursprünglich mit dem intelligiblen Wesen$_1$ verbunden war, immer noch die unendliche Strafe (d. h. unendliches Leiden) erdulden muss. Der intelligible Mensch „nach" der Gesinnungsänderung trägt also, anders als Barth meint, nicht unmittelbar die Strafe für den empirischen. Wie sollte er auch, wenn die Strafe im Leiden besteht, welches, da pathologisch, einem intelligiblen Wesen nicht zugeschrieben werden kann? Die Strafe verbleibt vielmehr konstant beim Sinnenwesen. Die Pointe besteht vielmehr darin, dass das „Sinnenwesen" ja gerade die Bedingungen bezeichnet, unter denen das intelligible Wesen empirisch bzw. als „Weltwesen" auftritt. Diese Bedingungen „vererbt" der intelligible Mensch „vor" der Gesinnungsänderung gleichsam an den neuen intelligiblen Menschen, der die Revolution der Gesinnungsart „bereits vollzogen hat" (die zeitliche Metapher stellt hier wieder ein wesentliches Hindernis dar). In Widerspruch zu seiner früheren Behauptung, dass Schuld keine „transmissible Verbindlichkeit" sei, gerät Kant schon deshalb nicht, weil es hier um eine Transmission der Strafe und nicht der Schuld geht. Und streng genommen nicht einmal dies! Denn die Strafe verbleibt ja auch „nach" der Gesinnungsänderung schlicht beim Sinnenwesen. Was übermittelt wird, sind vielmehr die Bedingungen der Erscheinung, für die das intelligible Wesen$_1$ verantwortlich ist, an das intelligible Wesen$_2$, weshalb das Weltwesen$_2$ in die paradoxe Situation gerät, die Strafe für die Schuld zu tragen, ohne selbst strafwürdig bzw. schuldig zu sein. Das intelligible Wesen$_2$ ist daher nicht Stellvertreter des Sinnenwesens, sondern des intelligiblen Wesens$_1$, insofern es die durch jenes vererbten Bedingungen der Erscheinung übernimmt.[129] Das bedeutet aber auch: Die „Sündenschuld", die laut Kant über-

---

129 Kant alludiert in dem zentralen Abschnitt die biblische Typologie vom alten und neuen Menschen. Die biblische Konkretion durch Adam und Christus als zweitem Adam ersetzt er durch die besagte Binnendifferenzierung des intelligiblen Wesens Mensch. Die Passage, die den obigen Ausführungen zugrunde liegt, sei hier in Gänze zitiert: „Was ihm in jener Qualität (der des alten Menschen) als Strafe gebühren würde (und das sind alle Leiden und Übel des Lebens überhaupt), das nimmt er in der Qualität des neuen Menschen freudig bloß um des Guten willen über sich; folglich werden sie ihm sofern und als einem solchen nicht als Strafen zugerechnet, sondern der Ausdruck will nur so viel sagen: alle ihm zustoßende Übel und Leiden, die der alte Mensch sich als Strafe hätte zurechnen müssen, und die er sich auch, sofern er ihm abstirbt, wirklich als solche zurechnet, die nimmt er in der Qualität des neuen als so viel Anlässe der Prüfung und Übung seiner Gesinnung zum Guten willig auf, wovon selbst jene Bestrafung die Wirkung und zugleich die Ursache, mithin auch von derjenigen Zufriedenheit und moralischen Glückseligkeit ist, welche im Bewußtsein seines Fortschritts im Guten (der mit der Verlassung des Bösen ein Actus ist) besteht; dahingegen eben dieselbe Übel in der alten Gesinnung nicht allein als Strafen hätten gelten, sondern auch als solche empfunden werden müssen, weil sie, selbst als bloße Übel betrachtet, doch demjenigen gerade entgegengesetzt sind, was sich der Mensch in solcher Gesinnung als physische Glückseligkeit zu seinem einzigen Ziele macht" (Rel., AA VI, 75, Anm.).

nommen wird, ist nicht die Schuld als intelligible *Tat*, sondern vielmehr Schuld im Sinne von „Schuldigkeit", nicht der Vorgang, sondern das Resultat. Diese Schuldigkeit „trägt" das intelligible Wesen$_2$ für das intelligible Wesen$_1$, indem es, obwohl selbst unschuldig, dessen Erscheinungsform als Gestrafter, d. h. als Leidender, übernimmt.

Der Übergang zur Christologie erfolgt für Kant über den Begriff der neuen Gesinnung. Diese wird von Kant wörtlich mit dem intelligiblen Wesen „nach" der Gesinnungsänderung identifiziert, also dem intelligiblen Wesen$_2$. Diese Gesinnung ist es nun, die die Stellvertreterfunktion einnimmt. Kant redet hier vollkommen metaphorisch: Die Gesinnung selbst übernimmt die „Sündenschuld" für die alte Gesinnung bzw. das intelligible Wesen$_1$. Was Kant hier vornimmt, ist abermals eine „Idealisierung der Christologie". Das christologische Modell der Stellvertretung wird von der konkreten Person Jesu Christi gelöst und übertragen auf das Verhältnis des Menschen zu sich selbst in verschiedenen „Stadien" seiner moralischen Entwicklung.[130] Der Name „Jesus Christus" wird zunächst substituiert durch den anthropologischen Begriff der Gesinnung. In einem zweiten Schritt weist Kant Jesus Christus als Personifikation der neuen Gesinnung aus. Der fließende Übergang von der metaphorischen zur eigentlichen und zurück zur metaphorischen Rede ist an dieser Stelle der gleiche, der bereits in anderen Passagen des zweiten Hauptstücks der *Religionsschrift* zu beobachten war. Die Gesinnung „vertritt vor einem göttlichen Richter" – das ist idealisierte Christologie und mithin metaphorisch zu verstehen –, wobei sie moralisch eine andere wird und

---

[130] Heit meint hingegen, dass die Genugtuung Christi bei Kant im traditionellen Sinn als Grund für die Anrechnung einer „externe[n] Gerechtigkeit" zu verstehen sei (HEIT, 2006, 176–180. 188). Das Subjekt der Genugtuung ist demnach Jesus Christus als ein anderes vernünftiges Wesen außer mir. Obwohl Heit auch auf den „Christus in mir" bei Luther und Kant zu sprechen kommt (HEIT, 2006, 190–195), tritt die grundlegende Tendenz zur „Idealisierung" der Christologie bei Heit in den Hintergrund. Bei Kant geht es gerade nicht mehr die Genugtuung durch einen anderen für mich. Seine Rekonstruktion der Satisfaktionslehre besitzt ihre Radikalität gerade darin, dass er die christologisch-soteriologischen Vorstellungen komplett anthropologisch wendet. Der Christus der traditionellen Dogmatik wird bei ihm zu einer rein bildlichen Ausdrucksweise für eine interne Instanz, d. h. die gute Gesinnung. Der Vorstellung, dass die Genugtuung durch ein anderes vernünftiges Wesen, eine externe Instanz geleistet werde, erteilt Kant den Abschied. Heits Deutung, nach der Kant eine „Theorie der Notwendigkeit eines externen Erlösers" entwickelt hat, die Christologie mithin laut ihm nicht aufgehen könne in einem „rein innersubjektiven Geschehen" (HEIT, 2006, 176), lässt sich – so richtig sie aus dogmatischer Perspektive ist – m. E. nicht aufrechterhalten, wenn man genau nachvollzieht, wie Kant in der *Religionsschrift* die traditionellen christologischen Aussagen auf anthropologische Binnenverhältnisse überträgt. Siu sieht zwar, dass Kant die Vorstellung von der Genugtuung anthropologisch wendet, geht dabei jedoch nicht auf den Unterschied zwischen dem Menschen als intelligibles und phänomenales Wesen ein, welches m. E. für die Interpretation wesentlich ist (SIU, 1992, 175).

eine Reinheit „*wie* die des Sohnes Gottes" (Hervorhebung HK) erlangt. Von dem vergleichenden „wie" geht Kant im nächsten Halbsatz zu der Personifikation über: „[...] (wenn wir diese Idee personifizieren) dieser selbst trägt [...] als Stellvertreter die Sündenschuld". Das Changieren zwischen metaphorischer und eigentlicher Rede ermöglicht es Kant, dem abstrakten anthropologischen Begriff der Gesinnung bestimmte christologische Prädikate zuzuschreiben. In diesem Sinne kann auch er sagen, dass die Gesinnung selbst der Stellvertreter sei.[131]

In der Fußnote entfaltet Kant den Gedanken einer solchen Stellvertretung noch in eine andere Richtung.[132] Nachdem er festgehalten hat, dass das Weltwesen niemals aktual seiner Bestimmung entsprechen kann, kommt er nochmals auf den Begriff der Heiligkeit zu sprechen. Die Gesinnung mag zwar „heilig" sein und dem Urbild entsprechen; die Handlungen des Menschen bleiben dahinter aber immer zurück. Anders formuliert: Der *homo noumenon*, „die Menschheit in meiner Person", ist zwar heilig, erreicht aber nie eine solche Kongruenz mit dem *homo phaenomenon*, dass dieser, also der individuelle Mensch nach seinen empirischen Handlungen betrachtet, jemals selbst als vollkommen angesehen werden könnte. Ob man nun von *homo noumenon* und *homo phaenomenon* oder Gesinnung und Handlung in der Sinnenwelt spricht, ist dabei gleichgültig. Die Crux besteht schlicht darin, dass es eine bleibende Inkongruenz zwischen der intelligiblen Bestimmung des Menschen und seinem *De-facto*-Status als zugleich intelligibles und sensibles Wesen gibt. Kant versucht, diese Inkongruenz mit Hilfe des Stellvertretungsgedankens zu heben: „Demungeachtet vertritt diese Gesinnung, weil sie den Grund des continuirlichen Fortschritts im Ergänzen dieser Mangelhaftigkeit enthält, als intellectuelle Einheit des Ganzen die Stelle der That in ihrer Vollendung".[133] Die gute Gesinnung ist der Grund, warum der Mensch als Weltwesen überhaupt in den Progressus eintritt. Wäre der reale Mensch nicht immer auch intelligibles Wesen, würde er gar nicht nach moralischer Vollendung

---

[131] Bedenkt man, dass die Gesinnung für Kant identisch ist mit dem intelligiblen Wesen „nach" der Gesinnungsänderung, muss gefolgert werden, dass die Gesinnung die Schuldigkeit nur abträgt, wenn sie in dem die unendliche Strafe ableistenden Weltwesen Menschen erscheint. Eine reine Gesinnung kann, weil intelligibel, ebenso wenig wie der intelligible Mensch als solcher die Strafe auf sich nehmen. Auf der Seite der „Illustration" ergibt sich entsprechend: Nicht der die ideale Gesinnung personifizierende Gottessohn erleidet die Strafe, sondern der Inkarnierte (als Pendant des „Weltwesens"), womit Kants illustrative Christologie dann in Konkordanz mit der klassischen Dogmatik stünde. Die Stellvertretung wird zwar dem noumenalen Subjekt zugeschrieben (intelligibler Mensch, Gesinnung, personifiziert: der Gottessohn), weswegen gesagt werden kann, dass es die Schuldigkeit übernimmt, geleistet wird sie aber von diesem Subjekt nur, insofern es phänomenal erscheint (Weltwesen, konkrete Maxime, personifiziert: der Inkarnierte).
[132] Alle Zitate nach Rel., AA VI, 75, Anm.
[133] Rel., AA VI, 75, Anm.

streben. Dieses immer strebende Sich-Bemühen wird nun stellvertretend angerechnet für die Tat. Der Mensch bleibt als empirisches Wesen immer hinter seiner Bestimmung zurück. Dass er aber eine gute Gesinnung besitzt, die als „intellektuelle Einheit des Ganzen" an die Stelle der immer unzureichenden Tat tritt, erlaubt es dann doch, ihm kontrafaktisch moralische Vollkommenheit zuzurechnen. Oder, in einer Terminologie, der sich auch Kant durchaus bedienen kann:[134] Dem Menschen in der Welt wird ein fremdes Verdienst zugerechnet. Dieses Verdienst ist das Verdienst Christi oder, die personifizierende Sprache der Religion verlassend, das Verdienst der eigenen Gesinnung des Menschen, welches durch eben jene Vorstellung vom Verdienst Christi symbolisiert wird. Mit dem Gedanken einer solchen kontrafaktischen Zurechnung aufgrund stellvertretender Vollkommenheit ist aber ein letzter Punkt der kantischen Religionsphilosophie und Theologie berührt: seine philosophische Rekonstruktion der Rechtfertigungslehre.

---

134 In einer *Reflexion* nimmt Kant den protestantischen Zentralbegriff der *iustitia aliena* auf. Dass eine fremde Gerechtigkeit (das Verdienst eines „anderen") notwendig ist für die Seligkeit des Menschen, wird hier mit den strengen Forderungen der Heiligkeit und Gerechtigkeit begründet, die Kant wiederum trinitarisch Gott, dem Gesetzgeber (Gott, der Vater), und Gott, dem Richter (also dem Heiligen Geist), zuordnet: „Aus der Heiligkeit des Gesetzgebers [fließt]: daß die Gebote keine Milderung in Betracht der Neigungen und Leidenschaften der Menschen erleiden; aus der Gerechtigkeit des Richters: daß die Verurtheilung nach diesem Gesetz, nicht nach Güte, sondern Gerechtigkeit, d.i. nach Würdigkeit geschehe, daß also alles Bitten um Gunst und Verzeihung umsonst sey und daß nur der aufrichtige und aus der Moralitaet entspringende Wunsch, des göttlichen Beystandes würdig zu seyn, die Güte der Vollendung unsrer Heiligkeit und dadurch der Gerechtigkeit erwerben könne. Es ist also nicht unsre eigene Gerechtigkeit, sondern fremdes Verdienst, was zu unsrer Seeligkeit erfodert wird" (Refl. 8085, AA XIX, 629). Gott, der Gesetzgeber, kann nicht indulgent gedacht werden. Ein gnädiges Hinwegsehen über die Verfehlungen des durch Neigungen geschwächten Menschen kommt nicht in Betracht. Gott, der Richter, kann Glückseligkeit nur gemäß der Glückswürdigkeit zuteilen. Durch Bitten diesen Richter zu erweichen ist unmöglich. Der Mensch, so scheint es, kann vor Gott, dem Gesetzgeber und Richter, moralisch nicht bestehen. Das Einzige, was ihm zu helfen vermag, ist der „Wunsch, des göttlichen Beistands würdig zu seyn". Über diesen Wunsch schreibt Kant, dass er allein uns die Gerechtigkeit erwerben könne (was wiederum von Ferne an den protestantischen Grundsatz *sola fide* erinnert). Welche Größe Kant hier genau mit dem „fremden Verdienst", das laut klassischer Dogmatik im Verdienst Christi am Kreuz besteht, identifiziert, ist recht unklar. Plausibel ist m. E., das „fremde Verdienst" auf den Wunsch, des göttlichen Beistands würdig zu sein, zu beziehen. An die Stelle der Person Christi, die nach klassisch-reformatorischer Sichtweise das rechtfertigende Verdienst erwirbt, würde hier der besagte Wunsch treten – ebenso wie in Kants Interpretation der Stellvertretungslehre die gute Gesinnung des Menschen jene Position einnimmt, die die klassische Dogmatik für die Person des Gottmenschen reserviert.

10.4 Die Rechtfertigung

Im Rahmen seiner moralphilosophischen Rekonstruktion der Christologie zeigt Kant, wie die Spannung zwischen dem *De-facto*-Status des Menschen als sinnlich-vernünftiges Wesen und seiner Bestimmung zur Heiligkeit in einem idealen Menschen als gelöst gedacht werden kann. Nun ergibt sich aber die Frage, wie diese Lösung auf die Gesamtheit der Menschen appliziert werden kann. Wir sollen dem Ideal der Gott wohlgefälligen Menschheit ähnlich werden. Doch können wir es auch? Davon, dass Kant dieses Problem selbst gesehen hat, legt die *Religionsschrift* ein beredtes Zeugnis ab.[135] Bevor jedoch zur Analyse der einschlägigen Abschnitte, die in der „Deduktion der Idee einer Rechtfertigung" gipfeln,[136] geschritten werden kann, muss auf ein Problem der Postulatenlehre in der *Kritik der praktischen Vernunft* hingewiesen werden. Kants Versuch einer philosophischen Deutung der Rechtfertigungslehre – so die These dieses abschließenden Kapitels – erweist sich bei näherer Betrachtung als Versuch, einen wesentlichen Mangel zu beheben, der dem Postulat der Unsterblichkeit in der Fassung der zweiten Kritik anhaftet.

Blickt man auf die einschlägigen Texte, scheint das Unsterblichkeitspostulat zunächst eine plausible Lösung für den Widerspruch zwischen der immer sinnlich-vernünftigen Natur des Menschen und seiner Bestimmung zur Heiligkeit zu bieten.[137] Aktuale Heiligkeit kann kein endliches vernünftiges Wesen jemals erreichen.[138] Was ihm bleibt, ist der unendliche Progressus, die immer größere, infinitesimale Annäherung an den Zustand aktualer Heiligkeit. Trocken konstatiert Kant: „Einem vernünftigen, aber endlichen Wesen ist nur der Progressus ins

---

135 Rel., AA VI, 66.
136 Rel., AA VI, 76.
137 Damit soll nicht geleugnet werden, dass das Unsterblichkeitspostulat intern äußerst problematisch ist. Die gewichtigsten dieser Probleme betreffen Kants Auffassung der postmortalen Existenz. Laut Beck bestehen sie im Folgenden: 1. Wenn die vernünftigen Wesen nach dem Tod nicht mehr Teil der empirischen Welt sind, wie können sie dann noch fortdauern, wenn doch nur die Sinnenwelt, nicht aber die intelligible Welt zeitlich strukturiert ist? 2. Wie sollen die vernünftigen Wesen in ihrer postmortalen Existenz Anteil an jener Glückseligkeit erhalten, die der Begriff des höchsten Guts erfordert, da doch physische Glückseligkeit (wie Kant sie hier m. E. einzig vor Augen hat) wiederum rein empirisch bedingt ist? (BECK, 1995, 249 f.). Auch Heit benennt die Vorstellung einer „unzeitlichen Fortdauer" als problematischen Aspekt des Unsterblichkeitspostulats (HEIT, 2006, 205). Darüber hinaus analysiert er treffend, dass auch die von Kant vorausgesetzte Individualität der einzelnen moralischen Agenten unter rein-intelligiblen Bedingungen nur schwer vorstellbar ist (HEIT, 2006, 204).
138 „Die völlige Angemessenheit des Willens aber zum moralischen Gesetze ist Heiligkeit, eine Vollkommenheit, deren kein vernünftiges Wesen der Sinnenwelt in keinem Zeitpunkte seines Daseins fähig ist" (KpV, AA V, 122).

Unendliche von niederen zu den höheren Stufen der moralischen Vollkommenheit möglich."·¹³⁹ Damit ist, wohlgemerkt, die Spannung zwischen dem *De-facto-*Status des Menschen und seiner Bestimmung gerade noch *nicht* gelöst. Anders kann nur urteilen, wer sich mit dem approximativen Begriff der Heiligkeit begnügt, was zugleich bedeutete, die Strenge der kantischen Moralphilosophie zu unterschätzen. Der Mensch erreicht seine Bestimmung zwar niemals wirklich, doch vermag er, sich ihr infinitesimal zu nähern. Der Mensch scheitert, er scheitert aber nur knapp. Dass zumindest Kant sich hiermit nicht begnügen kann, liegt auf der Hand, ist doch – zumindest nach dem Text des Unsterblichkeitspostulats¹⁴⁰ – „die völlige Angemessenheit der moralischen Gesinnungen zum moralischen Gesetz", d. h. Heiligkeit im Sinne moralischer Vollkommenheit, das *bonum supremum* und mithin die oberste Bedingung des *summum bonum consummatum*. Diese Angemessenheit kann aber nicht schlechterdings gleichbedeutend sein mit der infinitesimalen Annäherung an den Zustand einer solchen Angemessenheit. Entweder ich erreiche moralische Vollkommenheit und bin daher glückswürdig oder ich erreiche sie eben nicht und bin folglich auch nicht glückswürdig. Auch denjenigen als glückswürdig zu betrachten, dessen Gesinnung *fast* dem moralischen Gesetz angemessen ist – und mag dieses „fast" sich auch unendlich dem Punkt moralischer Vollkommenheit annähern –, würde eine Indulgenz der praktischen Vernunft voraussetzen, die Kant gerade ausschließt.¹⁴¹ Statt auf diese vermeintliche Indulgenz zu vertrauen, wählt Kant einen anderen, m. E. oft übersehenen Weg, um das Problem zu lösen, dass der Mensch sich dem Sittengesetz

---

139 KpV, AA V, 123.
140 In seiner luziden Analyse des Unsterblichkeitspostulats erkennt Beck, dass der hier vorausgesetzte Begriff des höchsten Guts dem am Anfang der Dialektik widerspricht. Während Kant bei der Antinomie der praktischen Vernunft die Tugend mit der Glückswürdigkeit gleichsetzt und das höchste Gut so versteht, dass es in der dem jeweiligen Grad der Tugend proportionierten Glückseligkeit besteht, behauptet er beim Postulat der Unsterblichkeit, die (approximative) Heiligkeit sei es, nicht ein bestimmter, je individueller Grad an Tugend, welche die Glückswürdigkeit ausmache. Beck unterscheidet hier zwischen einem „Maximal"- und einem „Rechtsbegriff" des höchsten Guts (BECK, 1995, 247). Im Folgenden soll, da es um den Text des Unsterblichkeitspostulats geht, der Maximalbegriff vorausgesetzt werden, d. h., das *bonum supremum* wird nicht in einem individuellen Grad an Tugend, sondern in der (approximativen) Heiligkeit gesehen.
141 KpV, AA V, 122. An dieser Stelle scheint Kant allerdings zu behaupten, dass vollkomme Angemessenheit im ewigen Progressus zu erreichen sei. Will man Kant nicht unterstellen, er meine hier, unendliche Annäherung an die Vollkommenheit sei schlechterdings identisch mit dem Erreichen der Vollkommenheit, muss erklärt werden, wie infinitesimale Annäherung den Mangel an aktualer Vollkommenheit ersetzen kann. Allein das Postulat einer ewigen Fortdauer der Person reicht noch nicht aus, um von einer „völligen Angemessenheit der Gesinnungen zum moralischen Gesetze" (KpV, AA V, 122), welche zur Realisierung des höchsten Gutes unablässig ist, sprechen zu können. Es muss ein geltungstheoretisches Argument hinzutreten.

zwar nur infinitesimal nähern *kann*, es aber zugleich aktual erreichen *soll:* Er rekurriert auf die intellektuelle Anschauung Gottes.

> Der Unendliche, dem die Zeitbedingung Nichts ist, sieht in dieser für uns endlosen Reihe das Ganze der Angemessenheit mit dem moralischen Gesetze, und die Heiligkeit, die sein Gebot unnachlaßlich fordert, um seiner Gerechtigkeit in dem Antheil, den er jedem am höchsten Gut bestimmt, gemäß zu sein, ist in einer einzigen intellectuellen Anschauung des Daseins vernünftiger Wesen ganz anzutreffen.[142]

Für Gott, anders als für den Menschen, stellt sich der infinite Progress nicht als zeitliche Sukzession dar. Er sieht alle Momente des Prozesses der Annäherung zugleich.[143] Während der Mensch nur hoffen kann, im unendlichen Fortschritt dem Sittengesetz adäquat zu werden, beurteilt Gott den Progressus als ganzen und weiß genau, wieweit das Geschöpf bereits vorangeschritten ist auf seinem Weg zur Heiligkeit. Abermals genügt dieser Gedanke allein noch nicht. Denn von aktualer Heiligkeit kann immer noch nicht die Rede sein. Wie gezeigt wurde, ist es allein Gott, der die ganze Reihe des Fortschritts beurteilen kann und, anders als der Mensch, nicht nur einen bestimmten Augenblick derselben „überblickt". Dass Gott den ganzen Progressus vor seinem – freilich intelligiblen – „Auge" hat, leitet aber zur eigentlichen Pointe über, die Kant in der Fußnote versteckt und die zugleich auch den Übergang zum Theologumenon der Rechtfertigung ermöglicht.

> Aber auch natürlicher Weise darf derjenige, der sich bewußt ist, einen langen Theil seines Lebens bis zu Ende desselben im Fortschritte zum Bessern, und zwar aus ächten moralischen Bewegungsgründen, angehalten zu haben, sich wohl die tröstende Hoffnung, wenn gleich nicht Gewißheit, machen, daß er auch in einer über dieses Leben hinaus fortgesetzten Existenz bei diesen Grundsätzen beharren werde, und wiewohl er in seinen eigenen Augen hier nie gerechtfertigt ist, noch bei dem verhofften künftigen Anwachs seiner Naturvollkommenheit, mit ihr aber auch seiner Pflichten es jemals hoffen darf, dennoch in diesem Fortschritte, der, ob er zwar ein ins Unendliche hinausgerücktes Ziel betrifft, dennoch für Gott als Besitz gilt, eine Aussicht in eine selige Zukunft haben; denn dieses ist der Ausdruck, dessen sich die Vernunft bedient, um ein von allen zufälligen Ursachen der Welt unabhängiges vollständiges Wohl zu bezeichnen, welches eben so wie Heiligkeit eine Idee ist, welche nur in einem unendlichen Progressus und dessen Totalität enthalten sein kann, mithin vom Geschöpfe niemals völlig erreicht wird.[144]

---

142 KpV, AA V, 123. Dass in dieser Passage der zweiten Kritik bereits die Rechtfertigungslehre der *Religionsschrift* präludiert wird, erkennt klar Heit, 2006, 175.
143 Freilich ist auch Simultaneität eine zeitliche Kategorie, doch scheint Kant sie hier als symbolischen Ausdruck für Unzeitlichkeit zu verwenden, wie in der theologischen Tradition häufig anzutreffen. Diese metaphorische Redeweise begegnet bereits in der Bibel selbst (Ps 90,4, vgl. 2 Petr 3,8).
144 KpV, AA V 223f., Anm.

Der Mensch, welcher sich bewusst ist, schon in seinem irdischen Leben auf dem Fortschritt zum Besseren zu sein, darf auch hoffen, in eine postmortale Existenz überzugehen, in der dieser *progressus ad infinitum* fortgesetzt wird. So weit, so trivial. Der entscheidende Gedanke ist aber der folgende. Kant merkt an, dass der infinite Fortschritt zum Besseren „für Gott als Besitz gilt". Diese nebenbei hingeworfene Bemerkung ist es m. E. erst, die das Unsterblichkeitspostulat (zumindest in einer Hinsicht) plausibel macht, vorausgesetzt, es fordert tatsächlich Heiligkeit (wie der Text unmittelbar nahelegt) und nicht nur einen bestimmten Grad an Tugend als *conditio sine qua non* für die Teilhabe am höchsten Gut.[145] Dem Menschen als endlich vernünftigem Wesen – daran ist nicht zu rütteln – ist faktisch nicht mehr möglich als die infinitesimale Annäherung an den Zustand aktualer Heiligkeit. Gott aber lässt kontrafaktisch den ewigen Progressus den mangelnden Besitz aktualer Heiligkeit vertreten. Für ihn gilt als Besitz, was in Wirklichkeit nur strebendes Bemühen ist. Strenger terminologisch gefasst: Gott fordert aktuale Heiligkeit, lässt aber approximative Heiligkeit an deren Statt gelten.

> Es liegt – zumindest im Sinne einer strukturellen Analogie – nahe, hier auf Leibniz' Überlegungen über ein „Prinzip der allgemeinen Ordnung" (*principium ordinis generalis*) zu rekurrieren.[146] Dieses Prinzip, das im Zusammenhang mit Leibniz' Bemühen um eine ontologische Grundlegung des Infinitesimalkalküls steht, besagt kurz gesagt, dass, wenn sich zwei Fälle stetig annähern, so dass irgendwann (und sei es im Unendlichen) der eine in den anderen übergeht, das Gleiche auch für die abgeleiteten bzw. gesuchten Größen gilt.[147] Als Beispiel verweist Leibniz u. a. auf die Lehre von den Kegelschnitten: Die beiden „Fälle" sind hier die Ellipse und die Parabel. Der Begriff der Ellipse lässt sich dabei dem der Parabel annähern, bis der Unterschied zwischen beiden unendlich klein ist – nämlich dann, wenn man die Parabel als eine Ellipse begreift, deren einer Brennpunkt „weit genug" (*satis longe*) von dem anderen, uns näheren entfernt ist.[148] Die Parabel kann daher als eine geometrische Figur begriffen werden, die sich von der Ellipse in einem Maß unterscheidet, das geringer ist als jede beliebig

---

145 In Becks Terminologie: Der Maximalbegriff des höchsten Guts wird zugrunde gelegt (BECK, 1995, 247).
146 LEIBNIZ, 1962, 129.
147 „Cum casus (vel data) continue sibi accedunt, ita ut tandem alter in alterum abeat, oportet in consequentibus sive eventibus (vel quaesitis) respontibus idem fieri" (LEIBNIZ, 1962, 129).
148 LEIBNIZ, 1962, 130.
149 Alle Verweise nach LEIBNIZ, 1962, 130.
150 Streng genommen ist es ein begrifflicher Widerspruch, eine unendliche Reihe zu „überblicken" bzw. sie als Ganzes wahrzunehmen. Ist aber der Verstand Gottes unendlich, gilt zumindest, dass es keinen Punkt der Reihe gibt, den Gott nicht erreichen kann (abzählbare Unendlichkeit). Da Gott aber zeitlos ist, schreitet er die Reihe nicht ab (und sei es in einer unendlichen Dauer), sondern „überblickt" jeden Punkt der Reihe zugleich – was, da die Reihe unendlich ist, wiederum nur ein unendliches Wesen vermag.

kleine Größe.¹⁴⁹ Wenn aber der Unterschied zwischen Ellipse und Parabel unendlich verringert werden kann, gilt dies nach dem „Prinzip der allgemeinen Ordnung" auch für die abgeleiteten Größen. Mithin müssen alle geometrischen Theoreme über die Ellipse auch auf die Parabel angewandt werden können. Anschaulicher noch ist ein Prinzip aus dem Bereich der Physik. Nach Leibniz kann die Ruhe als „unendlich geringe Schnelligkeit" (*celeritas infinite parva*) aufgefasst werden. Die Ruhe kann mithin nicht vollkommen unabhängig von den Bewegungsgesetzen verstanden werden, sondern es muss vielmehr ein Gesetz der Kontinuität geben zwischen dem, was über die Bewegung bzw. Schnelligkeit ausgesagt wird, und dem, was von der Ruhe gilt. Ruhe ist nicht etwas völlig anderes als Bewegung, sondern nun ein extremer Sonderfall der Bewegung, nämlich unendlich langsame Bewegung. Wendet man diese Gedanken nun auf Kants These an, dass die approximative Heiligkeit stellvertretend für die aktuale Heiligkeit stehen kann, ergibt sich folgendes Bild: Auch approximative und aktuale Heiligkeit stehen in einem Verhältnis, das es erlaubt, den Unterschied zwischen beiden als unendlich klein anzusetzen. Approximative Heiligkeit ist unendliche (und stetig zunehmende) Annäherung an die aktuale Heiligkeit, wodurch diese zu einem Analogon des Grenzwertes in der Infinitesimalrechnung wird. Und ebenso, wie der Grenzwert der Reihe der unendlichen Annäherung entspricht, entspricht nun auch die aktuale Heiligkeit der approximativen Heiligkeit. Der Unterschied zwischen beiden ist unendlich klein – ebenso wie der zwischen der Ruhe und einer unendlich geringen Schnelligkeit. Ist aber der Unterschied zwischen diesen beiden „Fällen" (approximative und aktuale Heiligkeit) unendlich klein, muss dies auch für alle abgeleiteten Größen gelten. Die „abgeleitete Größe" ist in diesem Fall der entsprechende moralische Status. Die moralische Stufe eines Menschen, der sich (rein hypothetisch gesprochen) im Zustand aktualer Heiligkeit befindet, kann dem Zustand eines Menschen, der sich unendlich diesem Zustand annähert, also approximativ heilig ist, unendlich angenähert werden, weil der Unterschied zwischen approximativer und aktualer Heiligkeit selbst unendlich klein ist. Die unendliche Annäherung der beiden Zustände ist nach Kant allerdings nur in den Augen Gottes möglich, weil nur er, als unendlicher Verstand, die Reihe der unendlichen Annäherung „überblickt".¹⁵⁰ Nur für ihn ist klar, dass der Unterschied zwischen approximativer und aktualer Heiligkeit kleiner ist als jede beliebige Größe. Weil Gott erkennt, dass den Menschen, der als Unsterblicher immer weiter strebt, nur ein unendlich kleiner Schritt – der zugleich nie getan werden kann – von der Vollkommenheit trennt, lässt er ihn kontrafaktisch als vollkommen gelten. Der Unterschied zwischen approximativer und aktualer Heiligkeit ist nie null, in den Augen Gottes aber eine Nullfolge. Und Gott lässt den unendlich kleinen Unterschied stellvertretend für die tatsächliche Aufhebung des Unterschieds gelten.

Wichtig ist auch hier, dass Gott über die intellektuelle Anschauung verfügt und mithin den Progressus als ganzen vor Augen hat.¹⁵¹ Nicht ein bestimmter Moment des Progressus, sondern der Progressus als ganzer kann in den Augen Gottes die mangelnde aktuale Heiligkeit ersetzen und mithin als „Besitz" gelten (welcher er *de facto* nicht ist). Ein solches, kontrafaktisches Urteil über den

---

151 Kant scheint im Zusammenhang mit dem Progressus-Argument in der „intellektuellen Anschauung" Gottes, anders als im Herz-Brief, mehr als nur einen problematischen Grenzbegriff zu sehen. Vielmehr wird er hier zu einem festen Bestandteil seiner Rationaltheologie. S.o. 3.1.

Menschen, das ihn moralisch gelten lässt, obwohl er eigentlich nichts gilt, wird in der klassischen protestantischen Dogmatik gewöhnlich mit dem Gedanken der Rechtfertigung des Sünders verbunden. Dass ein solches Urteil ein Urteil aus Gnade ist, wird bei Kant indes erst dort expliziert, wo es auch zu erwarten ist, d. h. abermals in der *Religionsschrift*. Genauer sind hier die bereits genannten drei Schwierigkeiten einschlägig, die laut Kant der Erreichbarkeit der Idee der Gott wohlgefälligen Menschheit im Weg stehen. Für den gegenwärtigen Kontext sind lediglich die erste und dritte Schwierigkeit – die zweite behandelt die Frage der moralischen Glückseligkeit[152] – von Bedeutung. Was die erste und dritte Schwierigkeit vereint und die zweite als einen Exkurs erscheinen lässt, ist, dass es Kant in beiden Fällen darum geht, wie die Spannung zwischen *De-facto*-Status und Bestimmung des Menschen gelöst werden kann, also genau der Problemhorizont, vor dem auch das Unsterblichkeitspostulat begriffen werden kann. So eröffnet Kant seine relativ kurzen Ausführungen zur ersten Schwierigkeit mit Rückgriff auf das biblische Heiligkeitsgebot, welches er als Forderung nach aktualer Heiligkeit versteht.[153] Dass die Forderung des Evangeliums „Seid heilig" bereits in der zweiten Kritik als ein für den Menschen als sinnlich-vernünftiges Wesen unerreichbares Ziel gelten kann, wodurch die Forderung aber keineswegs abgeschwächt wird, wurde schon erörtert. Unter Voraussetzung der Lehre vom radikal Bösen verschärft sich das Problem noch einmal: Der Abstand zwischen dem Guten, zu dem wir bestimmt sind, und dem Bösen, von dem wir anfingen, ist, so Kant, unendlich. „Gleichwohl soll die sittliche Beschaffenheit des Menschen mit ihr übereinstimmen".[154] Damit ist präzise die Spannung zwischen *De-facto*-Status und Bestimmung des Menschen benannt, die in der *Religionsschrift* als erste Schwierigkeit gegen die Erreichbarkeit des Ideals der Menschheit aufgestellt wird. Kant präzisiert jedoch noch weiter, indem er abermals zwischen Tat und Gesinnung unterscheidet. Der Tat nach, d. h. aktual, kann niemals ein Mensch die Heiligkeit erreichen, welche Zeitspanne ihm auch immer zur Verfügung steht. Selbst in einer unendlichen Zeitspanne – so lässt sich ergänzen – wäre nur infi-

---

152 Rel., AA VI, 67–71. Es geht hier um die Frage, wie der Mensch bei seiner einmal gefassten guten Gesinnung bleiben könne, theologisch gesprochen also das Problem der Perseveranz. Kants Antwort ist *in nuce*, dass die gute Gesinnung *per se* „ein Zutrauen zu ihrer Beharrlichkeit und Festigkeit" mit sich führe, welches aber nicht mit einer falschen Sicherheit verwechselt werden dürfe (Rel., AA VI, 71).
153 Dass Kant eindeutig aktuale und nicht lediglich approximative Heiligkeit meint, wird klar, wenn man darauf achtet, dass er hinter „Seid heilig" in Klammern ergänzt „in eurem Lebenswandel" (Rel., AA VI, 66). „Lebenswandel" setzt er im Folgenden mit „Tat" gleich, welche er wiederum als das „Gute in der Erscheinung" definiert (Rel., AA VI, 67).
154 Rel., AA VI, 66.

nitesimale Annäherung an den Zustand der Heiligkeit möglich, nicht aktuale, sondern bloß approximative Heiligkeit. Soll der Heiligkeitsforderung des Evangeliums in irgendeiner Form Genüge getan werden – was Kant voraussetzt, da der Mensch seine Bestimmung sonst ewig verfehlen würde –, muss die Gesinnung an die Stelle der Tat treten. Die eigentliche Schwierigkeit besteht nun darin, *wie* die gute Gesinnung für die immer mangelhafte Tat als Ersatz angesehen werden bzw. diese vertreten könne.[155]

Die Auflösung dieser Schwierigkeit liefert Kant in einer Weise, die stark an das Postulat der Unsterblichkeit aus der zweiten Kritik erinnert. Allerdings tritt nunmehr der in dem Werk von 1788 nur latente Gedanke, dass der unendliche Progressus allein nicht genügt, sondern es zusätzlich der intellektuellen Anschauung Gottes bedürfe, wesentlich deutlicher hervor.

> Die Auflösung derselben aber beruht darauf: daß die letztere als ein continuirlicher Fortschritt von mangelhaftem Guten zum Besseren ins Unendliche nach unserer Schätzung, die wir in den Begriffen des Verhältnisses der Ursache und Wirkungen unvermeidlich auf Zeitbedingungen eingeschränkt sind, immer mangelhaft bleibt; so daß wir das Gute in der Erscheinung, d.i. der That nach, in uns jederzeit als unzulänglich für ein heiliges Gesetz ansehen müssen; seinen Fortschritt aber ins Unendliche zur Angemessenheit mit dem letzteren wegen der Gesinnung, daraus er abgeleitet wird, die übersinnlich ist, von einem Herzenskündiger in seiner reinen intellectuellen Anschauung als ein vollendetes Ganze auch der That (dem Lebenswandel) nach beurtheilt denken können, und so der Mensch unerachtet seiner beständigen Mangelhaftigkeit doch überhaupt Gott wohlgefällig zu sein erwarten könne, in welchem Zeitpunkte auch sein Dasein abgebrochen werden möge.[156]

Kant hält hier zunächst fest, dass der unendliche Progressus „nach unserer Schätzung [...] immer mangelhaft bleibt",[157] weshalb wir uns der Tat nach als immer hinter dem Gebot der Heiligkeit zurückbleibend begreifen müssen. In der *Kritik der praktischen Vernunft* hat Kant diesen Gedanken noch nicht so klar gefasst. Aus unserer Perspektive, die notwendig eine zeitliche ist, löst der Progressus mitnichten die Spannung zwischen *De-facto*-Status und *vocatio*. Gott blickt nicht auf die einzelnen, immer unvollkommenen Momente, sondern beurteilt den Progressus als solchen, der freilich – das darf nicht übersehen werden – auch in seiner Gesamtheit unvollkommen bleibt. Was uns indes dazu berechtigt, darauf zu vertrauen, dass das Urteil Gottes über den Progressus, den wir durchlaufen, positiv ausfällt, ist unsere Gesinnung, welche gleichsam den „Keim"[158] des ganzen

---

155 „Nun besteht die Schwierigkeit darin, wie die Gesinnung für die That, welche jederzeit (nicht überhaupt, sondern in jedem Zeitpunkte) mangelhaft ist, gelten könne" (Rel., AA VI, 67).
156 Rel., AA VI, 67.
157 Rel., AA VI, 67.
158 Rel., AA VI, 66.

Lebenswandels (also der Taten) ausmacht. In diesem Sinn ist es nach Kant denn auch wahr, dass die Gesinnung die immer unvollkommene Tat vor Gott vertritt.[159] Gott lässt unsere Gesinnung für die Tat gelten; auf uns bezogen, hat die Gesinnung lediglich die Funktion, unsere Hoffnung wach zu halten, dass wir im strengen Gericht Gottes bestehen werden.

Kant hat damit den Gedanken, der als notwendige Ergänzung des Unsterblichkeitspostulats kenntlich wurde, noch einmal unterstrichen: Nicht in unseren Augen, sondern allein in denen Gottes ist es möglich, den Menschen, der immer nur im Werden ist, kontrafaktisch etwas als Besitz zuzusprechen, was in der Tat nur ein ewiges Streben ist.[160] Der Grund für dieses Urteil – das ist an dieser Stelle der Fortschritt der *Religionsschrift* – liegt in der guten Gesinnung. Der sich aufdrängende Begriff der Gnade fällt an dieser Stelle noch nicht. Kant verschiebt ihn auf die dritte und s. E. größte Schwierigkeit.

In einer Fußnote zur ersten Schwierigkeit weist Kant jedoch bereits auf die dritte voraus. Zunächst schärft er ein, dass die Gesinnung nicht schlechterdings die unvollkommene Tat ersetze. Die Gesinnung kann nie das wirkliche Böse, das der Mensch tut, vertreten, sondern nur die prinzipielle, metaphysische Unvollkommenheit des Menschen, der als sinnlich-vernünftiges und endliches Wesen niemals aktuale Heiligkeit zu erreichen vermag.

> Es muß nicht übersehen werden, daß hiermit nicht gesagt werden wolle: daß die Gesinnung die Ermangelung des Pflichtmäßigen, folglich das wirkliche Böse in dieser unendlichen Reihe zu vergüten dienen solle (vielmehr wird vorausgesetzt, daß die Gott wohlgefällige moralische Beschaffenheit des Menschen in ihr wirklich anzutreffen sei); sondern: daß die

---

159 Heit unterscheidet in diesem Zusammenhang zwischen der „Metamaxime", welche nach der Revolution der Gesinnungsart durchgehend als gut beurteilt werden muss, und der immer noch unvollkommenen „Sinnenart". Nur in den Augen des göttlichen Richters, so Heit, kann die „Revolution [der Gesinnungsart] proleptisch einstehen für den noch unabgeschlossenen Heiligungsprozess" (HEIT, 2006, 174).
160 Eine schärfere Lesart des Textes würde sogar nahelegen, dass Kant hier das Unsterblichkeitspostulat zurücknimmt. Laut der zitierten Passagen ist es für die moralische Beurteilung eines Menschen in den Augen Gottes gleichgültig, „in welchem Zeitpunkte auch sein Dasein abgebrochen werden möge" (Rel., AA VI, 67). Für das Unsterblichkeitspostulat der zweiten Kritik ist dies alles andere als gleichgültig. Die unendliche Fortdauer ist dort vielmehr Voraussetzung dafür, dass der Mensch in der intellektuellen Anschauung Gottes als moralisch adäquat zu erscheinen vermag. Während in der *Kritik der praktischen Vernunft* die intellektuelle Anschauung Gottes zum Postulat unendlicher Fortdauer nur hinzutritt, um zu erklären, wie das ewige Bemühen an die Stelle des Besitzes treten kann, verschiebt sich der Akzent in der *Religionsschrift* vollends auf die Anschauung Gottes. Es geht allein darum, dass Gott das ewige Streben (für welches die gute Gesinnung zeugt) als Surrogat für die immer mangelhafte Tat bzw. den fehlenden Besitz ansieht. Ob dieses Streben ein endliches oder unendliches ist, spielt 1793 keine Rolle mehr.

> Gesinnung, welche die Stelle der Totalität dieser Reihe der ins Unendliche fortgesetzten Annäherung vertritt, nur den von dem Dasein eines Wesens in der Zeit überhaupt unzertrennlichen Mangel, nie ganz vollständig das zu sein, was man zu werden im Begriffe ist, ersetze; denn was die Vergütung der in diesem Fortschritte vorkommenden Übertretungen betrifft, so wird diese bei der Auflösung der dritten Schwierigkeit in Betrachtung gezogen werden.[161]

Kant trifft hier eine Unterscheidung zwischen zwei Arten von moralischer Unvollkommenheit, die der Leibniz' zwischen drei Arten von Übeln analog ist – wenn diese nicht sogar im Hintergrund steht.[162] In ähnlicher Weise wie sein großer Vorgänger – unter Ausklammerung des natürlichen Übels – unterscheidet Kant in der vorliegenden Passage zwischen der „Ermangelung des Pflichtmäßigen" als dem wirklich Bösen und dem „Mangel, nie ganz vollständig das zu sein, was man zu werden im Begriffe ist". Während die „Ermangelung des Pflichtmäßigen" dem entspricht, was Leibniz das moralische Böse (*malum morale*) nennt – er bezieht sich hier ebenso wie Kant auf die christliche Sündenlehre –, muss der genannte Mangel, nie ganz vollständig seiner Bestimmung gerecht zu werden, im Sinne des *malum metaphysicum* verstanden werden. Der Mensch kann niemals aktual heilig sein; das gehört notwendig zu seiner Konstitution, weshalb er auch in einer unendlichen Zeitspanne (ja, sogar unter intelligiblen Bedingungen) niemals dem Gebot der Heiligkeit zu entsprechen vermag. Freilich kann dies ihm nicht zugerechnet werden, weil es eine notwendige Beschränkung seines Menschseins ausmacht – eine metaphysische Unvollkommenheit, aber keine Verfehlung. Für dieses *malum metaphysicum* und für es allein kann laut Kant nun die Gesinnung stellvertretend eintreten. Anders verhält es sich mit dem wirklich Bösen. Es muss zugerechnet werden und kann nicht mit Verweis auf die Gesinnung getilgt werden. Damit ist das Problemniveau der dritten Schwierigkeit und theologisch der Rechtfertigungslehre im engeren Sinn erreicht.

Die dritte Schwierigkeit besteht im Kern nun darin, dass der Mensch, „nachdem" er die die gute Gesinnung angenommen, immer mit dem Bösen angefangen hat. Kant verweist hier selbst auf seine Lehre vom radikal Bösen, die, als Versuch gedacht, die Erbsündenlehre transzendentalphilosophisch zu rekonstruieren, genau dies besagt. Dass der Mensch immer schon vom Bösen angefangen hat, bedeutet eine Verschuldung, die er niemals tilgen kann. Wenngleich der Mensch auch „fortan" sich keiner Übertretung mehr schuldig macht, bleibt doch diese Schuld bestehen. Es wäre nun denkbar, dass der Mensch jene alte Schuldlast abgleichen könnte, indem er, nunmehr in den neuen Lebenswandel

---

161 Rel., AA VI, 67.
162 LEIBNIZ, 1932, 115.

eingetreten, mehr als das Gesollte tut. Dies ist aber nach Kant schlechthin unmöglich, da es für Kant, wie bereits erörtert, keine supererogative Pflichterfüllung gibt.[163] Die Schwierigkeit, wie mit der durch den Menschen selbst nicht zu tilgenden Schuld umgegangen werden muss, führt Kant schließlich zu einem recht komplizierten Gedankengang, den er selbst als „Deduktion der Idee einer Rechtfertigung" bezeichnet.[164]

Zunächst entwickelt Kant ausführlich seine Interpretation des Genugtuungsgedankens, wie sie oben bereits analysiert wurde. Der langen Rede kurzer Sinn ist, dass der intelligible Mensch „nach" dem Gesinnungswandel (bzw. die gute Gesinnung selbst) bei Kant genau jene Rolle übernimmt, welche in der klassischen Dogmatik der Person Christi zukommt. Die Lehre von der Genugtuung Christi wird so umgedeutet, dass der intelligible Mensch „nach" dem Gesinnungswandel freiwillig die Schuld für den alten intelligiblen Menschen „vor" dem Gesinnungswandel übernimmt. Im Folgenden präsentiert Kant nun diese anthropologische Interpretation des Genugtuungsgedankens als Lösung für die dritte Schwierigkeit. Jene Strafen, die der „neue" Mensch, der die gute Gesinnung bereits angenommen hat, stellvertretend für den „alten" trägt, bringen eben jenen Überschuss an Verdienst hervor, der notwendig ist, um die vor dem Gesinnungswandel angehäufte Schuld zu tilgen.

> Hier ist nun derjenige Überschuß über das Verdienst der Werke, der oben vermißt wurde, und ein Verdienst, das uns aus Gnaden zugerechnet wird. Denn damit das, was bei uns im Erdenleben (vielleicht auch in allen künftigen Zeiten und allen Welten) immer nur im bloßen Werden ist (nämlich ein Gott wohlgefälliger Mensch zu sein), uns, gleich als ob wir schon hier im vollen Besitz desselben wären, zugerechnet werde, dazu haben wir doch wohl keinen Rechtsanspruch (nach der empirischen Selbsterkenntniß), so weit wir uns selbst kennen (unsere Gesinnung nicht unmittelbar, sondern nur nach unsern Thaten ermessen), so daß der Ankläger in uns eher noch auf ein Verdammungsurtheil antragen würde. Es ist also immer nur ein Urtheilsspruch aus Gnade, obgleich (als auf Genugthuung gegründet, die für uns nur in der Idee der gebesserten Gesinnung liegt, die aber Gott allein kennt) der ewigen Gerechtigkeit völlig gemäß, wenn wir um jenes Guten im Glauben willen aller Verantwortung entschlagen werden.[165]

Kant bietet in dieser Passage genau jenes Argument, dem er wenige Zeilen später den Titel einer „Deduktion der Idee einer Rechtfertigung" verleihen soll. Die

---

163 Zur Frage, ob Kants Ethik mit einer Theorie der Supererogation vereinbar ist, s. WESSELS, 2002, 164 f. sowie die dort angegebene Literatur (WESSELS, 2002, 165, Anm. 31).
164 Rel., AA VI, 76. „Rechtfertigung" ist hier terminologisch gemeint (was bei Kant nur selten der Fall ist), genauer im Sinn der protestantischen Rechtfertigungslehre, wie der Rekurs auf die Genugtuung Christi und die göttliche Gnade in der angeführten Passage beweist.
165 Rel., AA VI, 75 f.

Rechtfertigung geschieht nach klassisch-protestantischer Auffassung „aus Gnaden umb Christus willen durch den Glauben".[166] Zumindest die ersten beiden Elemente lassen sich – freilich in moralphilosophischer *relecture* – auch im vorliegenden Text nachweisen. Die Rede vom „Überschuß" ist dabei freilich doppeldeutig. Auf den ersten Blick legt sie ein sogenanntes semipelagianisches Verständnis nahe, nach dem der Mensch zumindest zum Teil an seinem Heil mitwirkt, wodurch das „umb Christus willen" (*propter Christum*) abgeschwächt würde. In der Tat wird Kant in der Literatur oft genau ein solches Verständnis des Heilserwerbs unterstellt.[167] Für diese Deutung spricht, dass der „Überschuß" nach Kant tatsächlich nicht durch Jesus Christus (verstanden als eine bestimmte historische Person), sondern durch den intelligiblen Menschen „nach" dem Gesinnungswandel erworben wird. Was diese Deutung aber übersieht, ist, dass Kants Rede von dem „Überschuß", den der „neue" Mensch erwirbt, einen Versuch darstellt, die Lehre von der stellvertretenden Genugtuung Christi zu plausibilisieren. Semipelagianisch wäre sein Versuch vielmehr dann, wenn der „alte Mensch", also der intelligible Mensch „vor" dem Gesinnungswandel, solches vermöchte, was Kant, aufgrund seiner philosophischen Interpretation der Erbsündenlehre, gerade ausschließt.[168] Kant geht es also keineswegs darum, dass der natürliche Mensch irgendetwas zu seinem eigenen Heil beitragen könnte, sondern dass der „neue" Mensch nach dem Gesinnungswandel die nicht abgegoltene

---

166 CA IV,7 f./Evangelisch-Lutherische Kirche, 1998, 56.
167 Schulte, 1988, 116, Anm. 40. Siu, 1992, 174. Wimmer, 1990, 157. Brachtendorf ordnet – wenn auch mit Kautelen – Kant dem Semipelagianismus zu und betont, dass Kants Standpunkt dem katholischen Glauben näher stehe als dem protestantischen (Brachtendorf, 2011, 170 f., v. a. Anm. 22 mit Verweis auf Thiede). Heit unterscheidet bei Kant verschiedene „Reflexionsstufen" der Soteriologie und kommt daher zu einem entsprechend differenzierten Ergebnis, was den Vorwurf des Semi-Pelagianismus anbelangt (Heit, 2006, 112f.).
168 Damit soll nicht geleugnet werden, dass sich in Kants Werken Passagen finden, die eindeutig einen semipelagianischen Einschlag aufweisen. Besonders deutlich ist eine Stelle aus dem *Streit der Fakultäten*: „Wo das eigene Thun zur Rechtfertigung des Menschen vor seinem eigenen (strenge richtenden) Gewissen nicht zulangt, da ist die Vernunft befugt allenfalls eine übernatürliche Ergänzung seiner mangelhaften Gerechtigkeit (auch ohne daß sie bestimmen darf, worin sie bestehe) gläubig anzunehmen. Diese Befugniß ist für sich selbst klar; denn was der Mensch nach seiner Bestimmung sein soll (nämlich dem heil. Gesetz angemessen), das muß er auch werden können, und ist es nicht durch eigene Kräfte natürlicherweise möglich, so darf er hoffen, daß es durch äußere göttliche Mitwirkung (auf welche Art es auch sei) geschehen werde" (Str. d. Fak., AA VII, 43 f.). Dass hier nur von einer *Ergänzung* die Rede ist, die dann notwendig wird, wenn die natürlichen Kräfte des Menschen nicht mehr ausreichen, erinnert deutlich an die tridentinische Rechtfertigungslehre. Die Rechtfertigung geschieht hier gerade nicht, wie im klassischen Protestantismus, allein durch Gnade (*sola gratia*), sondern durch ein Zusammenwirken der Gnade mit dem *meritum* des Menschen.

Schuld des alten Menschen übernimmt, wofür die klassische Lehre von der Stellvertretung Christi den „symbolischen" Ausdruck darstellt. Nicht um eine semipelagianische Heilslehre ist es dem Philosophen Kant zu tun, sondern darum, eine anthropologische Reinterpretation der Lehre von der Satisfaktion Christi zu liefern. In diesem – freilich sehr eingeschränkten – Sinn gilt bei ihm dann auch das *propter Christum*. Dieses Verdienst allein genügt aber noch nicht, es muss „aus Gnaden zugerechnet" werden. Jener Überschuss, den der „neue" intelligible Mensch erwirbt, gleicht noch nicht automatisch die unendliche Schuld ab. Vielmehr bedarf es eines Urteils Gottes, das eben diesen Überschuss als Abgeltung der alten Schuld gelten lässt. Die gute Gesinnung kann nur dann die Tat vertreten, wenn Gott sie als – *sit venia verbo* – „Ersatzleistung" anerkennt.

Der nächste, mit „denn" anschließende Satz sollte hierüber näheren Aufschluss geben. Allein, Kant scheint hier das Thema irritierender Weise zu wechseln. Während es bisher um die nicht abgegoltene Schuld ging, d. h. das *malum morale*, kommt er nun doch wieder auf das *malum metaphysicum*, d. h. die prinzipielle (moralische) Beschränktheit des Menschen, zu sprechen. Der entscheidende Gegensatz bleibt der zwischen dem faktischen Werden des Menschen, das niemals einen Abschluss findet, und dem Besitz, als welchen Gott dieses Werden kontrafaktisch gelten lässt. Es handelt sich also um genau jene Argumentationsfigur, die bereits oben im Zusammenhang mit dem *malum metaphysicum* begegnete. Der Satzanschluss lässt vermuten, dass Kant davon ausgeht, auch die Stellvertretung des eigentlich geforderten aktualen Besitzes moralischer Vollkommenheit durch das Werden (dessen „Keim" die Gesinnung darstellt) erfordere ein Urteil aus Gnaden.[169] Gott muss das Werden an Stelle des Besitzes gelten lassen, wozu es eines freien kontrafaktischen Urteils bedarf. Im nächsten Abschnitt springt Kant dann zurück zum *malum morale*.[170] Der „Urteilsspruch aus Gnade" ist auf Genugtuung „gegründet" – geschieht also, dogmatisch gesprochen, *propter Christum* –, wobei Kant Genugtuung genau in dem angegebenen Sinne auf die „Idee der gebesserten Gesinnung", welche durch Christus personifiziert wird, bezieht. Was den Abschnitt als ganzen betrifft, scheint Kant die erste und dritte Schwierigkeit, *malum metaphysicum* und *malum morale*, miteinander zu vermischen. Deutlich ist nur, dass er anscheinend annimmt, sowohl die Substitution der Tat durch die Gesinnung als auch die Übernahme der Schuld

---

169 Rel., AA VI, 75 f. Für Kant liegt die göttliche Gnade in einer bestimmten Entscheidung („einem Ratschluß"), genauer, dem „Ratschluß eines Oberen zur Erteilung eines Guten, wozu der Untergeordnete nichts weiter als die moralische Empfänglichkeit hat" (Rel., AA VI, 75., Anm.). Die Formulierung legt nahe, dass der Gnadenakt für Kant weniger in einem bestimmten Handeln als in einem Urteil Gottes besteht.
170 Rel., AA VI, 75 f.

durch den neuen Menschen setze ein gnädiges Urteil voraus. Vollkommen ungeklärt ist schließlich die Frage, wie der Gottesbegriff an dieser Stelle zu verstehen ist. Offenbar begreift Kant Gott hier als eine Instanz, der es zukommt, ein Urteil über den Menschen zu sprechen. Wie das mit dem Gottesbegriff der *Religionsschrift* – Gott als Oberhaupt im ethischen Reich – verträglich sein soll, ist unklar. Nahe liegt es, an die Funktion Gottes als Richter aus der *Metaphysik der Sitten* zu denken, der eine Personifikation der reinen praktischen Vernunft selbst, wie sie sich im Gewissen manifestiert, darstellt. Nimmt man dieses Interpretament zu Hilfe, scheint Kant sagen zu wollen, dass das Urteil der reinen praktischen Vernunft über den Menschen, wie es sich im Gewissen ausspricht, eines ist, das auf die moralische Beschränktheit wie auf den Vorsatz, für eine vergangene Schuld zu büßen, Rücksicht nimmt. Werden damit aber letztlich die reine praktische Vernunft und mithin das Sittengesetz nicht doch als indulgent gedacht? Der Verdacht, der sich aufdrängt, ist, dass Kant diese Konsequenz gar nicht vor Augen hat, da sein Gottesbegriff in der angegebenen Passage ein recht naiver ist, der seinen eigenen Reflexionen darüber, inwiefern Gott als eine Personifikation der reinen praktischen Vernunft zu verstehen ist, in keiner Weise Rechnung trägt.

Kants Versuch der „Deduktion der Idee einer Rechtfertigung" vermag so letzten Endes nicht zu überzeugen. Nichtsdestotrotz liefert Kant damit einen elaborierten Beitrag zu der Frage, wie der Mensch, der zur Heiligkeit bestimmt ist und, als sinnliches Vernunftwesen, hinter dieser Forderung zugleich immer zurückbleiben muss, dennoch seiner moralische Bestimmung gemäß angesehen werden kann. Der Mensch soll heilig sein, kann es aber nicht. Er ist ein pflichtunterworfenes Wesen und soll doch aktuale Heiligkeit erreichen. Das ist präzise seine Stellung im *ordo entium moralium*. Dass das Heiligkeitsgebot, das auch in Kants praktischer Philosophie uneingeschränkt gilt, ihn dennoch nicht in die Verzweiflung über seine eigene Unvollkommenheit stürzt, beweist Kant mit einem – wenn auch unvollkommen durchgeführten – Verweis auf die göttliche Gnade. Was die Doppelnatur des Menschen als *de facto* höchstens tugendhaftes und seiner Bestimmung nach heiliges Wesen betrifft, kann in Anlehnung an die klassische Rechtfertigungslehre gelten: Der Mensch ist verpflichtet *in re*. Er ist heilig *in spe*.

Abkürzungsverzeichnis

Alle Werke Kants werden, wenn nicht anders angegeben, nach der Akademieausgabe (AA) zitiert. Die Abkürzungen der Werke Kants richten sich im Regelfall nach EISLER, 2002, vi f. Darüber hinaus werden verwendet:

Op. post.   Opus postumum
Vorarbeiten MS   Vorarbeiten zur *Metaphysik der Sitten*
Vorarbeiten Rel.   Vorarbeiten zur *Religionsschrift*

LUDWIG (ohne Jahreszahl) steht für die Ausgabe der *Metaphysik der Sitten* von B. Ludwig (1990 ff.).

Die *Kritik der reinen Vernunft* wird immer nach B zitiert, wenn es nicht auf die Unterschiede zwischen den Auflagen A und B ankommt.
Mehrere aufeinanderfolgende Verweise auf die gleiche Seite wurden, wo möglich, vermieden.

Kurztitel für die zitierten und in AA enthaltenen Vorlesungen Kants in chronologischer Reihenfolge:

Metaphysik Herder (1762–64)
Praktische Philosophie Herder (ca. 1763/4)
Moral Mrongovius (1774/5 bzw. 1775/6)
Moral Collins (1774/5 bzw. 1775/6)
Metaphysik Mrongovius (1782/3)
Praktische Philosophie Powalski (ca. 1782/83)
Natürliche Theologie Volckmann (1783/84)
Metaphysik Volckmann (1784/5)
Danziger Rationaltheologie (1783/4)
Naturrecht Feyerabend (1784)
Moral Mrongovius II (1784/5)
Metaphysik K2 (ca. 1790/91)
Logik Dohna-Wundlacken (1792)
Metaphysik Dohna (1792)
Metaphysik der Sitten Vigilantius (1793/4)

Weitere Abkürzungen im Text:
STh   THOMAS VON AQUIN, Summa Theologiae, hg. v. CARAMELLO, PIETRO, Turin/Rom 1952.

Literatur

1 Quellen

1.1 Kant

KANT, IMMANUEL, Vorlesungen über die Metaphysik, hg. von PÖLITZ, KARL H.L., Erfurt 1821.
KANT, IMMANUEL, Gesammelte Schriften, hg. v. Preussische Akademie der Wissenschaften (Bd. 1–22), Deutsche Akademie der Wissenschaften zu Berlin (Bd. 23), Akademie der Wissenschaften zu Göttingen (ab Bd. 24), Berlin 1900 ff. (im Folgenden AA).
KANT, IMMANUEL, Vorlesungen zur Moralphilosophie, hg. v. STARK, WERNER, Berlin/New York 2004.
KANT, IMMANUEL, Kant im Kontext III (Komplettausgabe 2009), hg. v. WORM, KARSTEN, InfoSoftWare 2009, Basis-Ausgabe: Akad. (1905 ff.).
KANT, IMMANUEL, Metaphysische Anfangsgründe der Rechtslehre. Metaphysik der Sitten Erster Teil, hg. v. LUDWIG, BERND, Hamburg ^{3}2009.
KANT, IMMANUEL, Metaphysische Anfangsgründe der Tugendlehre. Metaphysik der Sitten Zweiter Teil, hg. v. LUDWIG, BERND, Hamburg 1990.

1.2 Andere

ANSELM VON CANTERBURY, Cur Deus Homo. Warum Gott Mensch geworden, bes. u. übers. von SCHMITT, FRANCISCUS SALESIUS O.S.B., Darmstadt 1970.
AUGUSTINUS, De civitate Dei Libri XXII. Pars II: Libri XIIII–XXII, in: AUGUSTINUS, Opera V/2, hg. v. HOFFMANN, EMANUEL, CSEL 40, Wien et al. 1900.
AUGUSTINUS, Confessionum Libri XIII, hg. SKUTELLA, MARTIN, Stuttgart/Leipzig 1996.
BAADER, FRANZ XAVER, Über die Behauptung: daß kein übler Gebrauch der Vernunft seyn kann, in: BAADER, Philosophische Schriften und Aufsätze I, Münster 1831, 92–96.
BAUMGARTEN, ALEXANDER GOTTLIEB, Metaphysica, Halle/Magdeburg ^{4}1757, zit. nach AA XV, 5–206. AA XVII, 5–734.
BAUMGARTEN, ALEXANDER GOTTLIEB, Ethica philosophica, Halle/Magdeburg 1763.
GOETHE, JOHANN WOLFGANG, Brief an das Ehepaar Herder (7.6.1793), in: GOETHE, Sämtliche Werke, Briefe, Tagebücher und Gespräche, Bd. II/3: Italien – Im Schatten der Revolution. Briefe, Tagebücher und Gespräche vom 3. September 1786 bis 12. Juni 1794, hg. von EIBL, KARL, Frankfurt a.M. 1991, 676 f.
HALLER, ALBRECHT VON, Ueber den Usprung des Uebels (1734). Zweytes Buch, in: HALLER, Versuche Schweizerischer Gedichte, online abrufbar unter: http://www.hs-augsburg.de/~harsch/germanica /Chronologie/18Jh/Haller, eingesehen am 5.06.2017.
HEGEL, GEORG WILHELM FRIEDRICH, Jubiläumsausgabe, hg. von GLOCKNER, HERMANN, Stuttgart 1927 ff.
HEGEL, GEORG WILHELM FRIEDRICH, Mythologie der Vernunft. Hegels „ältestes Systemprogramm" des deutschen Idealismus, hg. v. JAMME, CHRISTOPHER u. SCHNEIDER, HELMUT, Frankfurt a.M. 1984.

Hume, David, Dialogues Concerning Natural Religion, in: Hume, The Philosophical Works 2, hg. v. Green, Thomas Hill u. Grose, Thomas Hodge, Aalen 1964, 375–468.
Leibniz, Gottfried Wilhelm, Die philosophischen Werke, hg. v. Gerhardt, Carl Immanuel, Leipzig 1931.
Leibniz, Gottfried Wilhelm, Principium quodam generale non in Mathematicis tantum sed et Physicis utile [...], in: Leibniz, Mathematische Schriften IV, hg. Gerhardt, Carl Immanuel, Hildesheim 1962, 129–135.
Meier, Georg Friedrich, Auszug aus der Vernunftlehre, Halle 1752, zit. nach AA XVI, 1–872.
Paul, Jean, Abakadabra oder die baierische Kreuzerkomödie am längsten Tage im Jahr, in: Paul, Sämtliche Werke II/2, hg. v. Miller, Norbert, Frankfurt a.M., ²1996, 529–645.
Schiller, Friedrich, Xenien von Schiller und Goethe, in: Schiller, Sämtliche Werke I. Gedichte/Dramen I, hg. v. Meier, Albert, München 2004, 257–302.
Schleiermacher, Friedrich Daniel Ernst, Der christliche Glaube nach den Grundsätzen der evangelischen Kirche im Zusammenhange dargestellt. Zweite Auflage (1830/31) [=Schleiermacher, Kritische Gesamtausgabe. Erst Abteilung Bd. 13], hg. v. Schäfer, Rolf, Berlin/New York 2003.
Schopenhauer, Arthur, Preisschrift über die Grundlage der Moral, nicht gekrönt von der Königlich Dänischen Societät der Wissenschaften, zu Kopenhagen, am 30. Januar 1840, in: Schopenhauer, Sämtliche Werke, Bd. 3, hg. v. Deussen, Paul, München 1912, 574–745.
Stapfer, Johann Friedrich, Grundlegung zur wahren Religion, 8. Bd., Zürich ²1751.
Thomas von Aquin, Summa Theologiae, hg. v. Caramello, Pietro, Turin/Rom 1952.

2 Sekundärliteratur

Allison, Henry, The Gulf Between Nature and Freedom and Nature's Guarantee of Perpetual Peace, in: Robinson, Hoke (Hg.), Proceedings of the Eigth International Kant Congress Memphis, 1995. Volume I, Part 1: Section 1–2, Marquette UP 1995, 37–50.
Beck, Lewis White, Kants „Kritik der praktischen Vernunft". Ein Kommentar, übers. v. Ilting, Karl-Heinz, München ³1995.
Beyer, Curt, Kants Vorlesungen über die philosophische Religionslehre, Halle, 1937.
Bittner, Rüdiger, Das Unternehmen einer Grundlegung zur Metaphysik der Sitten. Zur Vorrede der *Grundlegung*, in: Höffe, Ottfried (Hg.), Grundlegung zur Metaphysik der Sitten. Ein kooperativer Kommentar, Frankfurt a.M. ²1993.
Blöser, Claudia, Zurechnung bei Kant. Der Zusammenhang von Person und Handlung in Kants praktischer Philosophie, Berlin 2014.
Bohatec, Josef, Die Religionsphilosophie Kants in der „Religion innerhalb der Grenzen der bloßen Vernunft". Mit besonderer Berücksichtigung ihrer theologisch-dogmatischen Quellen, Hamburg 1938.
Böttigheimer, Christoph, Trinitätstheologische Ansätze in der Philosophie Kants, in: Fischer, Nobert u. Forschner, Maximilian (Hgg.), Die Gottesfrage in der Philosophie Immanuel Kants, Forschungen zur europäischen Geistesgeschichte 10, Freiburg i.B. 2010, 180–198.

BRACHTENDORF, JOHANNES, Die Kritik des Judentums und die Geheimnisse der Vernunft, in: HÖFFE, OTFRIED (Hg.), Immanuel Kant. Die Religion innerhalb der Grenzen der bloßen Vernunft, Klassiker Auslegen 41, Berlin 2011, 151–172.

BRANDT, REINHARD, Antwort auf Bernd Ludwig: Will die Natur unwiderstehlich die Republik?, in: KSt 88:1 (1997), 229–237.

BRANDT, REINHARD, Kommentar zu Kants Anthropologie in pragmatischer Hinsicht (1798), Kant-Forschungen 10, Hamburg 1999.

BRANDT, REINHARD, Die Bestimmung des Menschen bei Kant, Hamburg 2007.

BRANDT, REINHARD, Kants ewiger Friede als Natur- und Vernunftzweck, in: BACIN, STEFANO ET AL. (Hgg.), Kant und die Philosophie in weltbürgerlicher Absicht. Akten des XI. Kant-Kongresses 2010, Berlin/Boston 2013, 127–145.

CHIGNELL, ANDREW, The Devil, the Virgin, and the Envoy. Symbols of Moral Struggle in *Religion*, Part Two, Section Two, in: HÖFFE, OTTFRIED (Hg.), Immanuel Kant. Die Religion innerhalb der Grenzen der bloßen Vernunft. Klassiker Auslegen 41, Berlin 2011, 111–129.

CORTINA, ADELA, Die Auflösung des religiösen Gottesbegriffs im Opus postumum Kants, KSt 75 (1984), 280–293.

DIERINGER, VOLKER, Kants Lösung des Theodizeeproblems. Eine Rekonstruktion, Forschungen und Materialien zur deutschen Aufklärung Abt. 2, Bd. 22, Stuttgart-Bad Cannstatt 2009.

DIERKSMEIER, CLAUS, Zum Status des religiösen Symbols bei Kant, in: STÄDTLER, MICHAEL (Hg.), Kants „Ethisches Gemeinwesen". Die *Religionsschrift* zwischen Vernunftkritik und praktischer Philosophie, Berlin 2005, 75–85.

DÖRFLINGER, BERND, Kant über das Böse, in: KUGELSTADT, MANFRED (Hg.), Kant-Lektionen. Zur Philosophie Kants und zu Aspekten ihrer Wirkungsgeschichte, Würzburg 2008, 81–107.

ESSER, ANDREA M., The Inner Court of Conscience, Moral Self-Knowledge, and the Proper Object oft Duty (TL 6:437–444), in: TRAMPOTA, ANDREAS ET AL. (Hgg.), Kant's „Tugendlehre". A Comprehensive Commentary, Berlin/Boston 2013, 269–291.

FIRLA, MONIKA, Untersuchungen zum Verhältnis von Anthropologie und Moralphilosophie bei Kant, Europäische Hochschulschriften Reihe 20, Bd. 80, Frankfurt a.M. 1981.

FORKL, MARKUS, Kants System der Tugendpflichten. Eine Begleitschrift zu den „Metaphysischen Anfangsgründen der Tugendlehre", Europäische Hochschulschriften Reihe 20, Bd. 615, Frankfurt a.M. 2000.

FORSCHNER, MAXIMILLIAN, Kants Gottesbild in der „Religionsschrift", in: FORSCHNER, MAXIMILLIAN u. FISCHER, NOBERT (Hgg.), Die Gottesfrage in der Philosophie Immanuel Kants, Forschungen zur europäischen Geistesgeschichte 10, Freiburg i.B. 2010, 109–130.

FORSCHNER, MAXIMILLIAN, Über die verschiedenen Bedeutungen des „Hangs zum Bösen", in: HÖFFE, OTTFRIED (Hg.), Immanuel Kant. Die Religion innerhalb der Grenzen der bloßen Vernunft. Klassiker Auslegen 41, Berlin 2011, 71–90.

FÖRSTER, ECKART, Die Wandlungen in Kants Gotteslehre, ZPF 52/3 (1998), 341–362.

FRANKENBERGER, HORST, Kant und die Frage nach der göttlichen Allgenugsamkeit. Zur transzendentalen Wende in der philosophischen Gotteslehre, Frankfurt a.M. et al. 1984.

GEBLER, FRED, Die Gottesvorstellungen in der frühen Theologie Immanuel Kants, EPISTEMATA. Würzburger Wissenschaftliche Schriften Reihe Philosophie 65, Würzburg 1990.

HEIT, ALEXANDER, Versöhnte Vernunft. Eine Studie zur systematischen Bedeutung des Rechtfertigungsgedankens in Kants Religionsphilosophie, FSÖTh 115, Göttingen 2006.

JOSIFOVIĆ, SAŠA U. KOCK, ARTHUR (Hgg.), Der „innere Gerichtshof" der Vernunft. Normativität, Rationalität und Gewissen in der Philosophie Immanuel Kants und im Deutschen Idealismus, CSGI 18, Leiden/Boston 2016.
JOHNSON, GREGORY R., Träume eines Geistersehers. Polemik gegen die Metaphysik oder Parodie der Popularphilosophie?, in: STENGEL, FRIEDEMANN (Hg.), Kant und Swedenborg, Tübingen 2008, 99–122.
KAULBACH, FRIEDRICH, Das Prinzip Handlung in der Philosophie Kants, Berlin/New York 1978.
KLEMME, HEINER F., Gewissen und Verbindlichkeit. Kants Idee eines „inneren Gerichtshofs" zwischen Christian Wolff und Adam Smith, in: JOSIFOVIĆ/KOCK, 2016, 63–83.
KLEIN, PATRICK, Gibt es ein Moralgesetz, das für alle Menschen gültig ist? Eine Untersuchung zum Faktum der Vernunft bei Immanuel Kant, Würzburger wissenschaftliche Schriften Reihe Philosophie 443, Würzburg 2008.
KÖNIG, PETER, Autonomie und Autokratie. Über Kants Metaphysik der Sitten, Quellen und Studien zur Philosophie 36, Berlin/New York 1994.
KREIMENDAHL, LOTHAR, Kants Kolleg über Rationaltheologie. Fragmente einer bislang unbekannten Vorlesungsnachschrift, in: KSt 79 (1988), 318–328.
LEHMANN, GERHARD, Einleitung, in: AA XXVII (1972), 1338–1372.
LEHMANN, GERHARD, Kants Tugenden. Neue Beiträge zur Geschichte und Interpretation der Philosophie Kants, Berlin/New York 1980.
LUDWIG, BERND, Einleitung, in: KANT, IMMANUEL, Metaphysische Anfangsgründe der Tugendlehre, Hamburg 1990, XII–XXVIII.
LUDWIG, BERND, Moralische Politiker und Teuflische Bürger: Korreferat zu Henry Allison und Paul Guyer, in: ROBINSON, HOKE (Hg.), Proceedings of the Eighth International Kant Congress Memphis, 1995. Volume I, Part 1: Section 1–2, Marquette UP 1995, 71–88.
LUDWIG, BERND, Will die Natur unwiderstehlich die Republik? Einige Reflexionen anläßlich einer rätselhaften Textpassage in Kants Friedensschrift, in KSt 88:1 (1997), 218–228.
LUDWIG, BERND, Die „consequente Denkungsart der speculativen Kritik". Kants radikale Umgestaltung seiner Freiheitslehre im Jahre 1786 und die Folgen für die Kritische Philosophie als Ganze, in: DZPhil 58 (2010/4), 585–628.
LUDWIG, BERND, „Die Kritik der reinen Vernunft hat die Wirklichkeit der Freiheit nicht bewiesen, ja nicht einmal deren Möglichkeit". Über die folgenreiche Fehlinterpretation eines Absatzes in der Kritik der reinen Vernunft, in: KSt 106:3 (2015), 398–417.
LOUDEN, ROBERT B., Kant's Impure Ethics. From Rational Beings to Human Beings, New York/Oxford 2000.
MALY, SEBASTIAN, Kant über die symbolische Erkenntnis Gottes, KSt. Ergänzungshefte 165, Berlin 2012.
METZ, WULF, Christologie bei Immanuel Kant?, in: Theologische Zeitschrift 27/5 (1971), 325–346.
MORITZ, MANFRED, Pflicht und Moralität. Eine Antinomie in Kants Ethik, in: KSt 56:3/4 (1966), 412–429.
NOORDRAVEN, ANDREAS, Kants moralische Ontologie. Historischer Ursprung und systematische Bedeutung, aus dem Niederländischen übers. v. ZEYER, KIRSTIN, EPISTEMATA. Würzburger Wissenschaftliche Schriften Reihe Philosophie 468, Würzburg 2009.
OEHL, THOMAS, Gott als Richter? Zum Gewissen in § 13 von Kants Tugendlehre, in: JOSIFOVIĆ/KOCK, 2016, 84–114.

PALMQUIST, STEPHEN R., Kant's Critical Religion. Volume Two of Kant's System of Perspectives, Aldershot et al. 2000.
PÖLITZ, KARL H.L., Vorrede, in: KANT, 1821, III–XII.
RECKI, BIRGIT, Ästhetik der Sitten. Die Affinität von ästhetischem Gefühl und praktischer Vernunft bei Kant, Philosophische Abhandlungen 81, Frankfurt a.M. 2001.
RHEINDORF, JOHANN, Kants *Opus postumum* und das *Ganze der Philosophie*. Gesellschaft, Wissenschaft und Menschenbild, Balser Studien zur Philosophie 16, Tübingen 2010.
RICKEN, FRIEDO, Homo noumenon und homo phaenomenon. Ableitung, Begründung und Anwendbarkeit der Formel von der Menschheit als Zweck an sich selbst, in: HÖFFE, OTTFRIED (Hg.), Grundlegung zur Metaphysik der Sitten. Ein kooperativer Kommentar, Frankfurt a.M. ³2000.
RITTER, CHRISTIAN, Der Rechtsgedanke Kants nach den frühen Quellen, Juristische Abhandlungen 10, Frankfurt a.M. 1971.
ROHLS, JAN, Vorbild, Urbild und Idee. Zur Christologie des 19. Jahrhunderts, in: ROHLS ET AL., Metaphorik und Christologie, Theologische Bibliothek Töpelmann 120, Berlin/New York 2003, 219–242.
SALA, GIOVANNI B., Die Lehre von Jesus Christus in Kants Religionsschrift, in: RICKEN, FRIEDO u. MARTY, FRANÇOIS (Hgg.), Kant über Religion, Stuttgart 1992, 143–155.
SALA, GIOVANNI B., Die Christologie in Kants „Religion innerhalb der Grenzen der bloßen Vernunft", Schriftreihe der Gustav-Siewerth-Akademie 15, Weilheim-Bierbronnen 2000.
SALA, GIOVANNI B., Die Lehre von Jesus Christus in Kants Religionsschrift, in: SALA, Kant, Lonergan und der christliche Glaube. Ausgewählte philosophische Beiträge, Nordhausen 2005, 453–470.
SCHMIDT, ELKE ELISABETH u. SCHÖNECKER, DIETER, Über einen (unentdeckten) Gottesbeweis in Kants Philosophie des Gewissens, in: JOSIFOVIĆ/KOCK, 2016, 115–153.
SCHULTE, CHRISTOPH, Radikal böse. Die Karriere des Bösen von Kant bis Nietzsche, München 1988.
SCHWARZ, GERHARD, Est Deus in nobis. Die Identität von Gott und reiner praktischer Vernunft in Immanuel Kants „Kritik der praktischen Vernunft", Berlin 2004.
SCHWEITZER, ALBERT, Die Religionsphilosophie Kants von der Kritik der reinen Vernunft bis zur Religion innerhalb der Grenzen der bloßen Vernunft, Hildesheim/New York 1974.
SILBER, JOHN R., The Ethical Significance of Kant's Religion, New York 1960.
SIU, PAUL Y., Kant's Moral Christology in *Religion within in the Limits of Reason Alone*, in: Asia Journal of Theology 6 (1992), 169–182.
STEIGLEDER, KLAUS, Kants Moralphilosophie: Die Selbstbezüglichkeit reiner praktischer Vernunft, Stuttgart et al. 2002.
STENGEL, FRIEDEMANN, Aufklärung bis zum Himmel. Emanuel Swedenborg im Kontext der Philosophie und Theologie des 18. Jahrhunderts, Beiträge zur historischen Theologie 161, Tübingen 2011.
STARK, WERNER, Nachwort, in: KANT, 2004, 372–407.
STÜMKE, VOLKER, Der Geist, der „in alle Wahrheit (Pflichtbeobachtung) leitet". Zur Frage einer Pneumatologie bei Immanuel Kant, in: THIEDE, WERNER (Hg.), Glauben aus eigener Vernunft? Kants Religionsphilosophie und die Theologie, Göttingen 2004, 113–158.
THEIS, ROBERT, Gott. Untersuchung zur Entwicklung des theologischen Diskurses in Kants Schriften zur theoretischen Philosophie bis hin zum Erscheinen der Kritik der reinen Vernunft, Stuttgart-Bad Cannstatt 1994.

TRAWNY, PETER, Die Zeit der Dreieinigkeit. Untersuchungen zur Trinität bei Hegel und Schelling, Würzburg 2002.
VIEILLARD-BARON, JEAN-LOUIS, Christologie philosophique et révélation intérieure chez Kant et Hegel, in: Revue roumaine de philosophie 38/1–2 (1994), 5–16.
WENZEL, UWE JUSTUS, Anthroponomie. Kants Archäologie der Autonomie, Berlin 1992.
WILLE, HOLGER, Kant über Außerirdische. Zur Figur des Alien im vorkritischen und kritischen Werk, Münster 2005.
WIMMER, REINER, Kants kritische Religionsphilosophie, KSt. Ergänzungshefte 124, Berlin/New York 1990.
WIMMER, REINER, Kants Religionsphilosophie im *Opus postumum*, in: WIMMER, Religionsphilosophische Studien, Studien zur theologischen Ethik 111, Freiburg 2005.
WOOD, ALLEN W., Kant's Ethical Thought, Cambridge et al. 1999.
WOOD, ALLEN W., Kant's Rational Theology, Cornell UP, Ithaca/London 2009.

3 Hilfsmittel

EISLER, RUDOLF, Kant-Lexikon. Nachschlagewerk zu Kants sämtlichen Schriften, Briefen und handschriftlichen Nachlaß, Hildesheim ⁵2002.
HINSKE, NOBERT ET AL. (Hgg.), Kant-Index, Forschungen und Materialen zur deutschen Aufklärung, Abt. 3, Bad. 10,1ff., Stuttgart-Bad Cannstatt 1995ff.
ROSER, ANDREAS ET AL. (Hgg.), Kant-Konkordanz zu den Werken Immanuel Kants (Bände I–IX der Ausgabe der Preußischen Akademie der Wissenschaften), Hildesheim et al. 1992ff.

4 Weitere Literatur

BARTH, KARL, Die protestantische Theologie im 19. Jahrhundert. Ihre Vorgeschichte und ihre Geschichte, Zürich ⁴1981.
Die Bibel nach der Übersetzung Martin Luthers. Revidiert 2017, Jubiläumsausgabe 500 Jahre Reformation, hg.v. EVANGELISCHE KIRCHE IN DEUTSCHLAND, Stuttgart 2017.
Die Bekenntnisschriften der evangelisch-lutherischen Kirche. Herausgegeben im Gedenkjahr der Ausgburgischen Konfession, Göttingen ¹²1998.
FOUCAULT, MICHEL, Die Ordnung der Dinge, übers. v. KÖPPEN, ULRICH, Frankfurt a.M. 1974.
GÄSSLER, GREGOR FIDELIS, Der Ordo-Gedanke unter besonderer Berücksichtigung von Augustinus und Thomas von Aquino, Sankt Augustin 1994.
KLINGE, HENDRIK, No Best World Solutions. Eine Untersuchung zum Theodizeeproblem in der analytischen Religionsphilosophie, Marburg 2011.
OBERDORFER, BERND, Art. Trinität/Trinitätslehe I, in: RGG⁴ 8 (2005) 601f.
SCHMIDT, ARNO, KAFF auch Mare Crisium, Zürich et al. 1985.
SCHMITT, CARL, Politische Theologie. Vier Kapitel zur Lehre von der Souveränität, Berlin ⁴1985.
SPARN, WALTER, Art. Engel IV. Kirchengeschichtlich, in: RGG⁴ 2 (1999), 1281f. (abgk. als SPARN, 1999a).
SPARN, WALTER, Art. Engel V. Religionsphilosophisch, in: RGG4 2 (1999), 1282f. (abgk. als Sparn, 1999b).

TUGENDHAT, ERNST, Vorlesungen über Ethik, Frankfurt a.M. ²1994.
WESSELS, ULLA, Die gute Samariterin. Zur Struktur der Supererogation, Ideen und Argumente, Berlin/New York 2002.

Personenverzeichnis

Anselm von Canterbury 227
Augustinus 2, 167

Baader, Franz Xaver 166
Barth, Karl 232 f.
Baumgarten, Alexander Gottlieb 6, 79, 147, 168

de Sade, Donatien Alphonse 166
(Pseudo-)Dionysios Areopagita 136

Foucault, Michel 21

Goethe, Johann Wolfgang 159

Haller, Albrecht von 145 f., 152 f., 155, 181
Hegel, Georg Wilhelm Friedrich 34, 109, 132, 157
Hegesias 209
Hume, David 94

Jesus von Nazareth 210, 217, 219, 221, 223

Leibniz, Gottfried Wilhelm 7, 37, 106, 108, 241, 245 f.
Luther, Martin 14 f., 33, 235

Meier, Georg Friedrich 135
Montesquieu (eigentlich Charles de Secondat) 123

Paul, Jean (eigentlich Friedrich Richter) 157
Pölitz, Karl 5–7, 111, 123, 159, 184

Reimarus, Hermann Samuel 217

Schelling, Friedrich Wilhelm Joseph 109, 132
Schiller, Friedrich 194
Schleiermacher, Friedrich Daniel Ernst 225
Schmidt, Arno 1
Schmitt, Carl 122, 227
Schopenhauer, Arthur 1 f., 23 f., 51, 80, 135
Schulz, Johann Heinrich 3
Schweitzer, Albert 7 f.
Sokrates 126, 147, 225
Stapfer, Johann Friedrich 228, 230
Swedenborg, Emanuel 136 f., 178

Thomas von Aquin 30, 151, 251
Tugendhat, Ernst 135

Sachverzeichnis

Achtung 23, 38, 40, 52–54, 57, 80, 116–118, 193f., 201
Allmacht 83, 93, 96–101, 112–114, 120f., 127
Allwissenheit 83, 93, 95–101, 112–114, 117, 127
Amphibolie 138
Analogie 3, 11f., 22, 30–35, 38, 58–60, 64f., 73–75, 77, 83f., 91f., 94f., 107, 117, 121–123, 127, 130, 132, 139, 141f., 152, 164, 180, 190, 212f., 230, 241f, 245
– Proportionsanalogie 11, 30, 33, 64, 74, 122
Angelologie 5, 136f., 151f., 156
animal rationale 1, 28, 50, 52, 56f., 64, 193, 207
Anschauung 9, 11, 27, 30, 32, 35, 61, 70–73, 131, 185, 189, 223, 230, 239, 244f.
– intellektuelle Anschauung 36, 70–72, 180, 239, 242, 244f.
Anthropologie 9f., 17, 21–28, 153, 166, 189–192, 197, 199, 210, 219f., *vergleiche* Mensch
– empirische Anthropologie 17, 190
– Transzendentalanthropologie 190
Anthropomorphismus 12, 28f., 32–34, 94, 98, 130–132
– dogmatischer Anthropomorphismus 131
– symbolischer Anthropomorphismus 131
Anthroponomie 191f., 199, 210
Apperzeption, transzendentale 49, 51, 54
Archetyp 70f.
Ästhetik 9, 157
Aufklärung 15, 112, 129, 137, 217f., 227
Außerirdische 8f., 25–28, 135, 178, 189
Autokratie 41f., 148, 192, 195f., 198
Autonomie 37, 39, 41, 53, 77, 83, 91, 117f., 148, 161, 192, 195f., 198 u. ö.

Begehrungsvermögen 64
Begierde 102, 149, 167, 201–203

Bestimmung 4, 17, 25f., 32, 45, 50f., 53, 74, 157, 161, 167, 190–192, 197–200, 202, 208, 210f., 215, 229, 231, 233, 236–238, 243, 246, 248, 250
Bibel 109, 115, 118, 122, 131, 157, 199, 201, 212f., 218f., 219, 234, 240, 243
bonum supremum, siehe höchstes Gut
Böse 3, 14, 17, 53, 102, 106–108, 144f., 147, 149, 152, 155, 157–177, 179, 181f., 184f., 199f., 213, 223, 229, 231, 234, 243, 245f.
– radikal Böses 159, 199, 230, 233, 243, 246
Bosheit 159, 162–164, 167, 179, 183, 185f., 190
Bürger 38, 48, 50, 56f., 65, 82, 127, 156, 176f., 193, 196
– Bürger zweier Welten 4, 17, 165f., 190, 192, 197f., 207f., 226

Charakter 26–28, 35, 52, 79f., 132, 147, 157, 164, 172, 203, 231
Christologie 14f., 17, 23, 192, 206, 210–213, 216f, 219f., 223–228, 230, 234f., 237, 247–249
corpus mysticum 36f., 209

Dämon 100, 136f., 157–159
Dankbarkeit 120, 168f.,
Deduktion 83, 100
– Deduktion der Idee einer Rechtfertigung 237, 247–250
Deismus 12, 32, 34, 73, 94f.
Despotismus 125, 127, 129, 166
differentia specifica 1, 27, 35, 56, 64, 71, 136, 154, 158, 164, 195, 197, 199
Dogma 29, 32, 69, 94, 99, 104, 109–111, 114f., 117, 131f., 196, 211, 217, 219f., 225, 235, 249
Dreieinigkeit, *siehe* Trinität

Eigenschaften Gottes, *siehe* Gott
Elend 182–186, 228

Sachverzeichnis — 261

Engel   1f., 4f., 7–10, 12, 15–17, 25, 28, 34f., 42, 65, 135–156, 158f., 163f., 174, 179, 181f., 186, 189f., 199, 208
– Engelstugend   137, 143, 153–156, 169, 173, 181, 184–186
ens   1, 4, 15, 49, 58, 61, 76, 129, 140, 189, 211, 216
Entität, *siehe* Wesen
Epistemologie   12, 21, 26f., 29, 49, 71, 85, 180, 190
Erhabenheit   25, 40, 54, 93, 157, 165, 182, 222
Erkenntnis   9, 11f., 27–34, 51, 70–73, 85, 130, 135, 137, 163, 189, 193
– symbolische Erkenntnis   11f., 29–31, 85, 130, *vergleiche* Analogie
Erlösung   14, 157
Ethik   8, 10, 21, 42, 44, 59f., 88–91, 105, 118, 128, 130, 146, 148, 194, 201, 218f., 246, 249
Ewigkeit   3, 88, 93, 97, 99, 101, 167, 178, 212f., 224
Existenz   8, 11, 26, 28, 33, 42, 48–51, 54, 69, 73, 76, 84–86, 101, 127, 137, 140, 152, 157, 179f., 191, 195, 208f., 233, 238, 240

Freiheit   3, 24, 31, 37f., 46, 49, 53f., 57, 61, 63, 77, 88f., 96f., 103, 145, 147, 157, 161f., 174, 192, 180, 196, 209, 211, 218, 249
– praktische Freiheit   54
– transzendentale Freiheit   49, 51–54, 62f., 190
forma imperii   124
Freude   178, 182f.
Furcht   117–119

Gattung   22–24, 26–28, 31, 37, 43, 52, 56, 135–137, 153, 165, 168f., 172, 226
Gebot   40, 58, 62, 76–78, 82, 84, 88–91, 118, 126, 140, 201, 236, 239, 244, 246
Geist   25, 70f., 109, 114f., 117f., 131, 158, 163, 165, 223, 236
– Geister   136, 138, 143, 179, 201
– Heiliger Geist   81, 110–132, 236

Gemeinwesen   8, 57, 60, 88–91, 105, 128, 130
– ethisches Gemeinwesen   8, 89f., 128, 130
Genugtuung   15, 213, 227–232, 235, 247–249
genus proximum   1, 27
Gerechtigkeit   25, 77, 84, 88, 93f., 101–108, 110–119, 123–126, 128, 131, 223, 228, 231f., 235–237, 239f., 246–248
Gericht   79–87, 113, 115f., 123, 231, 244
– Angeklagter   79–82, 108
– Ankläger   79–82, 247
– *forum internum*   79
– Richter   79–83, 86–88, 90–92, 104f., 108, 110–119, 123f., 126, 128, 131, 180f., 231f., 235–237, 244, 249
Gesetz   2f., 22–24, 34f., 37–41, 44, 48, 53–55, 63f., 77f., 83, 88–91, 95f., 98f., 101f., 107f., 114, 116–119, 123–128, 144, 148f., 158, 161–163, 166, 174–176, 182, 190, 194–198, 200f., 203, 205–207, 215, 218, 223, 228, 236, 238f., 241, 244, 248
– Gesetzgeber   16, 34, 60, 76, 80, 82–84, 87–93, 104f., 108, 110–119, 123–126, 128, 131, 223, 236f.
– Gesetzgebung   39, 53, 106, 123f., 198
Gesinnung   4, 29, 40, 89, 96f., 99, 101, 112, 144, 162, 174, 182, 194f., 197, 200f., 204–206, 214f., 222, 225–227, 230–232, 234–237, 239, 243–247, 249
– Gesinnungsänderung   230f., 230, 233–235, 247f.
– gute Gesinnung   14, 206, 225, 229, 235–237, 242f., 245–247, 249
Gewalten   83, 123–130
Gewaltenteilung   83, 123–130
Gewissen   8, 24, 70, 79–88, 90–92, 105, 118f., 131, 139f., 202, 204, 209, 221, 248, 250
Glauben   15, 29, 109f., 112f., 129–132, 159, 196f., 210, 213, 221, 231, 247f.
Glückseligkeit   13, 37, 84, 96f., 100, 103–108, 112f., 119, 121, 124, 126f., 163, 165, 178, 181, 183–186, 212, 234, 237–239, 242

Glückswürdigkeit   84, 97, 100, 103, 107f., 112f., 127, 184f., 237–239
Gnade   81, 119, 228, 237, 242, 245, 247–250
Gott   2, 4, 7–16, 28–35, 37–43, 48f., 57–63, 65, 69–78, 81–123, 125–132, 135, 138–153, 157, 163f., 166, 175, 189f., 193, 196f., 200–202, 208, 211–216, 218–224, 226–229, 231f., 235–237, 239–242, 244f., 247, 249f.
– *deus in nobis*   13, 78, 86f.
– Eigenschaften Gottes   16, 33, 69, 73–77, 82f., 90, 92–108, 110–114, 117–120, 123, 127, 129, 132, 228
– Gottesbeweis   11, 69, 74f., 84f., 96–98, 100, 103, 127
– Gottesfurcht   116–118
Güte   77, 93, 99, 101–107, 110–120, 123–128, 131, 166, 236f.

Heiligkeit   2, 10, 16f., 23–25, 33f., 38–43, 70, 77f., 84, 86, 93, 102–118, 120–128, 130f., 143–152, 144–156, 166f., 173, 178–182, 185, 192, 194f., 197–206, 210f., 213f., 216–219, 222–226, 236–240, 243f., 250 u. ö.
– aktuale Heiligkeit   42, 144, 146, 148, 180, 199f., 202–205, 209f., 238, 240–243, 245f., 250
– approximative Heiligkeit   144, 241–243
– Heiligkeit der Maximen   203–205
– komparative Heiligkeit   202–205
Himmel   4, 16f., 25, 76, 97, 99, 102, 112–114, 122f., 125f., 130–132, 145, 147, 149, 153–155, 158, 169, 178–186, 189, 200, 219, 221, 223, 225, 239
Höchstes Gut   17, 77, 96f., 99–102, 104, 113, 127, 181, 183–186, 196, 200, 218, 238–240
– *bonum supremum*   184, 200, 239
– *summum bonum derivatum*   16, 83, 85, 98, 100–102, 110, 112f., 127, 183f.
– *summum bonum originarium*   102, 113f., 219
Hölle   3f., 17, 153, 155, 158, 169, 171, 178–186
homo noumenon, siehe Mensch

homo phaenomenon, siehe Mensch
Hypostase   128
– Hypostasierung   92, 116

Ideal   36–38, 58, 62, 77f., 82, 85, 87, 103, 105, 114, 117, 130, 144, 146, 154–156, 179, 183, 185f., 190–192, 198, 201, 209, 211–218, 220–227, 229, 232, 235, 237, 243
– Ideal der Einbildungskraft   185f.
– Idealisierung   15, 212, 234f.
– Idealismus   7, 34, 86
– Vernunftideal   186
Imperativ   35, 40–43, 60–62, 75, 78, 87, 89f., 153, 197f., 206, 215
– kategorischer Imperativ   35, 37, 41f., 60f., 78, 87, 89f., 198 u. ö.
– technischer Imperativ   62
Imputation, *siehe* Zurechnung
Indulgenz   29, 81, 104, 125, 199, 237, 239, 250
Inkarnation   157, 213f., 216, 219–227, 235f.

Kategorie   3, 32, 35, 61, 70f., 93, 166, 240
Kausalität   31, 62f., 75, 95, 97f., 161f.
Komparation   3, 25, 28, 35, 137, 151–155, 159, 203
Kontingenz   10, 22f., 28, 35, 130, 156, 191, 215, 226
Kunst   31, 74f.

Laster   106, 108, 153–155, 158f., 166, 168–173, 177, 181–183, 186, 203
Legalität   89, 117, 203–205
Leid   1, 72, 113, 141, 143, 153, 170, 194, 209, 214, 216, 231–234
Liebe   1f., 43, 57, 80, 115–117, 119–122, 135, 154, 201
– Gottes- und Nächstenliebe   33, 119–122, 154, 201
Limitativbegriff   156, 162, 169, 171–173
Lüge   22, 26, 157, 166

malum   106, 184f., *vergleiche* Übel
– *malum metaphysicum*   108, 246, 249
– *malum morale*   246, 249

Maxime 4, 39f., 53, 56, 160, 162, 164, 166f., 197f., 202f., 205, 231, 236
Mensch 1–4, 8–10, 12–17, 21–31, 33, 35, 38–41, 44–59, 61, 63–65, 70f., 74–76, 78–89, 91f., 94, 102, 106–108, 112f., 116–120, 122–124, 126, 129f., 135–156, 158–160, 162–169, 171–174, 177, 179f., 182, 186, 189–203, 205–217, 219–250, *vergleiche* Anthropologie
– *homo noumenon* 44–47, 52, 54, 80–82, 87, 91, 158, 190, 206–208, 212f., 216, 232, 236
– *homo phaenomenon* 44–47, 56, 82, 158, 190, 193, 206–208, 216, 232, 236
– Menschheit 2–4, 23, 27, 46–48, 52, 55, 87, 114f., 135, 141–143, 158, 191f., 207–209, 212–216, 220, 223f., 226, 228, 232, 237, 242f.
– Menschheit in meiner Person 47f., 82, 236
Monotheismus 127, 129
Moral 2–4, 6, 8–17, 21–23, 25f., 29, 32, 34–44, 48–50, 53–57, 59f., 62f., 69f., 75–84, 86f., 89–102, 104–110, 113–116, 118f., 122f., 125, 127–132, 135, 137, 139, 143–156, 158–177, 179–186, 189–191, 193–195, 198–201, 203–207, 209f., 212–216, 218–226, 228, 231–240, 242, 245f., 249–251
– Amoralität 173f., 181
– Moralität 3f., 25, 29, 36f., 57, 62, 77, 88f., 96, 101, 116–118, 139, 144, 146f., 152–154, 156, 169, 181–184, 203–205, 211, 218–223, 226
– Moralontologie 4, 9, 16, 25, 35, 49f., 91, 131, 150–152, 180, 190, 193, 199, 206
– Moraltheologie, *siehe* Theologie
mundus intelligibilis, *siehe* Welt
mundus sensibilis, *siehe* Welt

Neid 157, 166, 168–173, 176f.
Neigung 10, 35, 38, 40–42, 44, 46f., 56, 70, 102f., 143–146, 148f., 156, 159–161, 163f., 168f., 171–173, 175, 190, 194–198, 200–203, 205–209, 211, 214f., 223, 226, 236f.

Nötigung 10, 38–40, 42, 44, 47f., 86, 148, 151, 153, 199
Notwendigkeit 3, 7, 9, 12, 22f., 33, 38f., 44, 46f., 63, 65, 77, 80f., 83–87, 90, 92, 97f., 100, 102, 107, 110, 112f., 124, 127f., 139f., 151, 165, 174, 190, 195, 199f., 202, 235f., 244–248

Oberhaupt 37f., 43, 60, 88–91, 95, 100f., 128, 130, 249
– Oberhaupt im Reich der Zwecke 38, 60
Obligation 44, 46f., 86, 138 u. ö., *vergleiche* Pflicht
Ontologie 2, 4, 25, 36, 42, 45, 93, 99, 102, 190, 193, 225, 241
ordo rerum 2–4, 16, 151

Passion 214
Perseveranz 242
Person 15f., 28, 46–49, 53–55, 61–63, 75–83, 85–88, 93, 105, 109f., 112, 114f., 117, 119f., 122–126, 128–130, 149, 155, 157f., 207f., 210–214, 217f., 220, 224f., 226f., 227, 233f., 237, 239, 247f.
– bessere Person 53–55
– Personifikation 34, 81, 86–88, 91, 105, 116–118, 143, 155, 158f., 211–216, 223, 227, 235, 250
– Persönlichkeit 46f., 51–55, 58, 62, 75–78, 80, 88, 90, 92, 105, 129, 132, 192
Pflicht 34, 38–41, 43f., 57–61, 63f., 75f., 78f., 82, 84, 86, 88–90, 107, 116f., 120f., 138–143, 146, 150, 166, 176, 194, 198f., 201, 203–205, 211, 216, 229, 240 u. ö., *vergleiche* Obligation
– Pflichten gegen sich selbst 44, 79, 138–141, 192
Philosophie 2, 5, 7, 17, 22, 69, 79, 87, 101, 110, 118f., 132, 137, 143, 148, 154, 157, 163, 189f., 200, 225f., 250f.
– Transzendentalphilosophie 196
Pneumatologie, *siehe* Heiliger Geist
Polytheismus 127, 129
Postulat 17, 167, 180, 196, 200, 209, 238f., 243, 245, *vergleiche* Unsterblichkeit

Präexistenz   213, 216, 219f., 222–224, 226
Privation   115, 146, 164, 182
Progressus   40, 167, 198, 200f., 203, 236, 238–242, 244

ratio cognoscendi   51–53
Raum   9, 109, 179
Realität   4, 29, 32, 35, 46, 58f., 61f., 77, 128–130, 136, 153, 179f., 182, 186, 192, 194, 221, 236
– objektive Realität   30, 32, 34, 36, 49, 59, 85, 98, 152
Recht   5, 13, 23, 34, 43, 50, 52, 54, 57–64, 72, 75f., 79f., 88, 90, 94, 104, 106f., 115, 126, 129, 138–143, 145, 147, 168, 179, 182, 192, 199, 231f., 237, 246, 250
Rechtfertigung   14f., 17, 106, 192, 237–250
Regent   83, 92, 105, 108, 110–120, 123–128, 131
– Regiment   123, 130
Reich   3, 37f., 54, 56, 89, 121, 145, 156, 179–182, 218, 249
– Reich der Gnade   37
– Reich der Natur   3, 37
– Reich der Sitten   38, 56, 93
– Reich der Zwecke   38f., 60,
Religion   17, 29, 58f., 84, 86, 94, 97, 104, 110–112, 123, 129f., 132, 140f., 143, 157, 178f., 184, 189, 228, 237
Republik   123f., 130, 174
– *respublica noumenon*   156
Revolution der Gesinnungsart, *siehe* Gesinnungsänderung
Richter, *siehe* Gericht

Satanologie   157, 159, *vergleiche* Teufel
Satisfaktion, *siehe* Genugtuung
Schadenfreude   168, 170–172
Schematismus   11f., 30, 33, 59, 111, 122, 142, 152, 180, 213, 230
– Schematismus der Objektbestimmung   33, 122
– Schematismus der Analogie   12, 33–35, 59, 122, 142, 152, 180, 213

Schöpfung   3, 26, 57, 75, 107, 111, 149, 214
– Geschöpf   2f., 25, 38f., 41, 43, 93, 98, 102–105, 108, 116, 119f., 142, 149–152, 189, 193f., 201, 228, 240
– Schöpfer   31, 40, 95, 104f., 108, 110f., 113f., 117, 149
– Schöpfungsmittlerschaft   212f
Schuld   14, 115, 118, 120, 158, 164f., 214, 227–234, 246–250
Selbstmord   209
Selbstobjektivierung   87, 90
Sittengesetz   21, 23, 34f., 38–42, 44–46, 48–51, 53, 55, 61, 64, 70, 86, 91, 95, 105, 116–119, 125, 144f., 148, 153, 160–164, 166, 171f., 175–177, 190f., 194–199, 201–203, 206f., 217, 221, 223, 225f., 239f., 250
Staat   88, 122–128, 130, 156, 174, 176f.
Status   32, 42, 85, 137, 146, 150f., 153, 155, 193, 214, 242
De-facto-Status   17, 192, 199, 202, 208, 210, 229, 236–238, 243f.
Stellvertretung   227–232, 234–237, 241f., 246–249
Strafe   107f., 125, 158, 181, 183, 228, 230–235, 247
summum bonum, siehe höchstes Gut
Sünde   14, 25, 227f., 230
– Sündenfall   157f.
Supererogation   116, 229, 246
Symbol   12, 29f., 32–34, 59, 73, 85, 91, 94f., 98, 119, 123, 130–132, 139, 141–143, 157, 181–183, 240, 248

Teleologie   74, 76, 96, 101, 191
Teufel   2, 4, 7–9, 12, 15–17, 34f., 80, 153–178, 180–182, 186, 189f., *vergleiche* Satanologie
Theismus   12, 73, 92, 94f.
Theodizee   6, 106–108
Theologie   2, 5f., 11, 14, 16, 69, 74f., 99f., 108, 111, 122, 132, 182, 185f., 212, 237, 251
– Moraltheologie   94f., 99f., 111, 222
– Physikotheologie   74, 99f.
– Rationaltheologie   11, 70, 242
Theonomie   117

Tier 3, 28, 30f., 52, 55f., 64f., 139, 142f., 162, 166, 182, 190, 207
- Tierethik 143
Tod 165, 167, 173, 179f., 209, 214, 216, 231f., 238
Triebfeder 35, 53, 77f., 158–168, 170, 172f., 176f., 194, 203, 205, 211, 225, 233
- moralische Triebfeder 160, 165, 170–173, 177
- sinnliche Triebfeder 160f., 165, 167f., 171, 173, 233
- teuflische Triebfeder 159–168, 205
- Überordnung 160–162, 170f., 202
Trinität 15–17, 28, 69, 83, 85, 89, 92, 105, 109–132, 210, 220, 224, 228, 236
Tugend 14, 16f., 39–43, 88f., 102f., 121f., 143–149, 151–156, 173, 181–183, 185f., 194–198, 200, 202–206, 211, 213, 215f., 221f., 225f., 238–240, 250
- *virtus noumenon* 204–206
- *virtus phaenomenon* 203–205
Typologie 225, 234

Übel 17, 106–108, 181, 184–186, 231, 234, 245f., *vergleiche* malum
Unsterblichkeit 17, 98, 167, 180, 196, 200, 209, 238f., 242f.
Urbild 15, 40, 197f., 201, 211, 215, 217–227, 236
Urteil 14, 59, 81, 91, 96, 105, 115, 119, 126, 166, 238, 242, 244f., 249f.
Urteilskraft 81, 118, 223

Verbot 22
Verbrechen 58, 61, 108, 163, 166f.
Verdammnis 115f., 180
Verdienst 96, 108, 115f., 119–123, 146, 228f., 236f., 247f.
Vernunft 2f., 10, 15, 23, 25, 30f., 34f., 44f., 48–57, 62–65, 72–75, 77–87, 89–92, 98f., 104f., 109, 111, 118, 121, 135, 139f., 142, 157f., 161–164, 166f., 176, 180, 183–185, 192f., 195, 197f., 204, 207, 217–222, 225, 228, 240, 248 u. ö.
- praktische Vernunft 23, 32, 34, 38, 41, 45, 54, 62, 76, 84, 90, 92, 99, 109f, 113f., 195, 198, 238f.

- reine praktische Vernunft 12–14, 16, 22, 34f., 44–46, 48f., 52, 54–56, 58, 62, 65, 75–78, 84–93, 99, 105, 118, 128, 132, 176, 193, 195–197, 250
- spekulativer Gebrauch der Vernunft 47f., 50f., 56, 64, 72f., 75, 190, 207f.
- Vernünftiges Wesen, *siehe* Wesen
Vernünftigkeit 2, 10, 29, 31, 36, 69, 73, 75, 135
Versöhnung 14
Versuchung 38, 45, 84, 147, 165, 180, 189, 209, 222f.
Versucher 157
virtus, *siehe* Tugend
vocatio, *siehe* Bestimmung
Vollendung 76, 111, 184, 210, 236f.
Vorbild 15, 215–224, 226f.

Welt 3f., 8, 21, 33, 36, 42, 48–56, 60–62, 64f., 73–76, 78, 82, 93–99, 101f., 106–108, 111, 119, 121, 125, 129, 144f., 150, 178–180, 183, 190, 192f., 196, 204, 206–208, 219, 225f., 237f., 240, 247
- moralische Welt 4, 36–39, 43, 56, 60, 63, 88, 96, 101, 179, 183
- *mundus intelligibilis* 42, 61f., 64, 101, 148, 179, 193, 196, 205, 225, 230
- *mundus sensibilis* 9, 41f., 51, 61f., 101, 139, 160, 165, 179, 193, 196, 201
- Sinnenwelt 33, 36, 45, 50, 53, 55, 62, 82, 96, 119, 141, 144, 151, 158, 206–208, 226, 232, 236, 238
- übersinnliche Welt 4, 50, 57, 59
Wesen 1–4, 8f., 11–13, 15–17, 22–61, 63–65, 69–78, 82–84, 86–96, 98–105, 112–114, 116f., 119–122, 126–132, 135–141, 144–156, 160–167, 173f., 176, 178–182, 189–191, 193–203, 205–209, 211, 213, 215f., 220–223, 226f., 232–236, 238, 241, 245, 250, *vergleiche* ens
- intelligibles Wesen 46, 87, 196, 231–233, 236
- Sinnenwesen 24, 44f., 47f., 56, 60f., 64f., 82, 87, 129, 136, 173, 177, 192–194, 196f., 207f., 231–236

- vernünftige Wesen 1f., 4, 9–11, 13, 16, 21–65, 69f., 72f., 75f., 86, 91f., 101, 131, 135f., 165, 172, 174, 176, 186, 189f., 192, 197f., 202, 207f., 215, 217, 237f., 241–243 u.ö.
- andere vernünftige Wesen 1f., 4, 8–11, 15–17, 21–30, 33, 35, 59f., 70f., 135, 137, 189, 235 u.ö.
- vernunftlose Wesen 54, 58, 62–65, 138
- Vernunftwesen 4, 13, 16, 24, 36, 43f., 48–56, 59–63, 65, 69, 75–78, 80, 82f., 88f., 91f., 95, 129, 138–143, 158, 161, 165, 167, 173, 176, 180, 189f., 192, 194f., 197–199, 201, 206–208, 210, 215f., 226f., 232, 250 u.ö.

Wille 1, 8–10, 21f., 24f., 29, 33–35, 38–40, 49f., 53f., 57, 59, 63f., 76f., 79, 84, 88–90, 95f., 98–100, 102, 109, 124f., 135f., 139, 144f., 149, 152, 157f., 162–171, 175f., 182, 184, 197, 201–203, 210, 214, 216, 223, 231, 234, 247f.

Willkür 22, 31, 34, 37, 53f., 138, 162, 164, 168, 197, 203

Wohltätigkeit 120f., 170, 230

Zeit 9, 11, 50, 53, 96f., 158, 165, 173f., 180, 185, 221, 230, 233, 245, 247

Zorn 147, 228

Zurechnung 48, 52, 54f., 82, 143, 160, 237

Zweck 32, 35–37, 51, 54–57, 60, 63, 70, 74, 76, 95, 101, 104, 107, 111, 117, 152, 157, 191, 195, 205, 214
- Endzweck 26, 101, 111, 196
- Reich der Zwecke, *siehe* Reich

www.ingramcontent.com/pod-product-compliance
Lightning Source LLC
Chambersburg PA
CBHW031725230426
43669CB00007B/241